워런 버핏의 위대한 부자 수업

BUFFETT'$
TIP$

전세계 투자자들의
영원한 멘토에게 배우는
부의 시크릿

워런 버핏의
위대한 부자 수업

존 롱고·타일러 롱고 지음 | 배지혜 옮김

비즈니스북스

옮긴이 | **배지혜**

뉴욕시립대학교 버룩칼리지 경제학과를 졸업했다. 유학 시절 재미있게 읽던 작품을 한국어로 옮기고 싶다는 욕심이 생겼고, 현재 글밥아카데미를 수료한 뒤 바른번역 소속으로 활동 중이다. 역서로는 《시체와 폐허의 땅》, 《지속가능한 여행을 하고 있습니다》, 《이제 쓰레기를 그만 버리기로 했다》, 《돈 없이도 돈 모으는 법》이 있다.

워런 버핏의 위대한 부자 수업

1판 1쇄 발행 2022년 3월 29일
1판 4쇄 발행 2022년 4월 29일

지은이 | 존 롱고·타일러 롱고
옮긴이 | 배지혜
발행인 | 홍영태
편집인 | 김미란
발행처 | (주)비즈니스북스
등 록 | 제2000-000225호(2000년 2월 28일)
주 소 | 03991 서울시 마포구 월드컵북로6길 3 이노베이스빌딩 7층
전 화 | (02)338-9449
팩 스 | (02)338-6543
대표메일 | bb@businessbooks.co.kr
홈페이지 | http://www.businessbooks.co.kr
블로그 | http://blog.naver.com/biz_books
페이스북 | thebizbooks
ISBN 979-11-6254-272-9   03320

버핏에게 돈과 인생을 배우다

긴급 상황에 대비해 여윳돈으로 단 400달러도 모으기 어려운 가정이 상당히 많다고 한다. 코로나바이러스19로 인한 팬데믹 시국을 맞이한 지금, 이러한 상황은 끔찍한 결과를 낳을 수 있는 현실적인 문제가 됐다. 금융 문해력Financial Literacy과 경제적 독립은 우리 모두 추구해야 할 목표다. 만약 단순히 지식을 얻는 데서 그치지 않고 이 책에서 배운 내용을 가슴 깊이 새긴다면 돈에 관한 자신감과 자유를 얻을 수 있을 것이다. 재정적 결정을 올바르게 내릴 수 있다는 자신감을 얻고, 하루 벌어 하루 먹고사는 삶에서 오는 스트레스로부터 자유로워질 수 있게 되리라고 우리는 믿는다. 나아가 자신이 원하는 삶을 살면서 사랑하는 사람들을 돌보고 마음껏 이상을 펼칠 수 있는 자유를 누릴 수 있길 바란다.

금융과 관련된 지식을 습득하기에 가장 훌륭한 방법은 무엇일까? 역사상 금전적으로 가장 성공한 인물이라고 할 수 있는 워런 버핏의 발자취를 따라가보면 어떨까? 이 책은 이런 물음에서부터 시작됐다. 이 책을 읽는다고 해서 버핏을 능가할 부자가 될 수 있을지는 장담할 수 없지만, 적어도 버핏의 말과 일화에서 얻을 수 있는 97가지 '팁' 또는 전략을 바탕으로 금융 문해력을 갖추기를 바란다. 우리는 모두 버핏의 광팬이며, 버핏의 회사인 버크셔해서웨이의 주주다.

버핏은 몇십 년 동안 매년 여러 차례 대학생들을 초대해 금요 Q&A 모임을 열었는데, 두 시간 이상 학생들과 이야기를 나눈 후 그의 단골 식당에서 점심 식사까지 함께하곤 했다. 그는 주로 고랏 스테이크 하우스나 현재는 폐업한 피콜로 피트 레스토랑으로 학생들을 데려가곤 했다. 학생들은 경영진의 안내를 받아 네브래스카퍼니처마트Nebraska Furniture Mart, 보셰임스Borsheims, 오리엔탈트레이딩컴퍼니Oriental Trading Company와 같은 버크셔해서웨이의 자회사를 탐방하기도 했다. 재무학 교수이자 자산관리 전문가인 나는 럿거스대학교 학생들을 인솔해 네브래스카주 오마하에 있는 버크셔해서웨이의 본사를 네 차례 방문했다. 호기심 많은 독자를 위해 알려드리자면 버핏은 학생들에게 점심 식사와 함께 그가 가장 좋아하는 루트비어 플로트(아이스크림을 올린 탄산음료)를 디저트로 대접했다. 또 너그럽게도 셀피를 같이 찍기도 하고 단체 사진에는 기꺼이 사인까지 해줬다. 버핏도 학생들과 인솔 교수진만큼이나 우리의 방문을 즐겼던 모양이다.

버핏과 만나며 내가 놀랐던 점은 금융과 관련되지 않은 분야에 관한 버핏의 지혜였다. 그는 소통의 중요성을 알고 있었으며, 긍정적인 자극을 주는 친구들을 사귀고, 서로 도우며 살아야 한다고 강조했다. 이 책이 금융과 관련된 주제에 중점을 두는 책이기는 하지만, '삶'에 관한 내용을 다루는 장에서 재정적인 문제만큼 가치 있는 주제들을 함께 살펴보려 한다.

이 책은 우여곡절 끝에 탄생했다. 연구가 직업인 교수로서 나는 연구 활동을 어떻게 할 것인지 끊임없이 아이디어를 낸다. 나는 버핏이 그토록 중요하게 여기는 '가치 투자'를 강조하며 20년 동안 투자와 관련된 과목을 가르쳐왔다. 지난 몇 년 동안은 나의 10대 아들 타일러 롱고에게 경제 상황에 맞춰 재정과 관련된 주제를 가르쳤다. 예를 들어, 나와 아들 타일러는 미성년자를 위해 고안된 저축예금계좌savings account, 당좌예금계좌checking account, 직불카드debit card, 신용카드credit card, 학자금 저축계좌college savings plan, 증권 계좌brokerage account와 같은 금융 계좌들을 개설했다. 타일러 역시 금융 관련 수업을 들으며 이 책을 쓰는 데 도움을 주기에 충분할 만큼 지식을 쌓았다. 구체적으로 이야기하자면 타일러는 금융 문해력, AP(미국에서 고등학생이 대학 진학 전에 대학에서 인정받는 학점을 취득할 수 있는 고급 학습 과정—옮긴이) 경제학, AP 통계학, 경영학개론, 금융학 그리고 컬럼비아대학교에서 고등학생을 위해 개설한 경제학 프로그램을 수강했다. 버핏과 관련된 책은 아주 많고, 금융 문맹을 주제로 한 책은 더 많다. 하지만 두 주제를 하나로 엮은 책은 이 책이 '유일'하다고 생각한다.

버핏의 매력 중 하나는 쉬운 언어, 유행하는 문화를 곁들여 유머러

스하게 이야기를 풀어낸다는 점이다. 이 책에서 그의 이러한 매력을 충분히 느낄 수 있다. 글을 쓰면서 그의 특색이 잘 드러나게 하려고 노력했다. 제6장에서 등장하는 '버크셔해서웨이의 총 직원은 40만 명에 달한다. 그런데 놀랍게도 오마하 본사에서 일하는 직원은 단 25명밖에 되지 않는다. 스눕독의 허리둘레보다 적은 인원만 가지고 어떻게 그 많은 직원을 관리하는 것일까?'와 같은 구절에서 버핏의 매력을 살리고자 했던 우리의 노력을 엿볼 수 있다. 모든 독자가 이 책을 쉽게 이해하길 바라며 추상적인 주제를 강조할 때는 직관적으로 설명하려고 노력했다. 중요한 수식이 있을 때는 모두 각 장의 마지막에 따로 실었다.

금융 문해력은 중요한 주제이고, 이 책을 어떤 내용으로 구성할지 결정하기 위해 여러 가지 접근방식을 놓고 고민했다. 올바른 마음가짐을 가지고, 자신의 능력 안에서 소비하고, 일찍 투자를 시작하고, 신용카드 빚을 제때 갚고, 주식에 장기적으로 투자하라는 조언들 외에도 금융 문해력을 쌓는 데 토대가 되는 조언들이 많다. 이런 주제는 기억에 남을 수 있도록 버핏의 말을 곁들여 자세히 다뤘다.

제1장에서는 버핏의 비범한 삶을 다룬다. 그에 대해 잘 몰랐던 사람들은 그가 얼마나 어릴 때부터 사업을 시작해 성공을 거뒀는지 알고 깜짝 놀랄 것이다. 제2장에서는 '복리의 기적'과 수요와 공급이 가격 결정에 어떤 영향을 미치는지와 같은 투자의 기본을 다룬다. 제3장에서는 은행과 다른 기관에서 판매하는 금융 상품에 대해 알아보며 저축계좌, 당좌예금계좌, 신용카드에 대해 배울 수 있다. 또한, 신용점수와 함께 벤모Venmo 또는 젤Zelle과 같은 최신 앱에 대해서도 알아보도록 하

겠다.

제4장부터 제6장까지는 사람들이 가장 중요하게 생각하는 금융 시장인 채권 시장과 주식 시장에 대해 이야기해본다. 주식은 버핏이 엄청난 부를 축적하는 데 핵심이 된 수단이었으므로 꼼꼼하게 짚고 넘어갈 예정이다. 주식이란 무엇이고 어떻게 거래하는지, 투자자들이 어떻게 주식의 가치를 측정하는지와 함께 버핏이 회사의 지분 또는 회사 전체를 살 때 어떤 점을 고려하는지도 알아본다. 제7장에서는 사업의 기본 언어인 회계의 기본 원칙에 관해 이야기해본다. 애플과 버크셔해서웨이의 실제 재무제표에서 중요한 부분을 함께 살펴보며 어렵지 않게 회계의 기본을 익힐 수 있다.

한 가지에 전 재산을 모두 투자하는 사람은 거의 없다. 그러므로 투자 위험과 투자 포트폴리오를 구성하는 방법에 대해 반드시 살펴봐야 한다. 제8장에서 버핏이 좋아하는 접근방식 두 가지를 살펴볼 예정이다. 우선 여러 영역의 종목에 광범위하게 투자하는 것을 목표로 하는 상품인 인덱스펀드를 살펴보고, 완전히 이해할 수 있는 10개 미만의 기업, 버핏의 말을 빌리면 '능력 범위'competence circle 안에서 투자하는 '전문가 모드'에 대해서도 다룬다.

금융 문해력을 기르려면 사업의 세계에서 무슨 일이 일어나고 있는지 알아야 한다. 따라서 제9장과 제10장에서는 산업 전반을 살펴보며 '누가 누구인지'를 사람과 기업 차원에서 살펴보도록 할 것이다. 얼마를 벌든 자기 능력 밖의 소비를 한다면 절대 부를 축적할 수 없다. 한때 수백만 달러를 벌곤 했던 유명 연예인 또는 운동선수가 빈털터리가 됐다는 기사를 쉽게 접할 수 있다. 그런 의미에서 제11장에서는 버핏처럼 근검절약하는 사람이 되는 방법에 집중해보자. 돈을 모으는 방법을 배울 수 있는 장이 될 것이다.

어떤 면에서는 돈을 모으는 것이 버는 것보다 중요하다. 돈을 벌면 세금을 내야 하지만 모을 때는 세금을 낼 필요가 없기 때문이다. 집과 차는 개인의 삶에서 가장 규모가 큰 구매 항목 두 가지라고 할 수 있다. 이렇게 목돈이 드는 구매의 중요성을 생각해 이 내용을 살펴보는 데 제12장 전체를 할애했다.

버핏은 의사소통과 대인 관계에 관한 데일 카네기 수업(관계와 소통 역량 개발, 변화와 성장을 위한 데일 카네기의 솔루션을 가르치는 프로그램—옮긴이) 덕분에 인생이 더 나아졌다고 밝혔다. 제13장에서는 카네기가 강조했던 핵심 개념을 살펴보고 대니얼 골먼Daniel Goleman이 대중화한 감성 지능이라는 주제에 대해서도 살펴보자. 투자 솜씨가 전설적인 것과는 별개로, 버핏은 자신의 사업 역시 성공적으로 이끌어왔다. 제14장에서는 직업과 관련된 이야기를 해보자. 연금 계좌를 최대로 불리는 방법을 배워보고, 직장을 다니면서 꼭 하게 되는 각종 신고서 작업에는 무엇이 있는지도 알게 된다. 그리고 자선사업에 관해 버핏이 남긴 조언으로 이 책을 마무리 지으려 한다. 혹시 잘 모르는 사람들을 위해 덧붙이자면 버핏은 실질적으로 자신의 모든 부를 기부하고 있다. 그가 부자가 된 것은 큰 부자가 되기 위해 노력했기 때문이 아니라 부자가 되는 과정을 즐겼기 때문이라는 사실을 증명해 보이는 대목이다.

누구라도 이 책을 적어도 한 번 이상 읽으면 좋겠다. 그렇게 하더라도 잘 기억이 나지 않는 단어나 개념이 있을 것이다. 이 책을 통해 평생 배울 수 있도록 자세한 설명을 곁들인 용어집을 첨부하고, 책의 중간중간 버핏이 전하는 팁을 실었다. 이 책이 도움이 됐다면 우리에게 감사할 필요 없다. 그 대신 좋은 일을 많이 하고 도움이 필요한 사람들의 손을 잡아 주며 버핏에게 감사하라. 그도 여러분을 자랑스러워할 것이다.

목차

제4장 버핏이 알려주는 채권 및 인플레이션

제5장 주식이란 무엇인가?

제6장 버핏은 이렇게 주식 투자했다

제7장 버핏처럼 재무제표 보는 법

제8장 버핏의 포트폴리오와 위험 관리 방식

제9장 투자를 할 때 꼭 알아야 할 기업들

제10장 투자를 할 때 꼭 알아야 할 경영인들

제11장 버핏처럼 검소하게 사는 법: 돈을 아끼는 일상의 팁

"나는 탭댄스를 추며 일하러 가고
일터에 도착해서는 노는 기분으로 일한다.
일이란 정말 재미있다."

_워런 버핏, 《포춘으로 읽는 워런 버핏의 투자 철학》
Tap Dancing to Work: Warren Buffett on Practically Everything, 1966~2012

제1장

버핏은 누구인가?

사람들은 누구나 금융 문해력을 갖추고 재정적으로 독립하고 싶어한다. 역사상 가장 훌륭한 투자가이자 가장 부자인 워런 버핏의 마음가짐을 따르는 것보다 금융 문해력을 높이는 좋은 방법이 있을까? 이런 전제를 바탕으로 이 책을 쓰게 됐다. 글과 인터뷰, 연설을 통해 버핏은 몇십 년간 수없이 많은 조언을 해왔지만, 금융 문해력에 관해 책을 쓴 적은 없다. 금융 문해력과 관련된 자료를 모아 재구성한 이 책으로 여러분이 재정적 독립을 얻을 수 있도록 인도하고자 한다. 버핏을 휴대전화 단축번호에 저장하는 것만큼은 못하겠지만 틀림없이 좋은 가이드가 돼주리라 장담한다.

최근 추정한 버핏의 순자산net worth, 그러니까 모든 부채를 모두 갚고 남게 될 자산의 액수가 800억 달러라고 한다. 하지만 돈을 복사하는 듯한 그의 능력은 그가 일군 성공의 일부에 불과하다. 그는 역사에 길이 남을 훌륭한 자선사업가이기도 하다. 사실상 그는 자신의 모든 부를 자선단체에 기부하고 있다. 마이크로소프트의 공동 창립자인 빌 게이츠와 함께 재산의 절반 이상을 자선사업에 기부하기로 서약한 억만장자들이 가입할 수 있는 더기빙플레지The Giving Pledge라는 자선 모임을 만들기도 했다. 버핏은 인간적으로도 좋은 사람이다. 자신만의 방법으로 인생을 즐길 줄 알고 현실적이면서 유머 감각도 뛰어난 유쾌한 사람이다.

예를 들어보자. 식단에 왜 패스트푸드가 많이 포함돼 있느냐는 질문을 받았을 때 그는 이렇게 답했다. "보험 통계를 살펴보니 사망률이 가장 낮은 나이가 여섯 살이더군요. 그래서 여섯 살처럼 먹기로 했지요." 말하자면 그는 남녀노소 누구에게나 좋은 롤모델이 될 수 있는 인물이다. 물론 그의 식단을 눈감아줄 수 있다면 말이다.

이 책에서 우리는 버핏의 경험, 언변, 재치 그리고 지혜를 금융 문해력과 관련된 주제뿐만 아니라 성공적인 삶을 살기 위한 교훈에도 적용했다. 버핏이 쓴 글과 인터뷰, 그의 삶을 다룬 전기에서 전하는 교훈을 바탕으로 엮은 이 책을 재무 관리와 인생을 본격적으로 시작하기 전 거치는 훈련소라고 생각하자. 금융 문해력을 주제로 쓴 이 책은 금융 관련 지식이 거의 없는 청소년이나 청년층에게 가장 도움이 되겠지만, 재무 관리를 제대로 해본 적 없는 사람이라면 남녀노소 누구든 배울 점을 찾을 수 있을 것이다. 아흔 살 먹은 노인에게서 뭘 배울 수 있겠냐고 생각하는 사람들이 있을지 모르겠지만, 배울 점은 차고 넘친다. 적어도 우리 생각에는 그렇다. 여러분의 머리를 아프게 하지 않겠다고 그리고 여러분이 그의 조언을 즐겁게 받아들일 수 있도록 노력하겠다고 약속한다.

10대 소년 버핏

　버핏은 금수저로 태어나지 않았다. 그런데도 그가 재정적인 성공을 거둔 것은 어른이 되고 난 후가 아니었다. 그의 성공은 '사춘기에 접어들기 전부터' 시작됐다. 네브래스카주 오마하에 있는 초등학교에 다니는 동안 버핏은 리글리Wrigley의 껌과 코카콜라를 팔아 용돈을 벌었다. 훗날 그는 두 회사의 주주가 되었다. 그는 열한 살 때 처음 주식stock을 샀다. 이 책의 두 개 장에서 주식 시장에 관해 설명할 예정이니 지금은 주식을 사업체의 일부를 소유하는 방법이라고만 알아두자. 그가 처음 세금 신고를 한 것은 열세 살 때였다. 시계와 자전거를 구매한 돈을 사업상 필요경비로 공제받은 후 미국 재무부에 총 7달러를 세금으로 냈다. 세금은 페인트가 마르길 기다리는 것만큼이나 성가신 일이지만, 돈을 좀 만지게 되면 어차피 피하고 싶어도 피할 수 없는 문제다. 미국의 헌법 제정자 중 한 명인 벤저민 프랭클린은 "이 세상에 죽음과 세금을 제외하고 확실한 것은 아무것도 없다."라고 말하기도 했다.

버핏의 아버지인 하워드 버핏은 6년 동안 하원의원을 지냈고 버핏과 그의 가족은 아버지를 따라 1940년대 워싱턴 D.C.로 이사했다. 그는 워싱턴 D.C.에서 역시 훗날 투자 대상이 된 〈워싱턴포스트〉를 배달하게 됐다. 열다섯 살 때 그는 그가 시작한 사업에서 거둔 수익으로 네브래스카주에 있는 약 5만 평에 달하는 농장을 구매했다. 아직 10대에 불과했지만, 친구와 함께 핀볼 게임기를 구매해 이발소에 설치한 다음 수익을 이발소 주인과 나눌 줄도 알았다. 어린 버핏의 경험이 지금의 그를 만드는 데 중요한 역할을 했다는 사실을 알아두길 바란다.

이 책은 누구를 위한 것인가?

우선 우리는 버핏의 가르침에 틈이 있다고 생각한다. 그는 2011년부터 2013년까지 금융 문해력과 관련된 쉬운 팁을 알려주는 〈백만장자의 비밀 클럽〉이라는 만화영화 시리즈를 제작하는 데 참여한 적이 있지만, 이 만화만 보고도 재정적인 경쟁력을 갖출 수 있다고 말하기는 힘들다. 버핏은 그의 회사인 버크셔해서웨이의 주주stockholder들에게 매년 세심한 서신을 보내기도 한다. 주주란 주식을 소유한 사람으로,

말하자면 사업체의 일부를 소유하는 사람이라 할 수 있다. 1977년부터 시작된 버핏의 버크셔해서웨이 주주 서한을 보고 싶다면 'https://www.berkshirehathaway.com/letters/letters.html'에서 확인할 수 있다.

버크셔해서웨이라는 회사에 대해 들어본 적이 없을 수도 있지만 어떤 사업을 하고 있는지 들으면 무릎을 '탁' 치게 될지도 모른다. 버크셔해서웨이는 데어리퀸Dairy Queen, DQ(소프트아이스크림을 주로 판매하는 아이스크림 체인—옮긴이), 가이코 보험Geico Insurance(자동차보험을 전문으로 하는 미국의 보험회사—옮긴이), 듀라셀Duracell 배터리, 씨즈캔디See's Candy(초콜릿과 사탕을 주로 판매하는 회사—옮긴이), 그 밖에도 여러 가지 사업체를 운영하고 있다. 그리고 코카콜라Coca Cola, 크래프트하인즈Kraft Heinz(케첩 회사로 유명하다), 아메리칸익스프레스American Express, 웰스파고Wells Fargo(금융서비스 기업, 자산 규모로는 미국에서 네 번째로 큰 은행—옮긴이), 뱅크오브아메리카Bank of America(이하 BOA, 상업은행으로 자산규모로 미국에서 두 번째로 큰 지주회사—옮긴이), 아마존Amazon, 애플, 그 밖에도 이름만 대면 알 만한 여러 회사의 대주주이기도 하다.

버크셔해서웨이의 연간 보고서와 주주 서한이 얼마나 통찰력과 재치를 겸비했든 굳이 그런 자료를 보려고 이 책을 사지는 않을 것이다. 우리는 이러한 자료를 모두 읽고 금융 문해력과 삶에 도움이 될 만한 중요한 정보들을 뽑아냈다. 지금까지 앨리스 슈뢰더Alice Schroeder의《스노볼: 워런 버핏과 인생 경영》Snowball : Warren Buffett and the Business of Life과 같은 버핏에 관한 훌륭한 책들이 출판돼왔다. 이 책은 버핏의 적극적인 협조를 얻어 쓰인 유일한 책이지만 무려 832쪽에 달한다. 톨스토이의《전쟁과 평화》War and Peace와 비슷한 수준이다! 또한, 이렇게 버핏에게 영감을 얻어 탄생한 책과 웹사이트들은 독자들이 비즈니스와 금융에 대해 어느 정도 수준 이상의 지식을 갖추고 있으리라 가정하고 있을 때가 많다.

이 책은 그런 지식을 당연하게 여기지 않으며, 금융 문해력이라는 개념을 차근차근 가르쳐줄 것이다. 금융 문해력을 갖추고 삶의 지혜를 발휘할 수 있도록 도와주기 위해 버핏의 삶을 바탕으로 엮은 참고서 정도로 생각하면 된다. 물론 책을 끝까지 읽어야 실제로 도움을 받을 수 있다.

나는 재무학 교수이자 투자자산운용 관리자로 버핏을 총 네 차례 만난 적이 있다. 나는 버핏의 투자 스타일인 가치 투자를 주제로 대학생들을 가르친다. 주로 럿거스대학교에서 수업을 맡지만, 버핏이 석사학위를 받은 학교인 컬럼비아대학교에서 객원 교수로 글로벌 MBA 과정을 가르치기도 한다. 이 프로그램에 대해 좀 더 정확히 말하자면, 컬럼비아대학교, 런던비즈니스스쿨, 홍콩대학교 같은 세계 최고의 대학들이 협력해 만든 최고경영자를 위한 MBA 과정이다. 또한, 나는 15년 넘게 20억 달러 이상의 투자자산을 운용하고 있는 투자 회사의 최고투자책임자이기도 하다.

중년의 대학 교수이자 자산관리사가 들려주는 조언은 청년들 관점에서 부모가 하는 조언만큼이나 따분하게 여겨질 수 있다. 이들에게는 타일러가 도움을 줄 것이다. 고등학생인 타일러는 자산운용과 관련된 지식을 그때그때 실정에 맞게 배우고 있다. 또한, 컬럼비아대학교에서 고등학교 학생들을 위해 마련한 금융 문해력, 경제학, 통계학, 경영학 개론, 재무학 프로그램을 마쳤다.

이 책을 위해 직접 글을 쓴 공동 저자 타일러는 10대 청소년층과 청년층의 최신 동향을 대학 교수보다 훨씬 잘 알고 있다. 타일러는 이 책의 목적을 정확히 이해하고 10대 청소년과 청년층, 금융과 관련해 문외한인 모두가 쉽게 읽을 수 있는 책을 만드는 데 많은 도움을 줬다. 그는 요즘 세대들도 쉽게 이 책을 읽을 수 있도록 '손절'Take the L 같은 용어를 소개한 장본인이다. 책의 마지막에 등장하는 용어집도 그의 공이다. 잘 모르는 금융 관련 용어가 등장했을 때 활용해보자. 제11장에 등장하는 파타고니아 이빨고기 이야기를 비롯한 여러 일화 역시 타일러가 없었다면 생각하지 못했다.

금융 문해력이란 무엇이며 왜 중요할까?

'리터러시'Literacy라는 단어는 원래 읽고 쓸 줄 아는 능력을 뜻한다. 미국의 '금융 문해력을 위한 대통령 자문위원회'The President's Advisory Council on Financial Literacy에서는 개인의 금융 문해력personal financial literacy을 '재정적으로 평화로운 삶을 살 수 있도록 재정적 자원을 효율적으로 관리하기 위해 지식과 기술을 사용할 수 있는 능력'이라 정의한다. 알아듣기 쉽게 다시 설명하면 돈과 관련된 정보를 이해하고 올바른 재정적 결정을 내릴 수 있는 능력을 말한다.

이 책에서는 은행 계좌, 신용카드, 신용점수, 주식 시장, 채권 시장, 뮤추얼펀드, 부동산, 자동차 대출, 주택담보대출, 금융 생활을 위한 웹사이트와 앱, 연금 계좌 그리고 돈을 저축하는 방법 등 금융 문해력과 관련된 여러 개념을 살펴볼 것이다. 우리가 배울 내용은 여기에서 끝이 아니다. 인간으로서 성장하고 발전하는 데 유용한 소통의 기술이나 역경에 대처하는 법, 실수를 통해 배우는 법 그리고 가장 중요하게는 다른 사람에게 도움의 손길을 내미는 법과 같은 다른 삶의 지혜도 함께 살펴볼 것이다.

버핏이 전하는 핵심 '팁'

이제부터 버핏의 일생에서 배울 수 있는 핵심 교훈들을 살펴보자. 앞으로 이 교훈을 '팁'이라 부를 것이다. 첫 번째 장에서 팁 10개를, 책 전체를 통틀어서는 총 97개의 팁을 살펴보도록 하겠다. 버핏이 직접 한 말을 인용한 팁도 있고 그의 행동이나 말에서 유추해 정리한 것들도 있다.

자, 이제 어린 시절의 버핏에게서 부를 쌓는 데 필요한 첫 번째 팁을 배워보자. 누군가에게 거저 받은 돈이 아니라 열심히 일한 대가로 고등학교를 졸업할 때까지 6만 달러를 모았다고 상상해보자. 정말 어마어마한 금액이다. 인플레이션inflation을 적용했을 때, 1940년대 말 버핏이 고등학교를 졸업할 때까지 모은 금액이 약 6만 달러나 됐다고 한다.

인플레이션이란 물가가 상승하는 현상이다. 책의 뒷부분에서 인플레이션을 어떻게 계산하는지 자세히 다룰 테니, 지금은 시간이 지나면서 물건 가격이 대부분 오른다는 정도로만 이해해두자. 30대 미만이거나 대학생 자녀의 학비를 대는 사람이라면, 대학교 등록금 고지서를 보며 인플레이션을 절실히 체감하고 있을 것이다. 현재 명문 사립대학교에 다니려면 수업료, 기숙사비 또는 주거비, 급식비, 각종 회비와 책값까지 연간 7만 5,000달러 이상이 필요하다. 약 30년 전에는 비슷한 명성의 학교에 다니는 데 1만 7,000달러가 필요했다. 이처럼 가격이 상승하는 현상은 자동차 가격이나 집값, 병원 진료비, 경제 시장에서 볼 수 있는 여러 가지 제품이나 서비스의 가격에서도 똑같이 나타난다.

저축을 일찍 시작할수록 돈이 우리를 위해 더 오랫동안 일하도록 만들 수 있다. 저축하는 사람에게 이자율interest rate은 계좌에 넣어둔 돈이 불어나는 비율이다. 빚을 진 사람에게는 빚이 불어나는 비율이기도 하다. 이자에 관한 내용은 제2장과 제3장에서 자세히 살펴보고, 지금은 이자율을 언덕 아래로 굴러가는 눈덩이라고만 이해해두자. 앞서 언급한 애널리스트 앨리스 슈뢰더는 이 개념을 인용해 그녀가 집필한 책의 제목을 《스노볼》로 짓기도 했다. 이 책의 뒤표지에는 "인생은 눈덩이를 굴리는 것과 같아서 잘 뭉치는 눈과 경사가 길게 이어진 언덕만 찾으면 성공할 수 있다."라는 버핏의 말이 인쇄돼 있다. 여기서 긴 언덕을 찾으라는 말은 저축을 하루라도 빨리 시작하라는 뜻이다.

이자의 중요성에 관해 짚고 넘어갈 내용이 하나 더 있다. 한 기자가 천재 물리학자인 알베르트 아인슈타인에게 역사상 가장 위대한 발명품이 무엇이라 생각하는지 질문한 적이 있다. 아인슈타인의 답은 '복리'였다. 복리란 이자에 붙는 이자다. 금융계에서 이야기하는 '복리의 기적'은 적은 돈이 오랜 기간에 걸쳐 엄청난 액수로 불어나는 원리를 설명한다. 적은 빚이 큰 빚으로 불어나는 원리이기도 하다. 복리로 큰 코다치기 전에 빚은 피할 수 있으면 피하는 게 상책이다.

다시 어린 버핏의 이야기로 돌아가보자. 그는 고작 여섯 살에 첫 사업을 시작했다. 그의 할아버지가 운영하던 식료품점에서 여러 가지 맛껌을 몇 통 사서 이웃집을 돌아다니며 식료품점보다 높은 가격에 팔아 이윤을 남겼다. 친구 집 근처에 가판대를 설치하고 레모네이드를 팔기도 했다. 친구 집 근처 도로는 종종 교통 체증이 심해 손님을 많이 끌어모을 수 있었기 때문이다. 초등학생이 이렇게 명석한 생각을 해내다니 놀라울 따름이다.

그런가 하면 근처 골프장 주변에 떨어진 골프공을 주워다 파는 사업으로 이익profit을 창출하기도 했다. 이익은 물건을 팔아서 얻는 돈, 즉 매출revenue에서 물건을 팔기 위해 들어간 비용을 뺀 액수다. 골프공 사업의 경우 버려진 공을 직접 주워다 팔면 들어가는 비용이 없었기에 매출 또는 매상이 곧 이익이었다. 적어도 1860년부터 전해져 내려오는 '누군가에게 쓰레기인 물건이 다른 누군가에게는 보물이 될 수 있다'라는 격언이 떠오르는 대목이다.

쓰레기 이야기가 나왔으니 어린 버핏이 종종 경마장에 가서 바닥에 떨어진 마권을 주웠다는 일화를 짚고 넘어가자. 그는 아주 가끔 누군가 실수로 떨어뜨린 당첨 마권을 찾을 수 있었고, 마권을 현금으로 바꿔 수입으로 삼았다. 그런가 하면 경마장에서 '우승 경주마 예측 목록'을 만들어 판매하기도 했다. 우승 경주마 예측 목록이란 각 경기에서 우승할 말을 예측해 정리한 표였다. 이를 눈채 챈 경마장 측에서 판매를 금지하는 바람에 사업이 중단되고 말았다. 어린 버핏으로서는 아쉬운 일이었다.

나중에 버핏은 골프장 캐디로 '정식' 취직을 했고, 골프를 치러 온 어른들의 캐디백을 옮기며 일당으로 3달러를 받았다. 현재 물가를 적용하면 하루에 약 50달러를 번 셈이다. 캐디 일과 함께 앞서 이야기했던 신문 배달과 핀볼 게임기 사업을 병행하면서 쏠쏠한 수익을 거뒀다. 버핏이 일찍부터 사업을 시작했기에 억만장자가 될 수 있었다는 것은 두말할 필요가 없다. 당장 가진 돈이 많지 않아도 걱정할 필요 없다. 이제부터라도 눈덩이를 언덕 아래로 굴리기 시작한다면 시간은 우리의 편이다. 동기부여가 더 필요하다면 중국의 고대 철학자 노자의 말을 가슴에 새겨보자. 노자가 말하길, "천 리 길도 한 걸음부터"라고 했다. 이제까지 이야기한 내용을 바탕으로 팁을 정리해보자.

BUFFETT's TIP 1

가능한 한 빨리 부를 쌓기 시작하라.

버핏의 직업의식

나는 버핏에게 훌륭한 투자가는 타고나는지 만들어지는지 물은 적이 있다. 버핏은 '둘 다'라고 답했다. 그러고는 골프 챔피언인 타이거 우즈의 한창 때를 예로 들었다. 우즈가 골프에 타고난 재능이 있던 것은 맞다. 하지만 그는 하루에 공을 500개씩 치는 연습벌레이기도 했다. 타고난 재능에 더해 매일 최선을 다해 연습했기에 좋은 골프선수에서 '훌륭한' 골프 선수로 거듭날 수 있었다.

일을 열심히 한다는 말에는 '언제나' 제시간에 일하러 간다는 뜻이 담겨 있다. 마음이 내킬 때나 일찍 눈이 떠지는 날에만 일하러 가는 사람은 열심히 일한다고 할 수 없다. 코미디언이자 영화감독인 우디 앨런은 언젠가 이렇게 이야기한 적이 있다. "성공의 80퍼센트는 제시간에 일을 시작하는 데 달려 있다." 바꿔 말하면 책임감이 없거나 신뢰할 수 없는 사람이 그만큼 많다는 이야기다. 책임감 있게 자신이 해야 할 일을 하는 것만으로 80퍼센트의 사람들보다 앞서 나갈 수 있다. 학교나 직장에서 인간관계를 맺거나 다른 활동을 할 때도 모두 적용할 수 있는 이야기다.

현대식 전구, 축음기, 영화 카메라를 발명한 토머스 에디슨은 이렇게 말했다. "사업 성공 여부의 90퍼센트는 얼마나 많은 땀을 흘리느냐에 달렸다." Ninety percent of a man's success in business is perspiration 에디슨은 'A man's success'라고 했지만 남녀에게 모두 적용되는 말이다. 버핏은 여성 사업가를 매우 지지하는데, 이 이야기도 나중에 다룰 것이다.

미국 건국의 아버지 중 한 사람인 토머스 제퍼슨이 한 말이라고 (잘못) 전해진 명언 중에 이런 말이 있다. "열심히 일할수록 행운이 따른다." 우리의 연구에 따르면 이 말 또는 이와 비슷한 말을 콜먼 콕스Coleman Cox라는 작가가 했다. 누가 처음 했든 좋은 조언이다. 열심히 일할수록 새로운 기회를 찾을 확률이 높아지고 능력을 최대한 발휘할 수 있다. 그리고 '운은 스스로 만들어나가는 것'이라는 조언을 마음에 새기게 된다.

책의 앞부분에서 버핏이 고등학교에 입학하기도 전에 했던 사업들에 관해 이야기했었다. 그는 자신이 하는 일을 대부분 좋아하는 한편, 언제나 최선을 다해 일했다. 고등학교에 다니면서는 하루에 세 번 신문을 돌려 현재 물가로 환산했을 때 연간 2만 8,000달러를 벌었다. 버핏이 추산한 바로는 10대 때 돌린 신문 부수가 600만 부쯤 된다고 한다. 그 많은 신문을 던지면서 야구 선수가 돼볼 생각을 하지 않았다니 놀라울 따름이다. 그는 학교에 가기 전 신문을 돌리려고 매일같이 새벽 5시에 일어났다. 그의 가족은 여름이 되면 오마하로 돌아가곤 했다. 버핏은 오마하에서 여름 방학을 보낼 때면 기차 화물칸에서 창고까지 25킬로그램짜리 동물 사료 포대 나르는 일도 했다. 아마도 그가 이성에 눈을 떴을 때 팔 근육을 키우면 인기를 얻을 수 있다는 글을 읽었던 모양이다. 그렇게 사료 포대를 옮기며 키운 팔뚝이 도움이 됐을 것이다.

〈70년대 쇼〉That 70's Show, 〈펑크드〉Punk'd, 〈두 남자와 1/2〉Two and a Half Men이라는 TV 시리즈로 잘 알려진 유명 배우 애슈턴 커처는 2013년 틴 초이스 어워즈Teen Choice Awards 수상 소감에서 다음과 같이 말한 적이 있다. "나는 내가 아깝다고 생각하는 직업은 가져본 적이 없다." 유명 연예인이 되기 전 그는 시리얼 공장에서 바닥에 떨어진 부스러기를 치우는 등 힘들지만 인정받지 못하는 일을 하곤 했다. 놀랍게도 그는 배우 활동 이외에 투자를 통해 수백만 달러를 벌었다. 대표적으로 그는 우버Uber와 에어비앤비Airbnb에 투자해 어마어마한 돈을 거머쥐었다. 버핏과 에디슨, 토머스 제퍼슨 그리고 다른 인물들의 일화에서 두 번째 조언을 구해보자.

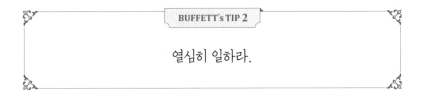

BUFFETT's TIP 2

열심히 일하라.

평생 배우는 삶

〈백만장자의 비밀 클럽〉의 여러 에피소드는 만화 캐릭터로 그려진 버핏이 다음과 같은 말을 남기며 끝난다. "많이 배울수록 많이 얻을 수 있습니다." 참 맞는 말이다. 그리고 우리는 그의 말을 증명해 보이기 위해 여러 데이터를 제시하려고 한다. 말이 나온 김에 버핏의 말을 조언으로 정리해두자.

많이 배울수록 많이 얻을 수 있다.

수입income, 또는 일을 하거나 다른 소득원을 통해 번 돈은 교육 수준과 대체로 비례한다. 2019년에 미국 정부의 한 부처인 노동통계국Bureau of Labor and Statistics(이하 BLS) 주도로 시행된 연구에서는 교육 수준에 따른 주당 소득 수준과 실업률unemployment rate을 조사했다. 실업 상태란 취직을 위해 노력하는데도 불구하고 마땅한 일자리를 찾지 못하는 상태를 의미한다.

2019년 미국 노동통계국 연구에 따르면 4년제 대학교를 졸업하고 학사 학위를 받은 사람은 평균 주당 1,248달러를 번다고 한다. 이는 고등학교를 중퇴한 사람들이 받는 주당 592달러보다 약 두 배 높은 수준이다. 대학 졸업자는 수입이 높을 뿐만 아니라 일자리가 필요할 때 일을 찾기도 쉬워서 실업률도 현저히 낮았다. 대학 졸업자의 실업률은 2.2퍼센트였던 반면 고등학교 중퇴자의 실업률은 5.4퍼센트였다.

여기에서 끝이 아니다. 공부를 많이 할수록 상황은 더 나아진다. 대학원 졸업자(석사 학위 소지자)는 돈을 더 많이 벌고, 실업률도 더 낮았다. 가장 수입이 높고 실업률도 가장 낮은 사람들은 전문직 교육 과정을 마친 의사, 변호사, 사업가들이었다. 전문 직종에 종사하는 이들의 평균 수입은 주당 1,861달러였으며 실업률도 1.6퍼센트에 불과했다. 누군가 눈앞에서 테슬라나 벤츠, BMW, 포르쉐를 몰고 지나간다면 운

교육 수준에 따른 실업률과 수입(2019년)

교육 수준	실업률(%)	평균 소득 중간값(달러)
박사 학위	1.1	1,883
전문 대학원 학위	1.6	1,861
석사 학위	2.0	1,497
학사 학위	2.2	1,248
전문학사 학위	2.7	887
대학 중퇴	3.3	833
고등학교 졸업	3.7	746
고졸 이하	5.4	592
합계	3.0	969

출처 : '고용 추계', 미국 노동통계국

전대를 잡은 사람은 전문직 종사자일 확률이 높다.

처음 워싱턴 D.C.로 이사했을 때 여러 과목에서 C를 받아 고생한 적이 있기는 하지만, 버핏은 똑똑한 학생이었다. 그리고 책벌레였다. 수업을 따라가기 위해 꼭 읽어야 하는 책 이외에도 고등학교를 졸업할 때까지 100권 이상의 책을 더 읽었다고 한다. 그는 도서관에서 빌릴 수 있는 금융 관련 책들을 모조리 두 번씩 읽었다. 가장 좋아했던 책인 《백만장자가 되는 1,000가지 비밀》One Thousand Ways To Make $1,000은 그의 관심사였던 창업에 관한 내용이었다. 8월생이어서 같은 학년 학생들보다 한 살 어렸던 데다 월반을 해 무려 열여섯 살에 고등학교를 졸업했다.

버핏은 고등학교 동기생 374명 중 16등으로 졸업했다. 그의 사업은 여전히 잘돼가고 있었다. 대학에 그다지 관심은 없었지만, 아버지의 조언에 따라 펜실베이니아대학교 경영대학인 와튼 스쿨에 입학했다. 와튼 스쿨은 세계적으로는 몰라도 미국에서만큼은 최고의 경영학 과정으로 손꼽히는 학교 중 하나다.

펜실베이니아대학교 역시 세계에서 가장 명망 있는 학교들이 속한 아이비리그 학교 중 하나다. 여덟 개의 아이비리그 학교들을 설립 연도별로 나열하면 하버드, 예일, 펜실베이니아, 프린스턴, 컬럼비아, 브라운, 다트머스, 코넬 순이다. 버핏은 펜실베이니아대학교를 2년간 다녔지만, 집이 그립기도 했고 네브래스카주에서 하고 있던 사업에 집중하고 싶었다. 결국 네브래스카대학교 링컨캠퍼스에서 경영학 공부를 마치고 열아홉 살에 학사 학위를 받았다. 대학교를 마칠 때까지 그는 현재 물가로 약 10만 달러에 달하는 금액을 모을 수 있었다. 요즘 대학교를 다니는 청년들은 10만 달러의 빚을 안은 채 졸업하는 경우가 허다하니 안타까울 따름이다.

대학교를 졸업하고 1년 뒤 버핏은 뉴욕에 있는 아이비리그 학교인 컬럼비아대학교에 입학했다. 그곳에서 경제학을 공부한 그는 스무 살에 석사 학위를 받았다. 그때 이미 버핏의 금융 감각은 두각을 나타내기 시작했다. 그는 후에 그의 멘토가 된 투자의 귀재 벤저민 그레이엄Benjamin Graham의 석사 과정 수업에서 유일하게 A$^+$를 받았다.

버핏이 행복한 이유

버핏은 행복한 사람이다. 돈을 벌기 위해 하는 일을 사랑한 것이 행복의 가장 큰 비결이었다. "내게 행복을 정의하는 것은 어렵지 않습니다. 행복은 바로 나, 자신이기 때문이지요. 나는 매일, 매년 내가 좋아하는 일을 합니다. 내가 좋아하는 사람들과 함께 일하며 내 속을 뒤틀리게 만드는 사람과는 어울릴 필요가 없습니다. 나는 탭댄스를 추며 일하러 가고, 사무실에 도착해서는 노는 기분으로 일합니다. 일이라는 게 참 재미있지요." 그의 말을 팁으로 요약해보자.

BUFFETT's TIP 4

좋아하는 일을 밥벌이로 삼으라.

〈댄싱 위드 더 스타〉Dancing with the Star라는 쇼가 엄청나게 흥행했는데도 요즘 젊은이들은 탭댄스를 추지 않는다. 어쩌면 일하러 가는 길에 탭댄스 대신 '강남스타일'이나 SNS에서 유행하는 춤을 출지도 모르겠다. 두말할 필요 없이, 버핏은 버크셔해서웨이를 운영하고 회사를 위해 투자하는 자신의 직업을 사랑한다. 그런 만큼 엄청난 부를 이루고도 은퇴하지 않는다. 그는 함께 일하는 사람들도 좋아하는데, 그중에서도 특히 그의 비즈니스 파트너인 찰리 멍거를 좋아한다. 요즘 사람들이 쓰는 말로 멍거는 버핏의 '절친'이다. 버핏과 마찬가지로 억만장자 투자가인 멍거 역시 아흔여섯 살의 나이에도 아직 손에서 일을 놓지 않았다. 이 책에서 멍거에 관해 많이 듣게 될 테니 이름을 기억해두면 좋을 것이다.

버크셔해서웨이가 소유한 회사 중에는 네브래스카퍼니처마트가 있다. 이 회사는 네브래스카주 오마하에 있으며 북미 대륙에서 가장 큰 가구점이다. 이름에서 알 수 있듯 가구를 주로 판매하지만, 텔레비전이나 컴퓨터, 냉장고 같은 다른 상품들도 판매한다. 말하자면 집 내부에 필요한 물건들은 전부 판매하는 셈이다. 1983년에 버크셔해서웨이는 이 회사를 'B 여사'라는 애칭으로 불리는 창립자 로즈 블럼킨Rose Blumkin으로부터 사들였다. 그녀는 남부러울 것 없이 부유했지만, 세상을 떠나기 직전인 백네 살까지 가구점에 출근했다. 그녀는 일주일 내내 하루도 쉬지 않고 10시간씩 일하며 남다른 근면함을 자랑했다. 노년에도 매일 긴 시간 동안 일했으며 스쿠터를 타고 출퇴근했다. 그녀의 직업의식은 책임감의 표본이라 할 만하다.

내가 학생들과 함께 버핏을 방문했을 때, 누군가 버핏에게 가장 좋아하는 장소를 물었다. 그는 '사무실'이라고 답했다. 그리고 전 세계에서 휴가를 보내봤지만, 먼 곳으로 여행을 떠나기보다 일을 하는 것이 좋다고 덧붙였다. 우리는 이 대목을 기억해야 한다. 좋아하는 일을 직업으로 삼으면 일을 즐길 수 있다. 좋아하는 일이라면 잘하게 될 것이고, 일로서 성공할 확률이 높아진다. 결국 돈을 더 벌 수 있을 뿐만 아니라 더 행복해질 수 있다. 제14장에서 일과 관련된 문제들을 버핏의 관점에서 한번 살펴보도록 하자.

소통하는 기술을 배우면
소득을 50퍼센트 이상 늘릴 수 있다

내가 버핏과 다시 만났을 때의 일이다. 한 학생이 버핏에게 커리어를 성공적으로 쌓기 위해 가장 중요한 기술이 무엇인지 물었다. 버핏은 뭐라고 답했을까? 그는 소통의 기술을 강조했다. 그러면서 좋은 아이디어가 있을 때 올바르게 소통하지 않는다면 그것은 마치 '좋아하는 여자에게 어둠 속에서 윙크를 날리는 꼴'이라고 지적했다. 어둠 속에서는 누군가 윙크를 하고 있는지 아무도 모를 것이다. 그러면 아무 소득도 얻을 수 없다. 버핏은 소통을 잘하면 잠재 소득을 50퍼센트 가까이 늘릴 수 있다고도 했다. 이는 투자한 시간에 비해 매우 좋은 수익률이며, 하나의 팁으로 기억할 만한 가치가 있다.

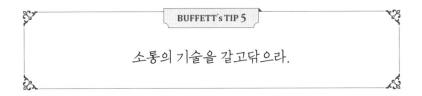

BUFFETT's TIP 5

소통의 기술을 갈고닦으라.

소통의 기술은 말하기, 쓰기, 듣기 능력과 대인 관계를 맺는 능력을 포함한다. 대인 관계 능력이란 사람들과 어울리고 영향을 끼치고 다른 사람들을 이끌 수 있는 능력을 말한다. 버핏은 소통의 기술을 갈고 닦는 데 데일 카네기 수업이 가장 도움이 됐다고 했다. 20세기 초에 활동한 자기계발 전문가인 데일 카네기는 《인간관계론》How to Win Friends and

Influence People이라는 저서로 유명하다. 제13장 전체를 할애해 소통과 대인 관계 기술에 관해 다룰 예정이다. 이 중 상당 부분이 카네기의 가르침을 바탕으로 한다.

버핏은 데일 카네기 수업을 듣기 전의 자신을 '헛똑똑이'라고 묘사한다. 펜실베이니아대학교, 네브래스카대학교, 컬럼비아대학교 같은 명문 학교를 졸업한 그이지만 그의 사무실 벽에 걸린 단 하나의 졸업장은 데일 카네기 프로그램의 수료증뿐이다.

불공평하다고 생각할 수 있지만, 대부분 사람들은 말을 하고 글을 쓰는 방식을 보고 상대방의 지식 수준을 판단하곤 한다. 불량배처럼 행동한다면 사람들은 여러분 곁을 떠날 것이다. 또 아무도 여러분과 같이 일하거나 여러분을 위해 일하고 싶어 하지 않을 것이다. 그러니 버핏의 말을 새겨듣자. 소통의 기술을 갈고닦고 개선하는 것은 여러분이 부를 쌓기 위해서뿐만 아니라 실질적으로 삶의 모든 영역을 더 낫게 만들 수 있는 일 중 가장 중요한 과제다.

진정성 있는 행동은 언제나 옳고 사업에도 도움이 된다

진정성이란 도덕적이고 정직한 태도로 진실하게 행동하는 것을 말한다. 진정성 있는 사람은 약속을 지키며 믿을 수 있을 뿐만 아니라 지조 있는 사람이다. 버핏도 항상 완벽한 것은 아니었다. 10대 때는 사소한 문제를 일으키기도 했다. 하지만 현재 그는 재력과 자선활동뿐만 아니라 진정성 있는 사람으로 아주 잘 알려져 있다. 예를 몇 가지 들어 보자.

1960년 후반 버핏은 몇몇 가족과 친구들, 지인들의 자산을 가지고 투자해 놀라운 성과를 얻어냈다. 물가 상승을 고려해 환산해보면 당시 그는 연간 거의 100만 달러를 벌고 있었다. 하지만 그는 더 이상 투자 사업을 하지 않기로 했고 투자자들에게 돈을 돌려줬다. 왜 그랬을까? 그는 주식 시장이 고평가돼 있어 자신의 투자 성향으로는 좋은 결과를 내기 힘들다고 생각했다. 다시 말해 그는 투자자들을 위해 만족할 만한 성과를 낼 수 없다는 판단이 들면 연간 수백만 달러를 벌 기회라도 기꺼이 포기하는 사람이었다.

버핏은 직원들에게 지역 신문에 자신의 행동이 낱낱이 실려도 창피하지 않을 만큼 바르게 처신하라고 당부하기도 했다. 요즘으로 치면 신문 대신 페이스북이나 인스타그램, 스냅챗을 떠올리면 더 와닿을 것이다.

버크셔해서웨이의 1990년도 주주 서한에서 버핏은 이렇게 적었다. "우리는 약속한 대로 행동할 것입니다. 그렇게 약속했기 때문이고, 가장 성공적인 사업 성과를 얻기 위해서는 그렇게 해야만 하기 때문입니다." 이 말은 진정성 있는 행동이 도덕적으로 옳은 일일 뿐만 아니라 사업을 성공으로 이끌어주기도 한다는 뜻이다.

1990년대 버핏은 **월스트리트**Wall Street의 살로몬브라더스Salomon Brothers라는 투자 은행에 투자한 적이 있다. 투자 은행에서는 투자 상품

중 주식과 채권을 거래한다. 당시 살로몬브라더스의 거물급 트레이더 중 몇 사람이 증권법을 어기는 바람에 회사가 망할 위기에 처해 있었다. 버핏은 회사가 파산하는 것을 막기 위해 직접 사태에 개입해 회사를 운영하기로 했다. 이후 의회로부터 투자 스캔들 청문회에 참여해 증언하라는 요구를 받았다. 청문회가 시작됐을 때 그는 가장 유명한 명언 중 하나를 남겼다. "회사를 위해 돈을 잃는 것은 이해하겠다. 하지만 회사의 명성에 조금이라도 먹칠을 한다면 절대 참지 않을 것이다."

한편 2017년에는 일리노이주 자이언 지역에서 데어리퀸 매장을 운영하던 점주가 고객에게 인종차별 발언을 하는 사건이 발생했다. 데어리퀸은 버크셔해서웨이가 운영하는 아이스크림 브랜드다. 데어리퀸은 인종차별 발언을 한 자이언 매장 점주를 신속하게 해고하고 해당 매장에도 폐점 조치를 내렸다. 데어리퀸 대변인은 다음과 같이 입장을 밝혔다. "최근 일어난 프랜차이즈 점주가 발단이 된 사건은 변명의 여지가 없는 부끄럽고 용납할 수 없는 사건이다. 데어리퀸 본사와 직원, 고객과 전 세계 각지에 있는 데어리퀸 매장의 가치를 대변하지 않는다. 우리는 프랜차이즈 매장과 직원 모두가 데어리퀸 매장 안으로 들어서는 모든 고객을 품격을 갖춰 존중으로 대하길 바란다. 이러한 믿음에서 벗어난 태도는 절대 용납할 수 없다." 버핏의 성향을 따졌을 때, 데어리퀸의 경영진이 직접 문제를 해결하도록 맡겼을 확률이 높다. 그에 앞서 버크셔해서웨이의 문화가 관련자를 신속하게 엄벌하는 데 크게 영향을 미쳤을 것이다. 진정성이라는 개념에 관한 일화들 역시 팁으로 정리해둘 만하다.

언제나 진정성 있게 행동하라.

싸게 사서 비싸게 팔라

온라인으로든 오프라인으로든 물건을 좋은 가격에 구매하면 기분이 좋다. 누구라도 '한 개 사면 하나 더!'라든가 70퍼센트 세일 같은 문구에 눈길이 간다. 공짜를 마다할 사람이 있을까? '쌀 때 사서 비쌀 때 팔라'라는 투자 조언은 강산만큼이나 오래된 조언이다. 월마트Walmart의 가장 유명한 광고 문구에서도 '더 아껴 더 나은 삶을 사세요'라고 하지 않던가.

버핏의 입장에서 주식이나 회사 전체를 살 때도 마찬가지다. 그는 가치 투자value investing라고 부르는 투자 스타일을 고수하고 있다. 가치 투자는 상품을 대폭 할인된 가격에 사는 전략이다. 팔려는 상품이 가격이 오른다고 가정하면 낮은 가격에 살수록 상품을 팔았을 때 이익을 많이 볼 수 있다.

버핏이 시도했던 투자 중 가장 유명한 투자는 버크셔해서웨이다. 1962년 12월, 그는 1주당 7달러 65센트였던 버크셔해서웨이의 주식을 처음 매수했다. 회사의 장부와 기록, 또는 투자 분석가들이 재무제표financial statement라고 부르는 분석 자료를 살펴본 버핏은 당시 버크셔해서웨이의 주식이 최소 주당 20달러는 족히 돼야 한다고 생각했다. 그의 계산에 따르면 62퍼센트 할인된 가격으로 주식을 사는 셈이었다. 1965년까지 버핏은 회사를 좌지우지할 수 있을 정도로 충분한 주식을 사 모았다. 지금은 어떻게 됐을까? 2022년 현재 버크셔해서웨이의 주식은 약 47만 달러다. 물론, 1주당 가격이다.

버핏이 투자에 성공한 사례는 너무 많아서 일일이 나열하기 힘들 정도다. 그는 아메리칸익스프레스의 주식을 매수하면서 미국 금융 시스템의 중심지인 월스트리트의 주목을 받았다. 아마 여러분도 신용카드에 찍힌 아메리칸익스프레스 로고를 본 적 있을 것이다.

1963년 아메리칸익스프레스는 얼라이드 크루드 베지터블 오일 리파이닝Allied Crude Vegetable Oil Refining Company이라는 회사에 자금을 댄 적이 있다. 샐러드용 오일이나 드레싱을 파는 회사치고는 꽤나 거창한 이름이다. 그런데 이곳에서 사업을 투명하게 운영하지 않고 부정행위를 저질러 문제가 됐다. 물이 채워진 커다란 드럼통에 샐러드용 오일을 약간 부어놓고는 드럼통 전체가 샐러드용 오일로 꽉 찬 것처럼 속였다. 간 큰 사기행각이었다.

결론적으로 누군가 사기 행각을 만천하에 알리면서 그들의 만행은 끝이 났다. 아메리칸익스프레스는 그 회사의 사기 행각이 폭로되기 전 자금을 융통해줬고, 문제가 터지자 주가가 폭락했다. 이때 버핏이 나섰다. 그는 사건 자체는 끔찍하지만 아메리칸익스프레스가 극복할 수 없는 문제는 아니라고 생각했다. 해외에서 현금 대신 사용할 수 있는 결제 수단인 여행자 수표traveler's check나 신용카드 사업 등은 여전히 문제없이 운영되고 있었다. 버핏은 몇몇 사람들에게 이런 사실을 확인받았다.

사건이 터지기 전 주당 65달러였던 아메리칸익스프레스의 주가는 1964년에는 주당 37달러까지 폭락했다. 버핏은 주식이 폭락하기 시작할 즈음부터 주식을 사 모으기 시작했다. 5년 뒤 그가 주식을 팔았을 때, 주가는 다섯 배 이상 올라 있었다. 그는 투자에서 '그랜드 슬램'을 여러 번 달성하기도 했다. 그 내용도 이 책에서 곧 살펴볼 것이다. 이제까지 살펴본 이야기들의 공통점을 팁으로 정리해보자.

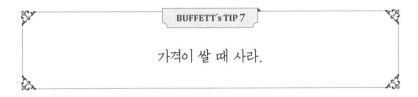

BUFFETT's TIP 7

가격이 쌀 때 사라.

동료 때문에 압박을 받지 않는 법

동료에게서 받는 압박감은 청년들과 때로는 나이가 지긋한 어른들조차도 가장 해결하기 힘들어하는 문제 중 하나다. 마음속으로 옳지 않은 일이라 생각해도 친구나 동료가 부탁하면 거절하기가 쉽지 않다. 버핏은 동료로부터 받는 압박에 대응하는 방법을 개발했다. 그의 아버지인 하워드 버핏에게 배운 방법이기도 하다. 버핏은 이를 내면의 점수표 inner scorecard라고 부른다. 내면의 점수표를 갖춘다는 말은 자신의 방식에 따라 자신의 판단을 바탕으로 삶을 산다는 뜻이다. 다른 사람들에게 영향을 받는 사람은 **외면의 점수표**outer scorecard를 가진 셈이다.

버핏은 이렇게 말한 적이 있다. "사람들의 행동 방식에서 가장 중요한 핵심은 내면의 점수표를 가졌는지 외면의 점수표를 가졌는지다. 내면의 점수표에 만족할 수 있다면 동료 때문에 압박을 받지 않을 수 있다." 그러니 다른 사람들이 여러분에 대해 어떻게 생각할지 너무 걱정하지 말자. 자신이 옳다고 여기는 일을 하자. 버핏은 이렇게 말하기도 했다. "자녀를 가르칠 때, 아주 어린 자녀는 부모가 강조하는 것을 배우게 된다. 세상이 자신을 어떻게 생각할지에 집중하면서 실제로 자신이 어떤 행동을 하는지는 생각하지 않는다면 결국 외면의 점수표를 가진 사람으로 자랄 것이다."

만약 이 책을 미성년자가 읽는다면 부모님의 지도가 필요할지도 모르겠다. 내면의 점수표라는 개념에 관해 버핏이 아슬아슬한 수위로 설명한 말을 소개하자면 다음과 같다. "나는 항상 이렇게 설명하곤 한다. '자, 세계에서 가장 사랑을 잘 나누는 사람이지만 모두가 별 볼 일 없다고 생각하는 사람이 되고 싶은가, 아니면 세계에서 가장 별 볼 일 없지만 모두가 가장 사랑을 잘 나눈다고 생각하는 사람이고 싶은가?'" 내면의 점수표를 지닌 사람들이라면 당연히 세상이 무슨 생각을 하든 신경 쓰지 않고 자기 스스로 믿는 진실을 중요하게 여길 것이다.

버핏은 억만장자가 돼서도 삶의 모든 측면에 내면의 점수표를 적용했다. 그는 비교적 검소한 생활을 유지했고, 대저택이 아닌 평범한 집에 1958년부터 계속 살았다. 그는 맥도날드 햄버거, 사탕, 땅콩 캐러멜, 체리코크 등 여러 정크푸드를 식단에 포함시킬 때가 많다. 건강 면에서는 최악이라 할 수 있다. 하지만 투자적 관점에서 보면 그는 모두가 '아니요'라고 할 때 '예'를 외칠 수 있는 사람이다. 사실 여러분이 맞기만 하다면 이럴 때 돈을 가장 많이 벌 수 있다. 그는 "사람들이 욕심부릴 때는 몸을 사리고, 사람들이 몸을 사릴 때는 욕심을 부리라."라고 말했다. 이 이야기는 제5장에서 더 자세히 다루기로 하고, 여기서는 짧은 예시 하나만 소개하고 넘어가자.

앞서 소개한 말은 2차 세계 대전 이후 가장 심각한 경기 침체를 맞았던 2007년부터 2009년까지의 대침체Great Recession 당시에 남긴 명언이다. 씨티은행Citi bank, 리먼 브라더스Lehman Brothers, 베어스턴스Bear Stearns, 메릴린치Merril Lynch, 모건스탠리Morgan Stanley, 아메리칸인터내셔널그룹American International Group과 같은 금융기관들이 대침체 시기의 불황에 가장 큰 타격을 입었다.

금융 시장이 무너져가는 것처럼 보이던 대침체 가운데, 버핏은 큰 규모로 금융 서비스를 제공하던 골드만삭스Goldman Sachs와 제너럴일렉트릭General Electric, GE의 주식을 샀다. 나중에는 BOA의 주식을 샀다. 이미 예상했겠지만 경제가 회복된 후 그는 투자했던 종목마다 수십억 달러에 달하는 어마어마한 이익을 거뒀다.

이 책을 쓰고 있는 지금, 세계는 코로나19COVID-19라는 재앙과 씨름하고 있다. 버크셔해서웨이는 1,250억 달러를 깔고 앉아 코로나19로 시작된 팬데믹을 관찰하는 중이다. 그리고 우리는 버크셔해서웨이와 버핏의 결정이 불러올 결과에 기꺼이 베팅할 준비가 돼 있다. 버크셔해서웨이는 이번에도 훌륭한 회사들을 좋은 가격에 사들이고 수십억 달러의 이익을 거둘 테니 말이다. 버핏이 주장한 내면의 점수표를 팁으로 정리하고 넘어가자.

유머 감각을 가지자

다섯 살을 넘기면 인생이 오르막과 내리막이 반복되는 롤러코스터와 같다는 사실을 깨닫게 된다. 애플의 공동 창립자인 스티브 잡스는 스탠퍼드대학교의 졸업식 축사에서 "삶이 벽돌로 여러분의 머리를 내려칠 때가 있다. 그래도 신념을 잃지 말라."라는 멋진 말을 남기기도 했다. 남부러울 것 없을 것 같은 잡스의 삶에는 굴곡이 많았다. 회사 운영과 관련된 모든 책임을 지는 기관인 이사회Board of Directors, BOD에서 해임당해 애플을 떠나야 했던 때도 있었다.

'어떻게 자기 회사에서 해임을 당하지?'라고 생각할 수도 있다. 간단히 말하면 잡스가 회사 전체를 소유한 것이 아니다. 그리고 회사 운영 방침에 대해 이사회와 의견이 맞지 않아 벌어진 일이었다. 이사회는 잡스 대신 회사를 운영할 다른 사람을 찾았고, 1985년 결국 그는 애플에서 쫓겨났다. 그러나 1997년, 그는 보란 듯이 다시 애플에 복귀했다.

이후 그가 세상을 떠날 때 애플의 주식은 세계에서 가장 가치 있는 주식으로 성장해 있었다.

잡스는 암과 오랫동안 씨름했다. 2003년에 처음 췌장암 진단을 받은 이후 수년간 용감하게 병마와 싸웠다. 세상을 완전히 바꿔놓은 그였지만, 2011년 결국 암으로 세상을 떠났다.

버핏이 훌륭한 투자가가 되지 못했다면 아마 코미디언이 됐을지도 모른다. 그는 학생들이 자신보다 훨씬 옷을 잘 입고 건강한 음식을 먹는다고 추켜세우며 자신을 조롱했다. 때때로 자신을 깎아내려 남을 웃기는 사람을 자기비하적인 유머 감각의 소유자라고 말한다. 버핏도 그런 사람 중 하나였다. 데일 카네기 세미나를 운영하는 사람들도 종종 그런 감각을 갖추라고 조언한다. 자기 자랑만 해대는 허풍쟁이를 좋아할 사람은 없을 테니 충분히 이해할 만한 조언이다.

버핏의 유머 감각에 관한 이야기로 다시 돌아가보자. 누군가 직업에 관해 조언해달라고 부탁하자 버핏은 이렇게 답했다. 미성년자라면 보호자의 설명이 필요할지도 모르겠다.

"하고 싶은 일을 시작해야만 할 때가 있습니다. 좋아하는 직업을 택하세요. 아침에 눈을 떴을 때 이불을 걷어차고 나올 수 있을 것입니다. 이력서에 쓰기 좋다는 이유로 싫어하는 일을 계속하는 것은 정신 나간 짓입니다. 쪼글쪼글 늙을 때까지 섹스를 하지 않고 아껴두는 것이나 마찬가지 아닌가요?"

모두 잘 알고 있듯이 이력서는 교육 수준과 경력, 기술 등을 정리해 적은 문서다. 직업을 찾을 때 출력하거나 전자 문서로 제출한다. 이력서에 관한 내용은 직업에 관해 이야기할 제14장에서 다시 다루자. 자기 비하 유머 코드가 엿보이는 버핏의 명언은 1987년 버크셔해서웨이의 주주 서한에서도 찾을 수 있다.

"무엇이든 빨리 배우는 이 회사의 회장은 좋은 회사를 사는 것이 얼마나 중요한지 깨닫는 데 단 20년밖에 걸리지 않았습니다. 나는 한때 '바겐 세일'하는 회사들을 찾아다녔습니다. 불행하게도 가끔 그런 회사를 찾는 데 성공했고, 결국 적은 품목을 취급하는 농기구 제조사, 시장 입지가 애매한 백화점, 뉴잉글랜드의 섬유 공장을 사는 대가를 치르게 됐습니다."

우리가 무슨 이야기를 하려는지 이해했길 바란다. 평범한 사람은 상상도 할 수 없을 만큼 엄청난 부를 축적했음에도 버핏은 쓸데없이 무게를 잡지 않는 재미있는 사람이다. 사람들이 그를 좋아하는 것도 바로 그 때문이다. 이제 버핏의 말을 팁으로 정리해보자.

BUFFETT's TIP 9

자신을 유머의 소재로 삼을 줄 아는 사람이 되라.

길이 남을 버핏의 업적: 자선활동

버핏은 자산의 99퍼센트를 자선단체에 기부하고 있다. 버핏이 세계 최고 부자가 될 수 있었던 것은 그가 일을 사랑했기 때문이지 돈을 좇았기 때문이 아니라는 것을 알 수 있는 대목이다. 한두 세대가 지나고 나면 사람들은 어쩌면 그의 화려했던 투자 성과보다 자선사업의 업적으로 그를 기억할지도 모른다. 믿기 힘들겠지만, 지금도 게이츠를 마이크로소프트의 공동 창립자로 아는 사람보다 게이츠 재단을 운영하는 사람으로 아는 사람들이 더 많다.

버핏이 비싸고 좋은 것들을 사려고 부자가 된 게 아니라는 점을 확실히 해두자. 그는 결코 그런 사람이 아니다. 버핏은 "여러분이 운이 좋은 1퍼센트에 속해 있다면 나머지 99퍼센트 사람들에게 빚을 지고 있다고 여기며 언제나 그들을 생각해야 한다."라고 했다. 또한 그는 수잔 또는 수지라고 불렸던 첫 번째 아내와 그의 아버지가 자신의 성격과 도덕적 신념을 형성하는 데 큰 영향을 미쳤다고 이야기한다. 그의 아버지 하워드 버핏도 누구보다 진정성 있는 사람이었다. 하원의원이던 시절에는 자신이 낮은 급여를 받기로 약속하고 당선됐으니 자신의 급여를 인상해서는 안 된다고 주장하기도 했다.

버핏의 아내였던 수잔은 여러 자선활동에 참여했다. 1960년대 모든 미국인에게 평등한 권리를 보장하기 위해 일어났던 여러 시민운동을 지지하기도 했다. 가장 잘 알려진 버핏의 자선활동은 매년 샌프란시스코의 글라이드파운데이션과 함께 진행하는 점심 식사 경매다. 경매 낙찰자는 버핏과 점심 식사를 함께할 기회를 얻는다. 낙찰가가 450만 달러를 넘길 때도 있으니 정말 비싼 점심 식사인 셈이다. 버핏에게 글라이드파운데이션을 알려준 사람이 바로 수잔 버핏이었다. 앞서 이야기한 것처럼 버핏은 게이츠와 함께 더기빙플레지에 참여하고 있으며 이 단체를 통해 수조 달러가 자선활동에 쓰일 예정이다.

주머니 사정이 넉넉하지 않아도 돈 없이 할 수 있는 활동들도 많다. 시간이나 노동력 또는 따뜻한 가슴만 있으면 된다. 나는 대학생들과 함께 버핏을 만나 참가자 모두가 어떤 형태로든 자선활동에 참여하겠다는 뜻을 적은 카드를 건넨 적이 있었다. 자신들을 만나기 위해 시간을 내준 버핏에게 '감사'를 표현하기 위한 선물이었다. 버핏은 카드를 받고 어떤 반응은 보였을까? 그는 "내게 할 수 있는 최고의 선물"이라고 말하며 감동했다고 한다. 자선활동과 기부에 대해서는 제15장에서 더 자세히 다루겠지만, 우선 이 장의 마지막 팁으로 정리해두자.

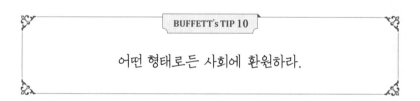

BUFFETT's TIP 10

어떤 형태로든 사회에 환원하라.

버핏이 누구인지 알아보며 금융 문해력과 삶을 위한 기본 팁들을 살펴봤으니 이제 본격적으로 행동을 시작할 때다. 여정을 함께하게 될 여러분을 환영한다.

"투자자에게 가장 중요한 덕목은
지성이 아니라 기질이다."

_워런 버핏, 〈버핏이 지키는 원칙〉

제2장

버핏이 알려주는
투자의 기본 개념들

학교에 처음 들어가면 '읽는 법, 쓰는 법, 숫자 계산하는 기술'을 배운다. 단어 사용에 아주 깐깐한 사람들을 위해 좀 더 자연스럽게 고쳐 말하면 읽기, 쓰기, 셈법이 될 것이다. 이 세 과목은 초등학교에서 배우게 될 다른 과목들의 기반이 된다. 공립학교 대부분과 여러 사립학교에서는 수학 수업과 언어(영어) 수업에서 어떤 내용을 가르쳐야 하는지 체계적으로 정리한 지침인 '커먼코어'Common Core를 활용한다. 학교 수업과 마찬가지로 금융 문해력에도 핵심 개념들이 있고, 이 장에서 그중 몇 가지를 살펴보려고 한다. 그리고 이 책을 다 읽을 때쯤 요약된 팁들만 훑은 것이 아니라면 여러분 스스로 금융 문해력을 갖췄다고 자부할 수 있을 것이다.

'시간이 돈이다'라는 말을 들어본 적이 있을 것이다. 금융업계 사람들은 이 말을 약간 고쳐 이렇게 이야기한다. "돈에는 시간적 가치가 있다." 이 개념을 이해하기 쉽게 설명하자면, 지금 여러분 수중에 있는 100달러를 은행에 넣으면 제1장에서 언급했던 '이자'를 받을 수 있다는 말이다. 100달러는 시간이 지나면서 100달러 이상으로 불어난다. 얼마가 늘어날지는 이자율에 따라 다르다. 은행에서는 여러분이 계좌에 입금한 돈 대부분을 돈이 필요한 사람, 즉 차용인들borrowers에게 빌려준다. 차용인은 자동차를 사거나 학비를 대기 위해, 집을 구매하기 위해 또는 다른 여러 이유로 돈이 필요한 이들이다. 개인뿐만 아니라 회사나 정부도 차용인이 될 수 있다. 그중 집 또는 건물을 위해 받는 대출을 주택담보대출mortgage이라고 부른다.

이자율은 투자자본수익률return on an investment, ROI의 한 형태다. 여기에서 수익이란 돈을 벌었을 때는 늘어나는 금액, 돈을 잃었을 때는 줄어드는 금액을 말한다. 그래서 은행에 돈을 예금하거나 주식이나 집, 다른 물건들을 살 때 수익률을 따지게 된다. 수익률은 여러분의 순자산에 중요한 영향을 미치는 요인 중 하나이기도 하다. 하지만 우선 이자율이라는 개념에만 집중하기로 하자.

'복리의 기적'이란?

앞에서 은행에 넣기로 한 100달러를 떠올려보자. 연이율이 3퍼센트라고 가정하면 1년 후 계좌 잔고는 103달러가 돼 있을 것이다. 그리고 또 1년이 흐를 때까지 돈을 계속 은행에 두면 3퍼센트의 이자가 붙어 잔고는 106.09달러가 돼 있을 것이다. 수학과 친하지 않은 독자들을 위해 이 책에는 복잡한 계산이 필요한 예시는 넣지 않을 예정이다. 알아듣기 쉬운 말로 설명할 수 없는 식은 따로 실으려고 한다. 일반적으로 쓰이는 수식인 미래 가치Future Value 공식에서 일 년 후의 가치는 현재 가치에 (수익률＋1)의 T승을 곱한 값이다. 여기에서 T는 시간을 의미하며 앞의 예시에서는 1년이 될 것이다.

제1장에서 배운 팁 중에 '빨리 부를 쌓기 시작하라'라는 팁이 있었다. 미래 가치 공식을 사용하면 시간이 흐르는 동안 돈이 불어나는 '복리의 기적'의 원리를 확인할 수 있다. 의약학이 발전한 결과 오늘날 태어나는 사람들은 적어도 백 살까지 거뜬히 살 수 있다고 한다. 그러니 그다지 내키지 않더라도 여러분의 나이의 자릿수가 세 자리가 될 때를 대비해야만 한다.

스무 살에(마음만 스무 살일지라도) 계좌에 고이 넣어둔 1만 달러가 백 살이 됐을 때 얼마가 돼 있을지 확인해보자. 스무 살이 넘은 사람이라면 여러분이 영화 〈트와일라잇〉Twilight 시리즈에 나오는 크리스틴 스튜어트Kristine Stewart가 맡은 역할처럼 뱀파이어로 변해서 백 살 이상 살 수 있다고 생각하자. 스무 살 청년에게 1만 달러는 굉장히 큰돈이지만, 일찍부터 돈을 모으기 시작한다면 모으기 불가능한 액수도 아니다. 처음 돈의 가치는 1만 달러이고, 우리에게는 80년이라는 시간이 있다. 이제 필요한 것은 돈이 불어나는 속도, 즉 복리 이자율이다.

두 가지 전략을 세워 결과를 살펴보자. 첫 번째 전략에서는 원래 가치에 비해 가격이 싼 소형 주식, 또는 재정 전문가들이 부르는 말로는 소형 가치주small cap value stocks라는 이름표가 붙은 바구니에 돈을 넣었다고 생각해보자. 역사적으로 이 전략은 1년에 14퍼센트의 수익률을 가져다줬다. 제5장에서 소형 가치주에 대해 자세히 다룰 테니 지금은 예시에 집중하자. 두 번째 전략은 지금껏 연평균 20퍼센트의 수익률을 거둬온 버핏 또는 버핏의 복제인간에게 이 돈을 맡기는 것이다.

80년 후 여러분의 자산은 어떻게 돼 있을까? 수백만 달러가 돼 있

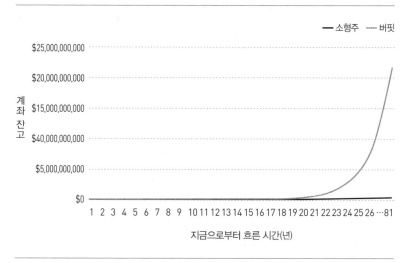

**80년 동안 1만 달러를 워런 버핏에게 맡기거나
소형 가치주 인덱스펀드에 투자했을 때**

━ 소형주　━ 버핏

계
좌
잔
고

$25,000,000,000

$20,000,000,000

$15,000,000,000

$40,000,000,000

$5,000,000,000

$0

1 2 3 4 5 6 7 8 9 10 11 12 13 14 15 16 17 18 19 20 21 22 23 24 25 26 …81

지금으로부터 흐른 시간(년)

을까? 첫 번째 전략에 따라 소형 가치주에 자산을 투자하면 80년 뒤 3억 5,700만 달러를 거머쥘 수 있다. 버핏에게 돈을 맡겼다면? 자산은 자그마치 216억 달러로 불어 있을 것이다. 이 놀랄 만한 결과를 위의 그래프를 통해 확인할 수 있다. 돈이 급격히 불어나는 것은 시간이 한참 흐른 뒤부터다. 일찍 투자를 시작해야 하는 이유가 바로 여기에 있다. 기억나는 속담이 있지 않은가? 일찍 일어나는 새가 벌레를 잡아먹는다더니, 옛말에는 하나도 틀린 게 없다.

돈의 시간적 가치와 관련해 생각해볼 문제는 나중에 받게 될 돈에 대해 오늘 얼마를 지불해야 할지 결정해야 할 때가 종종 있다는 것이다. 예를 들어 제4장에서 이야기할 연방 정부에서 발행하는 **미정부저축채권**US Savings Bonds 을 사려면 이 문제를 해결해야 한다. 액면가에서 할인된 가격으로 저축 채권을 사면 매월 이자가 쌓인다. 가장 일반적인 '시리즈 EE'라는 채권은 미국 정부에서 20년간 적어도 두 배 이상의 수익을 보장한다. 정부에게 돈을 빌려준다고 생각하면 채권을 쉽게 이해할 수 있을 것이다.

조금 전 예시의 반대 경우를 생각해보자. 만약 누군가 여러분에게 오늘로부터 1년 후 100달러를 준다면 여러분은 대가로 얼마를 지불해야 할까? 여러분이 돈의 시간적 가치 개념을 배운 이상 100달러보다 낮은 금액을 생각했길 바란다. 이 경우 미래에 받게 되리라고 예상하는 돈에 할인을 적용하는 셈이고 오늘 지불할 정확한 금액은 할인율discount rate, 즉 이자율에 따라 달라진다.

'미래 가치' 공식을 반대로 적용하면 오늘 얼마를 내야 할지 계산할 수 있는데, 이 공식을 현재 가치Present Value 공식이라고 부른다. 이번에도 3퍼센트 이자율을 적용해 미래 가치를 (1+이자율)의 T승으로 나누면 현재 가치를 구할 수 있다. 여기에서도 마찬가지로 T는 시간을 의미하며 우리의 예시에서는 1년이 될 것이다. 계산해보면, 지금부터 1년 후 받게 될 100달러에 대해 오늘 '최대' 97.23달러까지는 내도 괜찮다는 결과가 나온다. 97.23달러보다 낮은 가격으로 거래를 성사시킨다면 좋은 거래를 했다고 할 수 있다.

삶의 기본 원칙, 기회비용

어렸을 때 부모님 또는 선생님께서 《토끼와 거북이》The Tortoise and the Hare, 《여우와 신 포도》The Fox and the Grapes, 《양의 탈을 쓴 늑대》Wolf in Sheep's Clothing 같은 이솝우화를 읽어준 적이 있을 것이다. 이솝우화는 아주 오래전, 고대 시대부터 전해 내려오는 이야기로 적어도 2,400년 이상 된 이야기다. 당시에는 기록하기가 쉽지 않았던 탓에 이솝에 대해 여러 이야기가 전해진다. 그중 한 이야기에 따르면 이솝이 기원전 620~564년 사이 고대 그리스에 살던 노예였다고 한다. 훌륭한 이야기 솜씨 덕분에 자유의 몸이 됐다는 그는 총 600개의 우화를 지어냈다고 알려져 있다.

이솝우화 중 《매와 나이팅게일》The Hawk and the Nightingale이라는 이야기에 "손안의 새 한 마리는 풀숲에 있는 새 두 마리의 가치가 있다."라는 구절이 나온다. 오늘 확실하게 먹을 수 있는 한 끼와 나중에 먹을 가능성이 있는 푸짐한 두 끼의 가치가 같다는 뜻이다. 버핏은 다음과 같이 말했다. "기원전 600년, 이솝이라는 사람이 가치를 따지는 방식을 이야기했다. 손에 쥔 새 한 마리는 수풀에 있는 새 두 마리만큼 가치가 있다. 투자란 수풀에 있는 새 두 마리 이상을 얻기 위해 지금 한 마리를 놓아주는 것이다."

물론 그는 우리가 새 대신 돈에 이 예시를 적용해주길 바랐을 것이다. 그는 주주 서한에서도 비슷한 이야기를 한 적이 있다. 제1장에서 언급한 적이 있고 제4장에서 자세히 다룰 '인플레이션'의 중요성을 강조하며 다음과 같이 말했다. "투자란 나중에 더 많은 돈을 벌기 위해 지금 있는 돈을 맡겨두는 것입니다. 물론 인플레이션을 따지더라도 남는 돈이 있어야겠지요." 투자는 금융 문해력을 갖추기 위해 꼭 알아둬야 할 내용이다. 이 또한 팁으로 정리해보자.

BUFFETT's TIP 11

투자란 나중에 더 많은 돈을 벌기 위해 지금 가진 돈을
맡겨두는 것이다. 더 많은 돈이란 실질적으로
인플레이션을 고려해도 수익을 거둔다는 뜻이다.

학자들 사이에서 '마시멜로 실험'이라고 불리는 유명한 연구에서 만족을 지연할 줄 아는 능력 또는 좋은 결과를 기다릴 줄 아는 능력이 삶에 엄청난 영향을 미친다는 사실이 증명됐다. 1960년대, 아이비리그 대학교에 버금가는 명문대 스탠퍼드대학교의 교수였던 월터 미셸Walter Mischel은 4~5세 아이들 수백 명을 대상으로 한 가지 실험을 한 뒤 몇십 년 후 이들이 어떻게 자랐는지 추적 관찰했다.

미셸 교수의 마시멜로 실험 내용은 다음과 같다. 미셸 교수와 그의 연구진은 방 안에 들어온 아이에게 마시멜로를 준다. 트윅스나 스니커즈 초콜릿 바를 줬다면 더 좋았겠지만, 어쨌든 이야기를 계속해보자. 그는 아이들에게 자신이 잠시 방을 나가야 하는데 자신이 돌아올 때까지 마시멜로를 먹지 않고 있으면 돌아와서 마시멜로를 '두 개' 주겠다고 약속했다. 아이들은 손안에 있는 마시멜로 하나와 숲속, 또는 미셸

교수의 주머니 안에 있는 마시멜로 두 개를 놓고 저울질해야 했다.

　그는 15분 동안 자리를 비운 후 방으로 다시 돌아왔다. 그사이 참지 못하고 바로 마시멜로를 먹어버린 아이들도 있고, 얼마쯤 기다리다 15분을 다 채우지 못하고 마시멜로를 먹어버린 아이들도 있었다. 그런가 하면 15분을 참고 기다린 아이들도 있었다. 이 아이들이 마시멜로를 매우 좋아했지만, 자신을 잘 통제할 수 있으며 만족을 지연시킬 줄 아는 아이들이었다고 가정하자.

　이 이야기에서 중요한 점은 마시멜로가 어떻게 됐는지가 아니라 '몇십 년' 뒤 아이들이 어떻게 자랐는지 추적 연구해 얻은 결과다. 15분을 기다렸던 아이들, 즉 만족 지연 능력을 지니고 있었던 아이들은 더 높은 SAT 점수를 받았고, 약물 남용에 빠질 위험도 더 적었으며, 사회성을 비롯한 삶에 긍정적인 영향을 미치는 요소에서 더 높은 점수를 기록했다. 이 연구 결과는 그 후 40년 뒤까지도 유효했다고 한다.

　'참는 자에게 복이 있다'라는 속담은 성공적인 투자자가 되는 데도 적용된다. 버핏은 "투자자에게 가장 중요한 덕목은 지성intellect이 아니라 기질temperament이다."라고 말했다. 대학 입학시험을 준비할 때 외우게 되는 필수 단어인 'Temperament', 즉 기질은 사람의 성질, 성미, 체질이라는 뜻이다. 인내심이 강하고 사람들에게 휩쓸리지 않는 기질을 가진 사람은 재정적으로 성공할 수 있다. 버핏이 기질에 관해 한 말도 팁으로 정리해두자.

투자자에게 가장 중요한 덕목은 지성이 아니라 기질이다.

그의 팁을 돈의 시간적 가치 변화 그래프에 적용해보자. 돈을 쓰지 않고 오래 기다릴수록 돈을 더 많이 가져갈 수 있다. 시간이 갈수록 복리가 붙어 돈이 점점 불어나기 때문이다. 제1장에서 이야기했던 '언덕 아래로 굴러가는 눈덩이'처럼 말이다. 물론 저축해둔 돈이 없으면 시간이 지나도 '한 푼'도 벌 수 없다. 결론적으로 기회비용이란, 오늘 당장의 이익과 내일, 익월, 내년 또는 수십 년 후 얻게 될 이익 중 하나는 포기해야 한다는 뜻이다.

위험과 수익에 관한 교훈

상트페테르부르크는 발트해 근처에 있는 러시아의 도시다. 1713년 니콜라스 베르누이Nicolaus Bernoulli라는 유명한 수학자가 아래에서 설명할 내용과 비슷한 예제를 만들었다. 마지막이 가장 흥미로우니 끝까지 읽어보길 바란다.

베르누이는 동전의 앞면이 나올 때까지 동전을 던진다고 가정했다. 동전의 한 면을 앞면, 다른 한 면은 뒷면이라고 할 때 각 면이 나올 확률은 50퍼센트다. 처음 던진 동전에서 앞면이 나오면 2달러를 받는다.

동전을 두 번째 던졌을 때 앞면이 처음 나오면, 다시 말해 첫 번째 던진 동전은 뒷면이 나오고 두 번째 던진 동전이 앞면이 나오면 4달러를 받는다. 동전을 세 번째 던졌을 때 앞면이 처음 나오면 8달러를 받는다. n번째로 던진 동전에서 처음 앞면이 나왔을 때 받을 수 있는 돈을 2n으로 표현할 수 있다. 물론 이 예시에서 동전을 서너 번쯤 던지고 나면 앞면이 나올 확률이 높지만, 어쩌면 동전을 영원히 던질 수도 있다. 그렇다면 이 게임에 참가하기 위해 참가비로 얼마를 낼 것인가?

정답은 없지만, 사람들은 보통 2~10달러 사이에서 참가비를 내겠다고 답한다. 그렇다면 이 게임의 수익률을 계산해보자. 처음 던진 동전에서 앞면이 나올 확률은 50퍼센트다. 여기에 보상인 2달러를 곱하면 1달러다. 두 번째 던진 동전에서 앞면이 나올 확률은 1/2 곱하기 1/2 또는 25퍼센트다. 여기에 보상인 4달러를 곱하면 답은 1달러다. 세 번째 던진 동전에서 앞면이 처음 나올 확률은 1/2 곱하기 1/2 곱하기 1/2, 즉 1/8 또는 12.5퍼센트다. 여기에 보상인 8달러를 곱하면 답은 역시 1달러다. 이쯤 되면 패턴을 눈치챘을 것이다. 동전의 앞면이 나올 때까지 무한히 동전을 던질 수 있더라도 언제나 답은 1달러이고, 게임마다 1달러가 계속해서 더해진다. 다시 말해 기대 수익은 무한대라는 뜻이다.

하지만 사람들은 보통 10달러보다 적은 금액을 참가비로 내려고 한다. 무한대와 10달러 미만이라는 두 개의 값을 어떻게 이해하면 좋을까? 만약 산포도measure of dispersion, 즉 분산variance 또는 분산의 제곱근인 표준 편차standard deviation로 위험을 측정한다면 이 게임에서 투자금

손실 위험risk 또한 무한대라고 할 수 있다. 이와 관련해 곧 살펴볼 버핏이 정의한 내용을 포함해 위험을 측정하는 방법은 아주 많다. 직관적으로 생각했을 때 이 게임에서 동전을 몇 번 던지면 앞면이 나올 확률이 높으므로 사람들은 10달러보다 적은 참가비를 내려고 할 것이다. 보상이 크려면 동전을 수십 번 던지고 난 다음에야 앞면이 나와야 하는데, 그럴 확률은 매우 낮다.

상트페테르부르크의 역설은 투자 또는 인생에서 여러 가지 결정을 내릴 때 수익만큼 잠재적 위험도 중요하다는 사실을 보여준다.

투자의 근거, 위험과 수익

투자라는 개념은 아주 먼 옛날부터 존재했다. 여러분은 위험을 측정하거나 정의하는 데 있어 누구나 동의하는 방식이 있다고 생각할 것이다. 사실 그렇지 않다. 우리 시대 가장 훌륭한 가수, 영화, 운동선수가 누구인지에 대해 모두가 동의하지는 않는다. 길거리에서 우리와 같은 평범한 사람을 붙잡고 위험이 무엇이냐고 물으면 대부분 돈을 잃을 가능성을 이야기하거나 대학 입학과 임대료 지불처럼 중요한 목표를 달성하지 못할 가능성이라고 답할 것이다. 버핏은 사전에 실린 정의를 이용해 위험이란 '손실을 보거나 부상당할 가능성'이라고 정의했다. 그의 생각을 팁으로 남겨두자.

(사전적 정의이자 버핏의 정의) **위험**이란
'손실을 보거나 부상당할 가능성'이다.

버핏의 의견 또는 사전적 정의에 반대하지는 않지만, 이런 정의는 숫자로 표현할 수 없으므로 경제학자들은 앞에서 언급했던 표준 편차처럼 정교하게 측정할 수 있는 통계 자료에 집중한다. 표준 편차로 위험을 측정할 때, 분포도 또는 분산이 적으면 위험이 적다는 의미다. 날씨가 언제나 따뜻하고 화창한 하와이나 샌디에이고의 계절별 기온 차이와 비슷하다. 분포도가 크다는 말은 표준 편차를 이용한 측정법에서 위험이 크다는 뜻이다. 1년 중 대부분은 미친 듯이 춥지만 여름 동안에는 따뜻하고 화창한 날씨가 이어지는 캐나다의 기온이 계절별로 얼마나 차이 나는지 생각해보자.

투자의 종류는 다양하지만 크게 주식, 채권, 현금의 세 가지로 나눌 수 있다. 물론 미래가 과거와 같으리라고 보장할 수는 없지만 학자들은 지난 100년간의 데이터를 사용해 위험과 수익이 장기적으로 연관돼 있다는 사실을 밝혀냈다. 여기서 '장기적으로'는 위험과 수익을 매우 오래 지켜봐야 한다는 뜻이다. 연관성이 드러나기까지 10년이 더 걸리기도 한다. 여기에서 연관성이란 시간이 많이 흐른 후 위험이 적은 투자는 낮은 수익을 가져다주고 위험이 큰 투자는 높은 수익을 가져다준다는 뜻이다. 버핏은 인플레이션과 세금을 고려해 다른 의견을 가지고 있지만, 그 이야기는 다른 장에서 다루기로 하자.

단기적으로는 완전히 반대의 상황이 발생하기도 한다. 투자 기간이 짧을 때는 위험이 적은 투자가 높은 수익을 가져다주기도 하고 위험이 큰 투자가 적은 수익을 가져다주기도 한다는 뜻이다. 결국 성공적인 투자를 하려면 인내심이 필요하다는 뜻이다.

열두 번째 팁에 기질에 관한 내용이 있었지만, 버핏은 그 외에도 인내심에 관해 여러 가지 명언을 남겼다. 우리가 가장 좋아하는 몇 문장을 소개하자면 다음과 같다. "주식 시장은 참을성 없는 사람으로부터 참을성이 있는 사람에게 돈을 옮겨주는 장치다", "성공적인 투자는 시간과 절제력, 인내심이 필요하다. 재능과 노력이 얼마나 대단하든 시간이 필요한 것들이 있는 법이다." 이 말을 요약해 팁으로 남겨두자.

BUFFETT's TIP 14

투자에서 성공하려면 시간, 절제력, 인내심이 필요하다.

주식, 채권, 현금이라는 세 가지 주요 투자 카테고리로 돌아가보자. 여기에서 현금은 지갑이나 은행 계좌에 넣어둔 현금 외에도 **미국 재무부 단기재정증권**US Treasury Bill 또는 **단기국채**T-Bill처럼 미국 정부에서 발행하는 단기 채권을 비롯해 현금과 비슷한 투자 상품들을 포함한다. 이러한 투자 상품들은 정부에서 수익을 보증하므로 굉장히 안전하며 1년 안에 수익을 낸다. 정부에서는 세금을 인상하거나 돈을 더 찍어내

투자 대상별 위험과 수익률(미국, 1926~2019년)

투자의 종류	연수익률(%)	연간 표준 편차(%)
재무성 단기 증권	3.3	3.1
정부 채권	5.1	5.6
미국 주식	10.2	19.8

출처 : Morningstar.

서 채권의 수익을 보장한다. 주요 투자 카테고리 세 개 중 단기 국채가 통상적으로 가장 낮은 수익률(3.3퍼센트)을 보장하지만 표준 편차로 측정한 위험(3.1퍼센트) 역시 가장 낮다는 것을 알 수 있다. 최근에는 수익률이 거의 0에 가까울 정도로 낮아지기도 했다.

이제 채권에 대해 알아보자. 채권은 회사 또는 정부가 투자자들에게서 돈을 빌리는 수단이다. 채권에는 1년부터 30년까지 만료 기한이 있다. 재무부에서 50년 또는 100년 기한 채권을 발행하자는 아이디어가 나오기도 하지만 현재 미국에서 유효기한이 30년 이상인 채권은 찾아보기 힘들다.

채권은 투자에 대한 수익을 오래 기다려야 하므로 같은 정부나 회사에서 발행하더라도 단기 국채보다 위험하다. 만기가 5~10년인 중기 국채는 단기 국채보다 통상적으로 높은 수익률을 보장했지만(5.1퍼센트 vs. 3.3퍼센트), 변동률 또한 높았다(표준 편차 5.6퍼센트 vs. 3.1퍼센트).

보기 드문 공짜 점심, 분산 투자

공짜를 마다할 사람이 있을까? 투자의 세계에서 공짜가 있다면 바로 **분산**diversification 투자일 것이다. 분산이란 상품 한두 개에 돈을 몽땅 투자하는 대신 여러 상품에 나눠 투자하는 방법이다. 이렇게 하면 수익을 포기하지 않고도 위험을 줄일 수 있다. 사람들은 오래전부터 분산이 필요하다는 것을 직감적으로 알았다. '달걀을 한 바구니에 담지 말라'라는 속담을 들어본 적이 있을 것이다. 이 말은 주식 한 종목, 집 한 채, 농장 하나에 가진 돈을 몽땅 투자하면 일이 잘못됐을 때 가진 것들을 몽땅 잃거나 적어도 큰코다칠 수 있다는 뜻이다. 하지만 여러 군데에 나눠 투자하면 한 곳에서 문제가 터지더라도 전 재산을 날리지 않을 수 있다.

먼 옛날, 달걀을 한 바구니에 담지 말라고 이야기했던 인물 중 하나는 바로 《돈키호테》Don Quixote de la Mancha의 저자 미구엘 세르반테스Miguel de Cervantes다. 《돈키호테》는 미국 고등학생들이 반드시 읽어야 하는 필수 도서이며 문학자들 사이에서는 역사상 가장 훌륭한 작품으로 인정받는 작품이다. 세르반테스는 작품에서 "현명한 사람은 내일을 위해 오늘을 아껴두고 달걀을 한 바구니에 담지 않는다."라고 말하기도 했다.

대문호에 대해 이야기한 김에 고등학교 영어 또는 언어 수업에 항상 등장하는 윌리엄 셰익스피어에 관해서도 이야기해보자. 셰익스피어 역시 분산의 중요성을 글로 남겼다. 《베니스의 상인》Merchant of Venice에서 그는 이렇게 썼다. "내 사업은 한 배나 한 지역에 성패가 달리지 않았다네. 이번 해 매출에 내 전 재산이 달린 것도 아니지. 그러니 거래 때문에 슬플 일도 없다네."

《베니스의 상인》에서 안토니오가 한 말은 그가 여러 지역에서 사업을 벌이고 있으며 오랫동안 사업을 유지했고, 유지할 것이라는 뜻이며, 그의 투자 포트폴리오 또는 사업은 분산돼 있으므로 사업 하나가 잘못된다고 해서 크게 걱정하지 않아도 괜찮다는 이야기다.

분산은 마음의 평화를 가져다준다. 집 근처에서 체이스Chase 은행 지점을 본 적이 있을 것이다. 체이스 은행은 세계에서 가장 큰 은행인 제이피모건체이스JPMorgan Chase & Co.의 사업 중 하나다. J. P. 모건J. P. Morgan에 대해서는 현재 가장 중요한 기업들을 소개할 제9장에서도 다룰 예정이다. 모건은 실존했던 인물로, 1900년대 전 세계에서 가장 유명한 은행가였다. 모노폴리라는 보드게임 박스에 그려진 캐릭터와 생김새가 닮았다. 전해지는 이야기에 따르면 한 친구가 우울한 얼굴을 하고 은행계의 전설인 모건을 찾아온 적이 있었다고 한다. 친구는 모건에게 주식 시장이 오르락내리락하는 통에 잠을 잘 수가 없다고 털어놓았다. 모건은 다음과 같은 유명한 말을 남겼다고 전해진다. "편히 잠들 수 있을 때까지 주식을 팔게." 시장이 어떻든 밤에 편히 잠들 수 있도록 포트폴리오를 수정하라는 말이다. 그가 이야기한 것처럼 포트폴리오를 수정하려면 위험을 줄일 계획을 세워야 한다.

현실에서 이러한 계획에는 주식, 채권, 현금, 부동산 등 여러 분야에 투자하고, 각 분야 안에서도 다양한 종목에 분산 투자하는 전략이 포함된다. 예를 들어 기술, 금융, 에너지, 의료 그리고 여러 종목에 골고루 투자하면 기술 관련주에 돈을 몽땅 투자할 때보다 훨씬 위험을 줄일 수 있다. 각 산업은 정부 정책이나 고객 수요 등 여러 요인에 영향을 받기에 서로 같은 방향으로 움직이지 않는다. 이제 고객 수요에 대해 조금 더 깊이 이야기해보자.

가격을 결정하는 수요와 공급

물건의 가격은 어떻게 정해질까? 여러 요인이 작용하겠지만, 간단하게 수요demand와 공급supply이라는 두 단어로 정리할 수 있다. 공급은 제품이나 서비스가 생산되는 양을 말한다. 자동차, 휴대전화, 주택, 신발 그리고 다른 여러 가지 상품들의 생산량을 생각해보자. 수요란 제품이나 서비스를 구매하려는 의지와 그에 대한 값을 치를 수 있는 능력을 뜻한다. 페라리 자동차를 사고 싶어도 구매할 능력이 되지 않으면 수요라고 할 수 없다. 좀 더 현실적인 예로 테일러 스위프트Taylor Swift, 드레이크Drake 또는 U2의 콘서트 표를 사기 위해 얼마를 기꺼이 쓸 수 있는지 생각해보자.

네 가지 경우를 생각할 수 있다. 우선 수요가 많은데 공급이 그대로이거나 적다면 가격은 상승할 것이다. 콘서트 표 예시로 이 상황을 적용해보면 공연장에는 좌석 수가 정해져 있기 때문에 표를 사려면 비싼 값을 내야 한다. 여러모로 아쉬운 상황이다.

두 번째로, 수요가 적은데 공급은 그대로이거나 많다면 가격은 하

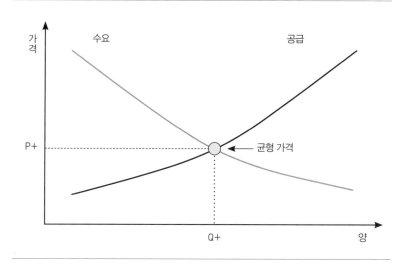

락할 것이다. 유행이 끝난 다음 구매한 철 지난 옷을 생각해보자. 사라지고 없는 스포츠 구단의 로고가 새겨진 티셔츠나 모자를 떠올리면 금세 이해가 갈 것이다. 최근 전미 미식축구 연맹NFL의 오클라호마 레이더스는 라스베이거스로 연고지를 옮겼다. 오클라호마 시절의 옷이나 모자를 사고 싶으면 염가 판매대에서 싸게 구매할 수 있다. 빈티지 상품을 찾거나 추억을 되새기고 싶어 하는 사람들이 있기는 하겠지만 아주 많지는 않기 때문이다.

다른 두 상황은 수요와 공급이 둘 다 높거나 둘 다 낮은 경우로, 가격에 어떤 영향을 미친다고 단정할 수 없다. 통상적인 가격보다 비싸질 수도, 싸질 수도 있기 때문이다. 위의 그래프를 통해 상품의 가격이 상승할지 하락할지 감을 잡아보자.

이 그래프가 어떻게 구성돼 있는지 간단하게 기억하는 방법이 있다. 수요는 영어로 'Demand', 알파벳 D로 시작하므로 선 또는 곡선이 아래Down로 향한다. 대부분의 상품과 서비스의 가격이 하락할수록 소비자가 더 많이 원한다는 뜻이다. 르브론 제임스의 나이키 운동화가 단돈 20달러에 팔리고 있다면 열 켤레는 사야 할 것 같지 않은가? 반대로 똑같은 나이키 운동화가 한 켤레에 500달러라면 우리는 한 발짝 물러나 구경만 하고 사지는 않을지도 모른다. 제임스에게는 미안하지만, 스테판 커리의 언더아머Under Armour 운동화를 사게 될 수도 있다.

공급 곡선은 북동쪽인 오른쪽 위쪽으로 이동한다. 수요 곡선은 알파벳 D를 가지고 기억하기 좋았지만 공급 곡선을 기억하는 기발한 방법 또는 연상 기호는 딱히 없다. 그래도 참고할 만한 방법을 소개하겠다. 공급은 영어로 'Supply'이니 별Star을 생각해보자. 별은 하늘에 있고, 사람들은 대부분 오른손잡이이니(왼손잡이들이 서운해하지 않았으면 좋겠다) 별을 가리키려면 오른손을 위로 뻗는다고 기억하면 된다.

생산 비용보다 상품이나 서비스의 판매가격이 높으면 기업들은 해당 상품이나 서비스를 많이 생산하려고 한다. 눈보라가 몰아치는 동안 눈 치우는 삽이나 소금을 판매하는 사람들이나 코로나19 팬데믹 동안 마스크를 파는 사람들을 생각하면 이해하기 쉽다. 반면 제품이나 서비스를 생산하기 위해 들인 돈보다 값을 많이 받지 못한다면 손실을 볼 생각이 아닌 이상 해당 상품이나 서비스를 많이 생산하려 하지 않는다.

위로 상승하는 곡선과 아래로 하강하는 곡선이 만나는 점에서 제품 또는 서비스의 최종 가격과 생산량이 결정된다. 여기에서 '최종'이라는 말을 경제학에서는 **균형**equilibrium이라고 부른다. 상품에 대한 수요량과 생산량이 균형을 이룬 상태라는 뜻이다. 세상 모든 것이 그렇듯, 균형은 영원히 유지되지 않는다.

가격을 결정하는 수요와 공급의 교차점은 가위를 떠올리면 이해하기 쉽다. 어느 쪽 가위 날이 종이를 자르는지 생각해보자. 함정이 숨어 있는 질문이다. 가위 날 하나로는 물건을 자를 수 없고, 양날이 같이 움직여야 가위가 제구실을 할 수 있다. 그러므로 물건 가격이 안정적이려면 균형을 이루는 수요와 공급이 함께 움직여야 한다.

이 장을 마무리 지어보자. 이 장에서 우리는 금융 문해력을 갖추기 위해 꼭 알아둬야 하는 기본적인 내용을 살펴봤다. 복리, 분산, 공급과 수요 그리고 위험과 수익이 어떻게 연관돼 있는지 알게 됐다. 이러한 개념들은 앞으로 책을 읽는 내내 계속 등장한다. 달갑게 들리지 않을지도 모르지만, 여러분이 살아가는 내내 돈과 관련한 결정을 내릴 때도 계속 마주하게 될 것이다. 하지만 기질과 인내심을 기르라는 팁을 비롯한 버핏의 조언들을 잘 새겨둔다면 뿌듯할 만한 금융 성적표를 가질 수 있다. 우리를 믿어도 좋다.

"우리가 낯선 이의 호의에 의존하게 되는 일은
절대 없을 것입니다."

_워런 버핏, 2009년 버크셔해서웨이 주주 서한

제3장

버핏이 알려주는
꼭 알아야 할 금융 상식

자, 여러분은 워런 버핏이 누구이고 우리가 왜 그에 대해 알아야 하는지, 금융 시장이 어떻게 운영되는지에 대한 기본적인 내용을 이해하게 됐다. 이제부터는 실제 투자 상품에는 어떤 것들이 있고 이들이 어떻게 운영되는지 알아보자. 이 장에서는 여러분이 사는 지역 은행에서도 찾을 수 있는 상품들을 소개하고 이러한 상품들이 우리 삶에 어떤 영향을 미치는지 살펴보려고 한다. 다음 장에서는 회사나 정부가 투자자들로부터 받는 대출인 다양한 채권bond의 종류와 이들의 가치를 측정하는 법을 알아볼 것이다.

예금자 보험에 가입된 은행 예금

'내 말은 은행에 맡겨도 된다'You can take that to the bank라든가 '확실
히 믿어도 된다'You can bank on it라고 이야기하는 것을 들어본 적이 있을
것이다. 이 말은 무언가에 대한 확신이 지브롤터 암벽이나 '더 락'the
Rock이라는 별명이 있는 영화배우 드웨인 존슨의 이두박근만큼 굳건
할 때 사용하는 표현이다. 현대사에서 가장 경제가 침체됐던 시기인
1929~1933년 경제 대공황Great Depression 이후 새로운 법이 여러 개 제
정됐다. 당시 상황이 가장 나빴을 때는 미국 인구의 20퍼센트 이상이
실직 상태였다. 은행 수천 개가 문을 닫았고 은행의 고객들은 아무 잘
못도 없이 돈을 잃었다. 경제 대공황이 끝난 뒤 지금까지도 돈을 '침대

밑'under the mattress에 보관하는 사람들도 있다. 집에서 가장 안전하면서 언제든 손을 뻗으면 닿을 수 있는 장소이기 때문이다.

경제 대공황의 비극으로부터 거둔 수확이 있다면 바로 **연방예금보험공사**Federal Deposit Insurance Company(이하 FDIC, 1933년에 설립한 미국의 예금 보험 감독 기관. 한국에서는 예금보험공사가 유사한 업무를 수행한다—옮긴이)를 설립해 예금 보험 프로그램을 시행하게 된 것이다. 이 프로그램에 따라 은행 계좌에 예금한 돈은 연방 정부에 의해 25만 달러까지 보호받을 수 있다. 은행이 파산하더라도 연방 정부에서 개입해 손실된 금액을 채워주게 돼 있어 여러분의 자산은 안전하다는 뜻이다. 더 이상 돈을 '침대 밑'에 보관할 타당한 이유가 없어진 셈이다. 은행에 넣어 이자를 받는 쪽이 더 이득이다. 게다가 집에 현금을 너무 많이 쌓아두면 잃어버리거나 도난당하거나 화재, 홍수, 지진이나 다른 자연재해로 되찾지 못할 수도 있다. 어둠의 경로로 돈을 벌었거나 세금을 피하고 싶어서 굳이 돈을 현금으로 보관하는 사람들은 생각하지 않기로 하자.

예금 보호가 되는 은행 계좌에 돈을 보관하는 것이 특별히 안전한 이유는 최근에 있었던 2008~2009년의 경기 대침체를 떠올리면 쉽게 이해할 수 있다. 당시 금융 위기를 일으킨 장본인은 금융 서비스 분야와 부동산이었다. 여러 은행이 파산했고 씨티은행을 비롯한 다른 은행들은 구제를 받지 않으면 파산할 위기에 처해 있었다. 이렇게 위기에 처한 은행에 FDIC의 보호를 받는 은행 계좌를 가지고 있었다면 어떻게 됐을까? 별 탈 없이 지나갔다. FDIC 보호를 받는 계좌에 25만 달러보다 적은 돈을 예금한 사람은 한 푼도 손해를 보지 않았다. 분명 돈을 찾는 데 시간이 걸리고 스트레스를 받았을 테니 마음이 편하지는 않았 겠지만 어쨌든 이들은 돈은 잃지 않았다.

만약 계좌에 25만 달러 이상 있었으면 어떻게 됐을지 궁금한 사람 이 분명 있을 것이다. 좋은 질문이다. 버핏이었더라도 똑같은 의문을 가졌을 것이다. 돈이 25만 달러 이상 있을 때 할 수 있는 일이 몇 가지 있다. 25만 달러 제한은 계좌 유형별로 적용된다. 개인 계좌를 사용할 수 있고, 결혼한 사람이라면 배우자와 함께 계좌를 만들 수 있다. 그리 고 부자들이 세금을 최대한 덜 내기 위해, 또는 다음 세대로 부를 넘기 기 위해 만드는 신탁trust 계좌도 있다. 하지만 더 쉬운 해결책도 있다. 다른 은행에서 두 번째, 세 번째 네 번째 계좌를 만들면 된다. 제2장에 서 이야기했던 '분산'이라는 말이 떠오르는 대목이다. 마지막으로 은행 중에는 자산을 한곳에 보관하고 싶어 하는 사람들을 위해 25만 달러를 초과한 액수를 보호해주는 은행도 많이 있다.

저축계좌 및 정기예금증서

'은행에 돈을 넣어둔다'라는 말은 무슨 뜻일까? 이 질문에 답하기 위해 우리는 우리가 만들 수 있는 은행 계좌의 종류에 무엇이 있는지 알아볼 필요가 있다. 은행에서 제공하는 계좌는 여러 종류가 있다. 우 선 저축계좌savings account와 정기예금증서certificate of deposit(이하 CD, 양도성 예금증서라고도 한다)부터 시작하자. 30세가 넘은 사람들은 CD라는 용어를 보고 콤팩트디스크를 생각했을지도 모르지만 요즘 사람들은 스트리밍 서비스를 통해 음악을 듣는다. 이 책에서 CD라는 용어가 등장한다면 은행 상품을 이야기하는 것이지 음악 파일을 저장하는 장치를 말하는 것이 아니다. 다행히도 앨범이나 카세트테이프와 헷갈릴 만한 이름이 붙은 금융 상품은 없다.

저축계좌가 하는 일은 이름 그대로다. 저축할 돈을 이 계좌에 넣어두면 이자가 붙는다. 이자가 얼마나 붙을지는 매일 시장 이자율에 따라 달라지지만 보통 낮은 편이고 현재는 연간 1퍼센트 정도이거나 그보다 낮다. 저축계좌는 FDIC에 의해 보호되기 때문에 안전하다. 은행이 문을 여는 시간에는 언제든 돈을 입금하거나 출금할 수 있고, 은행이 문을 닫는 시간이라면 현금인출기ATM를 이용하면 된다. 요즘은 저축계좌에 관한 정보를 보통 온라인으로 찾아볼 수 있지만, 예전에는 통장passbook이라는 작은 책을 사용해 계좌에 돈을 넣고 뺀 내역을 기록으로 남기곤 했다.

저축계좌를 통해 받을 수 있는 1퍼센트 또는 1퍼센트도 안 되는 이자가 너무 적다는 생각이 든다면 CD를 사용해 이자를 약간 더 챙길 수 있다. 한 가지 걸림돌이 있다면 3개월에서 10년까지 여러분이 선택한 기간만큼 은행에 돈을 '묶어'둬야 한다. 돈이 묶여 있다는 말은 설정한 기간보다 빨리 돈을 찾고 싶으면 수수료를 내야 한다는 뜻이다. 보통 그간 벌어둔 이자를 다 까먹을 정도의 액수를 떼이게 된다. 그러니 CD 계좌를 사용하려면 만기가 될 때까지, 짧게는 3개월에서 길게는 10년 동안 쓰지 않아도 되는 돈을 넣도록 하자.

CD의 이자율은 돈을 묶어두기로 한 기간과 맡길 돈의 액수에 따라 달라진다. 보통 돈을 많이 맡길수록 이자율이 높아진다. 최근 CD의 이자율 또는 수익률은 약 1퍼센트 정도다. 금융 관련 상품들의 이자율을 정리해 공유하는 몇몇 유용한 웹사이트를 소개하자면, 백레이트Back-rate.com, 너드월렛Nerdwallet.com 등이 있다. 이런 웹사이트를 기억해뒀다가 꾸준히 확인해보자. 돈 들 일도 없고, 은행들의 주머니를 불려주지 않으면서 여러분의 돈을 지킬 수 있다.

저축계좌는 이자율이 너무 낮은 탓에 인플레이션을 따라잡기도 힘들 때가 많아서 장기적으로 봤을 때 부를 축적하는 좋은 방법은 아니지만, 금융 세계에서는 중요한 역할을 한다. 대학교 등록금, 자동차 할부금, 주택담보대출 원리금 또는 휴대전화를 살 돈처럼 중요하게 쓸 돈을 주식 시장처럼 단기간에 손해를 입을 가능성이 있고 변동성이 큰 투자 상품에 넣어 위험을 감수하고 싶은 사람은 없을 것이다. 이러한 중요한 구매에 쓸 돈은 저축계좌 같은 안전한 상품에 투자해야 한다.

살다 보면 직장에서 해고되거나 큰 병에 걸려서 예상치 못하게 일을 할 수 없는 상황이 생기기도 한다. 코로나19로 인한 팬데믹 상황에서 거의 모든 산업이 몇 달 동안 완전히 얼어붙어버렸다. 중요한 지출에 사용할 돈 또는 예상치 못한 상황에 대비하려고 모아둔 자금은 비오는 날 펀드rainy-day fund라고 부른다. 비상금emergency money fund이라고도 한다. 버핏도 버크셔해서웨이에 비상금을 가지고 있는데, 규모가 자그마치 200억 달러에 달한다고 한다. 그가 그렇게나 많은 현금을 버크셔해서웨이에 쌓아두는 이유는 상황이 좋지 않을 때 누구에게도 의존하지 않기 위해서다. 버크셔해서웨이의 2009년 주주 서한에서 그는 다음과 같이 적었다.

"우리가 낯선 이의 친절에 의존하는 일은 절대 없을 것입니다. 어쩔 수 없이 구제받는 선택지는 버크셔해서웨이의 대비책 중에는 없습니다. 언제나 무슨 일이 있을지를 살피고, 필요할 만한 현금보다 항상 유동성이 크도록 유지할 것입니다. 또한, 여러 사업을 통해 벌어들이는 수익 덕분에 유동성은 계속해서 늘어날 것입니다." 이 말을 요약해 팁으로 기억하자.

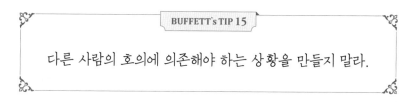

BUFFETT's TIP 15

다른 사람의 호의에 의존해야 하는 상황을 만들지 말라.

당좌예금계좌 및 전자 결제

당좌예금계좌checking account도 널리 이용되는 은행 상품 중 하나다. 저축계좌와 비슷하지만 수표책checkbook이 딸려오는 계좌라고 생각하면 된다. 당좌예금계좌는 이자를 제공할 수도 있고, 아닐 수도 있다. 보통 FDIC 보험에 의해 보호되기 때문에 계좌를 제공한 은행이 안전한지 걱정하지 않아도 된다. 당좌예금계좌를 만드는 가장 큰 이유는 상품 또는 서비스를 구매할 때 대금 청구서bill를 처리하기 위해서다. 당좌예금

계좌는 여러분의 생일이나 졸업 선물로 누군가 여러분에게 수표를 줬을 때 특히 쓸모가 있다. 받은 수표를 당좌예금계좌에 입금할 수 있기 때문이다. 저축계좌와 당좌예금계좌는 모두 **요구불예금**demand deposit이다. 여러분의 돈이므로 여러분이 '요구'하거나 언제든 꺼내 쓸 수 있다는 뜻이다.

예전에는 당좌예금계좌가 수표책과 같은 의미였다. 요즘은 보통 전자 수표를 사용한다. 전자 수표는 일반적으로 전자 대금 고지 및 납부 시스템의 일부로 여겨진다. 자동결제automated clearing house, ACH는 당좌예금계좌에 있는 돈을 다른 사람이나 기관에 보내는 데 사용하며, 전자 수표와 같은 개념이다. 비유하자면 실물 수표책은 편지고 전자 수표는 이메일이라 생각하면 된다. 전자 수표를 사용하면 처리가 훨씬 빠르고, 추적하기도 쉬우며, 우푯값도 아낄 수 있다. 요즘은 은행들은 거의 무료로 전자 결제 서비스를 제공한다.

수표책 결산하기

지금까지 책을 읽고 수표가 부도나는 일이 없어야겠다고 생각했길 바란다. 수표는 종이나 전자 수표일 수 있다고 앞서 이야기했다. 친구나 가족에게 생일 선물로 200달러짜리 수표를 받아서 오른쪽 표처럼 당좌예금계좌에 입금했다고 가정해보자. 이 거래가 이 계좌에서 일어난 첫 거래라고 치면, 0이었던 계좌 잔고는 200달러가 될 것이다. 이제

거래 내역과 잔고 예시(단위: 달러)

당좌예금계좌 거래 명세	거래 전 잔고	잔고 변경 내역	거래 후 잔고
생일 선물 200달러 입금	0	200	200
휴대전화 요금 100달러 납부	200	−100	100
과외비 50달러 입금	100	50	150
헤드폰 구매 100달러 지출	150	−100	50

여러분이 휴대전화 요금으로 100달러를 내야 한다고 해보자. 이제 계좌 잔고는 200달러에서 100달러를 뺀 100달러다. 이제 누군가에게 금융과 관련된 과외를 해주고 50달러를 벌었다면 계좌는 150달러가 된다. 마지막으로, 친구가 쓰던 유행하는 헤드폰을 100달러에 산다고 해보자. 최종 잔고는 이제 150달러에서 100달러를 뺀 50달러가 된다.

수표책을 결산하는 과정은 기본적으로 덧셈과 뺄셈으로 이뤄져 있다. 식은 죽 먹기다. 온라인으로 은행 계좌를 확인하면 덧셈 뺄셈조차 할 필요가 없다. 요즘은 스마트폰 앱에서 사진을 찍어 거의 모든 은행에 수표를 입금할 수 있으므로 굳이 은행을 찾을 필요가 없다. 수표책을 결산하기 힘들다면 보통 잔고를 제때 확인하지 않았을 경우가 많다. 또 당좌예금계좌에 현금을 입금하면 바로 돈을 사용할 수 있지만, 수표를 입금할 때는 돈을 쓸 수 있기까지 시간이 조금 걸린다. 수표 추심과정clearing process에 따라 다른데 보통은 수표를 입금한 후 이틀이면 되지만 일주일까지 걸리기도 한다. 그러니 수표를 쓰기 전 온라인으로 수표에 쓸 수 있는 최대 금액인 가용자금available fund이 얼마나 있는지 알아두자.

직불카드 및 현금 자동 입출금기

직불카드debit card는 저축계좌 또는 당좌예금계좌에 연결돼 현금을 들고 다니지 않아도 자금을 사용할 수 있도록 해주는 수단이다. 직불카드라는 플라스틱 조각 또는 금속 조각을 가지고 다니면 돈을 잃어버리거나 도난당할 위험을 줄일 수 있다. 여러분이 버핏만큼 부자인데 수십억 달러를 현금으로 들고 다녀야 한다고 생각해보자. 아마 트럭을 몰고 다녀야 할 것이다. 하지만 직불카드를 사용하면 월마트나 애플스토어 같은 상점에서 물건을 살 때 수표를 썼을 때와 마찬가지로 여러분의 계좌에서 물건값이 빠져나간다.

직불카드를 쓰면 은행 계좌에 있는 돈 이상으로는 결제가 안 된다는 장점이 있다. 연결된 계좌에 100달러밖에 없는 직불카드로는 30만 달러짜리 페라리 자동차를 살 수 없다는 뜻이다. 아무리 운이 좋아도 불가능한 거래다. 언젠가 여러분이 페라리를 살 능력을 갖추게 되면 우리에게도 페라리에 앉아볼 기회를 허락하길 바란다.

은행들은 대부분 13세 이상 고객에게 직불카드를 제공한다. 직불카드를 받지 않는 가게에서 현금으로 물건값을 내야 할 때는 '현금인출기'라고도 부르는 ATM에 직불카드를 넣고 당좌예금계좌나 저축계좌에서 현금을 뽑아 쓰면 된다.

ATM과 관련해 알아둘 점이 몇 가지 있다. 첫째, 체이스, 웰스파고, 씨티은행, BOA 등 자신이 거래하는 은행의 ATM에서 돈을 뽑아 쓸 때는 수수료가 붙지 않는다. 하지만 체이스 은행 계좌에 있는 돈을 다른 은행, 예를 들어 웰스파고 은행의 ATM에서 찾으면 약 1~3달러 정도의 수수료를 물어야 한다. 둘째, ATM을 통해 현금이나 수표를 입금할 수도 있다. 은행이 문을 닫았을 때 매우 쓸모 있는 방법이다. 위에서 이야기했듯 스마트폰으로 훨씬 쉽게 수표를 입금할 수도 있지만, 알아두면 쓸데가 있을 것이다. 셋째, ATM으로 계좌를 확인하려면 개인식별번호personal identification number(이하 PIN)가 필요하다. PIN은 당좌예금계좌 또는 저축계좌를 열 때 설정하며, 누군가 여러분의 직불카드를 줍거나 훔쳤을 때 마음대로 쓰지 못하게 막아준다. 보통 네 자리 숫자이지만 더 길게 설정하기도 한다. PIN은 기억하기 쉬운 번호로 설정하되, 생일이나 집 주소와 관련된 너무 뻔한 번호는 피한다.

신용카드 및 후불카드

신용카드credit card는 직불카드와 비슷하게 생겼지만 작동 방식은 완전히 다르다. 신용카드를 사용하면 저축계좌나 당좌예금계좌에 돈이 충분하지 않아도 물건을 살 수 있다. 신용카드 회사에 빚을 지거나 신용카드 회사에서 가불을 받는다고 생각하면 된다. 겉보기에는 좋은 방법이다. 신용카드 청구서를 매달 꼬박꼬박 갚기만 한다면 그럴 수도 있다. 신용카드의 장점은 무엇일까? 우선 제때 돈을 갚기만 한다면 이자 없이 대출을 받는 셈 칠 수 있다. 둘째, 직불카드를 사용할 때처럼 돈을 많이 가지고 다닐 필요가 없다. 셋째, 어떤 신용카드를 쓰든 잃어버리거나 도난당했을 때 다른 사람이 시도한 거래는 책임지지 않을 수 있다. 넷째, 연회비 '없이' 만들 수 있는 경우도 있다.

게다가 카드 대금의 일부를 현금으로 돌려주거나, 공짜 항공권을 제공하거나, 물건을 살 때 할인해주는 등 리워드 프로그램reward program에 따라 혜택을 제공하기도 한다. 예를 들어 아마존은 체이스 은행을 통해 자사 신용카드를 발급하고 아마존닷컴에서 물건을 살 때 5퍼센트를 할인해준다. 멋지지 않은가?

여러분의 소비 목적과 패턴에 맞춰 신용카드를 추천해주는 웹사이트들이 있다. 가장 유명한 네 개를 소개하면 월렛허브wallethub.com, 크레딧카드creditcards.com, 더포인트가이thepointsguy.com, 컨슈머리포트consumer-Reports.org 등이다. 신용카드를 현명하게 사용한다면 사고 싶은 물건을 사면서 현금 혜택이나 할인 혜택을 받을 수 있게 해주는 '쓸 만한' 도구를 가진 셈이다.

그렇다면 신용카드가 나쁘다고 말하는 사람이 많은 이유는 무엇일까? 신용카드를 사용하면서 빚진 금액을 매달 '전부' 갚지 못하면 여러분의 재정 상황에 나쁜 영향을 끼치기 때문이다. 최근 연구에 따르면 미국인의 65퍼센트가 신용카드 대금을 제때 완전히 갚지 못한다고 한다.

신용카드 대금을 갚지 못하면 신용카드 회사에서 갚지 않은 액수에 대해 이자를 붙인다. 보통 이자율이 연간 15퍼센트 이상이다. 때로 신용카드 회사에서 티저금리teaser rate라고 하는 아주 낮은 이자율을 단기적으로 매길 때도 있지만 어쨌든 결국은 훨씬 높은 이자를 내게 된다.

2020년, 코로나19의 영향으로 비대면으로 열린 버크셔해서웨이의 연례 주주총회에서 버핏은 신용카드 빚을 제때 완전히 갚는 것이 얼마나 중요한지를 일깨우는 흥미로운 이야기를 들려줬다. 한 친구가 투자 조언을 구하려고 그를 찾아왔다고 한다. 주식에 관한 조언을 기대했던 친구는 버핏이 신용카드 빚부터 전부 갚으라고 이야기하자 실망감을 감추지 못했다. 그가 카드회사에 내던 이자율은 무려 연 18퍼센트였다. 버핏은 그에게 자신이 아는 한 연 18퍼센트의 수익을 올릴 수 있을 만한 투자 상품은 없다고 충고했다. 그가 남긴 마지막 한마디는 팁으로 기억할 만하다. "신용카드를 언제든 배를 가를 수 있는 돼지 저금통처럼 사용하지 마십시오."

BUFFETT's TIP 16

신용카드를 언제든 배를 가를 수 있는
돼지 저금통처럼 사용하지 말라.

버크셔해서웨이의 주식은 이제까지 연평균 20퍼센트의 수익을 거뒀고, 버핏은 역사상 가장 훌륭한 투자자가 됐다. 신용카드로 무엇을 사든 그 물건의 가치는 은행에서 주는 이자율보다 올라가지 않는다. 신용카드를 사용해서 구매하는 옷이나 음식, 여행, 전자기기 등의 상품이나 서비스는 시간이 지난다고 가치가 올라가지 않는다. 실제로는 카페에서 산 비싼 커피 또는 아보카도 샌드위치와 마찬가지로 빠른 속도로 사라지거나 가치가 급격히 하락할 때가 많다. 기본적으로 매달 계속 '이월'되는 신용카드 빚은 카드 사용자가 부를 쌓지 못하도록 방해한

다. '이월'이라는 개념을 이해하려면 신용카드가 어떻게 작동하는지 자세하게 살펴봐야 한다.

첫 번째로 신용카드를 만들려면 은행을 통해 신청한다. 보통 16세가 넘어야 하며 부모님이나 법정후견인이 대금을 갚을 수 있다는 보증을 해줘야 한다. 18세가 넘으면 누구의 허락도 받지 않고 신용카드를 만들 수 있다. 사실 신용 기록이 아예 없어도 그리 어렵지 않게 신용카드를 신청하고 승인받을 수 있다. 발급 승인을 받았다고 치자. 은행에서 신용카드를 보내주면 여러분은 수신자 요금 부담 전화번호로 전화를 걸거나 카드회사 웹사이트에 방문해서 카드를 등록한다. 여러분이 카일리 제너Kylie Jenner(미국의 유명 모델—옮긴이)나 제이지Jay-Z(유명 래퍼이자 사업가—옮긴이) 같은 어마어마한 부자가 아닌 이상 신용카드로 사용할 수 있는 금액이 정해져 있다. 신용 기록이 거의 또는 아예 없는 사람이라면 보통 500~2,000달러 사이로 책정된다.

우리의 예시로 돌아가보자. 여러분은 이제 주머니에 5달러밖에 없어도 2,000달러짜리 물건을 살 수 있게 됐다. 물론 여러분이 그러지 않으면 좋겠지만, 사람들은 쇼핑하는 친구에게 자극을 받거나 자기 돈에 대한 책임감을 잃어버리기도 한다. 물건을 사고서 30~45일 후에 청구서가 날아오면서부터 문제가 시작된다. 신용카드 회사가 보낸 청구서에는 대금을 모두 갚을 준비가 된 고객을 위해 전체 상환액인 2,000달러가 적혀 있고, 그와 함께 최소상환액required minimum payment이 얼마인지도 안내돼 있다. 최소상환액은 신용카드 회사마다 다르지만 보통 신용카드 회사에 빚진 금액, 즉 대금 잔액 또는 미납액의 3~5퍼센트 정도다. 이 예시에서 최소상환액인 2,000달러의 3퍼센트인 60달러를 갚고 나면, 나머지 1,940달러에 대해 이자가 발생한다.

최소상환액만 매달 내면 여러분은 신용카드를 계속 '유지'할 수 있다. 이게 우리가 앞서 언급한 '이월' 전략이다. 이월 전략 때문에 카드 사용자는 빚이라는 깡통을 계속 발로 차며 걷는 꼴이 된다. 최소상환액만 갚아서는 빚이 눈덩이처럼 불어나 감당할 수 없이 커지므로 결코 좋은 결정이 아니다. 반올림해서 2,000달러를 빚졌다고 치고, 10년 동안 매년 20퍼센트씩 이자가 붙는다면 여러분은 결국 1만 2,383달러를 빚지는 셈이다. 그러니 부디 대금을 밀리지 말고 매달 꼬박꼬박 갚아 이 수렁에 빠지지 않도록 하자. 자신을 통제하기가 힘들 것 같다면 직불카드만 사용하자.

〈백만장자의 비밀클럽〉Secret Millionaire's Club에서 버핏 캐릭터는 이런 전략에 대해 다음과 같은 비유를 사용해 지적했다. "신용카드를 계속 사용하면서 최소상환액만 갚는다면 물이 차는 배에 타고 티스푼으로 물을 퍼내는 거나 마찬가지입니다. 물속으로 가라앉는 것은 시간문제지요."

다음 주제로 넘어가기 전에 신용카드와 비슷한 역할을 하는 후불카드charge card(특정 점포에서 사용할 수 있는 신용카드―옮긴이)에 대해 짚고 넘어가자. 후불카드를 사용하면 매달 대금을 전부 갚아야 한다. 전부 갚지 못하면 카드는 '사용 정지'된다. 그리고 보통 높은 이자를 내야 한다. 아메리칸익스프레스는 후불카드를 발행하는 사업으로 유명해졌는데, 현재는 신용카드도 발급한다.

송금할 때 사용할 수 있는 앱

물건값을 치르거나 친구나 가족 등 사람들에게 돈을 보내야 할 때가 있다. 물건을 샀다고 가정해보자. 가장 유명한 경매 입찰 웹사이트인 이베이에서 중고로 모노폴리 게임을 샀다고 치자. 모노폴리 게임을 판매한 판매자 앞으로 수표를 써서 우편으로 보낼 수도 있지만, 판매자가 수표를 받고 은행에 입금해서 현금화시킬 때까지는 시간이 걸린다. 판매자가 신용카드를 받을 수 없을 때도 있다. 신용카드를 받으려면 비자Visa, 마스터카드Mastercard, 아메리칸익스프레스, 디스커버Discover 같은 신용카드 회사 중 한 곳에서 승인을 받아야 하기 때문이다.

다행히 이런 빈틈을 메꿔주는 상품들이 존재한다. 판매자가 사용할 수 있는 해결책 중 하나는 페이팔Paypal이다. 페이팔은 이베이에 속해 있다가 지금은 분리됐다. 페이팔을 사용하면 물건값을 낼 때나 다른 사람에게 돈을 보낼 때 은행 계좌에서 돈이 이체되도록 만들거나 직불카드 또는 신용카드에 대금이 청구되도록 만들 수 있다. 페이팔은 자선단체가 아니므로 이런 서비스를 제공하면서 약간의 수수료를 챙긴다. 보통 판매자가 수수료를 내며 거래대금의 '2.9퍼센트+30센트'가 부과된다. 우리의 예시에서는 모노폴리 게임 판매가의 '2.9퍼센트+30센트'를 판매자가 내게 될 것이다. 구매자는 거래 수수료를 내지 않는 경우가 많다.

스마트폰이 개발된 이후 휴대전화 앱으로 돈을 주고받는 기술도 사용되고 있다. 현재 가장 유명한 앱은 벤모다. 벤모도 페이팔이 소유한 회사로 사람들끼리 돈을 주고받을 수 있게 해주는 전자 지갑이라고 생각하면 이해하기 쉬울 것이다. 돈을 받을 사람의 휴대전화에 벤모 앱이 깔려 있기만 하면 그 사람의 전화번호나 주소만 알아도 돈을 보낼 수 있어 편리하다. 거래가 처리되기까지 시간이 조금 걸리는데 보통 하루에서 일주일이 걸린다. 잠깐 정신이 어떻게 돼서 돈을 잘못 보냈다면 그동안 송금을 취소할 수도 있다.

벤모 앱은 사용자가 받는 사람의 정보를 모르는 상태에서도 은행 계좌에 돈을 보낼 수 있는 서비스를 제공한다. 돈을 송금할 때 신용카드를 사용한다면 벤모에서 수수료로 3퍼센트를 가져간다. 신용카드를 사용하지 않으면 수수료 없이 송금할 수 있다. 벤모는 페이스북처럼 소셜 미디어 같은 역할도 한다. 글을 올리고 댓글을 남길 수도 있으며 친구 여럿과 밥값을 나눠 낼 때 유용한 기능을 제공한다. 벤모는 마치 마른 들에 붙은 불처럼 퍼져나가서 순식간에 앱 사용자가 4,000만 명으로 늘었다. 다른 회사들도 비슷한 서비스를 제공해 숟가락을 얹기 시작했다. 구글(알파벳)은 안드로이드페이Android Pay를 제공하고 애플은 애플페이Apple Pay를 제공한다. 대형 은행들이 힘을 합쳐 개발한 젤은 현재 벤모의 뒤를 바짝 쫓고 있다.

돈을 보낼 때 사용할 수 있는 서비스를 하나 더 소개하고자 한다. 무려 150년 동안 송금 서비스를 제공해온 회사가 있다. 1851년에 설립된 웨스턴유니언Western Union은 '돈을 보내는 가장 빠른 방법'이라는 홍보 문구로 유명한 회사다. 벤모 같은 앱이 널리 사용되는 요즘은 이 말이 거의 들리지 않지만, 웨스턴유니언은 여전히 200개 이상 국가에서

50만 개의 지점을 운영하고 있다. 실제 현금을 포함해 돈을 보내고 받는 과정을 쉽게 만드는 다양한 사업을 운영한다.

친구나 가족 등에게 돈을 보내기가 쉬워졌지만, 그렇다고 해서 깊이 생각해보지 않고 쉽게 돈을 보내도 된다는 뜻은 아니다. 〈백만장자의 비밀클럽〉의 한 에피소드에서 버핏 캐릭터는 다음과 같이 말했다. "누군가에게, 특히 친구에게 돈을 빌려주기 전에는 깊이 고민하세요."

일부러든 아니면 상황이 어려워서든 빌려준 돈을 받지 못한다면 관계에 문제가 생기기 마련이다. 어떤 경우에는 관계가 아예 끝나버리기도 한다. 얼마 되지도 않는 돈이라면 더더욱 이런 위험을 감수하지 말아야 한다. 푼돈 때문에 친구까지 잃을 수 있다. 사람들에게 절대 돈을 빌려주지 말라고 할 수는 없지만, 충분히 오랫동안 깊이 생각하고 결정하길 바란다.

돈에 대한 책임감을 평가하는 성적표, 신용점수

대학교를 졸업하면 성적표 받을 일이 없다고 생각했을지도 모르겠다. 이런 말을 하게 돼 미안하지만, 신용점수credit score라고 하는 재정 상태를 평가하는 성적표가 여러분을 평생 따라다닐 것이다. 신용점수는 여러분이 돈을 빌렸을 때 얼마나 책임감 있게 행동하는지 평가하는 점수다. 돈을 빌리는 방법은 신용카드, 학자금대출, 자동차담보대출, 주택담보대출 그리고 각종 공과금 등 여러 가지다. 적어도 1년에 한 번은 신용 보고서를 확인하자. 수정해야 할 오류가 있을 수도 있다.

언젠가 버핏이 신용점수를 확인해보니 세계 최고의 부자인 그의 점수가 평균보다 약간 높은 정도인 718점밖에 되지 않더란다. 알고 보니 누군가 그를 사칭해 신용카드를 만들고는 제때 대금을 갚지 않았던 것이다. 그는 문제를 해결했고, 그의 신용점수는 거의 최상위권이 됐을 것이다. 버핏의 신용 보고서에 오류가 있을 수 있다면 누구에게나 같은 문제가 생길 수 있다는 뜻이니, 팁으로 기억해두자.

BUFFETT's TIP 17

신용 보고서를 주기적으로 확인하라.
당장 해결해야 할 오류가 있을 수도 있다.

신용점수는 최저 300점에서 최고 850점(한국은 1~1,000점—옮긴이) 사이로 표시된다. 매년 달라지기는 하지만 미국인의 신용점수 평균은 약 700점 정도다. 신용점수를 책정하는 회사는 여러 곳이다. 가장 널리 알려진 신용점수는 FICO 점수라고 부르는데, 이 점수를 만든 페어아이작앤드컴퍼니Fair, Isaac and Company에서 따서 지은 이름이다.

신용점수는 나이에 따라 조금씩 차이가 난다. 젊은 청년들은 신용 기록이 없어서 신용점수가 낮다. 신용점수는 왜 중요할까? 신용점수가 높으면 자동차나 주택 같은 '목돈이 드는 구매'를 할 때 낮은 이자율로 돈을 빌릴 수 있다. 돈을 아낄 수 있다는 뜻이고, 30년 동안 갚아야 하는 주택담보대출에서는 특히 그렇다. 그러므로 중요한 시험에서 A를 받으려고 노력하듯 신용점수도 가능한 한 최고로 높게 유지하기 위해 노력해야 한다.

신용점수는 어떻게 계산할까? 정확한 공식은 공개되지 않았지만 페어아이작앤드컴퍼니에서 제공한 정보에 따르면 점수를 계산할 때 다섯 가지 항목이 반영된다고 한다. 상환내역이 35퍼센트, 연체액은 30퍼센트, 신용 거래 기간은 15퍼센트를 차지한다. 신규 대출 요청 건수와 신용카드 또는 학자금대출 등의 신용 거래 형태도 각각 10퍼센트를 차지한다. 20대는 30세 이상인 사람들보다 신용 거래 기간이 짧고 새로 대출을 요청하는 경우가 많다. 하지만 각종 청구서를 매달 꼬박꼬박 처리한다면 신용점수에 가장 영향을 많이 미치는 두 항목의 점수를 높일 수 있다.

신용점수가 740점 이상인 대출자는 프라임prime 등급 대출자로 분류된다. 이들은 큰 빚을 지지 않으며 제때 빌린 돈을 갚는다. 신용 거래 기간도 10년 이상으로 길다. 슈퍼프라임super prime 등급이라는 말을 듣게될 수도 있는데, 이들은 신용점수가 보통 800점 이상인 사람들로 프라임 대출자들보다도 낮은 이자로 돈을 빌릴 수 있다.

신용 등급 네 개 중 두 번째 등급은 알트Aalt-A 등급이다. 알트A는 점수는 괜찮지만, 예를 들면 신용 거래 기간처럼 하나 또는 두 개 항목에서 좋지 않은 점수를 받은 사람들이다. 청년 대출자들이 보통 이 등급으로 분류된다. 알트A 등급의 FICO 점수는 보통 670점에서

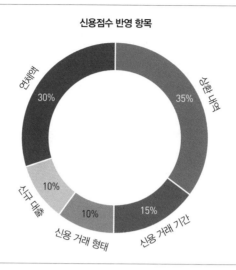

신용점수 반영 항목

연체력 30%

상환 내역 35%

신규 대출 10%

신용 거래 형태 10%

신용 거래 기간 15%

739점 사이다. 세 번째 신용 등급은 서브프라임subprime 등급이라고 부른다. 신용 등급이 서브프라임으로 분류된 대출자들은 청구서를 제때 해결하지 못했거나 수입과 비교해 빚을 너무 많이 져서 신용점수에 반영되는 항목 여러 개에서 낮은 점수를 받은 사람들이다. 가장 낮은 등급은 푸어poor 등급이라고 부른다. 이들은 돈을 빌리고 제때 갚지 않거나 아예 빚을 갚지 않은 이력이 많은 사람들이다. 파산bankruptcy 신청을 한 사람일 수도 있다.

절대 피해야 할 개인 파산

파산이란 자산보다 빚이 심각하게 많을 때, 빚의 액수를 줄이거나 아예 탕감하기 위해 밟는 법적 절차다. 개인, 기업, 때로는 정부도 파산을 신청할 수 있다. 개인이 파산 신청을 하는 이유는 여러 가지가 있는데 가장 흔한 경우는 병원비 때문이거나 직장을 잃었거나 소송에서 패소했거나 사업이 부도났거나 또는 능력에 비해 과한 집이나 차, 귀금속을 구매했기 때문이다. 버핏의 누이인 도리스 버핏도 1980년대 위험한 투자에 발을 담갔다가 파산 신청을 한 적이 있으니 소득이 낮은 사람만 겪는 일은 아니라고 할 수 있다.

겉으로 보기에는 빚을 없앨 수 있으니 좋다고 생각할 수도 있다. 하지만 파산 신청을 하게 되면 아주 오랫동안, 보통은 7년 이상 신용이 낮은 상태로 살아야 한다. 나중에 주택담보대출이나 다른 대출을 받기도 힘들다. 대출을 받을 수 있더라도 신용이 좋은 사람보다 훨씬 높은 이자를 감당해야 한다. 당연히 신용점수도 뚝 떨어져서 푸어 또는 서브프라임 등급으로 분류되고 만다.

파산 법원은 신용카드 빚의 일부 또는 전체를 탕감해주지만 학자금대출을 포함한 몇몇 대출은 파산 신청으로도 줄일 수 없다. 미국에서는 1800년대까지 파산 신청을 한 사람은 빚을 다 갚을 때까지 일을 시키는 **채무자 감옥**debtors' prison에 갇히기도 했다. 요즘은 파산 신청을 하면 '재정적 형벌 대상자'로 분류되기는 하지만, 그래도 진짜 감옥에 가지는 않는다. 하지만 몇몇 주에서는 빚을 못 갚은 사람들에게 수감형에 맞먹는 형벌을 내리기도 한다. 채권자와 협의해서 빚을 깎아달라고 요청할 수도 있다. 이 방법으로 빚을 줄여도 신용점수는 떨어지지만 파산 선고를 받는 것보다는 훨씬 정도가 덜하다. 파산을 피하려면 형편에 맞는 물건을 사고, 주기적으로 투자 원칙을 점검하면 된다. 무슨 일이 있어도 파산 신청은 하지 않도록 하자.

비트코인에 대해

놀랄지도 모르지만, 과거 미국에서는 통화(20달러짜리 지폐)를 금화나 금괴bullion라고 하는 금덩어리로 바꿀 수 있었다. 반대로 금을 돈으로 바꿀 수도 있었다. 1934년 금준비법Gold Reserve Act이 제정된 이후 개인은 이런 교환 거래를 할 수 없게 됐다. 즉, 과거에는 금과 돈, 좀 더 전체적으로 이야기하면 금과 통화 공급량money supply 사이에 아주 '명확한' 연결 고리가 있었다는 것이다. 통화 공급량에 포함되는 화폐의 범위에 대해서는 여러 의견이 있지만, M1(협의 통화)라고 불리는 가장 보수적인 정의에서는 지폐 같은 물리적 화폐, 동전, 요구불예금 그리고 여행자 수표가 해당된다고 본다. 현금 또는 신속하게 현금으로 바꿀 수 있는 자산이 포함된다고 볼 수 있다.

이론적으로 켄터키주 포트 녹스Fort Knox에 있는 금괴 저장소나 다른 연방 저장소에 금이 충분하지 않으면 돈을 찍어낼 수 없다. 그런데 1971년 미국이 금본위제에서 완전히 벗어나면서 이런 법칙이 깨졌고, 금준비법이 제정된 이후에 통화와 금을 교환할 수 있었던 기관조차 더는 교환 거래를 할 수 없게 됐다. 세계 여러 나라 역시 미국의 이런 조치에 따라 금본위제에서 벗어났다. 금본위제를 버리게 된 이유는 이 책에서 다루기에 너무 무겁지만, 간단히 정리하자면 정부 관계자들이 금본위제의 한계 때문에 경제 성장이 제한된다고 생각했기 때문이다.

오늘날 은행에서 인쇄해 유통하는 돈을 명목fiat 화폐라고 부른다. '피아트'라는 이탈리아 브랜드 자동차와는 아무런 관계가 없다. 명목 화폐란 통화가 정부에서 결정한 만큼의 가치를 가진다는 뜻이다. 그러니까 이론적으로 정부는 돈을 찍어내는 인쇄기를 최고 속도로 돌리고 아무것도 걱정하지 않아도 된다. 역시 이론적으로 돈을 많이 찍어낼수록 인플레이션은 심해진다. 인플레이션에 대해서는 제4장에서 더 자세하게 다룰 예정이다. 돈을 마구 찍어내면 물건 가격이 오르고 결국 인플레이션이 발생하게 돼 있다.

그래서 이런 이야기가 비트코인Bitcoin과 무슨 관련이 있다는 것일까? 아직도 알려지지 않은 비트코인의 창시자는 인쇄기에 휘둘려 가치가 낮아지지 않는 통화를 만들고자 했다. 또한, 무기명으로 정부의 간섭 없이 돈을 송금transmitting할 수 있으며, 어떤 사업이나 개인 거래에서도 사용할 수 있는 통화를 발명하고자 했다. 정부의 통제 또는 세금을 피해 암시장black market 또는 불법 거래에서도 사용할 수 있는 화폐라는 점을 이용해, 컴퓨터를 '납치'하는 소프트웨어인 랜섬웨어ransomware 제작자들은 비트코인으로 몸값을 지불하라고 요구하기도 한다.

비트코인의 작동 방식 역시 이 책에 자세히 담기에는 무리지만, 간단히 정리하면 비트코인은 **암호화폐**cryptocurrency라고 부르는 새로운 디지털 통화다. 심지어 ATM처럼 생긴 비트코인 지급기를 볼 수 있는 지역도 있다. 공상과학 소설같이 들릴지도 모르지만, 현재 델Dell, 마이크로소프트Microsoft, 페이팔 그리고 위키피디아의 운영자인 위키미디어 재단Wikimedia Foundation 등 여러 기업에서 비트코인을 지불 수단으로 인정한다. 이런 기업들은 우리가 미국 달러화, 유로화, 영국 파운드화, 일본 엔화, 중국 위안화를 생각하듯 비트코인 역시 돈으로 취급한다.

비트코인의 가격은 하늘 높은 줄 모르고 치솟았다. 2008~2009년 처음 만들어졌을 당시에는 1센트짜리 동전보다도 가치가 낮았지만 2018년에는 거의 2만 달러가 됐다가 이 책을 쓰고 있는 현재(2021년) 약 3만 8,000달러를 호가한다. 수익률로 치면 거의 1억 퍼센트에 가깝고, 버핏도 당해낼 수 없는 수익률이다. 덧붙이자면, 월스트리트에서는 올바른 타이밍을 찾기가 매우 힘들다는 의미로 '발끝에서 사서 머리 꼭대기에서 팔 수 있는 유일한 사람은 거짓말쟁이뿐이다'라고 한다. 그래서 오마하의 현인께서는 비트코인을 어떻게 생각한다는 것일까? 의견이 분분한 주제인 만큼 우선 버핏이 했던 말을 그대로 한번 살펴보자. 그는 다음과 같이 말했다.

"가능한 한 멀리하세요. 비트코인은 신기루입니다. 돈을 옮기는 방법일 뿐이지요. 물론 비트코인을 사용하면 돈을 매우 효율적으로, 익명으로 이체할 수 있겠지요. 수표 역시 돈을 옮기는 방법입니다. 하지만 돈을 옮기는 수단인 수표가 돈보다 가치 있나요? 머니오더가 돈보다 가치 있나요? 머니오더를 쓰면 돈을 옮길 수 있지요. 다들 그렇게 합니다. 비트코인이 돈을 보내는 더 효율적인 방법이 되길 바라지만, 이런 방법은 얼마든 복제될 수 있고, 그렇게 될 것입니다. 비트코인 자체가 엄청난 내재 가치를 지닌다는 이야기는 내게 실없는 농담으로밖에 들리지 않습니다."

버핏은 비트코인에 대해 명확하게 의견을 밝혔고, 우리는 그의 말을 팁으로 남길 생각이다. 하지만 우선 그의 말 중에 설명이 필요한 단어 몇 개를 짚고 넘어가자. 우선 내재 가치intrinsic value라는 말은 제6장에서 자세히 다룰 텐데, 지금은 합리적으로 결정한 물건의 본질적 가치라고 알아두자. 예를 들어 집의 내재 가치는 대지와 자재 그리고 학군이나 통근 거리 같은 해당 공동체 안에서 살 때의 이점을 고려해 결정된다.

머니오더money order란 당좌예금계좌 없이도 현금을 주고받을 수 있도록 해주는 송금 방식이다. 진짜 현금을 우편 봉투에 넣어 누군가에게 보내는 것은 현명한 방법이 아니다. 대신 우체국 또는 대부분의 은행에서 수수료를 약간 내고 현금을 건네면 그만큼의 액수가 적힌 머니오더를 받을 수 있다. 적은 액수를 거래할 때는 수수료 비율이 약간 더 높아지기도 하지만, 보통은 거래금액의 1퍼센트 미만이다. 예를 들어 500달러짜리 머니오더를 살 때는 5달러 미만의 수수료가 붙는다.

비트코인은 신기루다. 다른 사람에게
돈을 보내는 더 나은 방법이 될 수는 있을지 몰라도
내재 가치를 지니고 있지는 않다.

우리는 여러분에게 지식을 전달할 뿐 생각을 바꾸라고 설득하려는 것이 아니다. 여기까지 이야기를 정리하면 객관적으로 비트코인에 '투자가치'가 있다는 생각은 투기적이고 위험하다. 변동성도 예측할 수 없을 정도로 커서 하루에도 몇백 달러씩 가격이 오르락내리락하기도 한다. 사이버 공격을 받아 비트코인을 도난당한 사람들도 있었다. 하지만 누군가의 결정에 따라 좌지우지되지 않고 정부의 통제를 받지도 않는 익명 통화를 원하는 사람들이 있는 이상, 암호화폐 산업은 앞으로도 발전하리라고 생각한다. '능력 범위' 안에서 투자하라는 버핏의 조언을 기억할 것이다. 암호화폐는 우리의 능력 범위 밖이고, 지금은 그저 관찰자로서 비트코인에 어떤 일이 일어나는지 지켜보면 된다.

"경제 시장에서 금리는
실제 세상의 중력과 같은 역할을 한다."

_워런 버핏, 주식 시장에 관한 버핏의 말 중

제4장

버핏이 알려주는
채권 및 인플레이션

앞에서 우리는 시중 은행에서 찾을 수 있는 저축계좌, 양도성예금 증서 같은 상품에 관해 배우며 투자의 세계로 첫 발걸음을 떼었다. 이번 장에서는 지난 장에서 잠시 언급했던 채권이라는 다른 투자 상품에 관해 알아보며 여러분의 시야를 조금 더 넓혀보려고 한다. 채권은 빚 또는 차용증서IOU(빚을 졌다는 의미인 'I owe you'의 약자다―옮긴이)다. 채권을 발행한 회사는 주식을 발행할 때와는 달리 소유권 일부를 포기할 필요가 없다. 회사나 정부가 채권을 발행하는 이유는 무엇일까? 가장 큰 이유는 정기적으로 나가는 운영 비용을 처리할 자금이나 확장 자금을 모으기 위해서다.

채권에 관한 이야기가 지루하리라 생각하지 말자. 예를 들면 이 장에서는 지금은 고인이 된 록스타 데이비드 보위가 발행한 채권에 대해서도 배울 수 있다. 그가 발행한 채권의 이름은 당연하게도 '보위 채권'이다. 채권은 확정금리부 증권fixed income security 중 하나다. 고정수익증권이란 채권을 소유한 대가로 받게 될 현금 또는 수익의 액수와 수익을 받을 시점이 고정돼 있다는 뜻이다. 물론 예외도 있는데 그중 몇 가지도 이 장에서 살펴볼 예정이다.

주식이 주목을 많이 받기는 하지만 사람들의 삶에 영향을 더 많이 미치는 쪽은 주식 시장보다는 채권 시장이다. 전 세계 채권 시장의 규모 역시 주식 시장보다 크며 세계 정세에 엄청나게 중요한 역할을 한다. 던킨도너츠의 광고 문구인 '미국은 던킨도너츠가 움직인다'America Runs on Dunkin라는 표현이 있다. 그와 비슷하게 국제 금융 시장은 대출 또는 빚의 한 형태인 채권이 움직인다고 할 수 있다. 사람들은 주택담보대출의 도움을 받아 집을 산다. 주택담보대출도 빚이고, 채권이나 마찬가지다. 학자금대출도 역시 채권이라 볼 수 있다. 자동차담보대출도 다르지 않다. 기본적으로 정기적으로 현금을 갚아나가야 하는 모든 구매는 채권이라 할 수 있다.

저축채권

미국에서 흔한 채권의 유형은 재정 관리와 세금 징수를 책임지는 정부 기관인 미 재무부United States Treasury에서 발행하는 미국 저축채권이다. 살다가 한 번쯤 저축채권을 선물로 받았을 수도 있다. 과거에는 구매자가 저축채권 액면가face value의 반만 내면 채권을 받은 사람은 전액을 현금화할 수 있었다. 액면가는 말 그대로 채권 용지에 쓰여 있는 금액이다. 예를 들어 액면가 50달러짜리 미국 저축채권을 선물로 받았다면 선물을 준 사람은 25달러를 내고 그 채권을 샀을 것이다. 50달러를 주고 산 줄 알았는데 속았다고 생각할 수도 있지만 선물은 가격과 상관없이 감사한 일이니, 너무 실망하지는 않았길 바란다.

하지만 2012년 미 재무부는 종이 채권과 작별했다. 지금은 가상 채권 또는 전자 채권을 발행한다. 재무부에서 이런 결정을 내린 이유는 전자 채권 방식이 추적하기 훨씬 쉽기 때문이다. 그리고 채권을 사는 이유는 수익으로 거둘 수 있는 이자율 때문이다. 종이 채권이든 전자 채권이든 이자를 지급한다. 많지는 않지만 확실하게 믿을 수 있는 안전한 투자라고 할 수 있다. 채권은 '미국 정부의 온전한 신의와 신용'을 바탕으로 보호된다. 이 말은 어떻게든 약속된 돈을 받을 수 있다는 뜻이다. 미국 정부는 언제든 돈을 찍어내거나 세금을 거둬 이 채권의 수익을 보장한다.

미국 저축채권 중에서도 가장 흔한 유형은 시리즈 EE 저축채권 Series EE Savings Bonds이다. 이보다 덜 유명한 시리즈 ISeries I라는 저축채권도 있는데, 이번 장 후반에 자세히 설명할 것이다. 예상했다시피 'I'는 인플레이션을 의미한다. 미국 저축채권의 최소 구매 금액은 25달러이고 연간 최고 구매 금액은 사회 보장 번호(미국에서 개인의 신분을 증명하는 번호—옮긴이) 하나당 1만 달러다. 미국 재무부 웹사이트TreasryDirect. gov에서 수수료 없이 채권을 살 수 있다.

양도성예금증서CD와 마찬가지로 채권도 해약금을 물지 않으려면 돈을 얼마간 묶어둬야 한다. 1년이 지나면 돈을 찾을 수 있지만 5년이 되기 전에 계좌를 해지하면 마지막 석 달 치 이자를 잃을 각오를 해야 한다. 예를 들어 시리즈 EE 채권을 2년 만에 현금으로 바꿀 경우 1년 9개월 치의 이자만 받는 셈이다. 채권을 계속 가지고 있어도 되지만 30년이 지나면 이자가 더 이상 지급되지 않는다. 시리즈 EE 저축채권에 대한 이자율은 미 재무부에서 1년에 두 번, 5월 1일과 11월 1일에 결정한다.

세금을 낼 만큼 충분한 수입이 있다면 저축채권을 구매했을 때 세제 혜택을 다소 누릴 수 있다. 연방 정부에는 저축채권을 통해 받은 이자에 대한 세금을 내지만 주세와 지방세는 면제된다. 당장은 시리즈 EE 채권에 대한 세금이 얼마인지 관심이 없어도 장기적으로 부를 쌓는 방법에 대한 버핏의 조언을 귀담아듣는다면 언젠가는 이 내용을 다시 떠올리게 될 것이다.

확정금리부 증권

'이자율'이 모든 확정금리부 증권fixed income security(발행할 때 표면 이자를 만기까지 지급하는 유가 증권—옮긴이)에 똑같이 적용된다고 생각할 수 있지만, 그렇지 않다. 이자율은 채권의 만기가 단기(보통 약 1개월)인지 장기(최대 30년)인지에 따라 달라진다. 또 채권을 갚지 못할 위험이 클수록 높은 이자를 지급해야 한다. 역사적으로 장기 이자율은 단기 이자율보다 높았다. 기간이 길어지면 손실 위험이 크기 때문이겠지만 그렇지 않은 경우도 있었다. 만기 시점과 채권 시장에서 만기 수익률yield to maturity, YTM이라고 불리는 이자율의 관계를 나타낸 곡선을 수익률 곡선yield curve이라고 부른다. 특히 도표 형식으로 이 관계를 나타낼 때는 좀 더 학술적인 용어로 이자율 기간구조the term structure of interest rates라고도

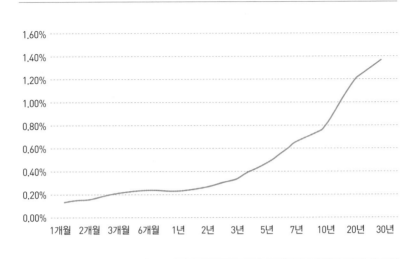

미 재무부 수익률 곡선(2020년 4월)

출처 : 미국 재무부, 수익률 곡선, 2020년 4월

한다.

가장 만기가 짧은 미 재무부 증권은 미 재무부 단기재정증권 또는 짧게 줄여 단기국채T-bill라고 부른다. 단기 증권의 만기는 1년보다 짧다. 보통 28일, 91일, 182일, 364일짜리로 발행된다. 만기일 이후에도 계속 가지고 있어도 되지만 만기일이 지나고 나면 수익이 증가하지 않고, 마지막 이자 지급일부터 채권 매입 시점까지의 이자를 뜻하는 경과이자 accrued interest도 없다. 단기국채는 보통 1,000달러인 액면가에 할인율을 적용한 가격 또는 그보다 싼 가격에 판매된다. 예를 들어 이자율이 1퍼센트일 때, 제2장에서 살펴본 현재가격 공식을 적용하면 364일짜리 단기국채의 발행가격은 990.10달러라는 이야기가 된다. 그리고 단기국채가 만기가 되면 1,000달러를 받게 된다. 단기국채는 확정금리부 증권 중에서 가장 안전하며 유동적인 투자이며, 지난 장에서 언급했듯 버핏이 자신의 비상금을 투자할 때 사용하는 방법이기도 하다.

짧게 줄여 'T-노트'라고도 하는 미 재무부 중기증권은 미국 정부에서 발행하는 확정금리부 증권으로, 만기는 1년에서 10년 사이다. 가장 흔히 볼 수 있는 중기재정증권은 2년짜리와 10년짜리다. 장기재정증권은 미국 정부에서 발행하는 만기가 10년 이상인 채권이며, 20년짜리와 30년짜리를 가장 많이 발행한다. 중기재정증권과 장기재정증권은 만기일을 빼고는 별 차이가 없다. 두 채권 모두 1년에 두 번, 반년마다 이자를 지급하고 액면가는 1,000달러다. 채권 소유자에게 지급되는 이자(예: 50달러)는 **쿠폰**coupon이라고도 부른다. 백분율(예: 5퍼센트)로 표시돼 있으면 **표면금리**coupon rate라고 부른다. 채권 대부분은 만기일 전까지 표면금리가 고정돼 있으며 액면가는 1,000달러다. 가장 흔한 형태인 이런 채권을 아이스크림의 '바닐라 맛' 같은 채권이라 해 '플레인바닐라 채권'이라고 표현하기도 한다.

마지막으로 소개할 미 재무부 증권은 채권 소유자를 인플레이션으로부터 보호하는 **물가연동국채**Treasury Inflation Protected Securities(이하 TIPS)다. 앞서 인플레이션이 **구매력**purchasing power에 부정적인 영향을 미친다고 설명했다. 예를 들어 지금은 10달러를 가지고 패스트푸드 식당에 가면 맛있게 한 끼를 먹을 수 있지만 20년 후 10달러로는 같은 식당에서 음료 한 잔을 마시기도 부족할 것이다. TIPS 채권은 인플레이션에 따라 원가가 변한다. 인플레이션 지수가 올라가면 이자도 오른다는 뜻이다. 지급되는 이자 또는 쿠폰의 액수가 변하는 채권은 변동금리채권floating-rate bond이라고 한다. 채권 대부분은 쿠폰으로 받을 수 있는 액수가 고정돼 있지만, 변동금리채권 같은 채권도 존재한다. 변동금리를 정할 때 가장 흔히 기준으로 하는 금리를 리보금리London Inter-bank Offered Rate, LIBOR라고 부르는데, 런던 은행들이 매일 공시하는 이자율의 평균으로 결정된다.

TIPS는 본질적으로 인플레이션 때문에 발생하는 피해를 상당 부분 보호해준다. 현재 5년, 10년, 30년 만기로 제공된다. 인플레이션이 와도 손해를 입지 않을 수 있는데 당연히 사야 하는 게 아닐까 생각할 수도 있다. TIPS는 위험 없이 수익을 보장하는 만큼 이자율이 낮은 편이다. 예를 들어 최근 5년짜리 TIPS의 연 이자율은 0.16퍼센트로 매우 미미한 수준이었다. 인플레이션율을 고려한 뒤라도 1년에 1퍼센트도 벌지 못하면 결코 부자가 될 수 없다. 버핏이 인플레이션을 중요하게 생각하는 만큼 이제부터는 인플레이션에 집중해보려고 한다.

인플레이션 및 소비자물가지수

시간이 갈수록 상품의 가격은 상승하며, 역사적으로는 매년 2~3퍼센트가량 상승했다. 이런 현상을 인플레이션이라고 부른다. 가격이 떨어지는 경우는 디플레이션deflation이라고 한다. 디플레이션은 공급이 너무 많거나 수요가 하락할 때, 또는 생산 비용이 낮아졌을 때 발생할 수 있다. 예를 들어 테슬라 자동차의 초기 모델은 한 대당 8만 달러 이상이었다. 하지만 '기가팩토리'Gigafactory(테슬라모터스가 건설한 세계 최대 리튬 이온 전지 공장—옮긴이)를 운영하기 시작한 후 테슬라는 모델3를 최저 3만 5,000달러에 판매할 수 있게 됐다. 여전히 비싸기는 하지만 어찌 됐건 배터리를 대량으로 생산한 후 테슬라의 생산 비용은 훨씬 낮아졌다.

인플레이션을 물가가 오르는 현상이라 이해해도 되지만, 올바른 재정 결정을 내리고 싶은 사람이라면 이보다 정확하게 인플레이션을 측정할 수 있어야 한다. 가장 흔한 방법은 소비자물가지수Consumer Price Index(이하 CPI)를 사용해 계산하는 것이다. CPI는 '평범한' 미국 가정에서 구매하는 상품이나 서비스를 모아놓은 바구니라 생각하면 쉽게 이해할 수 있으며, 정부 부처인 미국 BLS에서 계산한다(118쪽 참조). 각 나라마다 다른 방법으로 인플레이션을 측정한다.

평범한 가정의 CPI에서 가장 큰 부분을 차지하는 항목은 사는 공간에 대한 비용, 즉 주거 비용이다. 보통 가계지출의 약 40퍼센트를 차지한다. 자동차 유지 비용이나 직장까지 출퇴근하는 데 드는 교통비나 의료비도 큰 부분을 차지한다. 하지만 여러분의 CPI는 BLS에서 측정한 것과 많이 다를 수도 있다. 예를 들어 젊은 사람들은 부모님과 함께 살거나 학교 기숙사에 사는 경우가 많고, 부모가 주거비의 일부 또는 전부를 부담한다. 이들에게는 식비, 의류 구매비, 유흥비가 지출에서 가장 큰 부분일 것이다. 그러나 점차 나이가 들어가고 독립을 하면 주거, 의료 그리고 교통비가 소비에서 가장 큰 부분을 차지하게 될 것이다.

소비자물가지수 측정항목

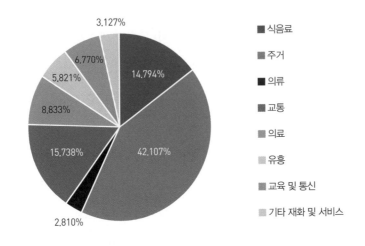

3.127%
6.770%
5.821%
8.833%
15.738%
2.810%
14.794%
42.107%

■ 식음료
■ 주거
■ 의류
■ 교통
■ 의료
■ 유흥
■ 교육 및 통신
■ 기타 재화 및 서비스

출처 : 소비자물가지수 측정항목별 상대적 중요성 데이터(미국 도시 평균, 2019년 12월)

　BLS에서는 매달 CPI를 발표하며 측정에 포함되는 항목과 가중치를 주기적으로 업데이트한다. 예를 들어 50년 전에는 휴대전화가 CPI 구성 목록에 포함되지 않았고, 컴퓨터조차 사용하는 사람이 얼마 없었다. 그런가 하면 타자기와 말 채찍 등은 요즘은 거의 자취를 감춘 물건들이다. 따라서 CPI는 경제 동향과 함께 미국의 수천 가구를 조사한 결과로 밝혀진 주요 구매 상품을 반영한다고 볼 수 있다.

채권 등급 심사 및 기업 파산

애플이나 디즈니, 나이키 같은 기업들도 채권을 발행한다. 하지만 정부와는 달리 이들은 채권을 상환하기 위해 돈을 마음대로 찍어낼 수 없다. 그러니까 약속한 이자와 원금을 갚지 못할 확률이 높다는 뜻이다. 이들이 제때 이자를 지급하지 않거나 원금을 갚지 못할 확률을 **채무 불이행 위험**default risk이라고 부른다. 채무 불이행에 빠지는 채권의 비율은 **부도율**default rate이라고 부른다. 예를 들면 버핏이나 여러분 같은 개인과 마찬가지로 기업들도 자산 규모와 빚을 상환할 능력이 현저하게 다르다.

다행히 기업에서 채권을 상환할 능력이 있는지 평가하기 위해 채권 전문가가 될 필요는 없다. 전 세계 여러 기업과 정부의 신용을 평가하는 **신용평가기관**rating agency이라고 부르는 회사들 덕분이다. 미국에서 가장 큰 채권 신용평가기관은 스탠다드앤드푸어스S&P, 무디스Moody's, 피치Fitch다. S&P라는 이름을 주식에서도 보게 될 테니 잘 기억해두자. 이런 회사들은 채권을 알파벳 조합으로 된 등급으로 분류한다. 회사마다 이름 짓는 방법이 약간씩 다른데 여기서는 S&P에서 사용하는 등급을 살펴보자.

가장 좋은 등급은 AAA다. 미국에서 등급이 AAA인 기업이 마이크로소프트와 존슨앤드존슨 딱 두 개뿐이라는 사실을 알면 누구나 놀랄 것이다. AAA 등급 밑으로 AA+, AA, AA−, A+, A, A−, BBB+, BBB, BBB− 그리고 몇 등급이 더 있다. BBB−등급 이상으로 분류된 채권은 투자등급 채권investment grade bond이라고 부른다. 그 밑에 있는 BB+부터 D 등급까지의 채권은 하이일드high yield 채권 또는 정크본드junk bond라고 부른다. 굳이 정크본드를 사는 이유는 무엇일까? 정크본드가 높은 이자율을 제공해 위험을 감수할 명분을 제공하기 때문이다.

투자 분석가들이 투자등급과 정크본드를 구분하는 이유는 무엇일까? 우선 정크본드에 투자할 수 없게 돼 있는 투자자들이 있으므로, 정크본드는 모두를 위한 투자 상품은 아니다. 사실 버핏이라면 누구도 이런 채권을 살 이유가 없다고 이야기할 것이다. 그는 새로 발행된 정크본드를 그다지 좋아하지 않지만, 가격이 말도 안 되게 낮을 때는 가끔 사기도 한다. 1990년 주주 서한에서 그는 다음과 같이 적었다. "가격이 발행가에 한참 못 미치더라도 정크본드는 지뢰밭이나 마찬가지입니다. 지난해에 이야기했듯, 우리 회사는 신규 발행된 정크본드를 산 적이 없습니다. (해가 서쪽에서 뜬다면 한번 생각해볼 수도 있지요.) 하지만 상황이 혼란스러운 만큼 계속 지켜보기는 할 생각입니다."

모든 채권의 연평균 부도율은 역사적으로 약 1.5퍼센트 정도였다. 이 숫자는 경기 침체기에는 더 커지고 호황기에는 낮아진다. 예상했겠지만, 부도율은 투자등급 채권과 정크본드 사이에도 차이가 있다. 어떤 해든 전반적인 부도율이 1.5퍼센트라면 정크본드의 부도율은 4퍼센트 정도이고, 투자등급 채권에서는 0.5퍼센트 정도다.

D등급은 채무 불이행default을 의미하며, 기업에서 약속한 원금이나 이자를 갚지 못하는 상태에 있다는 뜻이다. 이런 회사는 이미 파산했거나 곧 하게 될 경우가 많다. 지난 장에서 개인 파산에 관해 이야기했는

데, 기업과 정부도 파산할 수 있다. 놀랍게도 어떤 기업들은 파산 상태로 계속 운영을 하기도 한다. 기업 파산은 크게 두 종류로 나뉜다. 완전 파산Chapter 7 bankrupcy과 파산 보호 신청Chapter 11 bankruptcy이다.

완전 파산을 한 기업은 팔 수 있는 것들을 팔아서 채권자, 즉 회사의 채권을 구매한 투자자, 또는 드문 경우 주주에게 판매가격을 보상하고 폐업한다. 이런 과정을 청산liquidation이라고 한다. 전자제품 판매점 서킷시티Circuit City(전자제품과 컴퓨터 관련 제품을 판매하는 대형 유통업체, 2008년에 파산 보호 신청—옮긴이)나 온라인 음악 다운로드 서비스를 제공했던 냅스터Napster를 떠올렸을지도 모르겠다. 이런 회사들을 지금은 찾아볼 수 없게 됐다.

파산 보호 신청을 한 기업은 운영을 계속할 수 있다. 빚 일부는 탕감되고 남은 빚은 구조 조정된다. 기존 주주들은 대부분 떨어져 나가고 채권 소유자 중 원금을 다 받지 못한 사람들이 새로운 주주가 된다. 회수율recovery rate이란 파산 보호 신청 과정에서 기존 채권자가 돌려받는 금액(예: 1달러당 70센트)을 뜻한다. 이들은 보통 손해를 많이 보게 되므로 새로 구조 조정된 회사의 주식을 받게 된다. 파산 보호 신청 과정이 생소하게 느껴지겠지만, 여러분은 이미 이 과정을 거친 회사들을 알고 있다. 제너럴모터스GM, 크라이슬러Chrysler, 메이시스 백화점Macy's, 에어로포스테일Aeropostale, 시어스Sears, 델타항공Delta Airlines 등이 그 예다.

회사채와 지방채

　회사채는 기업에서 투자자들에게 돈을 빌리기 위해 발행하는 채권이다. 은행에서 돈을 빌릴 수도 있는데, 이런 경우는 **텀론**Term loan이라고 부르기도 한다. 두 유형 모두 기업의 채무가 된다. 앞에서 애플, 디즈니, 나이키를 언급했는데 투자자들에게 채권을 판매하는 기업은 수천 개가 넘는다. 미 재무부 증권과 마찬가지로 이런 회사채의 상환 기간 역시 단기(1년 미만)일 수도 있고, 장기(최대 30년)일 수도 있다. 채권은 기업에서 사업 자금, 새로운 제품이나 서비스를 개발할 비용, 다른 회사를 인수할 자금을 마련하는 가장 저렴한 방법일 때가 많다. 제7장에서 회계의 기본을 자세히 살펴볼 예정이니 지금은 기업에서 부채를 발행하면 세금을 덜 낼 수 있다고만 알아두자. 회사채에 대해 지급하는 이자는 세금 공제가 가능하므로 소유자들은 세금을 덜 낼 수 있다.

　주 정부와 지방 정부도 채권을 발행할 수 있고, 이를 **지방채**municipal bond 또는 **시채**munis라고 한다. 예를 들어 여러분이 사는 주의 정부는 투자자들에게 채권을 판매해 얻은 자금을 학교, 도로, 주립경찰, 의료 서비스 등을 위해 사용할 수 있다. 교육구school district(미국 지방 교육 행정의 기본 단위—옮긴이)에서도 지방채를 발행해 학교를 짓거나 교사들의 월급을 지급할 자금을 마련하기도 한다. 주립 대학들도 지방채를 발행한다. 지방채는 보통 매우 안전하지만 디트로이트나 미국령 푸에르토리코처럼 간혹 채권을 발행한 지방 정부가 파산하는 경우도 있다.

　지방채에 투자하면 쏠쏠한 세금 혜택을 누릴 수 있다. 재무부가 발행한 채권을 구매했을 때와는 달리 구매자들은 채권으로 받은 이자에 대해 연방세를 내지 않는다. 벤저민 프랭클린은 죽음과 세금은 피할 수 없다고 했다. 합법적으로 세금을 피하는 몇 안 되는 방법 중 하나가 바로 지방채다. 채권을 발행한 지역에 살고 있다면 채권 이자에 대한 주 정부 또는 지방 정부에 내야 할 세금도 면제받을 수 있다. 예를 들어 뉴욕시에 사는 사람이 뉴욕시 학교채를 샀다면 연방 정부와 주 정부 그리고 뉴욕시에 내야 할 이자에 대한 소득세를 면제받을 수 있다. 세금 혜택이 있는 지방채는 세금이 붙는 채권보다 낮은 이자율을 지급할 수 있으므로 채권을 발행하는 기관(학구 등)에도 혜택이 있는 셈이다.

데이비드 보위 채권 및 기타 자산담보부증권

앞에서 살펴본 것처럼 현금흐름을 가진 모든 것들은 채권으로 바꿀 수 있다. 라디오나 다른 미디어 기기에서 음악이 흘러나올 때, 해당 음악의 작곡가는 약간의 저작권 사용료royalty를 받는다. 테일러 스위프트, U2, 드레이크, 비욘세, 비틀스 또는 데이비드 보위처럼 베스트셀러 음반을 낸 가수라면 저작권 사용료로 연간 수백만 달러를 벌기도 한다. 보위는 처음으로 음악 저작권 사용료를 가지고 수익을 창출한 음악 예술가로, 그의 채권은 '보위 채권'이라는 이름으로 유명해졌다.

보위 채권은 1997년에 발행됐고 1990년 이전 녹음된 데이비드 보위의 음반 25개에 대한 저작권 사용료를 담보로 한다. 그는 이자율 7.9퍼센트로 10년짜리 채권을 발행해 5,500만 달러를 모았다. 이후 '소울 음악의 대부'라 알려진 제임스 브라운James Brown을 비롯해 다른 예술가들도 자신의 이름을 딴 채권을 발행하기 시작했다. 지금은 디즈니에 인수된 마블에서도 〈캡틴 아메리카〉와 같은 만화책 캐릭터 저작권을 바탕으로 채권을 발행하기도 한다. 음악 저작권 사용료나 만화책 캐릭터, 자동차 대출 등 특정한 대상을 담보로 한 채권을 자산담보부증권asset-backed security이라 부른다.

미국의 중앙은행, 연방준비제도

이자율과 채권 가격이 결정되는 과정을 더 잘 이해하려면 국가의 중앙은행central bank에 관해 살펴봐야 한다. 중앙은행은 '은행들의 은행'으로서 은행이 위기에 처했을 때 돈을 공급하고 감독 또는 규제하는 역할을 한다. 돈을 얼마나 인쇄할지도 중앙은행에서 결정한다. 연방준비제도The Federal Reserve 또는 '연준'The Fed은 미국의 중앙은행이다. 다른 나라 또는 경제 지역에도 각자 중앙은행이 있다. 예를 들면 일본은행Bank of Japan, BOJ, 중화인민은행People's Bank of China, PBOC, 잉글랜드은행Bank of England, BOE, 유럽중앙은행European Central Bank, ECB 등이다. 유럽중앙은행에서는 유로화를 쓰는 국가들의 화폐 공급을 통제한다.

연준은 정부에 속해 있지만 반 독립적인 정부 기관으로서 독자적으로 운영된다. 연준은 **연방준비제도 이사회**Federal Reserve Board of Governors가
이끈다. 이사회의 이사들은 선거를 통해 선출되지 않는다. 14년 임기
로 대통령이 지명해 미 상원 의회에서 승인하며, 의장은 연임할 수 있
다. 대통령 임기가 최대 8년이고, 연준 이사의 임기는 이보다 길기 때
문에 독립적으로 일할 수 있다. 연준 이사회의 우두머리는 의장이라 부
르며, 현재 제롬 파월Jerome Powell이 맡고 있다. 의장의 임기는 4년이며
대통령 재량으로 연임할 수 있다. 연준 의장 중에는 거의 20년 동안 재
임한 사람도 있다.

　연준의 목적은 크게 두 가지다. 첫째, 고용률을 최대로 늘리는 것인
데 이는 실업률을 최대로 낮추는 것이라고도 할 수 있다. 일자리에 필
요한 능력과 구직자의 능력에는 차이가 있기 마련이고, 일자리와 구직
자 사이에서 채용 정보가 전달되지 않을 수도 있으며, 일자리가 있는
지역으로 구직자가 거주지를 옮기기도 쉽지 않아서 실업률은 0이 될
수 없다. '완전고용' 상태의 기준은 나라마다 다르지만, 미국에서는 고
용률이 97퍼센트, 즉 실업률이 3퍼센트면 완전고용 상태로 본다.

　연준의 두 번째 목적은 인플레이션을 평균 수준인 약 2퍼센트를 유
지해 물가를 안정적으로 유지하는 것이다. 물가가 적정 수준으로 오르
도록 유지해야 하는 이유가 무엇인지 궁금한 사람도 있을 것이다. 경제
라는 시스템이 잘 돌아가게 하는 윤활제가 돈이라고 생각해보자. 자동
차 내연기관이 부드럽게 돌아가려면 윤활유가 필요한 것처럼 경제라
는 모터의 모든 실린더가 제대로 움직이려면 돈이 필요하다. 돈이 약간
여유 있으면 인구 증가 등을 대비하는 데 도움이 되고, 돈이 '쪼들리거

나' 부족할지도 모른다는 불안감을 없앨 수 있다. 고용률 최대화와 물가 안정이라는 두 가지 목적은 연준의 양대 책무dual mandate라고 부른다. 경제를 호황으로 이끌고 이자율을 안정적으로 유지하는 등 다른 부수적인 목표들도 있지만, 이 목표들도 모두 양대 책무와 관련이 있다고 볼 수 있다.

연준은 목표를 달성하기 위해 세 가지 주요 방법을 사용한다. 첫째, 은행의 지급준비금reserve requirement과 관련이 있다. 지급준비금이란 은행에서 연방 은행에 있는 금고에 보관해야 하는 실물 또는 전자 화폐의 양을 뜻한다. 놀랍게도 여러분이 은행에 100달러를 예금하면 은행은 100달러를 전부 금고에 넣지 않는다. 여러분이 예금한 돈의 5~10퍼센트만 금고에 넣고 나머지는 돈이 필요한 기업이나 개인에게 빌려준다. 그래서 만약 은행 고객들이 한꺼번에 돈을 찾으려고 하는 예금 유출 사태run on the bank가 일어나면 은행은 살아남을 수 없다. 예금 유출 사태가 일어나면 연준에서는 은행이 안정을 되찾을 수 있도록 손을 쓴다. 2008~2009년 경기 대침체 같은 상황이 발생하면 연준에서 모든 은행을 구제하지는 않지만, 적어도 지난 장에서 다룬 FDIC 보험에 가입된 예금만큼은 모두 보호될 수 있도록 노력할 것이다.

연준이 사용하는 두 번째 방법은 단기 금리를 조절하는 것이다. 구체적으로는 연방 할인율federal discount rate이라는 비율을 조정한다. 연방 할인율은 은행이 연준에서 돈을 빌릴 때 적용되는 이자율이다. 은행이 고객들에게 돈을 빌려줄 때 연방 할인율은 단기 대출의 기준 금리가 된다. 연준이 금리를 올리거나 내리면 은행들도 신속히 변동된 금리를 적용해 돈을 빌려준다. 앞서 이야기한 것처럼 차용인이 제때 돈을 갚지 못할 경우 신용 위험 때문에 은행 고객들은 연방 할인율보다 높은 이 자를 주고 돈을 빌리게 된다. 은행의 우수 고객들은 프라임레이트prime rate라는 최우대 금리로 돈을 빌릴 수 있다. 다른 고객들은 이보다 높은 이자를 내게 된다. 간단히 말해 연준은 연방 할인율을 조절해 단기 이 자율을 통제한다. 코로나19 팬데믹 이후에는 경제 활성화를 위해 할인 율을 0퍼센트로 인하하기도 했다.

연준이 사용하는 세 번째 방법은 공개시장운영open market operation으 로, 증권을 사고파는 정책을 의미한다. 연준은 재무부 국채 또는 주택 저당증권mortgage-backed security처럼 미국 정부에서 발행하는 채권이나 정부에서 간접적으로 보증하는 채권을 팔거나 산다. 연준에서 채권을 사면 돈이 경제로 흘러들어가서 이자율을 낮출 수 있다. 특히 수익률 곡선에서는 중장기 구간의 이자율을 낮춘다. 제2장에서 이야기했던 수요와 공급을 다시 떠올려보자. 채권을 사려는 수요가 추가로 발생하 는데 공급은 고정돼 있다면 채권의 가격은 올라가고 이자율은 낮아지 게 될 것이다.

이 개념에 대해서는 조금 뒤에 다루겠지만 이자율이 내려가면 채권 가격은 올라간다는 사실 하나는 기억해두자. 물론 그 반대도 맞는 말 이다. 이자율이 올라가면 채권 가격은 하락한다. 연준에서 채권을 많이 사들이는 경우를 금융권에서는 양적 완화Quantitative Easing, QE라고 부른 다. 양적 완화는 일반적으로 금리를 낮추는 역할을 하며 단기 이자율이 0에 가까울 때 중앙은행에서 종종 사용하는 방법이다. 코로나19로 시작된 경기 침체에 맞서기 위해 2020년과 2021년 연준은 양적 완화 정책을 내세워 수십억 달러치 채권을 사들였다.

금리가 낮아지면 경제 성장에 박차를 가할 수 있고, 금리가 높아지면 경제 성장을 늦출 수 있다. 중앙은행에서는 경기가 과열됐다가 급격히 침체될 위험이 있는 과한 인플레이션을 막기 위해 경제 성장에 제동을 걸려고 한다.

금리는 어떻게 결정될까?

금리 수준을 결정하는 요인은 여러 가지다. 그중에서도 연준 또는 국가 중앙은행의 정책에 많은 영향을 받는다. 하지만 다른 요인도 있다. 일반적으로 경제 성장은 금리와 밀접하게 연결돼 있다. 성장세가 강할 때는 기업과 개인이 모두 더 많은 자금을 원한다. 기업은 새로 기획한 프로젝트를 실현할 자금이 필요하고 개인은 집, 차 그리고 다른 여러 가지 소비를 위해 자금이 필요하다. 그러므로 경제가 빠르게 성장할 때는 자금의 수요가 많아서 보통 금리도 높다. 경제 성장이 둔해지면 자금의 수요가 적어서 금리도 낮아진다.

금융 시장은 국제적 시장이므로 유로에 대한 달러 가치 같은 환율을 적용한 다른 나라의 금리도 금리 수준에 영향을 미친다. 예를 들어 위험도가 비슷한 채권의 이자율이 유럽보다 미국에서 더 높다면 유럽에 사는 투자자들은 미국 채권에 투자할 것이다. 이렇게 되면 앞에서 이야기했던 수요와 공급 법칙에 따라 미국의 이자율은 약간 낮아지고 유로화를 사용하는 지역의 이자율은 약간 높아진다. 투자 심리 또는 시장 심리도 금리와 물가에 영향을 미친다. 보통 금융 위기나 경제 쇼크 때문에 두려움이 커지면 사람들은 미국 정부에서 발행하는 채권처럼 안전한 채권을 찾는다. 안전자산선호flight to quality라고 부르는 행동인데, 이는 일반적으로 신용 등급이 높은 국가 대부분의 금리를 낮추는 역할을 한다.

채권 가격이 어떤 요인 때문에 움직였는지는 가격이 변한 다음에야 설명할 수 있다. 예측하기가 쉽지 않고, 단기적인 예측은 거의 불가능하다. 1980년 주주 서한에서 버핏은 다음과 같이 썼다. "주식 시장 또는 채권 가격의 단기 전망을 예측해봐야 어차피 쓸모가 없습니다. 예측 결과를 가지고는 예측하는 사람에 대해서 알 수 있을 뿐, 미래에 대해서는 전혀 알 수 없지요." 아주 단도직입적이지만 정확한 비판이기도 하다. 이 장에서 아직까지 팁이 한 개도 등장하지 않았는데, 이 말을 팁으로 남기려고 한다.

BUFFETT's TIP 19

주식 시장이나 채권 가격의 단기 전망은 쓸모가 없다.

채권 가격 직관적으로 평가하기

앞에서도 이야기했지만, 이 책에는 되도록 복잡한 계산을 싣지 않으려 하므로 쉬운 언어로 설명할 수 없는 수식은 이번 장의 마지막에 실을 것이다. 이제부터는 직관적으로 채권의 가치를 평가하는 방법을 설명하려고 한다. 채권 평가에 필요한 구체적인 공식을 알고 싶다면 이번 장의 마지막을 참고하면 된다. 제2장에서는 현재 가치 공식을 가지고 미래에 받을 현금 100달러를 위해 오늘 얼마를 내야 하는지 계산했다. 채권을 사면 유입되는 현금의 종류는 두 가지다. 쿠폰(이자)과 액면가(원금)다. 채권 가격은 이렇게 유입될 현금(표면금리와 원금)의 현재 가치로 정해진다.

앞에서 설명한 것처럼 채권의 할인율은 만기 수익률이라 부른다. 만기 수익률은 매일 조금씩 달라지며, 시장에 따라 결정된다. (고정된) 표면금리와 (변동 또는 시장) 만기 수익률은 채권의 가격이 액면가인 1,000달러와는 다른 이유를 설명해준다.

채권이 투자자들에게 맨 처음 팔릴 때 표면금리는 만기 수익률에 가깝다. 그러나 만기 수익률은 시장 원리에 따라 결정되는 반면, 변동금리부 채권이 아닌 이상 표면금리는 고정돼 있으므로 채권은 시간이 흐르면서 가격이 변하게 된다. 우리는 여기에서 공식을 사용하지 않고도 채권의 가치를 추산해 측정할 수 있는 방법을 소개하려고 한다.

만약 표면금리가 만기 수익률과 같다면 채권의 예상 가격은 언제나 액면가와 같을 것이다. 이럴 때 채권 가격은 보통 1,000달러이며, 채권의 세계에서는 이를 액면 상환at par이라 부른다. 표면금리가 만기 수익률보다 높으면 채권의 가격은 액면가보다 비싸게 팔릴 것이고, 이를 할증채premium bond라고 부른다. 표면금리가 시장금리보다 높으므로 시장에서 기대할 수 있는 것보다 높은 이자를 쳐주는 채권의 가치는 더 높아지며, 채권은 비싸게 팔리게 된다. 표면금리가 만기 수익률보다 낮으면 채권의 가격은 액면가보다 싸지고 이를 할인채권discount bond이라고 부른다. 표면금리가 시장금리보다 낮아서 싼 가격에 팔리기 때문이다.

플레인바닐라 채권(기본적인 형태의 채권―옮긴이)의 가격은 이자율과 반대로 움직인다는 점을 기억하자. 이자율이 올라가면 보통 채권 가격은 떨어진다. 이자율이 낮아지면 다른 모든 조건이 일치할 때, 보통 채권 가격은 올라간다. 버핏은 다음과 같이 이야기했다. "경제 시장에서 금리는 실제 세상의 중력과 같은 역할을 한다." 오래전부터 전해지는 '오르막이 있으면 내리막도 있다'라는 표현을 약간 변형한 말이다. 중요한 의미가 담겼으니 이 말도 팁으로 기억하자.

BUFFETT's TIP 20

경제 시장에서 금리는 실제 세상의 중력과 같은 역할을 한다.

금리가 떨어지면(오르면), 채권이 덜(더) 위험하다는 뜻이다. 투자자들은 덜(더) 위험한 채권에는 돈을 조금 더(덜) 투자한다. 성가시게 괄호를 넣어 죄송할 따름이다. 채권에 대해 배우다 보면 지루한 부분이

있다는 것을 잘 안다. 헤비메탈 팬이 오페라 콘서트에 간다면 같은 기분을 느낄지도 모르겠다.

채권에서 기억해둬야 할 다른 점은 표면금리가 높은 채권은 표면금리가 낮거나 없는 채권보다 대개 덜 위험하다는 것이다. 표면금리는 '쿠션' 같은 역할을 해서 시장금리가 변하는 위험을 흡수한다. 또, 앞에서 이야기했듯 만기가 긴 채권은 보통 만기가 짧은 채권보다 위험하다. 이자율이 변하면 위험이 큰 장기 채권은 더 여러 사람의 손을 거친다. 장기 채권을 사지 말라는 이야기가 아니라 시장금리가 하락하리라고 생각하거나 가격이 쌀 때 구매하라는 뜻이다. 두 개념을 하나로 합쳐보면, 표면금리가 낮거나 없는 장기 채권이 가장 위험하고 할인율이 높은 단기 채권이 가장 안전하다고 할 수 있다.

채권은 좋은 투자 대상일까?

이 장이 거의 끝나가고 있으니 재무 포트폴리오에서 채권의 역할에 관해 이야기해보자. 짧은 시일 내에 돈이 필요하거나 돈을 잃고 싶지 않다면 채권, CD, 저축예금계좌는 좋은 투자가 될 수 있다. 이런 투자는 주식 시장이나 경기에 문제가 생겼을 때 보통 피난처safe haven가 돼 묵묵히 버텨주는 역할을 한다. 그러나 버핏은 장기적인 관점에서 부를 축적하려면 채권은 장기투자처로 좋은 투자 상품이 '아니라고' 생각한다. 사실 인플레이션과 세금을 따지면 자산에 해가 될 수도 있다. 버핏은 2011년 버크셔해서웨이 주주 서한에서 채권에 관해 다음과 같이 의견을 밝힌 적이 있다.

"기존 통화로 액수가 매겨지는 투자 상품에는 머니마켓펀드(투자신탁회사에서 고객의 돈을 모아 단기금융상품에 투자해 수익을 얻는 투자 상품—옮긴이), 채권, 주택담보대출, 은행 예금 등이 있습니다. 이런 현금성 투자는 '안전'하다고 여겨집니다. 사실은 가장 위험한 자산인데도 말이지요. … 채권 소지자는 꼬박꼬박 이자를 받고 원금도 돌려받지만, 지난 세기 동안 이런 투자 상품은 여러 나라 투자자의 구매력을 해쳐왔습니다. 하지만 이런 추악한 결말은 앞으로도 반복될 것입니다.

돈의 궁극적인 가치는 정부가 결정합니다. 구조적인 요인 때문에 인플레이션을 유발하는 정책을 펼쳐야 할 때가 있습니다. 이런 정책이 통제할 수 없는 지경으로 치닫기도 합니다. 통화를 안정시키고자 부단히 노력하는 미국에서도 내가 버크셔의 경영권을 인수한 1965년 이후 통화 가치가 86퍼센트나 떨어졌습니다. 당시 1달러였던 제품을 사기 위해 지금은 7달러 이상을 줘야 합니다. 결과적으로 이 세월 동안 구매력을 유지하려면 세금을 면제받는 기관이라 하더라도 채권에 투자해서 연이율 4.3퍼센트를 보장받았어야 합니다. 그 정도 수준의 이자를 '수익'이라고 생각하는 자산관리사는 없었을 것입니다.

우리처럼 평범한 세금을 내는 투자자라면 상황은 더 심각합니다. 같은 47년 동안 미국 재무부 채권에 투자했다면 수익률은 연평균 5.7퍼센트 정도였습니다. 꽤 괜찮은 수익처럼 들리지요. 하지만 개인 투자자가 평균 25퍼센트인 소득세를 내고 나면 수익률 5.7퍼센트로는 결국 수중에 남는 게 아무것도 없을 것입니다. 당장 눈앞에 보이는 소득세로 수익률에서 1.4퍼센트 포인트가 사라질 것이고, 눈에 보이지 않는 인플레이션은 나머지 수익을 모두 먹어 치웠을 것입니다." 이 말을 요약해 팁으로 기억하자.

BUFFETT's TIP 21

채권은 투자자에게 좋은 '피난처'가 될 수 있지만,
인플레이션과 세금을 따지면
장기적으로는 자산에 해를 끼친다.

이 팁에 동의하지 않는 투자자들도 있겠지만 우리는 버핏이 옳다고 생각한다. 이자율이 10퍼센트대였던 1980년대 초반처럼 채권에 투자하는 것이 '장기적'으로 현명한 재정 결정이었던 때가 있었다. 참고로 금리가 아주 높아지면 반드시 떨어지게 돼 있다. 그리고 이 장에서 배운 것처럼 금리가 떨어지면, 채권 가격은 오를 테니 말이다. 하지만 훌륭한 투자가인 버핏은 돈에 관한 한 자신이 무슨 말을 하는지 아주 잘 아는 사람이다. 예상했겠지만, 버핏은 장기적으로 부를 쌓는 방법으로 주식을 강력하게 추천한다.

마이너스 채권에 관해

지난 10년은 채권 시장이 매우 다사다난했다. 전 세계적으로는 특히 그랬다. 스위스, 일본, 독일, 덴마크 같은 주권 국가에서 부채수익률은 지난 몇 해간 마이너스를 기록했다. 이 말은 투자한 돈을 만기까지 그대로 가지고 있으면 손해를 보게 된다는 뜻이다. 무슨 일이 일어나고 있는 걸까? 만기까지 가지고 있어도 돈을 잃을 게 뻔한 상품에 왜 투자를 하는 것일까?

우선 수익이 마이너스가 되는 이유는 채권을 액면가보다 비싼 가격에 사기 때문이다. 처음에 채권을 비싸게 주고 사면 손해를 메꾸기에 채권을 통해 받을 수 있는 표면금리가 너무 적을 때가 많다. 최종 수익은 구매가와 판매가의 차이와 표면금리가 합쳐져 결정된다. 수익이 마이너스인 채권을 사는 이유는 안전하고 유동적인 상품에 돈을 맡겨두기 위해서다. 여기에서 안전하다는 말은 주식이나 비트코인처럼 가격이 요동치지 않는다는 뜻이다. 이런 성향의 투자자들에게 채권 때문에 발생하는 약간의 손해는 세금이나 마찬가지일 뿐이다. 미국에서 국채는 2008~2009년 대침체와 코로나19 팬데믹 동안 마이너스 금리를 기록했다. 하지만 적어도 미국 투자의 세계에서는 네스호 괴물보다는 이러한 기이한 현상을 더 자주 목격할 수 있다. 얼마나 안전하든, 버핏과 우리는 장기적으로 돈을 잃을 수 있는 투자 상품에 큰 금액을 투자하라고 추천하고 싶지는 않다.

채권 가치 평가

여기서는 채권의 가치를 정량적으로 평가하는 공식을 설명하려고 한다. 본문에서 이야기했던 것처럼 표면금리의 현재가격과 액면가의 현재가격을 가지고 채권의 가치를 평가해볼 것이다. 채권은 대부분 반 년마다 이자를 지급하지만, 계산을 단순하게 만들기 위해 1년에 한 번 이자를 지급하는 것으로 가정하겠다. 3년 만기인 채권의 표면금리가 5퍼센트이고 액면가는 1,000달러라고 생각해보자.

만기 수익률이라고도 하는 채권의 할인율도 필요하다. 기억하는지 모르겠지만 '플레인바닐라' 채권에서는 만기가 될 때까지 표면금리의 가격이 고정돼 있다. 그러나 만기 수익률은 실질적으로 매일 조금씩 달라지는 시장금리다. 고정된 표면금리와 변하는 만기 수익률의 차이는 채권의 가격이 항상 액면가인 1,000달러가 아닌 이유를 설명해준다.

예시로 돌아가서 채권의 만기 수익률이 4퍼센트라고 해보자. 실제로 계산할 때는 비슷한 신용 등급을 가진 동일한 산업의 채권에서 사용되는 만기 수익률을 사용하면 된다. 여기에서는 손으로 간단히 계산하거나 일반 계산기를 사용할 수 있는 예시를 활용하겠지만 애널리스트들은 보통 엑셀이나 재무 계산기를 사용한다.

현재 가치 공식에서는 앞으로 유입될 현금흐름을 $(1+r)^T$로 나누었는데, r은 할인율(채권의 만기 수익률), T는 만기까지 남은 햇수였다. 이 예시에서 현금은 네 번 유입된다. 처음 세 번은 쿠폰(표면금리)으로부터 들어오는 현금으로, 원금 1,000달러의 5퍼센트인 50달러를 매년 받게 된다. 그리고 3년이 다 가고 나면 원금 1,000달러를 돌려받는다. 그러니까 세 번째 해에는 쿠폰 지급액인 50달러와 원래 가치인 1,000달러를 돌려받는다. 여기에 앞에서 정했던 숫자 두 개, 만기 수익률 4퍼센트와 만기일까지 남은 햇수인 T, 즉 3을 대입해 계산하면 다음과 같다.

$$\text{플레인바닐라 채권} = \frac{50}{1.04^1} + \frac{50}{1.04^2} + \frac{1,050}{1.04^3} = 1,027.75\text{달러}$$

어떤가! 이 채권의 예상 가격이 1,027달러 75센트라는 답을 구했다. 시장에서 이 가격보다 낮은 가격으로 채권이 팔린다면 좋은 가격이라 생각하고 채권을 살 것이다. 이보다 높은 가격에 팔린다면 고평가됐다는 뜻이므로 채권을 가지고 있었다면 팔고, 채권을 가지고 있지 않다면 사지 않을 것이다.

"다른 사람들이 욕심부릴 때 몸을 사리라.
다른 사람들이 몸을 사릴 때 욕심부리라."

_워런 버핏, 2004년 버크셔해서웨이 주주 서한

제5장

주식이란 무엇인가?

주식이란 무엇일까? 제1장에서 이야기했듯 주식(증권equity이라고도 부른다)은 기업의 소유권을 의미한다. 버핏은 그의 멘토였던 벤저민 그레이엄에게서 배운 이 사실을 평생 잊지 않았다.

이사회는 회사의 경영을 맡은 사람들의 모임이라고 앞에서 언급했었다. 이사회에서 주식을 발행하기로 하는 시점과 투자자가 주식을 사게 되는 시점 사이에는 몇 달에서 몇 년까지 시차가 있을 때도 있다. 그동안 발생하는 과정이 주식의 '탄생'에서 핵심이라 할 수 있다. 인간이 태어나는 과정보다는 덜 흥미로운 이야기겠지만 어쨌든 주식이 주식을 낳는다고는 설명하지는 않을 테니 기대해도 좋다.

주식의 진짜 의미

기업에서 발행한 주식을 전부 가지고 있다면 사업을 100퍼센트 소유했다고 말할 수 있다. 발행주식수shares outstanding의 1퍼센트만 가지고 있다면 사업의 1퍼센트만 소유한 셈이다. 발행주식수란 회사의 모든 투자자가 가진 전체 주식 수를 말한다. 발행주식수는 이사회에서 정한 정책에 따라 결정된다.

주식이란 사업의 소유권이다.
_ 벤저민 그레이엄

주식의 탄생: 기업공개

이제부터 상장 주식publicly traded stocks에 초점을 맞춰 주식이 탄생하는 과정을 설명하려 한다. 상장된 주식이란 누구나 돈만 충분히 있으면 증권거래소에서 살 수 있는 주식이다. 버크셔해서웨이나 애플 같은 상장 기업과 뉴욕 양키스, 댈러스 카우보이스, 피델리티 인베스트먼트 같은 상장되지 않은 기업은 서로 다른 특징을 가진다.

기업공개Initial Public Offering(이하 IPO)를 해 증권거래소에 상장하는 이유는 무엇일까? 첫째, 기업 일부를 팔아서 자금을 모을 수 있기 때문이다. 보통 기업에서는 10~20퍼센트 수준의 주식을 팔아 모은 자금으로 새로운 제품을 만들거나 새로운 시장에 진출해 기업을 발전시킨다. 둘째, 기존 주주들은 가지고 있던 주식을 새로운 주주들에게 팔아서 현금을 손에 쥘 수 있기 때문이다. 비상장 기업의 주주들은 주식을 현금화cash out하기 힘들다. 반면 상장 주식은 휴일을 제외하고 매일 거래되므로 비상장 주식보다 더 유동적이다. 셋째, 상장 기업이 되면 다른 기업을 사기가 쉬워지기 때문이다. 보통 피인수 기업들은 자신의 기업을 인수할 기업이 상장 기업이길 바란다. 넷째, 상장 기업은 비상장 기업보다 매스컴의 주목을 받을 수 있다. 월스트리트에서도 상장 기업의 주식을 꾸준히 지켜본다. 스포츠 구단을 제외하고, 애플, 알파벳, 페이스북 (2021년 10월 회사명이 '메타 플랫폼스'로 바뀌었다—편집자) 아마존닷컴 같은 상장 기업보다 주목을 더 많이 받는 비상장 기업이 있는지 생각해보면 이해가 갈 것이다.

투자 은행과 투자 은행가

자, 여러분이 ○○산업이라는 회사를 가지고 있는데 IPO를 하기로 했다고 가정하자. 이제 목적을 달성하는 과정을 도와줄 회사를 고용해야 한다. 이런 업무를 담당하는 회사를 **투자 은행사**investment banking firm 라 하고 이런 회사에서 일하는 사람들을 **투자 은행가**investment banker 라고 부른다. 투자 은행 업계를 선도하는 기업으로는 골드만삭스, 모건스탠리, JP모건이 있다. 2019년 우버가 그랬듯, 여러분 회사에 대한 수요가 많으면 투자 은행사들은 왜 자신들이 여러분 회사의 일을 맡아야 하는지 여러분을 설득하며 서로 경쟁할 것이다. 기업의 자금 조달을 맡기 위해 경쟁하는 이런 과정을 월스트리트에서는 '미인대회'beauty contest 또는 '제빵콘테스트'bake-off라고 부른다. 미스유니버스를 선발하는 대회만큼 흥미롭지는 않지만 매우 중요한 과정이다. 여러분의 ○○산업이 골드만삭스를 승자로 정했다고 해보자. 이런 경우 골드만삭스를 대표 증권인

수업자underwriter라고 부른다. 다른 투자 은행사도 도움을 주지만 하는 일이 크지는 않으므로, 증권인수업자가 하는 일을 더 자세히 살펴보도록 하자.

다음 단계는 로드쇼roadshow라고 부르는데 골드만삭스의 투자은행 팀이 ○○산업의 최고 관리자들과 함께 잠재적인 투자자들을 만나는 단계다. 잠재적인 투자자는 블랙록BlackRock, 피델리티인베스트먼트 Fidelity Investment, 푸르덴셜인베스트먼트Prudential Investment 같은 대형 금융 회사일 수도 있고 개인 투자자일 수도 있다. 대형 기업과 부유한 투자 자들을 보통 고액자산 투자자High Net Worth investor, HNW라고 하는데, 보통은 기업(○○산업)에서 신규로 발행하는 주식을 대규모로 받게 된다.

골드만삭스는 투자자들과 만나 해당 주식의 수요에 관한 정보를 모은다. 또한 주식 시장에서 거래 중인 동종 산업의 비슷한 주식이 얼마에 거래되는지, 즉 유사 기업comparable firm의 주가를 연구해 시초가를 어느 정도로 정할지 기준을 마련한다. 참고로 주식 시장에서 거래되기 시작하면 가격은 수요와 공급의 원리에 의해 결정된다. 투자 은행가들과 ○○산업은 대부분 기관과 고액자산 투자자들에게 ○○○ 주식을 얼마에 팔지 정한다. 예를 들어 20달러로 정했다고 치고, 현재 ○○산업의 총 주식 수는 5,000만 주라고 가정하자. 주당 20달러에 발행주식수 5,000만 주를 곱하면 기업의 가치는 10억 달러다. 하지만 여기에서 기억해야 하는 것은 기업이 상장할 때 사업의 일부분만 판매한다는 점이다. ○○산업이 전체 기업 가치의 10퍼센트만 상장하기로 했다고 가정하면, 골드만삭스는 ○○산업이 1억 달러를 유치하도록 돕는 셈이다.

투자 은행사는 모은 자금에서 7퍼센트 정도를 수수료로 받으므로 700만 달러를 받게 된다. 더 큰 거래에서는 투자 은행이 가져가는 수수료가 2~5퍼센트 정도로 더 낮다.

대형 거래에서, 때때로 소형 거래에서도 IPO 과정 동안 투자 은행들이 서로 동지이자 적 같은 관계로 협력한다. 증권인수업자들이 마치 〈어벤져스〉나 〈엑스맨〉, 〈수어사이드 스쿼드〉 같은 영화에 나오는 영웅들처럼 힘을 합치는 것을 신디케이트syndicate라고 부른다. 이들은 업무를 분담해 처리하고 수수료도 나눠 가진다. 신디케이트의 목적은 두 가지다. 첫째, 투자 은행(골드만삭스)에서 최대 공모 금액(1억 달러)을 유치하겠다고 보장하는 총액인수firm commitment offering 때문이다. 만약 ○○산업의 수요를 엄청나게 고평가하면 투자 은행에서는 손해를 감수하고 거래되지 않은 주식을 매입해야 한다. 듣기만 해도 속이 쓰리다.

둘째, 여러 투자 은행에서 ○○산업을 고객들에게 홍보하면 주식 수요를 늘릴 수 있기 때문이다. 손은 하나보다 두 개, 두 개보다 여러 개 있으면 임무를 완수하기가 더 쉬워진다. 투자 은행은 주식 수요를 한껏 끌어올리기 위해 경제지에 툼스톤tombstone(원래 의미는 묘비—옮긴이)이라 부르는 광고를 하기도 한다. 마치 영화 〈13일의 금요일〉에서 살인마가 깨어난 묘지가 생각나는 이름이지만, 전혀 무서운 뜻은 아니다. 이런 이름이 붙은 이유는 광고가 무덤 앞에 세우는 비석처럼 직사각형 모양이기 때문이다.

주요 이벤트: 증권 시장에서 거래 시작

이제 IPO라는 주요 이벤트를 치를 준비가 됐다. 앞의 예시에서는 ○○산업의 주식 500만 주가 큰 투자 기업이나 거물급 부자 등 투자 은행과 '연줄'이 있던 투자자들에게 한 주당 20달러씩 우선적으로 판매됐다. 이렇게 모은 1억 달러에서 투자 은행가에게 돌아갈 수수료 700만 달러를 뺀 금액이 IPO를 한 기업(○○산업)에 돌아간다. 기업은 이 자금을 사업을 발전시키는 데 사용할 것이다.

그렇다면 다른 사람들은 어떻게 할까? 이 회사의 주식을 조금이라도 받을 수는 없는 것일까? 일반인인 존과 제인이 있다고 가정해보자. 이들은 ○○산업의 주식이 증권 시장에서 거래되기 시작했을 때, 즉 로드쇼가 끝난 후 몇 주 뒤에 주식을 살 수 있다. 하지만 이들은 '연줄'이 있었던 투자자들처럼 ○○산업의 주식을 주당 20달러에 살 수는 없을 것이다. 일단 증권 시장에 상장되는 날 아침, 주식을 누구나 살 수 있게 되는 순간 가격이 크게 오른다. 주당 가격이 25달러로 올랐다고 치자. 아깝게 됐다. 상장 첫날 가격이 25퍼센트쯤 오르는 경우는 꽤 많다. 투자자들이 열광하는 기업의 주식이라면 '단 하루' 동안 100퍼센트가 오르는 경우도 심심치 않게 발생한다. 투자자들은 성장 가능성이 있다고 생각하는 주식을 '바닥'에서 매수하기 위해 달려든다. 제2의 애플, 구글, 스타벅스, 버크셔해서웨이를 꿈꾸지만, 이렇게 하늘을 찌를 듯한 기대를 충족하는 기업은 역시 그리 많지 않다.

존과 제인에게 누가 주식을 파는지 궁금할지도 모른다. 막 IPO를 한 기업과 투자 은행사는 좋아하지 않겠지만, 바로 '연줄'이 있던 투자자들이 주식을 판매한다. IPO 직후 주식을 팔아치우는 투자자들을 단타매매자flipper라고 부른다. 자동차나 집을 매수한 후 차익을 남기고 재판매하는 TV쇼를 본 적이 있을 것이다. 매수 대상이 주식이라는 점만 빼고 과정은 꽤 비슷하다. 기업은 장기투자자를 선호하므로 단타 매매를 많이 하는 투자자들은 다음번 IPO에 투자할 기회가 생겼을 때 투자 은행가들의 거래 대상에서 제외될 수도 있다.

IPO 후에는 기업에서 어떻게 자금을 모으는지 궁금할 수도 있다. 그 과정은 IPO를 할 때와 비슷하고, 역시 투자 은행사의 도움을 받는다. 이미 상장된 기업의 주식을 판매하는 이 과정을 구주분매secondary offering 또는 유상증자seasoned offering라고 부른다. 이 과정은 IPO 과정보다 좀 더 직관적이며, 투자자들에게 기업이 이미 잘 알려져 있으므로 수수료율도 낮게 책정된다.

주식을 언제든 사고팔 수 있도록 해주는 거래소의 트레이더들을 시장조성자market maker라고 부른다. 주당 가격이 마음에 안 들 수는 있지만(우리의 예시에서는 25달러), 이들은 마치 119처럼 전화 한 통이면, 또는 마음만 먹으면 언제든 주식을 거래할 수 있도록 대기하고 있다. 요즘은 주식 거래를 온라인으로 많이 하지만 이들은 여전히 전화도 사용한다. 이제 증권거래소에 관해 자세히 이야기해보자. 증권거래소가 작동하는 방식은 우리가 어릴 때 친구와 스포츠 선수가 그려진 카드나 피규어, 미니 자동차 장난감을 거래하던 것과 별로 다르지 않다.

증권거래소

증권거래소는 IPO 또는 유상증자를 통해 주식을 발행한 기업의 주식을 거래하는 장소다. 기업이 IPO와 유상증자를 통해 자금을 모으는 방식은 1차 시장 거래primary market transaction(발행 시장 거래라고도 한다—옮긴이)라고 한다. 1차 시장 거래가 이루어진 후 주식 시장에서 발생하는 주식 거래는 2차 시장 거래secondary market transaction(유통 시장 거래라고도 한다—옮긴이)라고 한다. 2차 시장에서는 앞서 이야기한 것처럼 스포츠 카드나 피규어를 거래하는 방식으로 보유하고 있는 주식을 거래한다. 이렇게 생각해보면 2차 시장 거래를 통해 기업에서 얻을 수 있는 수익은 '없는' 것처럼 보이기도 한다. 여러분이 쓰던 아이폰을 다른 사람에게 팔면 애플에서 아무런 이득을 보지 못한다. 개인들 사이에 이루어지는 거래이기 때문이다. 다만 주식 시장에서는 하루에도 수십억 건씩 거래가 이루어진다는 점이 다르다.

미국에는 주요 증권거래소가 두 개 있다. 뉴욕증권거래소New York Stock Exchange(이하 NYSE)와 전미증권업협회 자동시세시스템National Association of Securities Dealers Automated Quotations System(이하 NASDAQ)이다. 그 밖에는 앞선 둘보다 규모가 작은 NYSE 아메리칸NYSE American이 있는데, 예전에는 아메리카증권거래소American Stock Exchange(이하 AMEX)라는 이름을 사용했다. 세 증권거래소 모두 뉴욕 맨해튼에 본사를 두고 있다.

주식 시장은 미국 동부표준시 기준으로 공휴일을 제외한 월요일부터 금요일까지, 아침 9시 30분부터 오후 4시까지 문을 연다. 보통 1년 동안 총 거래일 수는 252일 정도다. 여러분이 흥미로워할 만한 정보 하나를 알려주자면 전직 대통령이 사망하면 하루 동안 장을 닫는다. 정규 거래 시간 외에도 거래가 이뤄지는데 이를 시간외매매after-hours trading라고 한다. 시간외매매는 시장이 열리기 전인 오전 4시부터 9시 30분(동부표준시 기준) 그리고 시장이 끝난 후 오후 4시부터 8시까지 이뤄진다(한국에서 시간외 종가매매는 오전 8시 30~40분, 오후 3시 40분~4시, 시간외 대량매매는 오전 8~9시, 오후 3시 10분~6시에 이뤄진다—옮긴이). 시간외매매 대부분은 정규 장이 열리기 전 두 시간과 끝난 후 두 시간 사이에 발생한다. 사실 미국에서 정규 시장이 끝난 후를 뜻하는 시간외after-hour라는 용어가 굳어지기는 했지만, '정규시간 외 거래'라고 해야 더 맞는 용어일 것이다. 간혹 거래가 가능한 시간을 반영해 연장된 시간 매매extended hours trading라고도 불리기도 한다.

요즘은 주식이 어느 거래소에서 거래되든 크게 신경 쓰지 않는다. 과거에는 주식을 어느 거래소에서 거래하느냐가 기업에 꽤 중요한 문제였다. 잘 빠진 벤츠를 타고 달리느냐, 평범한 쉐보레를 타고 달리느냐와 비슷한 문제였던 모양이다. 당시에는 '빅 보드'The Big Board라는 애칭으로 불리는 NYSE에 상장하는 것을 특권처럼 여겼다. 빅 보드라는 애칭은 컴퓨터가 사용되기 전, 칠판board과 티커 테이프 머신ticker tape machine(증권 시세 표시기에서 정보가 찍혀 나오는 테이프—옮긴이)을 사용해 주식 가격을 공고하던 시절에 붙여졌다.

여러분이 티커 테이프 머신을 본다면 신기해할지도 모르겠다. 전구를 발명한 바로 그 에디슨전기조명회사에서 만든 티커 테이프 머신의

티커 테이프 머신

사진을 참조하라. 티커 테이프 퍼레이드ticker tape parade(공중에 색종이 테이
프를 뿌리며 진행하는 퍼레이드—옮긴이)라는 말을 들어본 적이 있을 것이
다. 예를 들어 뉴욕 양키스가 월드시리즈에서 승리하면 뉴욕시에서는
양키스를 위해 퍼레이드를 연다. 선수들과 코치진은 맨해튼 브로드웨
이를 행진하고 사람들은 이들에게 종잇조각을 뿌리며 축하해준다. 예
전에 이런 퍼레이드에서 사용되는 종이가 보통 티커 테이프였다. 요즘
은 주로 얇게 썬 종이를 사용한다. 티커 테이프 머신은 종이테이프를
뱉어내는 커다란 전구처럼 생겼다. 종이테이프에는 주식 종목명의 티
커(예: AT&T는 T로 표시)와 가격(예: 주당 45달러), 거래된 주식 수(예: 100

주)가 표시됐다.

　NYSE에 상장하거나 거래하려면 NASDAQ이나 AMEX보다 까다로운 요구 조건을 충족해야 한다. 예를 들면 기업의 매출과 수익 그리고 빚과 자산을 합친 **총자본**total capital이 최저 기준 이상이어야 한다. 버크셔해서웨이는 처음에 NASDAQ에 상장했었지만, 후에 NYSE로 거래소를 옮겼다. NASDAQ은 **장외 시장**over-the-counter, OTC으로 잘 알려져 있다. 컴퓨터가 보급되기 전 NASDAQ에 상장된 주식이 말 그대로 증권사의 창구 뒤에서over the counter 거래됐기 때문이다.

　애플, 인텔, 마이크로소프트 같은 기술 대형주 중 다수가 1970년대와 1980년대 NASDAQ에 상장했으며, 지금도 계속 NASDAQ에 남아 있다. 세계에서 가장 큰 회사들이 NASDAQ에 상장된 만큼, 이제는 거래소를 크게 구분하지 않는다. 컴퓨터 이야기가 나왔으니 덧붙이자면 상대적으로 새로운 증권 시장 형태가 등장했다. 이를 **전자증권거래네트워크**Electronic Communication Network(이하 ECN)라고 부른다. 맨해튼 월스트리트에 있는 NYSE의 입회장을 방문하면 트레이더들이 일하는 모습을 볼 수 있다. 이제는 ECN 덕분에 주식을 사려는 사람과 팔려는 사람을 연결해주는 일을 사람 대신 컴퓨터 서버 여러 개가 맡아서 하고 있다.

주식과 티커

　기업에서 티커(종목명의 약자)를 어떻게 정하는지 궁금하지 않은가?

어떤 경우에는 종목명과 비슷하게 글자를 조합해 약자로 쓴다. 예를 들면 건설 장비 회사인 캐터필러Caterpillar는 CAT를 약자로 쓴다. AMEX나 NYSE에서 거래된다면 보통 약자는 세 글자 이내다. 예를 들면 IBM은 IBM을 종목명 약자로 쓴다. 금융회사인 제이피모간체이스는 JPM을, AT&T는 T를 티커로 쓴다. AT&T처럼 종목명 약자가 한 글자인 회사는 자동차 개인 번호판을 가진 사람이나 번쩍거리는 장신구를 몸에 두른 록스타 또는 래퍼처럼 특혜를 누린다고 볼 수 있다. 여러분이 알 만한 한 글자 약자를 가진 회사는 씨티은행(C), 메이시스 백화점(M), US 스틸(X) 등이 있다.

종목명 약자가 네 글자면 보통 NASDAQ에서 거래되는 주식이다. 예를 들어 애플은 AAPL, 인텔은 INTC를 쓴다. 아마존은 AMZN, 스타벅스는 SBUX로 통한다. 드물게 예외도 있다. 예를 들면 메타 플랫폼스도 NASDAQ에서 거래되는데 MVRS를 약자로 쓴다.

뮤추얼펀드mutual fund는 전문적으로 다른 사람의 자산을 투자하는 일을 하는 펀드매니저fund manager가 여러 사람의 자금을 하나로 묶어 투자하는 상품이다. 투자 대상은 주식, 채권, 현금 등으로 다양하다. 나중에 더 자세히 이야기할 테니 지금은 뮤추얼펀드가 다섯 글자 티커를 가지고 있으며 마지막 자리가 X로 끝난다는 것만 기억하자. 예를 들어 피델리티마젤란펀드Fidelity Magellan Fund는 FMAGX를 사용한다. F는 운용사인 피델리티인베스트먼트를, MAG는 마젤란펀드를 의미하며 여기에 뮤추얼펀드를 의미하는 X가 붙어 만들어진 이름이다.

배당금

배당금dividend은 기업에서 주주들에게 나눠주는 현금이다. 채권 소지자에게 표면금리를 지급하는 것과 비슷하다. 배당금은 우편을 통해 수표로 받기도 하지만 일반적으로는 증권사의 주식 계좌에 입금된다. 우편함에 수표가 들어 있는 것을 싫어할 사람이 누가 있을까? 산업혁명 이후 근대사에서 가장 부유했던 인물은 석유 재벌 존 록펠러John D. Rockefeller다. 그가 설립해 아직까지 운영되고 있는 기업이 바로 엑손모빌ExxonMobil이다. 그의 자산을 지금 화폐 가치로 환산하면 약 3,400억 달러에 달한다고 한다. 버핏의 재력도 초라하게 만들 정도의 자산가였다는 이야기다.

어쨌든 록펠러가 배당금에 대해 남긴 전설적인 이야기가 있다. 그는 "나에게 기쁨을 주는 유일한 일이 무엇인지 아는가? 바로 배당금을 받는 것이다."라는 말을 남겼다. 록펠러는 배당금을 엄청난 보너스쯤으로 여겼던 모양이다. 배당금에 관해 조금 더 설명하면, 최근 주식 시장 전체에서 지급되는 평균 배당금 비율은 약 2퍼센트 정도다. 이를 배당 수익률dividend yield이라고 한다. 그러니까 회사 주가가 100달러인 회사에서 보통 2달러를 배당금으로 지급한다는 뜻이다.

배당금은 얼마나 자주 받을 수 있을까? 기업 대부분은 분기별로 배당금을 지급한다. 예외도 있다. 기업에서 반복적이지 않은 일회성 특별배당special dividend을 할 때도 있다. 기업에서 건물이나 사업의 한 부분을 판매했을 수도 있고, 배당을 통해 세금과 관련된 이익을 누리기 위해서

일 수도 있다. 정기 배당이든 특별 배당이든 기업에서는 항상 언제 배당을 할지 정확히 밝혀둔다.

배당금을 주는 기업 대부분은 당기 이익 또는 수익에서 배당금을 지급한다. 만약 배당을 건너뛰거나 배당액을 줄이면 주가는 곤두박질치게 될 것이다. 이를 잘 아는 기업의 경영진들은 **사내유보**_{retained earnings}라고 하는 '비상금'에서 자금을 빼서 배당금을 지급하기도 한다. 비상금보다 전문적인 용어인 사내유보는 회사가 창립된 이후 거둔 수익에서 이제까지 배당금으로 지출한 액수를 뺀 자금이다. 회사가 배당금을 사내유보에서 지급하거나, 더 안 좋은 경우에는 다른 곳에서 대출을 받아 배당금을 지급한다면, 빚을 돌려막기 하는 셈이다. 그런 상태로는 사업을 유지하기가 힘들고, 결국 회사는 제51회 슈퍼볼에서 뉴잉글랜드 패트리어츠를 25점 차로 이기고 있다가 결국 패배한 애틀랜타 팰컨스처럼 폭삭 망하게 될 것이다. 팰컨스의 팬들에게는 미안한 비유이지만 말이다.

배당금을 찾아다니는 투자자들도 있다. 이들은 배당금을 정기 소득의 한 부분으로 생각하고 생활비로 사용하기도 한다. 어떤 기업들은 이렇게 배당금을 찾는 투자자들을 위해 **배당금 재투자 프로그램**Dividend Reinvestment Programs(이하 DRIP)이라는 프로그램을 제공한다. 이 프로그램을 이용하면 배당금을 소득원으로 사용하지 않는 투자자들이 배당금을 사용해 회사 주식을 추가로 매수할 수 있도록 해준다. 5퍼센트 미만으로 할인된 가격에 주식을 살 수 있는 경우도 있다. 추가로 주식을 매입할 때 증권사 수수료 또는 기록 보관 수수료도 대부분 면제해준다.

기업에서 이런 혜택을 제공하는 이유는 DRIP 프로그램을 이용하는 투자자는 장기 투자자인 경우가 많고, 이들이 주식을 계속 보유하고 있으면 회사 주가의 변동성도 낮아지기 때문이다. 기업 경영진으로서는 반길 만한 효과다.

기업의 연수익에서 투자자에게 지급되는 몫의 비율은 배당금 분배율payout ratio이라고 부르고, 수익의 나머지 부분은 재투자율plowback ratio 또는 유보율retention ratio이라고 부른다. 예를 들어 회사에서 1년 동안 10달러를 벌고 4달러를 연배당으로 지급했다면 배당금 분배율은 40퍼센트가 되며 유보율 또는 재투자율은 60퍼센트다. 물론 배당 성향과 유보율의 합은 100퍼센트가 돼야 한다.

배당 성향은 산업별로 차이가 난다. 전기나 가스 사업 분야에서는 80퍼센트를 넘기기도 한다. 다른 기업들은 50퍼센트 미만인 경우가 많다. 주주들에게 배당할 돈을 좋은 프로젝트에 투자해 수익을 더 많이 거둘 수 있다고 판단하고 아예 배당하지 않는 회사들도 많다. 메타 플랫폼스와 구글로 대표되는 이전까지는 구글로 통하던 알파벳도 이런 회사 중 하나다. 구글은 이제 알파벳이 하는 사업 중 하나가 됐다. 버핏은 1981년 버크셔해서웨이 주주 서한에 다음과 같이 썼다.

"논리적으로 따졌을 때, 이제까지의 자기자본 수익률이 높았고 앞으로도 그럴 것으로 예상되는 회사는 수익의 대부분 또는 전체를 유보해서 튼튼한 자본을 바탕으로 거둔 프리미엄을 주주들이 누릴 수 있도록 해야 합니다. 반대로 자기자본 수익률이 낮은 회사는 주주들이 더 매력적인 종목에 자본을 투자할 수 있도록 배당금을 더 많이 지급해야 합니다."

'높은 수익'을 추정하는 방법은 자기자본 수익률return on equity, ROE이
라고 하는 재무 비율을 이용하는 것이다. 자기자본 수익률이란 회사의
수익을 회사 회계 장부에 적힌 자본으로 나눈 것이다. 버핏이 언급한
용어를 비롯해 다양한 회계용어를 제7장에서 설명할 예정이다. 그러
니 지금은 이런 개념이 잘 이해되지 않아도 괜찮다. 버핏이 한 말을 다
음 팁으로 기억하자.

BUFFETT's TIP 23

좋은 수익을 낼 새로운 기회가 있는 기업은 배당을 유보하고,
매력적인 수익을 창출할 새로운 기회가 없는 회사들은
수익 대부분을 배당금으로 지급해야 한다.

버크셔해서웨이는 몇십 년 동안 배당을 하지 않았다. 주주들에게
배당금을 지급하는 대신 현명한 투자를 통해 회사 주가를 더 크게 성
장시킬 수 있다는 버핏의 철학 때문이다. 이제까지는 그가 옳았다. 예
를 들어 지난 2009년, 버크셔해서웨이는 미국의 철도운송 회사인 벌
링턴노던Burlington Northern Santa Fe(이하 BNSF) 440억 달러를 주고 인수했
다. 그 후 BNSF는 수백억 달러의 수익을 창출했고, 버크셔해서웨이는
BNSF를 완전히 소유하고 있다. 이렇게 어마어마한 거래에는 거금이
든다. 만약 버크셔해서웨이가 수익 대부분을 배당해왔다면 아마 이런
거래를 할 자금은 없었을 것이다.

단기 또는 중기적으로 배당을 하지 않을 회사에 투자하는 이유가 무엇일까? 주식을 산 가격보다 더 높은 가격에 팔 수 있으리라는 희망 때문이다. 이런 식으로 얻는 이익은 자본 이익capital gain이라고 한다. 반대로 샀을 때 가격보다 낮은 가격에 주식을 팔아 손해를 봤다면 자본 손실capital loss이 발생한 것으로 손절이라고도 한다. 우리 모두 손절매한 경험이 있을 것이고 버핏도 마찬가지다. 누구라도 매번 아주 성공적인 투자만 할 수는 없다. 투자를 정말 잘하는 사람이라도 약 60퍼센트만 옳은 결정을 내린다. 월스트리트의 치열한 경쟁적 분위기도 돈을 빠르고 쉽게 많이 벌기 어렵게 만드는 데 한몫한다.

주식 가격이 하락할 때 돈을 버는 방법이 있기는 하다. 이를 공매도 selling short라고 한다. 주식을 사두고 기다리는 전략보다 위험하므로 어떤 투자자들에게도 추천할 만한 투자 방법은 아니다. TV에서 볼 수 있는 '따라 하지 마세요!' 자막을 떠올리자. 버핏 또한 공매도를 말리는 조언을 한 적이 있으니 이것도 팁으로 기억해두자. 투자 상품을 사고파는 타이밍을 알기는 어렵다. 버핏은 이렇게 이야기했다. "공매도하면 이득을 볼 수 있을 것 같다고 생각한 종목이 100가지쯤 있었습니다. 그중 95퍼센트쯤은 정말로 가격이 하락했지만, 만약 우리가 실제로 공매도를 했다면 한 푼도 벌지 못했으리라 생각합니다. 공매도는 쉽지 않습니다."

공매도는 하지 말라. 너무 어렵다.

여러분이 전문적인 투자자가 되려 하거나 공매도 기술에 대해 더 배우고 싶을 수도 있으니 이번 장의 마지막에 공매도에 관한 이야기를 짧게 덧붙이려 한다. 사람들이 부록을 잘 읽지 않는다는 사실을 안다. 공매도를 하지 말아야 할 이유가 하나 더 생긴 셈 치자.

대형주 vs. 소형주

애널리스트들은 종종 주식을 항목별로 분류한다. 비슷한 주식들을 한 상자에 정리해둔다고 생각하면 쉬울 것이다. 우리가 집중해 살펴볼 주요 상자들은 소형주, 대형주, 성장주, 가치주, 국내주, 해외주라는 이름이 붙은 상자들이다. 각 용어가 무슨 뜻인지부터 알아보자.

야구 리그는 마이너리그와 메이저리그로 구분한다. 주식 투자자들은 기업을 대기업과 소기업으로 나눈다. 발행된 주식을 전부 합쳤을 때의 가치를 나타내는 시가총액 또는 시총이라는 단어를 떠올려보자. 시가총액market capitalization은 주식 가격에 발행된 주식 수를 곱해 계산한다고 앞에서 배웠다. 시가총액이 10억 달러 미만인 회사의 주식은 보통 소형주small cap로 분류된다. 제2장에서 잠시 언급했던 적이 있다. 시총이 10억 달러가 넘는 주식은 대형주large cap로 분류된다. 마이크로소프트와 애플 같은 기업들은 시가총액이 '조' 단위이므로 대형주의 범위는 상당히 넓다고 할 수 있다.

이 책에서는 대형주와 소형주의 차이에 집중하겠지만, 시총의 크기에 따라 더 세세하게 분류하기도 한다. 야구에 빗대면 마이너리그에도 A, AA, AAA급이 있는 것과 마찬가지로, 초소형주micro cap는 시가총액이 1억 달러 미만인 가장 작은 규모의 기업을 포함하는 항목이다. 더 작은 기업을 위한 카테고리도 물론 있다. 시총 5,000만 달러 미만인 회사는 아주 작다는 뜻으로 극소형주nano cap로 분류된다.

중형주mid cap는 시가총액이 10억 달러에서 1,000억 달러 사이인 기업의 주식을, 초대형주mega cap는 시가총액이 100억 달러 이상인 기업의 주식을 일컫는다. 이런 주식들은 주식 시장의 슈퍼스타라 할 수 있다. 투자자라면 보통 마이크로소프트, 디즈니, 아마존닷컴, 버크셔해서웨이와 같은 기업들이 귀에 익을 것이다. 이런 기업들에 대해서는 제9장에서 자세히 살펴볼 것이다.

성장주 vs. 가치주

투자자들은 주식을 성장주와 가치주로 구분하기도 한다. 가치주는 연간 수익 같은 실제 성과 측정 항목과 비교했을 때 상대적으로 덜 비싸다. 제값을 받지 못하고 있는 경우가 많다. 사람들이 이런 기업에 거는 기대가 크지 않다는 뜻이다. 성장주growth stock는 수익률이 빨리 성장하며 가격이 비싸다. 떠오르는 기업이거나 이미 유명한 기업인 경우가 많다. 시장에 참가하는 사람들은 누구나 앞으로 이들 기업의 실적과 수익이 크게 늘 것이라 기대한다. 비싼 가격에 사도 더 비싼 가격에 팔 수 있다고 기대하는 주식들은 보통 성장주다. 예를 들면 초창기 아마존과 여전히 또는 예전보다 더 빠르게 성장하고 있는 현재의 아마존이 이 항목에 포함된다.

성장주와 가치주, 비싼 주식과 싼 주식을 구분하는 방법은 여러 가지가 있다. 일반적인 방법은 주가수익비율price-to-earining(이하 PER, 미국에서는 P/E ratio라는 표기를 쓴다—옮긴이)을 비교하는 것이다. PER이란 주식의 시가총액을 수익으로 나눈 값이다. 앞서 말했지만 수익은 회사에서 남긴 이윤으로 매출에서 모든 비용을 뺀 금액이다. 보통 1년 단위로 정산한다. 한 주만 가지고 계산하든 회사 전체 수익으로 계산하든 PER은 항상 같은 값을 얻을 수 있다.

보통은 PER이 높은(백분위가 50 이상) 회사를 성장주로 구분한다. 이해를 돕기 위해 덧붙이면, 지금까지 시장 전체의 평균 PER은 15퍼센트 정도였다. 그러므로 이 지표에 따르면 PER이 15퍼센트보다 낮으면 가치주, 15퍼센트보다 높으면 성장주라고 할 수 있다. 최근 몇 년 동안은 시장의 평균 PER이 16~17퍼센트 정도였으니 기억해두면 조금 더 정확하게 가치주와 성장주를 구분할 수 있을 것이다.

여기에서 한 가지 중요한 점은 주가만 가지고는 가격이 비싼지 싼지 알 수가 없다는 것이다. PER 또는 뒤에서 다룰 다른 측정 항목을 참고해야 판단할 수 있다. 예를 들어 버크셔해서웨이 클래스 A는 최근 주가는 48만 달러를 호가한다. 하지만 PER이 시장 평균보다 낮으므로 가치 있는 주식이라고 볼 수 있다. 누군가를 미치게 하고 싶으면 몇십만 달러나 되는 싼 주식을 추천해준다고 이야기해보자. 아마 상대방은 여러분을 엉뚱한 사람 취급하겠지만 우리는 그 말이 틀린 소리가 아니라는 것을 안다. 제1장에서 이야기했던 '내면의 점수표'를 따르는 예시라고도 할 수 있을 것 같다.

뮤추얼펀드 중에는 '블랙록대형주가치펀드'BlackRock Large Cap Value Fund처럼 이름에 대형주, 소형주, 성장주와 가치주라는 표현이 들어간 상품이 많다. 투자 애널리스트들은 펀드의 규모와 성격이 어떤지 설명하기 위해 스타일 박스style box라는 용어를 만들었다. 스타일 박스는 두 가지 관점을 측정하게 돼 있다. 세로는 펀드의 사이즈, 가로는 펀드의 성격을 나타낸다. 피델리티마젤란펀드를 예시로 스타일 박스에 주식을 표시하는 전통적인 방법을 살펴보도록 하자.

스타일 박스는 월스트리트에 확고하게 자리를 잡았지만 버핏은 이 방법을 그다지 좋아하지 않는다. 성장성은 주식의 가치를 평가할 때 고려하는 요소 중 하나일 뿐이기 때문이다. 또 어차피 모든 투자자는 저평가된 투자 상품을 사려고 하므로, 모든 투자자는 가치 투자자라고 생각한다. 2000년 버크셔해서웨이 주주 서한에서 그는 다음과 같이 적었다. "'성장' 투자 또는 '가치' 투자가 서로 반대되는 투자 성향이라는 식으로 그럴싸하게 떠드는 시장해설가와 투자자산운용 관리자들은 지성 대신 무지를 보여줄 뿐입니다. 성장률은 가끔은 플러스, 가끔은 마이너

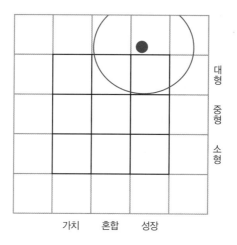

대형
중형
소형

가치　혼합　성장

출처 : ⓒ 2020 모닝스타 Inc.

스인 가치 측정에 필요한 요소일 뿐입니다."

국내주 vs. 해외주

전 세계 대부분 국가에는 주식 시장이 있다. 각자 자국에 본사를 둔 회사에 투자한다면 국내 주식 시장에 투자investing domestically한다고 하고, 외국에 본사를 둔 회사에 투자하는 경우 해외 주식 시장에 투자investing internationally한다고 한다. 투자 포트폴리오 또는 투자 종목 바구니에 국내 주식과 해외 주식이 모두 포함돼 있다면 글로벌 포트폴리오global portfolio를 가졌다고 할 수 있다.

다른 나라 기업에 투자하는 이유는 무엇일까? 몇 가지 이유를 들 수 있지만, 한때 지금의 버핏만큼 유명했던 존 템플턴John Templeton 경의 말이 좋은 해답이 될 것이다. 그는 다음과 같이 말했다. "더 싸고 더 가치 있는 주식을 찾으려면 전세계로 범위를 넓혀라. 한 나라 안에서만 찾을 때보다 더 많이 찾을 수 있다."

버핏은 주로 미국 주식에 투자하지만 몇몇 국제 기업에도 투자한다. 예를 들면 2013년 버크셔해서웨이는 이스라엘 공구 회사인 이스카Iscar에 20억 5,000만 달러를 투자했다. 중국의 거대 정유기업인 페트로차이나PetroChina라는 회사에 투자하기도 했으며, 중국 자동차 회사인 BYD의 주식도 보유하고 있다.

'사놓고 잊어버리면' 좋은 장기투자 방법, 인덱스펀드

자, 이제까지 주식 시장에 관한 기본적인 내용을 배웠으니 주식에 투자하는 방법을 이야기해보자. 첫 번째 투자 방법은 쉬우면서도 아주 효과적인 인덱스펀드index fund라는 상품이다. 다우존스 산업평균지수Dow Jones Industrial Average, DJIA라는 말을 들어본 적이 있을 것이다. 이 지수는 미국에 기반을 두고 시장을 선도하는 '우량주' 30개를 지표로 한다. '다우'에 대해서는 제9장에서 더 자세히 알아보기로 하자. 인덱스펀드는 다우지수 같은 특정 지수의 실적을 추종한다. 이론적이거나 개념적인 용어가 아니라 실제로 투자할 수 있는 상품이다.

스포츠와 관련된 이야기에는 우량주, 즉 블루칩blue chip이라는 용어가 종종 등장한다. 스타가 될 재목이어서 '놓쳐서는 안 되는' 선수를 블루칩이라 부른다. 듀크대학교를 막 졸업한 농구선수 자이언 윌리엄슨Zion Williamson이나 대학에 막 입학한 타이거 우즈를 떠올려보자. 블루칩 선수라고 해서 모두가 좋은 실적을 내지는 않듯, 블루칩 또는 우량주라고 불리는 주식들도 항상 좋은 성과를 내리라 보장할 수는 없다.

다우지수는 30개 주식만 포함된 제한적인 지수다. 모든 운동선수, 모든 주식이 블루칩으로 여겨질 수 없는 것과 마찬가지다. 어쩌면 미국에서 여러 종목을 가장 폭넓게 포함한 지수는 스탠다드앤드푸어 500Standard and Poor's 500(이하 S&P500)일 것이다. 제4장에서 AAA, AA 등 채권 등급을 이야기하면서 스탠다드앤드푸어라는 이름을 잠시 언급한 적이 있다. S&P500은 미국에 본사를 둔 대형주 500개로 구성돼 있다. 윌셔 5000Whilshire 5000이라는 지수도 있는데 미국에서 공개적으로 거래되는 모든 주식의 실적을 반영한다. 이 지수가 처음 만들어졌을 때 주식 약 5,000개를 포함하고 있었다. 현재 포함된 주식은 4,000개 정도다.

기업이 다른 기업에 인수되거나 아니면 독립적으로 거래되지 않으면 해당 기업의 주식은 지수에서 퇴출당하기도 한다. 회사가 문을 닫거나 부도가 났을 때도 마찬가지다. 이런 경우에는 주가가 0이 되고, 지수에서 방출된다.

S&P500 지수를 바탕으로 여러 종목에 분산된 인덱스펀드를 사

면 (미국) 경제에 돈을 거는 것이나 마찬가지다. 장기적으로 경제가 잘 돌아간다면 지수도 올라간다. 버핏도 비슷한 이야기를 한 적이 있다. 2013년 버크셔해서웨이 주주 서한에서 그는 이렇게 적었다. "21세기에는 확실히 더 좋은 성과를 거둘 수 있을 것입니다. 비전문 투자자는 어떤 주식이 승리할지 판단하려고 해서는 안 됩니다. 투자자 자신도, 투자자의 '조력자'도 승자를 예측할 수는 없습니다. 대신 종합적으로 꾸준한 성과를 낼 수 있는 여러 종목을 소유하려고 해야 합니다. 비용이 적게 드는 S&P500 인덱스펀드를 통해 그 목표를 달성할 수 있습니다." 다른 글에서 이보다 명료하게 이야기한 적도 있었다. "저비용 펀드는 투자자 대부분에게 가장 합리적인 주식 투자 방식입니다." 역시 기억해둘 만한 팁이다.

BUFFETT's TIP 25

저비용 펀드는 투자자 대부분에게 가장 합리적인
주식 투자 방식이다.

당연히 전 세계 국가 대부분에도 인덱스펀드가 마련돼 있다. 장기적으로 (10년 이상) 인덱스펀드가 놀랄 만한 성과를 거뒀다고 앞에서 말했었다. 놀랄 만한 성과란 얼마만큼을 이야기하는 것일까? 노력이 최소로 드는 매수 후 보유buy-and-hold 전략이 장기적으로는 현직 자산관리사 90퍼센트의 성과를 이길 수 있다. 잘못 본 게 아니다. 90퍼센트라니. 어떻게 이런 일이 가능할까? 이유가 있다. 인덱스펀드는 비용이 적게

들고, 치열한 경쟁에 휘말리지 않아도 되기 때문이다.

인덱스펀드를 살 때도 비용이 들기는 하지만 매우 낮은 수준이다. 인덱스펀드 운용에 드는 돈은 연간 1퍼센트도 안 되는 0.1~0.2퍼센트 정도다. 애널리스트들은 1퍼센트의 몇 분의 일 정도로 작은 숫자를 표현하기 위해 베이시스 포인트basis points, bps라는 용어를 쓴다. 1퍼센트의 1/10은 10베이시스 포인트10bps가 된다. 이 비율을 예시에 적용해보자. S&P500 인덱스펀드에 1,000달러를 투자했을 때 수수료는 연간 1달러다. 만약 연간 10퍼센트씩 성장하는 투자나 매년 100달러의 수익을 벌 수 있는 투자라면 나쁘지 않은 수수료다. 반면 여러분의 투자를 맡아줄 누군가를 고용한다면 100베이시스 포인트가 넘는 훨씬 많은 돈을 비용으로 내야 한다.

시장을 이기는 방법과 효율적 시장 가설

이제 시장 지수보다 더 높은 수익률을 거두기가 힘든 두 번째 이유를 살펴보자. 경제지에서는 '시장을 이기다'beating the market라고 표현하기도 한다. 불가능하다는 뜻은 아니다. 물론 버핏은 몇십 년 동안 시장을 이기는 데 성공했다. 다음 장에서 그의 투자 방식을 살펴볼 것이다. 여기서는 인덱스펀드가 투자자 대부분에게 합리적인 이유를 설명하려 한다.

꾸준히 시장을 이기기 힘든 두 번째 이유는 월스트리트의 경쟁이 심하기 때문이라고 앞서 이야기했다. 자세한 이야기를 하기 전에 이야기를 하나 들어보자. 가장 널리 쓰이는 대학 투자 교과서에 다음과 같은 이야기가 등장한다.

대학교수 두 명이 길을 가고 있는데, 도로 한가운데 20달러짜리 지폐가 떨어져 있었다. 교수 한 명은 재무학 교수였고 다른 한 명은 역사학 교수였다. 재무학 교수는 20달러짜리 지폐를 그냥 지나쳤고, 역사학 교수는 허리를 굽혀 20달러짜리 지폐를 주운 후 이렇게 말했다. "땅에 떨어진 돈을 왜 줍지 않나?" 재무학 교수가 답했다. "글쎄, 진짜 돈이라면 나보다 먼저 주운 사람이 있지 않았을까 해서."

재미가 없었더라도 교과서에 소개된 농담이니 너그럽게 이해해주기 바란다. 이 이야기의 핵심은 투자자라면 바닥에 떨어진 돈을 그냥 두지 않는다는 것이다. 투자자들은 돈이 보이면 재빨리 줍는다. 수익보고서나 합병 또는 신제품 출시 소식 등 주식에 관해 중요한 정보가 나오면 이들은 매우 신속하게 정보를 읽고 분석한다. 소식이 예상했던 것보다 좋은 소식이라면 주가는 재빨리 오르고, 소식이 예상보다 나쁘면 주가는 재빨리 하락한다. 예를 들면 코로나19 팬데믹 때문에 경제 불황이 닥칠 것이 확실해졌을 때 주가는 30퍼센트가량 빠른 속도로 곤두박질쳤다.

정보에 신속하고 적절하게 반응하는 시장을 **효율적 시장**efficient market이라고 표현한다. **효율적 시장 가설**Efficient Market Hypothesis, EMH이라는 이론적 용어로 쓰이기도 한다. 같은 이론을 두고 경제지에서는 **랜덤워크 가설**Random Walk Hypothesis이라고 부른다. '랜덤워크'라는 이름이 붙은 이유로 여러 가지 유래가 전해진다. 그중에는 한밤중에 술 취한 사람이 바닥에 떨어진 열쇠를 찾고 있는 모습에서 이름을 따왔다는 이야기도 있다. 이쪽으로 한걸음 갔다가 저쪽으로 한걸음 갔다가 열쇠도 없이 다시 제자리로 걸어오는 모양새를 보고 붙인 이름이라고 한다.

월스트리트는 언제나 경쟁이 치열하고, '새로운' 소식이나 주가를 움직일 수 있는 소식은 보통 주가에 빠르게 반영된다. 당연히 새로운 정보를 예측할 수는 없고, 투자자 대부분은 월스트리트와 경쟁하기보다 인덱스펀드를 매수한 후 보유하는 전략을 택하는 쪽이 더 이득이다.

만약 랜덤워크 가설을 도통 이해할 수가 없다면, 이 개념을 쉽게 이해하기 위한 좋은 방법이 있다. 만약 시장이 항상 효율적이라면 〈월스트리트저널〉의 증권 페이지에 다트를 던졌을 때 다트에 맞은 주식들의 평균 실적은 시장이나 '전문' 투자자들이 고른 포트폴리오 실적과 같을 것이다.

조울증에 걸린 주식 시장, 미스터 마켓

하지만 직접 주식을 골라 시장을 이기고 싶은 사람들에게도 희망은 있다. 버핏은 전문 투자자 또는 전문가가 되기 위해 공부 중인 사람들은 시장을 이길 기회가 있다고 이야기했다. 그는 시장이 언제나 효율적이라고 주장하는 학자들을 비판했다. 1988년 버크셔해서웨이 주주 서한에서 그는 다음과 같이 썼다. "시장이 효율적일 때가 많다고 한다면 정확한 관찰이지만, 시장이 '언제나' 효율적이라고 한다면 잘못된 결론입니다." 이 말도 팁으로 정리하자.

벤저민 그레이엄은 주식 시장이 어떻게 돌아가는지 설명하기 위해 널리 회자되는 비유를 사용했다. 그는 조울증이 있는 미스터 마켓Mr. Market이라는 파트너와 사업을 한다고 상상하라고 했다. 어떤 때는 미친 듯이 행복하고 너그러운 사람이어서 여러분이 주식을 팔려고 하면 값을 후하게 쳐준다. 또 어떤 때는 우울의 심연으로 깊이 빠져 여러분이 주식을 팔려고 하면 값을 후려친다.

미스터 마켓이라는 파트너가 공정한 가격을 제시해줄 때도 있다. 이런 경우는 시장이 효율적으로 돌아가고 있다고 보면 된다. 그레이엄이 이런 말을 한 의도는 어차피 불가능할 테니 미스터 마켓이라는 파트너의 마음을 바꾸려 하지 말라는 것이다. 그 대신 비합리적으로 행동하는 시장을 이용해 그가 엄청나게 우울할 때는 싼값에 매수하고, 그가 엄청나게 행복할 때 매도하면 된다는 뜻이다.

무엇이 미스터 마켓이라는 파트너, 혹은 주식 시장 전체를 혼란스럽게 만드는지 궁금할 것이다. 그 답은 태초부터 존재해온 인간의 본성 두 가지로 요약할 수 있다. 바로 두려움과 탐욕이다.

그레이엄은 시장을 괴팍한 사업 파트너 대신 진자pendulum로 비유하기도 했다. 그는 이렇게 말했다. "시장은 주가를 오르게 만드는 것, 즉 지속되지 않는 낙관주의와 정당성 없이 주가를 떨어뜨리는 비관주의 사이를 영원히 오락가락하는 진자다. 현명한 투자자는 낙관주의자에게 팔고 비관주의자에게 사는 현실주의자다." 버핏도 1986년 주주 서한에서 비슷한 이야기를 짧게 언급한 적이 있다. "사람들이 욕심을 부릴 때는 몸을 사리고 사람들이 몸을 사릴 때는 욕심을 내십시오." 같은 말을 제1장에서도 언급한 적이 있다. 그가 했던 가장 유명한 말 중 하나이니 팁으로 정리하자.

BUFFETT's TIP 27

사람들이 욕심을 부릴 때는 몸을 사리고
사람들이 몸을 사릴 때는 욕심을 내라.

주가가 심하게 오르는 현상을 버블bubble이라고 한다. 풍선껌을 크게 부는 모습을 떠올려보자. 희망, 흥분 그리고 탐욕이 천천히 버블의 크기를 키운다. 어느 시점에 합리적인 생각이 시장을 지배하면 두려움이 한껏 부푼 버블을 터뜨린다. 투자의 역사에서 버블 현상은 여러 번 등장했다. 주식뿐만 아니라 다른 분야에서도 버블이 나타났다. 가장 유명한 버블은 1630년대 후반 네덜란드에서 발생한 튤립 버블이다. 여러분이 생각하는 예쁜 꽃 이야기를 하는 것이 맞다.

자세히 설명하지는 않겠지만 1637년 무렵 '튤립 파동'이 한창일 때

소중한 튤립 한 송이의 가격은 맥주 4톤, 버터 2톤, 치즈 450킬로그램, 통통하게 살이 오른 황소 네 마리, 돼지 여덟 마리, 양 열두 마리, 호밀 7톤, 와인 500리터, 침대 하나, 정장 한 벌 그리고 은으로 만든 술잔 한 개의 가격과 맞먹었다. 당시 미국에 있던 집 한 채 값과 맞먹을 수도 있었다.

누구보다 합리적인 투자자라고 할 수 있는 버핏은 버블이 영원하지 않다는 사실을 알았다. 2000년에 그가 쓴 버크셔해서웨이 주주 서한에 이런 구절이 있다. "그러나 어떤 풍선이든 터뜨릴 수 있는 핀이 어딘가에 존재합니다. 그리고 풍선이 핀과 만났을 때, 투자자들은 아주 오래된 교훈을 배우곤 하지요. 첫째, 상품 관리를 대수롭지 않게 생각하는 월스트리트의 사람들은 자신들이 살 만한 것들은 전부 판다는 것이며, 둘째, 투기는 가장 쉬워 보이지만 가장 위험한 것이라는 점입니다." 이 중요한 말을 팁으로 정리해보자.

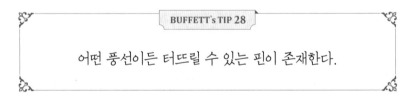

BUFFETT's TIP 28

어떤 풍선이든 터뜨릴 수 있는 핀이 존재한다.

바보 아니면 무식한 사람이나 투자 버블에 당한다고 생각할 수도 있다. 버핏은 역사상 누구보다 똑똑한 사람 중 한 명이었던 아이작 뉴턴 경이 영국의 남해회사라는 회사의 주식을 샀다가 버블 때문에 피해를 본 이야기를 한 적이 있다. 뉴턴은 현재 물가로 환산했을 때 무려

400만 달러에 달하는 돈을 잃었다. 버핏은 1993년 버크셔해서웨이 주주 서한에서 다음과 같이 적었다. "오래전 아이작 뉴턴은 천재적인 발상으로 세 가지 운동 법칙을 발견했습니다. 하지만 그의 재능은 투자의 영역까지 미치지는 못했습니다. 그는 영국 남해회사 버블에 호되게 당했고, 후에 '별의 움직임을 계산할 수는 있지만, 인간의 광기는 예측할 수 없다'라고 이야기했습니다. 크게 손해를 보고 난 후 트라우마가 생기지 않았다면 그는 아마 다음과 같은 네 번째 법칙을 발견할 수 있었을지도 모릅니다. '투자자 전체를 놓고 봤을 때, 운동이 많아질수록 수익은 줄어든다.'" 달리 말하면 투자 시장이 요동치거나 버블이 커지고 있을 때 유행하는 종목을 좇으려 하지 말라는 뜻이다. 그 대신 인내심을 가지고 가치를 좇아야 한다.

투자에서 '절대 따라 하지 마시오' 표지판을 붙여야 할 영역, 공매도

'쌀 때 사서 비싸게 팔라' 같은 표현을 들어본 적이 있을 것이다. 거의 모든 투자자가 이 방법으로 돈을 번다. 예를 들면 주식을 한 주당 10달러에 사서 가지고 있다가 20달러에 파는 전략이다. 이 전통적인 투자 방법을 예상매입buying long이라고 한다.

이 장의 본문에서 언급했던 것처럼 주가가 '하락'할 때 이익을 내는 방법이 있다. 이 방법을 공매도라고 부른다. '쇼트'라는 단어가 붙어 기존의 매도_selling와는 다른 의미로 쓰인다. 전통적인 방식으로는 우선 주식을 산 다음 투자를 끝낼 준비가 됐을 때 판다. 예를 들어 주당 15달러에 사서 더 높은 가격, 이를테면 20달러에 팔아서 주당 5달러의 차익을 남기는 식이다.

공매도할 때는 주식을 먼저 팔고 나중에 가격이 내려가면 산다. 공매는 가진 주식이 없는 상태로 거래를 한다. 예를 들면 20달러에 공매한 다음 나중에 15달러에 사면 5달러의 차익을 남길 수 있다. 매도를 먼저 한 다음 매수해 주가가 20달러에서 15달러로 떨어지는 상황에서 5달러의 이익을 남겼다는 데 주목하자.

그럼 이런 의문이 들 것이다. '가지고 있지도 않은 주식을 어떻게 팔지?' 자신이 공매도하려는 주식에 투자한 다른 투자자들한테 빌리면 된다. 이때 보통 다른 투자자는 이런 일이 일어나는 줄 모른다. 그들이 가진 주식은 법적으로 그대로 있는 거나 마찬가지이기 때문이다. 하지만 증권사의 정보 기술 시스템 덕분에 모든 일은 물밑에서 일어난다.

연필, 자, 계산기를 빌리는 대신 주식을 빌린다고 생각하자. 여러분은 빌린 주식 수만큼 나중에 갚겠다고 약속했다. 그런데 만질 수 있는 물건과 마찬가지로 빌린 것을 갚지 않으면 문제가 생긴다.

여기서 또 의문이 생겼을 것이다. '공매도하는 사람은 언제 주식을 되사서_buy back 빌린 주식을 갚아야 할까?' 답은 약간 복잡하다. 설명하자면, 빌릴 수 있는 주식이 많으면 빌린 상태를 몇 년 동안, 계속 유지할 수 있다. 하지만 회사 주식을 빌리려는 투자자들이 많으면 빌릴 수 있는 주식 수가 많지 않을 것이다. 그런 경우 증권사는 여러분이 준비되지 않았더라도 시장에서 주식을 되사라고 압력을 넣을 것이다. 공매도 투자자가 준비되지 않았을 때 증권사가 빌린 주식을 갚으라고 압력을 넣는 것을 **쇼트스퀴즈**short squeeze라고 한다. 증권사는 빌리기 힘든 주식들의 목록을 매일 정리한다. 이 목록에 있는 주식들은 쇼트스퀴즈하게 될 가능성이 있는 주식으로, 목록을 통해 공매도 투자자들에게 최소한의 경고를 하는 셈이다.

그럼 공매도를 하지 말라고 하는 사람이 많은 이유는 무엇일까? 첫째, 주식 시장은 보통 장기적으로 봤을 때 상승한다. 역사적으로 매년 10퍼센트씩 상승했다. 공매도는 상승하는 주식 시장에서 기업의 주가가 내려간다는 데 돈을 거는 셈이니 파도를 거슬러 수영하는 셈이다. 둘째, 기업에서 투자자들에게 배당금을 지급하는 경우, 공매도 투자자는 주식을 빌린 주주에게 배당금을 지급해야 한다. 셋째, 소액 투자자는 주식을 빌리려면 이자의 형태로 증권사에 추가 비용을 더 내야 하므로 거래 비용이 늘어난다. 마지막으로, 손실 위험이 사실상 무제한이기 때문이다. 예를 들면 주식을 10달러에 공매도하고 주가가 0달러가 되면 10달러를 벌 수 있다. 하지만 주가가 50달러로 올라간다고 생각해보자. 그러면 매수가격이 50달러, 매도가격이 10달러이므로 40달러를 잃는 셈이다. 만약 버핏이 버크셔해서웨이를 인수할 때 주식을 공매도해서 2019년 말까지 빌린 상태를 유지할 수 있었다고 생각해보자. 1,000달러어치를 공매도했다면 자그마치 2,000만 달러를 잃고 말았을 것이다.

"능력 범위 안에 있는 기업을 평가할 능력만 있으면 된다."

_워런 버핏, 1996년 버크셔해서웨이 주주 서한

제6장

버핏은 이렇게 주식 투자했다

지난 장에서 주식 시장에 대한 기본적인 내용을 배웠다. 주식이 어떻게 '탄생'하고 주식 시장에 나오는지, 배당과 인덱스펀드란 무엇인지 그리고 '시장을 이기기' 힘든 이유에 대해서도 알아봤다. 이 장에서는 주식 시장을 더욱 깊이 탐구하고 이해해보려 한다. 두 가지 중요한 주제를 살펴볼 텐데, 우선 월스트리트에서 **목표주가**price target라고 부르는 주식의 가치를 측정하는 방법에 대해 알아볼 것이다. 그 과정에서 목표주가와 현재 가격이 현저하게 차이 나기도 한다는 사실을 배울 수 있을 것이다. 다른 중요한 내용으로 버핏의 주식 투자 방식을 살펴보려 한다. 버핏이 부를 쌓는 데 주식 시장이 중요한 역할을 한 만큼 이 장에서는 중요한 팁 여러 개가 쏟아질 예정이다. 본격적으로 이야기를 시작해보자.

주식 가치 평가하기

주식 또는 다른 투자 상품의 가치를 평가하다 보면 투자의 핵심을 깨닫게 된다. 양자역학 분야에서의 설명할 수 없는 현상을 제외하고, 즉 99.9999퍼센트의 경우에 적용할 수 있는 물리 법칙과는 달리 주식의 가치를 '정확하게' 구할 수 있는 마법의 공식은 존재하지 않는다. 투자 수업에서는 대부분 장기적인 관점에서 평균적으로 정확도가 높은 기술을 가르친다.

야구나 소프트볼에서 매번 완벽한 공을 치는 타자가 존재할 수 없는 것과 마찬가지다. 버핏이라도 별수 없다. 주식의 적정 목표가가 어느 정도인지 계산하기 위해 투자 애널리스트들이 많이 사용하는 방식

두 가지를 살펴보자. 하나는 제2장과 제4장에서 다뤘던 '화폐의 시간적 가치'를 바탕으로 한다. 다른 하나는 식은 죽 먹기보다 쉽다. 그냥 숫자 두 개를 곱해서 목표가를 구하는 방식이다.

지금껏 그랬던 것처럼 자세한 공식은 본문에서 소개하지 않고 이 장의 마지막에 따로 정리하도록 하겠다. 공식을 사용해 정확한 숫자를 구할 수는 있지만 올바른 공식을 사용하지 않는다면 소수점 열 번째 자리까지 답을 구한들 소용이 없다. 2008년 버크셔해서웨이 주주 서한에서 버핏도 같은 이야기를 이렇게 적었다. "공식에 미친 괴짜를 조심하십시오." 이 말을 기억해두자.

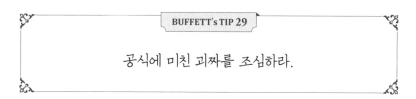

BUFFETT's TIP 29

공식에 미친 괴짜를 조심하라.

현금흐름할인 모델로 목표주가 예상하기

앞에서 잠깐 언급하기도 했던 **현금흐름할인**Discounted Cash Flow, DCF 모델이라는 접근방식을 먼저 살펴보자. 현금흐름할인은 시간의 흐름에 따라 변하는 돈의 가치를 적용하는 방식으로, 앞에서 기업의 가치를 평가하는 방법을 살펴보며 비슷한 개념을 다룬 적이 있다. 현금흐름할인 모델을 활용하는 방식에서 주가는 미래 현금흐름의 현재 가치와 같다.

버핏이 내재 가치 계산방식이라고 표현한 용어로 제3장에서 잠깐 등장했다. 1993년 주주 서한에서 그는 이렇게 적었다. "기업이 존재하는 동안 사용할 수 있는 현금에 할인율을 적용한 것을 내재 가치라고 합니다. 내재 가치는 미래 현금흐름의 전망치와 이자율 변동에 따라 달라지는 매우 주관적인 수치입니다. 모호하기는 하지만 내재 가치는 매우 중요한 지표이며, 투자처와 기업에 대한 상대적인 기대치를 평가할 수 있는 유일하게 논리적인 방법입니다."

버핏의 말에는 여러 가지 중요한 의미가 담겨 있다. 요약하면 현금흐름과 할인율에 따라 평가가 달라질 수는 있지만 투자 가치를 판단하기에 내재 가치는 가장 좋은 접근방식이라는 뜻이다. 충분히 팁으로 기억할 만한 가치가 있는 말이다.

BUFFETT's TIP 30

투자 가치를 판단하는 가장 좋은 방법은
내재 가치를 활용하는 것이다.

채권의 현금흐름을 계산하기는 식은 죽 먹기다. 쿠폰 지급액coupon payment과 액면가 또는 원금principle만 알면 된다. 채권은 만기가 1년 미만에서 최대 30년까지로 정해져 있다. 하지만 주식은 만기가 없다. 회사가 망하거나 다른 회사에 인수되지 않는 한 영원히 존재할 수 있다. 예를 들어 알렉산더 해밀턴이 1784년에 설립한 뉴욕 멜론 은행의 주식은 여전히 건재하다. 230년쯤 후 해당 주식이 거래되고 있더라도 그리

놀랄 일이 아니다.

영원히 존재하는 것의 가치는 어떻게 측정할까? 생각해볼 만한 가치가 있는 질문이다. 다행히 산수만 할 수 있어도 써먹을 수 있는 고든의 성장 모형Gordon growth model이라는 공식이 존재한다. 이 공식을 적용하려면 할인율, 다음 연도 배당금, 장기 성장률 또는 정상 상태 성장률 stable-state growth rate (소득, 소비, 자본 등이 모두 일정한 속도로 성장하는 상태의 성장률―옮긴이)만 알면 된다.

제2장과 제4장에서 할인율에 관한 기본적인 내용을 살펴봤다. 채권에서 적정 할인율은 채권의 만기 수익률이었다. 회사의 만기 수익률은 만기 기간이 같은 미국 국채 수익률에 신용 위험에 따른 추가 비율을 더해 추산할 수 있다. 주식 시장에서의 할인율은 주식이 얼마나 위험한지와 관련 있다. 주식 시장의 전체 할인율은 연 10퍼센트 정도다. 할인율 10퍼센트와 미국 주식 시장의 연평균 수익이 비슷한 것은 결코 우연이 아니다. 평균은 10퍼센트지만 당연히 회사의 할인율은 10퍼센트보다 낮거나 높을 수 있다. 음료 회사인 코카콜라의 할인율은 연 7퍼센트 정도다. 아마존닷컴처럼 변동 폭이 심한 기술 기반 주식의 할인율은 12퍼센트 정도다. 주식의 할인율은 자본자산가격결정모델Capital Asset Pricing Model(이하 CAPM)을 활용해 구하기도 하는데, 이 내용은 제8장에서 살펴볼 것이다.

이번 연도 배당금에 '장기 성장률＋1'을 곱하면 다음 연도 배당금을 대략 비슷하게 예측할 수 있다. 배당하지 않는 기업이라면 어떻게 할까? 상관없다. 잉여현금흐름free cash flow, FCF이라는 개념을 전망치로 사용하면 된다. 잉여현금흐름이란 회사에서 한 해 동안 벌어들인 현금에서 회사를 안정적으로 유지하는 데 필요한 재투자 비용을 뺀 금액이다.

장기 성장률은 경제 성장률에서 연 2~4퍼센트 정도인 인플레이션율을 뺀 수치와 비슷하다. 거대 통신 기업인 AT&T의 주식을 간단한 공식에 적용해보자. AT&T는 미국 최대 규모 통신 기업이자 다이렉TV(디지털 위성방송 서비스—옮긴이)와 타임워너를 소유한 회사다. 타임워너는 〈배트맨〉, 〈슈퍼맨〉, 〈원더우먼〉, 〈해리포터〉 시리즈 등으로 유명한 미디어 회사이기도 하다.

성장률을 최근 미국 경제 평균 성장률인 2퍼센트로 가정해보자. AT&T의 최근 배당액은 주당 2.05달러였다. 그러므로 다음 연도 배당금은 2.05달러에 '성장률+1(0.02+1=1.02)'을 곱한 값인 2.09달러다. AT&T는 꽤 오래전부터 운영돼온 기업이고 소득도 꾸준했으므로 할인율은 10퍼센트 미만으로 잡는다. 여기에서는 8퍼센트라고 가정해보자.

모든 수치를 공식에 대입하면 AT&T의 목표주가는 내년 예상 배당액인 2.09달러를 할인율 8퍼센트와 성장률 2퍼센트의 차이(0.08-0.02=0.06)로 나눈 값인 주당 34.83달러(2.09÷0.06=34.83)라는 계산이 나온다. 이 책을 쓰고 있는 시점의 AT&T 주가와 방금 계산한 값을 비교해보자. 현재(2021년) AT&T의 주가는 약 31달러다. 12퍼센트 정도 업사이드(상승할 수 있는 여유—옮긴이)가 있고, 배당금도 6퍼센트(2.09달러)를 얻을 수 있으므로 AT&T의 주식은 매수해도 좋다는 결론을 낼 수 있다. 배당금 수익을 포함한 예상 수익이 0~10퍼센트 사이일 때 월스트리트의 애널리스트들은 보통 보유 의견을 내놓는다. 반면 목표주가가 현재가보다 낮은 경우에는 매도 의견을 낸다. 제5장에서 버핏이 공매도를 위험하다고 여긴다는 사실을 배운 이상 이런 주식은 피하도록 한다. 이런 주식을 보유 중이라면 투자 의견에 따라 매도하면 된다.

월스트리트 PER 모델로 목표주가 계산하기

사람들은 보통 나누기보다는 곱하기를 더 좋아하므로 목표주가를 구하는 더 쉬운 접근 방법을 소개하려 한다. 숫자 두 개를 곱하면 된다. 첫 번째 숫자는 회사의 다음 연도 주당순이익이다. 전문 애널리스트들은 이 값을 구하기 위해 상세하게 재무 모델financial model(기업의 미래 성과를 예측하기 위한 도구—옮긴이)을 세운다. 시간과 과정을 줄이기 위해 전문가들의 방식을 자세히 알아보는 대신 잘 정리된 참고서에 나올 법한 방법을 사용하려 한다. 이상적인 방법은 아니지만, 그 정도로도 충분할 때도 있다.

한 가지는 콘센서스 전망치consensus estimate라는 전문 애널리스트들이 구한 전망치의 평균을 사용하는 방법이다. 또는 기업에서 직접 구해 애널리스트들에게 전달하는 경영진 수익 지표earnings guidance(간략하게 가이던스라고도 한다)라는 전망치를 사용하는 방법도 있다. 경영진은 보통 성과가 커 보일 수 있게 전망치를 낮추고 싶어 하므로 이들이 제시한 수치는 지나치게 낮게 책정됐을 수 있다. 그렇게 하지 않으면 주가가 곤두박질칠 수도 있기 때문이다. 실제로 이들은 자신들이 전망치를 신중하고 보수적으로 산출했다고 이야기한다. 실제 보고된 수익이 콘센서스 전망치보다 크면 이를 어닝서프라이즈earning surprise라고 한다. 목표주가를 구하는 데 필요한 또 다른 숫자는 회사가 달성해야 할 장기 PER 또는 지속 가능한 PER이다. AT&T처럼 오랫동안 운영돼온 회사는 10년 평균 또는 중앙값을 사용하면 꽤 정확한 수치를 구할 수 있다.

목표주가를 구하기 위해서는 한 해 앞서 예측한 수익 전망치와 장기 PER 전망치라는 두 숫자를 곱해야 한다. 이 방법은 PER 상대 가치 평가 모델P/E relative valuation model이라고 알려져 있다. 보통 전문 애널리스트들이 목표주가를 산출할 때 가장 많이 사용하는 방법이라는 의미에서 월스트리트 PER 모델이라는 이름을 선호한다. 장기투자에 집중하는 버핏은 이런 계산을 할 때 적어도 향후 5년 치를 계산한다고 한다.

월스트리트 PER 모델을 사용해 AT&T의 목표주가를 계산해보자. AT&T의 예상 수익에 대한 애널리스트들의 전망치(콘센서스)는 주당 3.70달러였다. 지난 10년 동안의 PER 중앙값median은 약 10이었다. 이 두 숫자를 곱하면 목표주가가 37달러라는 계산이 나온다. 이 숫자에 배당금을 더한 값이 현재가격인 31달러보다 10퍼센트 이상 높으므로, AT&T의 주식을 사도 좋다는 결론을 내릴 수 있다.

현금흐름할인 모델로 구한 값과 월스트리트 PER 모델로 구한 값이 달라도 괜찮다. 사실 다른 경우가 대부분이다. 최종 목표주가를 구하려면 간단히 두 값의 평균을 구하면 된다. 버핏은 '내재 가치를 계산하는 방식'이라 부르는 현금흐름할인법을 더 좋아하지만, 월스트리트에서는 민감도 분석 오류sensitivity analysis errors가 덜 발생하는 PER 방법을 더 많이 사용한다. 민감도 분석 오류란 수식에 사용되는 입력값이 약간 달라졌을 때 출력값(목표주가)이 크게 차이 나는 현상을 뜻한다. 남아메리카 대륙을 나는 나비의 날갯짓 때문에 북아메리카 대륙에 허리케인이 발생한다는 나비효과와 비슷한 개념이라고 할 수 있다.

버핏의 투자 방식

이제 여러분이 기다리고 기다리던 시간이 왔다. 버핏의 투자 방식은 조금 전까지 살펴본 두 가지 방식처럼 공식으로 나타낼 수 없다. 이 장 전체를 할애해도 모자랄 것이다. 하지만 그는 자신이 주식을 매수할 때 참고하는 여러 원칙을 제시해왔다. 이제부터는 그 원칙들을 살펴보면서 팁으로 정리하려고 한다.

버크셔해서웨이에서 매수를 한다면 기업 전체 또는 회사 주식의 상당 부분을 산다는 뜻일 것이다. 버핏이 수십억 달러를 투자한다는 사실은 제쳐두고 생각해보자. 그와 그의 멘토 벤저민 그레이엄은 자금이 충분하더라도 회사 전체를 살 생각이 없다면 단 한 주도 사지 말라고 했다. 그레이엄과 버핏의 기본 원칙 중 하나는 주식을 회사의 소유권과 똑같이 생각하라는 것이다. 이 이야기는 앞에서 22번째 팁으로 등장했었다. 버핏이 투자할 때 강조하는 '가격이 쌀 때 사라'라는 말도 제1장에서 7번째 팁으로 언급했었다. 하지만 이러한 팁은 거대한 빙산 같은 그의 훌륭한 투자 기술의 아주 작은 부분에 불과하다.

물론 누구나 자기만의 투자 방식이 있지만, 버핏은 읽는 행위에서 투자 아이디어를 얻을 때가 많다. 제1장 세 번째 팁으로 소개했던 '많이 배울수록 많이 얻을 수 있다'는 그의 말처럼 그는 무언가를 읽는 과정을 통해 배운다. 한 인터뷰에서 투자 아이디어를 어디에서 얻는지에 대한 질문을 받았을 때 그는 이렇게 답했다. "그저 읽습니다. 온종일 말이지요. 페트로차이나라는 회사에 5억 달러를 투자했는데 이 또한 연차보고서를 읽고 내린 결정입니다."

이 장을 좀 더 쉽게 풀어나가기 위해 버핏의 투자 방식을 크게 세 주제로 나눠 살펴보려 한다. 첫 번째 주제는 투자에 대한 버핏의 자세, 두 번째 주제는 버핏이 좋아하는 기업 유형, 마지막 주제는 매도 시기에 대한 버핏의 생각이다.

투자에 대한 버핏의 자세 배우기

어떤 분야에서나 마찬가지지만 투자에서 성공하려면 올바른 마음가짐을 가져야 한다. 신체적 문제가 아니라 정신적 문제 때문에 기량을 제대로 발휘하지 못하는 운동선수에 대한 이야기를 보고 들은 적이 있을 것이다. 예를 들면 프로야구에서 포수가 받을 수 없는 공을 계속 던지는 실수를 하던 스티브 블래스Steve Blass, 릭 앤키엘Rick Ankiel 같은 투수나 1루로 공을 던지지 못하던 스티브 색스Steve Sax, 척 노블락Chuck

Knoblauch 같은 수비수, 또는 미식축구에서 공을 골대 위로 넘기지 못했던 블레어 왈쉬Blair Walsh 같은 키커들에 대해 들어본 적이 있을 것이다. 앤키엘은 영원히 와일드 피처(공을 뜻대로 조절하지 못하는 투수—옮긴이)로 남을 뻔했다가 외야수와 타자로 괜찮은 성적을 내며 나름대로 해피 엔딩을 맞이하기는 했다.

'투자자에게 가장 중요한 덕목은 지성이 아니라 기질이다'라는 버핏의 12번째 팁을 떠올려보자. 성공하려면 올바른 마음가짐을 가져야 한다는 말과 같은 맥락이다. 이 책은 금융 문해력과 버핏에 관한 책이지만, 가장 훌륭한 자기계발 또는 동기부여 강연자인 토니 로빈스를 소개하고 싶다. 그의 저서는 판매 부수 1,000만 부를 기록했으며, 그의 강연을 들은 사람도 수백만 명에 달한다. 그의 동기부여 철학에서 핵심이 되는 내용 역시 올바른 마음가짐을 가지라는 것이다.

능력 범위를 아는 것에 집중하라

누구나 하나쯤은 '잘 아는 분야'가 있다. 스포츠일 수도 있고 음악, 패션, 비디오 게임, 휴대전화 앱일 수도 있다. 버핏은 같은 개념을 투자에 적용했다. 그는 보험, 금융, 식품, 음료, 신발, 항공 분야를 비롯한 몇몇 분야에 대해 잘 안다. 반면 그가 잘 모르는 분야도 있다. 특히 기술 산업의 변화하는 속도가 너무 빨라서 기업이 성공할 수 있을지 확신할 수 없다는 이유로 그가 기술 회사에 투자하기를 꺼린다는 사실은 잘 알려져 있다. 하지만 버크셔해서웨이는 최근 애플과 아마존닷컴에 투자했다. 이 두 회사에 투자하기로 한 사람이 버핏인지 그의 투자자산운용 관리자 토드 콤스Todd Combs와 테드 웨슐러Ted Weschler인지는 알 수 없다. 우리는 투자책임자인 두 사람이 버핏을 설득했고, 버핏이 투자 규모를 키웠으리라고 생각한다. 현재 버크셔해서웨이에서 가장 큰 규모로 투자하고 있는 기업은 애플이다.

기술 산업이 버핏의 능력 범위circle of cempetence 안에 있지는 않지만, '여러분'의 능력 범위 안에는 있을 수도 있다. 젊은 사람들은 부모 세대나 조부모 세대보다 기술 분야에 훤하다. 버핏은 자신의 능력 범위 내에서 자신이 잘 아는 분야에 집중하라고 이야기한다. 기업이 무슨 사업을 하는지, 어떤 상품을 판매하는지 이해한다면 실수를 덜 할 수 있기 때문이다.

1996년 버크셔해서웨이 주주 서한에서 버핏은 다음과 같이 썼다. "현명한 투자를 하기가 쉽다고 할 수는 없지만 복잡하지도 않습니다. 투자자는 자신이 선택한 기업을 올바르게 평가할 수 있어야 합니다. '선택'이라는 말에 주목하세요. 모든 기업 또는 많은 기업을 전문가처럼 속속들이 알 필요는 없습니다. 여러분의 능력 범위 안에 있는 회사들만 평가할 수만 있으면 됩니다. 능력 범위의 크기는 중요하지 않지만, 자신의 능력 범위가 어디까지인지는 반드시 알아야 합니다." 이 말을 팁으로 요약해보자.

능력 범위 안에서 투자하라.

인내심의 중요성

장기투자에 성공하려면 자신의 능력 범위에 머물러야 한다. 하지만 여러분의 능력 범위 안에 있는 주식이 전부 고평가돼 있는 것 같다면 어떻게 해야 할까? 이럴 때 떠올릴 수 있는 버핏의 조언이 있다. 그는 팻 피치fat pitch(타자가 쉽게 칠 수 있도록 구질 변화 없이 던진 공—옮긴이)를 기다리라고 했다.

야구나 소프트볼 용어에 익숙하지 않은 사람들을 위해 풀어 말하면 좋은 타이밍을 기다리라는 뜻이다. 버핏은 자신의 말을 설명하기 위해 명예의 전당에 오른 야구 선수 테드 윌리엄스의 일화를 이용했다. 마이크 트라웃Mike Trout, 애런 저지Aaron Judge, 브라이스 하퍼Bryce Harper도 훌륭한 선수이지만 아마도 윌리엄스는 메이저리그 야구 역사상 가장 훌륭한 타자일 것이다. 그는 1941년 타율 4할을 넘긴 마지막 메이저리그 야구 선수로 등극했다. 선수 생활이 한창일 때 전투기 조종사로 2차 세계 대전에 참전하느라 야구를 3년이나 쉬었는데도 불구하고 홈런을 521개나 치기도 했다.

1997년 버크셔해서웨이 주주 서한에서 버핏은 다음과 같이 썼다.

"그의 저서《타격의 과학》The Science of Hitting에서 윌리엄스는 스트라이크 존을 야구공만 한 크기로 77개로 나눴다고 말합니다. 그는 '최고' 구역에서만 공을 맞히면 타율을 4할로 유지할 수 있고, 스트라이크 존 가장 바깥쪽 코너에 있는 '최악' 구역에서 공을 치려 하면 타율이 2할 3푼까지 떨어진다는 것을 깨달았습니다. 다시 말해 윌리엄스는 팻 피치를 기다리면 명예의 전당으로, 방망이를 마구잡이로 휘두르면 마이너리그로 간다는 것을 안 셈이지요."

그러니 특정한 투자 상품을 당장 꼭 사야 한다고 강박을 느낄 필요는 없다. 인내심을 가지자. 그리고 적당한 가격이 될 때까지, 투자 상품이 여러분의 능력 범위 안으로 들어올 때까지 기다리자. 역시 훌륭한 조언이지만 인내심을 가지라는 열네 번째 팁과 비슷하므로 여기에서 따로 정리하지는 않겠다.

좋은 기업과 나쁜 기업 그리고 시간

버핏은 그의 멘토였던 그레이엄의 기술을 엄격하게 따른 덕분에 일찌감치 성공을 거둘 수 있었다. 그레이엄은 기업의 장기적인 전망이 낙관적이지 않더라도 싼 가격에 주식을 사기 위해 기업의 가치를 양적인 수치로 측정하는 데 집중했다. 그는 이런 회사를 '담배꽁초'cigar butt 같은 기업이라고 불렀다.

하지만 그레이엄은 투자의 세계에서 버려진 담배꽁초 같은 주식을 찾아 보유하면서 매도할 타이밍을 기다렸다. 버핏은 자신의 멘토와 달리 돈을 좀 더 들이더라도 가치가 높은 회사를 매수해야 한다고 생각했다. 주로 찰리 멍거와 성장주 투자로 잘 알려진 필립 피셔에게서 배운 접근방식이다. 그리고 그의 새로운 투자철학은 관리하는 자산의 단위가 커지면서 더 중요해졌다. 주로 '담배꽁초' 같은 주식은 소형주인 경우가 많았기 때문이다. 그럼에도 불구하고 그는 가치보다 비싸게 투자하지 않는다는 원칙 또한 고수한다.

1989년, 버크셔해서웨이 주주 서한에서 버핏은 자신의 원칙을 다음과 같이 설명했다.

"주식을 충분히 낮은 가격에 산다면 기업에 잠깐 행운이 찾아와 이윤을 꽤 남기고 매도할 기회가 올 수도 있습니다. 비록 기업의 장기적인 성과는 좋지 않더라도 말이지요. 나는 이런 접근을 '담배꽁초' 투자법이라 부릅니다. 거의 다 타서 한 모금밖에 피울 수 없는 꽁초일지 모르지만, '헐값'에 산 덕분에 여전히 이득은 볼 수 있을 것입니다. 청산 전문가가 아닌 이상 이런 식으로 주식을 사는 것은 어리석은 짓입니다. 첫째, '헐값'에 산 주식이 결국 이익을 가져다주지 못할 수도 있습니다. 사업이 어려울 때는 문제 하나가 해결되기 무섭게 다른 문제가 터집니다. 주방에 바퀴벌레 한 마리가 나타나면 보이지 않는 곳에 더 많이 숨어 있는 법이지요. 둘째, 가격에서 본 이득은 회사에서 거두는 수익이 낮으면 곧 말짱 도루묵이 됩니다. 시간은 탄탄한 기업에는 좋은 동반자이지만 부실한 기업에는 적입니다."

단기적으로는 장애물이 있더라도 좋은 회사의 주식을 가지고 있으라는 교훈을 담은 그의 마지막 말을 팁으로 남겨두자.

BUFFETT's TIP 32

시간은 탄탄한 기업에는 좋은 동반자이지만
부실한 기업에는 적이다.

이 팁에서 하려는 말을 더 자세히 설명하기 위해 버핏의 다른 말
을 인용하려고 한다. 2014년 주주 서한에서 그는 다음과 같이 적었
다. "호프 다이아몬드의 지분을 조금이나마 가진 것이 가짜 다이아몬
드 하나를 통째로 가진 것보다 낫다." 위키피디아를 찾아보거나 인공
지능 스피커에 질문하지 않아도 이해할 수 있도록 설명을 덧붙이자면
호프 다이아몬드는 세계에서 가장 크고 비싼 다이아몬드다. 청아한 푸
른빛을 띤 이 보석은 현재 워싱턴 D.C.에 있는 스미소니언박물관에
보관돼 있다.

산업의 변화에 대한 버핏의 생각

고대 철학자 헤라클레이토스가 남긴 "변하지 않는 것은 변한다는
사실 뿐이다."라는 말을 들어본 적이 있을 것이다. 투자의 세계에서도
끊임없이 변화가 일어나는데, 변화하는 속도는 산업마다 다르다. 리글
리에서 만든 껌이나 오레오 과자는 지난 100년 동안 거의 변한 것이 없

지만, 그동안 휴대전화 산업은 극적으로 변했다. 옛날에는 전화기가 단순히 멀리 있는 다른 사람과 대화하기 위한 도구에 불과했다. 요즘 스마트폰은 주머니에 넣을 수 있는 전화기 겸 슈퍼컴퓨터다. 이제는 그리 놀라울 것도 없는 산업의 변화를 어떻게 바라봐야 할지에 대해서도 버핏이 이야기한 적이 있다.

1991년 주주 서한에서 그는 다음과 같이 말했다. "미래에 발을 들여놔야 하는 투자자와 투자관리자들의 기억과 감각이 과거에 묶여 있을 때가 많습니다. 투자자와 투자관리자에게는 과거 PER이나 과거의 기업가치평가 척도를 활용하는 것이 매일 새로운 가정을 생각하는 것보다 쉽습니다. 변화 속도가 느릴 때는 예측을 자주 바꾸는 것이 바람직하지 않습니다. 소득도 없이 대응 속도만 느리게 만들 수 있으니까요. 하지만 변화 속도가 빠를 때는 과거에 세운 가정을 유지하려 들면 막대한 대가를 치러야 합니다."

이제 버핏이 왜 변화가 크지 않은 산업을 좋아하는지 이해했을 것이다. 미래를 예측하기가 힘들기 때문에 변화가 많이 일어나는 산업에는 투자하기가 쉽지 않다. 동전을 던져 어느 쪽이 나올지 예측하는 것만큼 불가능하지는 않지만, 어쨌든 미래가 불확실한 투자는 버핏의 성향에 맞지 않는다. 이러한 버핏의 생각을 팁으로 남겨두자.

변화 속도가 느릴 때는 예측을 자주 바꾸는 것이 바람직하지
않다. 소득도 거의 없이 대응 속도만 늦출 수 있기 때문이다.
하지만 변화 속도가 빠를 때는 과거에 세운 가정을
유지하려 하면 막대한 대가를 치러야 한다.

해자를 갖춘 기업이 성공한다

꾸준히 사업을 유지하기란 쉽지 않다. 영리 기업이라면 경쟁자가
언제든 여러분을 쓰러뜨리기 위해 호시탐탐 기회를 노릴 것이다. 아마
존의 제프 베이조스는 "여러분의 수익은 나의 기회."라는 유명한 말을
남겼다. 버핏은 끊임없이 수익을 내고 성장하는 기업을 '해자moat가 있
는 기업'이라고 표현한다. 해자가 있다는 말은 경쟁을 피할 수 있는 방
법을 찾았다는 뜻이다. 과거에는 성벽 바깥으로 빙 둘러 연못, 즉 해자
를 파고 악어 같은 위험한 동물을 풀어 적들이 성안으로 침입하지 못
하도록 했다. 해자로 둘러싸인 성안으로 들어가려면 도개교를 열어야
만 한다. 2005년 버크셔해서웨이 주주 서한에서 버핏은 버크셔해서웨
이의 해자를 어떻게 넓힐 것인지에 대해 이야기한 적이 있다.

"매일 셀 수 없이 다양한 이유로 버크셔해서웨이가 운영하는 사업
의 경쟁력이 낮아지기도, 강해지기도 합니다. 고객을 즐겁게 하고, 쓸
데없는 비용을 줄이고, 더 좋은 제품과 서비스를 선보이면 우리는 강해

질 수 있을 것입니다. 하지만 고객에게 무관심하고 자만하면 점점 경쟁력을 잃을 것입니다. 하루하루를 놓고 보면 우리의 행동이 어떤 결과를 불러오는지 눈으로 볼 수 없습니다. 하지만 그 행동들이 점점 쌓이면 엄청난 결과를 만들어낼 수 있습니다. 알아차릴 수 없을 정도로 아주 작은 행동들이 모여 장기적인 경쟁력이 갖춰지는 과정을 우리는 '해자 넓히기'라고 부릅니다. 앞으로 10년, 20년 후 우리가 원하는 회사를 만들어가기 위해서는 반드시 해자를 갖춰놓아야만 합니다."

버핏이 좋아하는 기업과 주식을 이야기할 때 해자라는 개념을 빼놓을 수 없는 만큼 팁으로 남겨두자.

BUFFETT's TIP 34

기업이 장기적으로 성공하려면 넓은 해자가 꼭 필요하다.

기업에서는 여러 가지 방법으로 해자를 갖출 수 있다. 그중 몇 가지는 버핏의 말에 포함돼 있다. 예를 들면 '고객을 즐겁게 한다'라는 말은 훌륭한 고객 서비스를 제공한다는 말이다. 제프 베이조스가 강조하는 철학이기도 하다. 마케팅을 잘하는 기업도 있고, 유통망이 잘 갖춰진 기업도 있다. 상품에 대해 20년까지 유지할 수 있는 특허patent 같은 법적 보호 수단을 갖춘 기업도 있다. 그런가 하면 상품과 서비스를 업계 내 경쟁자들 사이에서 가장 낮은 가격으로 공급하는 저비용 생산자low-cost producer도 있다. 버핏이 가장 좋아하는 투자 기업인 코카콜라를 예

로 들어 해자란 무엇인지 알아보자.

버핏은 해자를 갖춘 기업을 설명할 때 코카콜라를 자주 예로 든다. 탄산음료는 누구나 만들 수 있다. 탄산수에 설탕을 넣고 맛을 첨가하면 된다. 하지만 코카콜라는 지난 100여 년 동안 음료업계 최고 자리를 유지해왔다. 코카콜라의 해자는 좋은 상품뿐만 아니라 브랜드 가치와 탁월한 마케팅 그리고 탄탄한 유통망이다.

코카콜라는 전 세계 200개가 넘는 나라에 상품을 공급한다. 어딜 가나 코카콜라 로고를 몰라보는 사람은 거의 없다. 코카콜라에서 마케팅을 아주 잘해냈다는 뜻이다. 빠르게 소모할 수 있는 상품을 팔기 때문에 상품이 고객의 마음에만 들면 반복적으로 판매할 수 있다. 반면 가위나 가구 같은 물건들은 새 제품을 10년 이상 사지 않기도 한다. 코카콜라는 슈퍼마켓이나 맥도날드 같은 식당을 기반으로 한 유통망도 탄탄하게 갖추고 있다. 이제 막 시작하는 회사는 코카콜라의 이 모든 장점을 누리기가 힘들다.

최근 들어 사람들은 탄산과 설탕이 들어간 음료를 점점 덜 소비한다. 코카콜라는 그다지 개의치 않는다. 비타민 워터나 다사니Dasani 생수, 미닛메이드Minute Maid 주스, 에너지 드링크 몬스터와 인스턴트커피 회사인 큐리그Keurig도 소유하고 있기 때문이다. 여러분이 계속해서 음료를 마시는 이상 코카콜라는 끄떡없을 것이다. 또한 인구가 늘어날수록 코카콜라에 유리하다. 전 세계에서 매일 코카콜라의 새로운 고객이 탄생하고 있는 셈이다.

코카콜라에 대해 버핏은 이렇게 말한 적이 있다. "나에게 1,000억 달러를 주면서 청량음료 업계 선두 자리에서 코카콜라를 몰아내라고 한다면 나는 돈을 고스란히 돌려주고 그런 일은 일어날 수 없다고 이야기할 것입니다." 1,000억 달러로도 무너뜨릴 수 없는 해자라니 정말 어마어마하지 않은가.

지속적인 수익 창출 능력을 보여주는 기업

오르락내리락하는, 즉 호황expansion과 불황recession을 반복하는 경제 상황을 버텨보지 않은 기업은 얼마나 탄탄한지 알 수 없다. 버핏은 이를 "누가 알몸으로 수영하고 있는지 썰물이 되기 전에는 알 수 없다."라고 재미있게 표현한 적이 있다. 코카콜라와 함께 데어리퀸은 확실히 탄탄한 기업에 속하고, 크래프트하인즈도 최근 약간 삐걱거리기는 했지만 탄탄하다고 볼 수 있을 것이다. 경제가 좋든 나쁘든 사람들은 일단 먹어야 한다. 그런 면에서 가장 저렴하게 자동차보험상품을 제공하는 가이코도 단단한 회사라 할 수 있다. 우버나 리프트Lyft 같은 택시 서비스가 있기는 해도 누구에게나 자동차는 필요하기 때문이다.

경영 잘하는 기업 찾기

버크셔해서웨이의 총 직원은 40만 명에 달한다. 그런데 놀랍게도 오마하에 있는 본사에서 일하는 직원은 단 25명밖에 되지 않는다. 스눕독의 허리둘레보다 적은 인원만 가지고 어떻게 그 많은 직원을 관리하는 것일까?

그는 회사를 인수할 때 자체 경영권에는 거의 손을 대지 않는다. 그 대신 회사 자산을 어떻게 투자할지 같은 큰 그림을 그릴 때, 전문적인 용어로는 **자본 배분**capital allocation 과정 등에만 참여한다. 또 경영진이 알아서 회사 일을 처리하도록 맡길 수 있을 만큼 경영이 잘 이뤄지는 회사를 좋아한다. 최소한으로 간섭하되 무관심하지는 않은 버핏과 버크셔해서웨이의 경영 방식을 팁으로 기억하자.

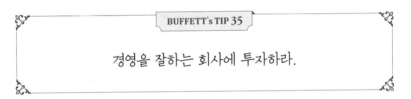

BUFFETT's TIP 35

경영을 잘하는 회사에 투자하라.

경영을 잘한다는 게 무슨 말인지 궁금할 수도 있다. 딱 잘라 설명하기는 힘들지만 경영을 잘하면 시간이 가면서 매출과 수익뿐만 아니라 산업 전체 매출에서 기업 매출이 차지하는 비율인 **시장점유율**market share 이 높아진다. 만약 주식이 상장돼 있다면, 시장 평균과 동종 업계 기업들보다 꾸준히 좋은 실적을 낼 것이다. 또 앞서 이야기했던 것처럼 전망치보다 더 큰 수익을 돌려준다. 즉, 분기별 보고서를 발표할 때마다 기대를 추월한다는 뜻이다. 최근에는 경영을 잘한 기업으로 애플, 페이스북, 마이크로소프트, 아마존, 제이피모간체이스, 구글 등을 평가할 수 있다.

　지역 번화가나 쇼핑몰에서 자주 볼 수 있는 형태인 소매업은 올바른 경영이 크게 두각을 나타내는 분야다. 버핏은 1995년 주주 서한에서 "경영을 잘하지 못하는 소매 기업을 사는 것은 엘리베이터 없는 에펠탑을 사는 것이나 마찬가지."라고 우스갯소리를 한 적이 있다. 비슷한 상품을 판매하는 경쟁자가 많은 소매 업계에서 기업의 차별화는 경영을 '어떻게' 하느냐에 달려 있다는 뜻이다. 그러나 경영을 잘하더라도 산업 자체에 침체기가 오면 어쩔 수 없다.

　슈퍼맨, 아이언맨, 아니면 여러분이 좋아하는 영웅 누구도 수익이 형편없는 기업을 구제하지 못한다. 종종 경쟁이 너무 치열해 살아남으려면 어마어마한 돈을 계속 투자해야만 하는 산업도 있다. 버핏은 항공산업을 예로 들곤 한다. 지난 100여 년 동안 항공 산업 전체의 매출은 꾸준히 증가해왔다. 그럼에도 불구하고 항공사 중 이제까지 계속 수익을 내온 회사는 몇 개 되지 않는다. 대표적으로는 사우스웨스트 항공사 정도가 수익을 내고 있다.

　버핏은 2007년 주주 서한에서 이렇게 적었다. "성장은 빠르지만 자본이 많이 들고 수익은 거의 또는 아예 내지 못하는 기업은 최악이라 할 수 있습니다. 항공사들을 떠올려보세요. 라이트 형제가 비행기를 발명했을 당시부터 이 산업에서 경쟁력을 갖추기가 힘들다는 것은 의심의 여지가 없었습니다. 당시 키티 호크Kitty Hawk(라이트 형제가 처음 비행기를 시승한 곳―옮긴이)에 선견지명이 있는 자본가가 살았더라면 후대의 자본가들을 위해 오빌 라이트를 쏴 죽였을 것입니다."

라이트 형제에 관한 농담은 가장 많이 언급되는 버핏의 말 중 하나다. 첫 번째 문장을 팁으로 남겨두자. 그는 경영과 관련해서도 팁으로 기억할 만한 명언을 남겼다. 이 말은 경영권의 한계에 관한 37번째 팁으로 남겨둔다.

BUFFETT's TIP 36

가장 나쁜 기업은 빠르게 성장하지만,
성장을 유지하기 위해 자본이 많이 들어가며
수익을 거의 또는 아예 내지 못하는 기업이다.

BUFFETT's TIP 37

평판이 훌륭한 경영인이 수익성이 나쁘기로 유명한 기업을
경영하기 위해 고군분투해봐야 남는 것은
수익성이 나쁘다는 기업의 평판뿐이다.

인플레이션을 이겨낼
힘이 있는 회사에 투자하라

인플레이션은 물가가 얼마나 상승했는지 측정하는 방법이 되기도

하고, 소득이 똑같이 유지될 때 생활 수준이 얼마나 떨어질지를 보여주기도 한다. 투자자는 기업의 수익이 오르면 기뻐한다. 하지만 인플레이션이 심각한 시기에 기업에서 상품 가격을 올리지 못한다면 수입에 타격을 입고 결국 주가에도 좋지 않은 영향을 미치게 된다.

1980년 주주 서한에서 버핏은 이렇게 말했다. "인플레이션이 심각할 때 기업들의 성과 차이는 기업에서 지속적인 가치가 있는 무형자산과 상대적으로 덜 중요한 유형자산이 갖춰진 상태로 영업할 수 있느냐에 달렸습니다. 이런 요건을 갖추면 수익은 향상됐고 벌어들인 돈은 다른 기업을 인수하는 데 요긴하게 사용될 수 있었습니다."

그의 말에는 회계적인 개념이 많이 들어가서 이해하기 어려울 수 있다. 쉽게 말해 인플레이션이 심각할 때 두 유형의 기업이 살아남거나 번영하기가 쉽다는 뜻이다. 첫 번째 유형은 무형 가치가 높거나 브랜드 가치가 높은 기업들이다. 두 번째 유형은 업계 내에서 다른 기업보다 낮은 비용으로 생산하거나 판매할 수 있는 기업들이다. 첫 번째 유형이 성공하는 이유는 단순하다. 무형자산을 갖춘 대표적인 예는 특허권으로 보호되는 상품을 판매하는 기업이다. 이런 상품은 대체품을 찾기가 힘들기 때문에 가격을 올릴 수 있다. 예를 들면 건강을 유지하기 위해 특허를 받은 약을 먹어야 하는 사람은 약값이 비싸져도 여전히 약을 살 것이다.

또 사람들은 브랜드 상품을 선호하면서 더 비싼 값을 지불한다. 예를 들면 지역 슈퍼마켓에서 파는 '이름 없는' 쿠키 대신 오레오나 칩스 어호이Chips Ahoy! Cookie 같은 브랜드 이름이 붙은 쿠키를 선택하는 경우가 많다. 버핏은 자회사인 씨즈캔디를 브랜드 가치가 높은 회사로 여긴다. 맛있는 초콜릿과 사탕을 판매하기로 유명한 씨즈캔디는 1971년 버크셔해서웨이에 인수된 후 매년 상품 가격을 올릴 수 있었다. 게다가 상품 개발을 위해 어마어마한 돈을 들이지도 않는다. 인기 있는 맛은 달라져도 초콜릿과 사탕의 인기가 식은 적은 없었기 때문이다.

또 다른 예인 가이코는 저비용으로 자동차보험을 설계하고 판매하는 기업이다. 예전부터 자동차보험회사는 주로 사무실을 네트워크 기반으로 삼아 보험을 판매했다. 사무실 임대료를 내거나 상가를 구매하다 보면 어쩔 수 없이 유지 비용이 많이 들어간다. 그래서 가이코는 사무실 유지 비용을 아끼기 위해 우편을 통해 보험을 판매했다. 최근에는 인터넷을 활용하고 있다. 이렇게 비용이 덜 드는 구조를 만든 덕분에 고객들에게 좋은 혜택을 더 싸게 제공할 수 있었다. 만약 보험료를 올려야 하더라도 자동차보험을 구매하려는 고객들에게 여전히 저렴한 비용을 제공할 수 있을 것이다. 여기서 이야기한 개념을 팁으로 남겨두자.

BUFFETT's TIP 38

인플레이션을 이길 힘이 있는 기업을 선택하라.

장기 전망이 좋은 회사에 집중하라

시간이 흐르면서 새로운 상품이나 산업이 생기기도 하고 사라지기도 한다. 자동차가 등장하기 전, 특히 기차역에서 멀리 떨어져 살던 사람들에게 버기buggy는 중요한 이동 수단이었다. 쉽게 말해 당시 버기는 말이 끄는 객차나 마찬가지였다. 지금 40세가 넘은 사람들은 아마 어릴 때 컴퓨터나 태블릿PC를 사용하기는커녕 타자기 사용하는 방법을 배웠을 것이다. 또 주머니에 넣어 항상 가지고 다닐 수 있고 자동차에 연결해 '핸즈프리'로 사용할 수 있는 스마트폰이 등장하기 전까지는 자동차에 전화기를 설치하는 것이 유행이었다.

다양한 카메라에 사용할 수 있는 필름을 개발한 코닥은 디지털카메라가 발명되기 전까지 전세계에서 가장 유명한 기업이었다. 코닥을 세계 최고로 만들어준 필름을 만들려면 플라스틱과 화학약품이 필요했다. 반면 디지털 시대에 접어들면서 플래시 메모리라고 하는 컴퓨터 칩이 필름을 대신하고 있다. 기존 필름과는 전혀 다른 개념의 물건이다. 이렇게 필름 산업은 진화했지만 코닥은 새로운 세상에 맞도록 자신들의 핵심 제품을 효과적으로 진화시키기 못했다. 한때 전 세계적으로 이름을 날렸던 코닥은 결국 2012년에 파산하고 말았다.

20세기 초중반, 하버드의 경제학자였던 조지프 슘페터Joseph Schumpeter는 특정 산업이 기존 산업을 대체하거나 파괴하는 현상을 가리켜 **창조적 파괴**creative destruction라고 불렀다. 보통 새로운 상품이나 서비스를 만드는 기업은 이득을 본다. 소비자 또한 이득을 본다. 하지만 기존 상품이나 서비스에 의존하던 기업은 손해를 보거나 치명적으로 손해를 입기도 한다.

예를 들어 아주 섬세한 재고 관리 전산 시스템을 바탕으로 커다란 매장에서 상품을 싸게 판매하는 월마트의 사업 모델business model은 1980년부터 2000년까지 시어스나 K마트 같은 소매 기업에 부정적인 영향을 미쳤다. 시어스와 K마트는 합병까지 했으나 2018년 파산 신청을 하고 말았다.

폭넓은 상품을 온라인으로 저렴하게 판매하는 아마존의 사업 모델은 1990년 중반에서 말까지 월마트뿐만 아니라 거의 모든 소매상점에 부정적인 영향을 미쳤다. 소매업의 종말retail apocalypse은 수많은 기업이 아마존이나 월마트에 대항하지 못하고 파산하는 현상을 설명하는 용어다. 이렇게 문을 닫은 기업 중에는 토이저러스Toys "R" US, 포에버21Forever 21, 페이리스슈소스Payless ShoeSource, 프레즈Fred's, 바니스뉴욕Barneys New York, 짐보리Gymboree, 클레어스토어Claire's Stores, 라디오색RadioShack, HH 그렉HH. Gregg 등이 있다. 코로나19 팬데믹의 여파로 수많은 소매상점이 문을 닫으며 소매업의 종말은 한층 더 가까워졌다.

하버드의 경제학자였던 클레이튼 크리스텐슨Clayton Christensen은 슘페터의 이론을 최근 빠르게 진화하고 있는 기술 산업에 적용했다. 크리스텐슨은 성능이 더 뛰어나거나, 더 빠르거나, 더 싼 제품 또는 서비스를 가진 기업이 기존에 시장을 선도하던 기업을 앞지르는 현상을 파괴적 기술disruptive technology 또는 파괴적 혁신disruptive innovation이라는 용어로 설명했다. 대표적인 예로 앞장서서 전기차를 개발함으로써 지난

100년 이상 운영돼온 포드나 GM을 시가총액에서 앞지른 테슬라가 있다.

여러분은 기업이 부정적이거나 파괴적인 영향을 받도록 정부에서 내버려두는 이유가 궁금할 것이다. 보통 정부는 상품 가격이 저렴해지고 선택권이 많아지면 소비자에게 이득이므로 이런 현상을 내버려둔다. 전 세계 대부분의 국가는 **자본주의**capitalism 경제 체제를 선택하고 있다. 자본주의는 개인이 자원을 소유하고 이익을 추구하는 것을 기본으로 하는 이념 또는 믿음이다. 자연에서 흔히 볼 수 있는 현상을 설명하는 찰스 다윈의 **적자생존**survival of the fittest 이론과 비슷하다. 최근 기업들 사이에서는 이윤 추구에만 치중하지 않고 **환경, 사회, 지배구조**Environment, Social, Governance, ESG 경영 요소를 더해 사업 목표를 세우려는 움직임이 일고 있다.

따라서 기업과 산업은 미래에 마주하게 될 변화를 신중하게 받아들일 수 있어야 한다. 당연히 버핏 역시 이 주제에 대해 한마디를 남겼다. 1987년 주주 서한에서 그는 다음과 같이 썼다.

"변화와 훌륭한 수익은 서로 사이가 좋지 않습니다. 하지만 둘 사이가 좋다고 생각하는 투자자가 많습니다. 이들은 혁신적인 변화를 약속하는 생소한 기업에 어마어마한 주당 수익률을 기대합니다. 이런 전망은 투자자들이 기업의 현실을 보지 않고 미래의 수익성에 환상을 가지도록 만듭니다."

훌륭한 수익을 거둘 확률이 높은 기업은 어떤 기업일까? 한 인터뷰에서 버핏은 이렇게 답했다. "나는 앞으로 10년, 15년, 20년 후 어떤 모습일지 예측할 수 있는 기업을 찾습니다. 이 말은 지금 하는 것과 비슷한 사업을 하면서 덩치를 키워 세계 시장으로 뻗어나갈 수 있는 회사에 투자한다는 뜻입니다. 그래서 나는 변하지 않을 기업에 집중합니다. 변화를 통해 돈을 많이 벌 수 있다고 생각하지 않는 것이 아니라, 그저 그런 산업에서 돈을 많이 벌 수 있는 사람이 나는 아니라고 생각하기 때문입니다." 이 말의 첫 번째 문장을 팁으로 기억하자.

BUFFETT's TIP 39

앞으로 10~20년 후 어떤 모습일지 예측할 수 있는
기업을 찾으라.

언제 팔아야 하나

아마도 여러분은 지금까지 투자와 관련해 어떤 주식을 사야 하는지에 집중하는 글들을 읽었을 것이다. 언제 팔지를 알려주는 글은 거의 없다. 당연히 버핏은 이 주제에 관해서도 언급한 적이 있다. 투자자 중에는 이득을 보면 팔라고 하는 사람들이 있다. 버핏은 이런 의견에 반대하며 다음과 같이 말했다. "월스트리트에서 전해지는 투자 격언 중에서 가장 바보 같은 말은 '익절하면 망할 일이 없다'일 것입니다." 그는 탄탄한 기업에 투자했다면 특히 주가가 올랐다고 해서 팔아치우지 말라고 이야기한다.

1987년 주주 서한에서 그는 자신의 의견을 자세히 설명했다. "우리는 충분히 오래 가지고 있었다거나 이득을 봤다고 해서 주식을 팔지 않는다는 것을 강조해야 합니다. 기업이 가진 자본과 비교해 예상 수익률이 괜찮고 경쟁력까지 갖춰 정직하게 운영될 뿐만 아니라 시장에서 과대평가되지 않은 기업이라면 언제까지나 주식을 가지고 있을 것입니다." 이 말도 팁으로 요약해보자.

BUFFETT's TIP 40

주가가 올랐거나 오랫동안 가지고 있었다고 느낄 때
주식을 팔지 말고 기업의 기반이 흔들릴 때 팔라.

디지털 사진이 인기를 끌면서 코닥이라는 기업의 기반은 흔들렸다. 월마트가 처음 생기면서 대응책을 마련해야 했을 때 시어스와 K마트의 기반이 흔들렸고, 이들은 지금도 아마존닷컴과 다른 온라인 경쟁자들의 위협에 맞서야 한다. 버핏의 표현에 따르면 코닥, 시어스, K마트는 자신의 해자를 잃은 셈이다. 버핏은 더 큰 이익을 볼 수 있는 투자를 위해 자금을 조달할 때는 주식을 팔기도 한다. 예를 들면 2017년 IBM 주식을 팔아 마련한 자금으로 애플의 주식을 추가 매입했다. 버크셔해서웨이는 당시 큰 이득을 남길 수 있었다.

버핏의 투자 방식 요약

이번 장에서 살펴본 내용이 많기는 하지만, 버핏의 투자 방식에서 핵심 내용이므로 부를 쌓으려면 반드시 알아둬야 한다. 기억할 내용이 너무 많아 보이지만 걱정하지 말자. 버핏의 전반적인 투자 방식을 한 줄로 요약한 팁 몇 가지를 알려주고자 한다. 1978년 주주 서한에서 그는 이렇게 말했다. "우리가 이해할 수 있고, 장기적 전망이 밝으며, 정직하고 유능한 사람들이 운영하고, 가격 또한 매력적인 사업을 찾으면 보험회사 순자산의 상당 비율을 해당 주식에 투자하려고 합니다."

1994년 주주 서한에서도 비슷한 이야기를 간단하게 언급한 적이 있다. "정직한 사람들이 운영하는 긍정적인 재무 상태의 기업을 합리적인 가격에 매수하는 공식을 따르면 우리는 확실히 성공할 수 있다고 믿습니다." 중요한 팁 두 가지를 요약하며 이번 장을 마무리 지어보자.

> **BUFFETT's TIP 41**
>
> 재무 상태가 안정적이면서 정직하고 능력 있는 사람들이
> 운영하는 회사를 합리적인 가격에 사면 확실히 성공할 수 있다.

찰리 멍거는 앞서 이야기한 것처럼 버핏에게 괜찮은 회사가 아니라 좋은 회사를 사야 하는 이유를 설득했다. 1997년 주주 서한에서 버핏은 이렇게 적었다. "찰리는 이미 50년도 더 된 시점에 제게 훌륭한 회사를 괜찮은 가격에 사는 게 그저 그런 회사를 싼 가격에 사는 것보다 훨

씬 낫다고 말했습니다."

훌륭한 회사를 괜찮은 가격에 사는 게 그저 그런 회사를
싼 가격에 사는 것보다 훨씬 낫다.

_ 찰리 멍거

"회계 보고서의 숫자들은 기업이 말하는 방식이며
기업의 가치를 평가하고 성장을 지켜보려는 사람들에게 큰 도움을 준다."

_워런 버핏, 1986년 버크셔해서웨이 주주 서한

제7장

버핏처럼 재무제표 보는 법

학생들은 성적표를 받는다. 이를 통해 한 학기 동안 학급에서 어떤 성과를 거뒀는지 측정한 결과를 확인할 수 있다. 사업의 세계에서 기업들도 재무제표라는 성적표를 받는다. 금융 문해력을 갖추려면 기업이 받는 성적표를 읽을 줄 알아야 한다. 재무제표에는 기업이 어떤 활동을 하고 있고 얼마나 실적을 거뒀는지 보여주는 통계가 실린다. 여러분도 훗날 사업을 하게 된다면 '여러분의' 투자자들에게 보여줘야 하는 내용이니 더욱더 꼼꼼하게 알아두도록 하자.

회계는 기업의 언어다

회계와 재무제표에 대해 제대로 배워두면 충분히 값어치를 할 것이다. 금융에 관한 조언을 해달라는 10대 학생에게 버핏은 "가능한 한 회계 수업을 모조리 들으세요."라고 답했다고 한다. 1986년 주주 서한에서 그는 기업 회계를 사업상 언어라고 표현했다. 또한 그와 자신의 사업 파트너인 찰리 멍거는 회계 장부를 바탕으로 기업을 평가한다고 이야기했다. 그의 말을 그대로 옮기면 다음과 같다.

"회계 장부의 숫자들은 당연히 기업이 말하는 방식이며 기업의 가치와 성장을 평가하는 데 도움이 많이 됩니다. 회계 장부가 없다면 찰리와 나는 갈 길을 잃을 것입니다. 우리 회사와 다른 기업들을 평가할 때 언제나 회계 장부를 가장 먼저 봅니다. 하지만 기업가와 경영진들이 기억해야 할 사실이 있습니다. 회계 장부는 사업가로서 판단을 내리는 데 도움을 줄 뿐입니다. 판단을 대체할 수는 없어요." 이 말을 팁으로 요약해보자.

BUFFETT's TIP 43

가능한 한 회계 수업을 모조리 들으라.
기업은 회계 장부로 말한다.

기업은 영리 기업과 비영리 기업, 두 유형으로 나뉜다. 정부, 자선단체, 학교 및 종교단체는 대부분 비영리 기업이다. 학교가 학생들을 교육하는 것이 목적이듯 이들의 목적은 돈을 버는 것이 아니다. 하지만 비영리 기업이라고 해도 전혀 수익을 내지 않는다고 할 수는 없다. 만약 비영리 기업에서 수익이 나면 재단에 재투자된다.

버핏에 대한 이야기에서 빼놓을 수 없는 것이 자선단체다. 그가 돈을 버는 궁극적인 이유와도 관련이 있으므로 이에 관해서는 책의 뒤쪽에서 설명할 예정이다. 우선 지금은 수익을 목적으로 하는 기업들에 관해 이야기해보자. 애플, 메타 플랫폼스, 디즈니 그리고 당연히 버크셔 해서웨이도 영리 기업이다. 영리 기업과 비영리 기업 모두 재무제표를 발행한다. 그중에서 수익을 좇는 기업의 재무제표를 보면 회계 감각을 익히는 데 훨씬 도움이 될 것이다.

기업에서는 제품이나 서비스 등을 판다. 머릿속으로 그려보기 쉽게 제품을 판매하는 회사로 시작해보자. 버핏이 처음 벌인 사업은 할아버지의 슈퍼마켓에서 껌을 사서 친구들과 이웃들에게 더 높은 가격에 파는 사업이었다. 제1장에서 언급했듯 제품이 팔리는 가격과 판매에 들어가는 모든 비용의 차액을 수익 또는 이익이라고 한다. 제품을 만드는 데 들어가는 비용보다 판매가격이 낮아서 재무제표상에 마이너스를 기록한다면 기업에서 손실loss을 본다는 뜻이다. 즉, 재무제표를 보면 수익과 손실 그리고 기업의 현재 재정 상황을 알 수 있다.

기업의 분기별 성적표, 손익계산서

기업에서는 대부분 분기별로 3월 말, 6월 말, 9월 말, 12월 말에 재무제표를 발행한다. 분기별 재무제표 또는 분기별 사업 보고서quarterly report가 모여 연간 재무제표 또는 연차보고서annual report가 된다. 보고서에는 재무제표 외에도 여러 정보가 포함된다. 우리가 이제껏 인용해온 버핏의 주주 서한도 보고서에 포함된다. 하지만 여기서는 재무적 정보를 담지 않은 내용은 잠시 제쳐두기로 하자. 미국 금융 시장은 증권거래위원회Securities and Exchange Commission, SEC에서 관리한다. 증권거래소에 상장된 회사들은 이러한 보고서를 증권거래위원회에 제출해야 한다. 증권거래위원회에서는 분기별 보고서를 10-Q, 연차보고서는 10-K라 부른다.

기업 대부분의 연차보고서는 1월 1일부터 12월 31일까지 역년calendar year(달력상 연도―옮긴이)을 기준으로 하지만 예외도 있다. 재무제표를 계산할 때 사용되는 연도를 회계연도fiscal year라고 한다. 보통은 역년과 회계연도가 일치한다. 하지만 보통 대학의 재무제표는 그렇지 않다. 대학의 회계연도는 학사 연도에 따라 7월 1일부터 6월 1일까지다.

재무제표는 기업을 운영하는 경영진이 발행하는데, 회계사의 감사audit를 받아야 한다. 감사란 장부상 숫자가 정확한지, 규정에 맞게 준비됐는지 확인하는 과정이다. 증권거래소에 상장된 기업에 적용되는 규정을 일반기업회계기준Generally Accepted Accounting Principles, GAAP이라 부른다. 국제적인 기업에는 국제회계기준International Financial Reporting Standards, IFRS이라는 약간 다른 규정을 적용한다. 법적으로 회계 감사를 할 수 있는 회계사는 정해져 있다. 이런 전문 회계사를 가리켜 공인회계사Certified Public Accountants(이하 CPA)라고 부른다. CPA가 되기 위해서는 여러 시험을 통과해야 하며 회계 관련 대학 수업도 규정 학점 이상 들어야 한다.

회계 법인은 수천 개가 있지만, 증권거래소에 상장된 대기업의 감사를 맡는 대형 회계 법인은 네 곳이다. 업계에서는 이들을 빅 4Big four라고 부른다. 헷갈리지 않도록 빅 4에 속하는 법인의 이름을 밝혀두자면 딜로이트Deloitte, 언스트앤영Ernst & Young, KPMG, 프라이스워터하우스쿠퍼스PwC다.

애플의 손익계산서에서 알 수 있는 것

우리가 낱낱이 살펴볼 첫 번째 재무제표는 손익계산서income statement 라 부른다. 손익계산서에서는 특정 기간 동안 기업의 수익 또는 손실을 측정한다. 수익profit과 손실을 나타내는 표라고 해서 P&L이라고 부르기도 한다. 손익계산서는 보통 분기 또는 1년 동안 기업의 실적을 나타내는 성적표다. 전 세계 기업 중 시가총액이 높고 수익성이 좋으면서 창의적인 기업인 애플의 2019 회계연도의 손익계산서를 요약해 살펴보자(221쪽). 회계학 학위가 없는 사람도 이해할 수 있을 것이다.

매출을 의미하는 탑라인top line부터 살펴보자. 매출은 반품, 할인 및 기타 수당이 계산에 들어가는 경우 매출sales 또 순매출net sales이라고 불리기도 한다. 누구나 한 번쯤 특별한 날에 받은 선물 중 마음에 들지 않는 것을 환불받아본 적이 있을 것이다. 여러분은 신경 쓰지 않았겠지만 물건을 판매한 기업에서는 자신들이 환불해준 내역을 포함해 순매출을 계산했을 것이다.

애플의 경우에는 제품과 서비스를 판매한 금액이 매출이다. 대부분의 매출은 애플의 유명 제품 아이폰을 판 돈이지만 아이맥이나 아이튠즈 음원, 아이패드, 앱, 비츠 헤드폰 같은 다른 제품이나 서비스를 팔아 번 돈도 포함된다. 애플은 2019 회계연도 동안 2,676억 8,000달러라는 어마어마한 매출 실적을 거뒀다. 작은 국가 전체에서 거둔 매출을 다 합친 것보다도 큰 액수다.

사업을 할 때 가장 비용이 많이 드는 두 가지 영역을 살펴보자. 첫

애플 손익계산서(요약본)

2019 회계연도	(십억 달러)
매출	**267.68**
비용: 매출원가	**166.10**
매출총이익	101.58
비용: 판매관리비	**35.43**
영업이익	66.15
수익: 기타	1.60
비용: 소득세(15.08%)	**10.22**
당기순이익	57.53

번째는 아이폰 같은 상품을 생산하는 데 드는 비용이다. 회계사들이 주로 쓰는 공식 용어로는 매출원가Cost of Good Sold, COGS라고 한다. 애플의 2019년도 매출원가는 1,661억 달러였다. 회계사들은 재무제표의 어떤 항목을 더하고 뺄지 잘 알지만, 여러분이 알아보기 더 편하도록 쉽게 풀어 설명하겠다. 항목 옆에 '비용'이 붙으면 위의 숫자에서 그 액수만큼을 빼야 한다는 뜻이다. 글자 아래 밑줄을 넣을 때도 있다. 회계용어로는 이를 회계용 밑줄이라고 부른다. 우리의 요약 버전 애플 손익계산서에서는 '비용: 매출원가'라는 항목이 보일 것이다. 순매출에서 매출원가를 뺀 액수가 매출총이익gross profit이다.

아이폰을 계속 예로 들어보자. 애플에서 아이폰 하나를 만드는 데 500달러 들여서 1,000달러에 팔면 한 대당 500달러를 벌 수 있다. 충분한 수익일까? 그럴 수도 있지만, 정확하게 대답하려면 애플의 장부를 삼성이나 알파벳(구글의 모회사) 같은 경쟁 회사의 장부와 비교해야 할 것이다. 또한 애플의 현재 통계를 지난 연도의 통계와도 비교해야 한다. 아이폰 한 대당 매출총이익이 올랐다면 회사가 점점 탄탄해지고 있다는 뜻이다. 버핏의 표현을 빌리면 해자를 넓히는 중이라 봐도 좋을 것이다. 전투력이 점점 강해진다는 뜻이다.

애널리스트들은 주가가 합리적인지 아닌지 결정하기 위해 다른 방법을 사용하기도 한다. 매출총이익 같은 특정 항목을 매출로 나누는 방법이다. 재무제표상 변수를 다른 변수로 나누는 재무비율financial ratio은 백분율로 표시돼 기업끼리 비교하거나 해당 기업의 시기별 성과를 비교하기 쉽게 해준다. 우리 예시에서 만약 애플이 삼성보다 매출총이익률gross margin ratio이라고 알려진 매출총이익 대비 순매출액이 높았다면 재무제표의 이 부문에서는 애플이 삼성보다 더 좋은 점수를 받게 될 것이다. 재무제표를 백분율화common sizing 한다는 말은 손익계산서의 항목을 매출액으로 나눠 매출에 대한 해당 항목의 비율을 계산한다는 뜻이다. 또는 다음 섹션에서 다루게 될 대차대조표의 항목을 총자산으로 나누는 작업 역시 백분율화라 할 수 있다.

하지만 애플에서 지출하는 비용은 생산비 말고도 더 있다. 회사를 위해 대가 없이 몸 바쳐 일할 사람은 없지 않겠는가? 만약 그런 사람이 있다고 해도 오래가지 못할 것이다. 그리고 쇼핑몰 안에 매장을 낼 때 드는 임대료rent 또는 임대차 비용lease obligation 같은 비용도 지출해야 한다. 또 새 상품을 개발할 비용도 떼어놔야 한다. 여러분이 사랑하는 아이폰, 아이패드, 애플워치는 불과 몇십 년 전에는 누군가의 상상에 불과했다. 새로운 상품이나 서비스를 개발하기 위해 떼어놓은 연구 및 개발research and development, R&D 비용은 R&D 부서에서 쓰인다. 이런 비용을 모두 통틀어 간접비overhead또는 공식적인 회계용어로는 판매관리비selling, general & administrative, SG&A 또는 줄여서 '판관비'라고 부른다. 앞서 이야기했던 사업 운영 비용 중 두 번째로 큰 부분을 차지하는 비용이 바로 판관비다.

애플의 2019년도 판관비는 354억 3,000달러였다. 다시 한번 말하지만, 이 액수가 '충분한지' 알려면 액수와 비율, 즉 매출에 대한 비율을 경쟁사 통계 및 애플의 과거 통계와 비교해봐야 한다. 매출총이익에서 판관비를 뺀 것을 영업이익operating income이라고 한다. 영업이익은 세금과 잠시 뒤에 설명할 다른 항목 하나를 계산에 넣기 전 이익이다. 회계사들은 영업이익 대신 이자 및 세전이익earning before interest and taxes, EBIT이라는 좀 더 복잡한 전문 용어를 쓰기도 한다. 우리는 그냥 영업이익이라는 용어만 사용하려고 한다. 영업이익은 사업을 하면서 정부에 내야 할 세금과 채권자에게 줄 이자를 빼기 전의 정상적인 영업활동으로 거둔 수익을 말한다.

이제 손익계산서의 거의 맨 마지막 줄까지 왔으니 공부할 내용을 거의 다 살펴본 셈이다. 손익계산서에 보면 '기타' 항목이 있다. 이 항목에는 일상적이지 않은 모든 수익과 비용이 포함된다. 지출일 수도 있고, 사업상 분쟁 때문에 각종 소송lawsuit에서 이겨 받은 보상금이 될 수도 있다. 투자를 통해 거둔 이자수익interest income일 수도 있고, 회사에서 대출을 받았거나 채권을 발행했을 때 내는 이자비용interest expense일 수도 있다. 2019 회계연도에 애플의 현금보유액과 투자액은 2,000억 달러로 엄청났고, 이자수익이 다른 지출보다 높았던 덕분에 2019 회계연도의 '기타' 항목은 16억 달러를 기록했다.

제1장에서 '세금'이라는 무시무시한 용어를 살펴본 적이 있었다. 세금은 기업에서 정부에 대는 자금이라고 할 수 있다. 정치인에게 주는 월급부터 이보다 더 중요하다고 할 수 있는 국방비, 고속도로망 유지비, 경찰청과 소방청 유지비 등에도 세금이 아주 다양하게 쓰인다. 기업에서는 수익을 내는 이상 세금을 피할 방법은 없다.

세율tax rate은 우리의 수입에서 정부에 내야 할 돈을 백분율로 표현한 것이다. 그러니까 여러분이 1,000달러를 벌고 100달러를 정부에 세금으로 내야 한다면, 1,000을 100으로 나눠 세율은 10퍼센트가 된다. 세금은 워싱턴 D.C. 같은 연방 정부에 내는 세금과 뉴욕주 같은 주정부에 내는 세금이 있다. 간혹 뉴욕시 같은 지방 정부에 세금을 내기도 한다. 더 자세하게 소개하면 여러분이 지루해할 게 뻔하니 통틀어 세금tax이라고 부르자.

기업에서는 세금을 얼마나 낼까? 세금을 얼마나 내야 하는지 구체적인 정보를 제공하기 위해 정부에서 만든 세액표tax table 또는 세율표tax schedule라고 부르는 표가 있다. 세금을 담당하는 연방 정부의 부서는 국세청Internal Revenue Service, IRS이다. 세금은 기업 또는 개인의 소득에 따라 여러 구간 또는 과세 구간tax brackets으로 나뉜다. 일반적으로 돈을 많이 벌면 세율도 높아지는데, 이를 누진세율progressive tax rates이라고 부른다. 과세 구간은 주에 따라, 국가에 따라 다르다. 버뮤다처럼 소득세가 없거나 세율이 아주 낮은 지역이나 국가도 있다. 애플은 전 세계 여러 나라에서 제품을 판매하며, 2019 회계연도의 전체 세율은 15퍼센트보다 약간 높았던 것으로 알려져 있다. 금액으로 따지면 102억 2,000만 달러라는 어마어마한 액수다. 세금을 이만큼이나 내다 보니 각국 정부에서는 애플을 대환영할 수밖에 없다.

영업이익에 기타 수입을 더하고 소득세를 빼면 마침내 순이익net income을 구할 수 있다. 금융 업계에서 일하는 사람들이나 회계사들은 순이익을 '바텀라인'bottom line이라고 부르기도 한다. 애플의 2019 회계연도 순이익은 575억 3,000만 달러였다. 성적을 매긴다면 A+를 줄 만큼 정말 훌륭한 성과다.

버핏은 특히 경기 민감 기업cyclical firms이나 경기 주기마다 수익이 크게 차이 나는 기업에서 1년 동안 얼마를 벌었는지는 그다지 의미가 없다고 이야기한다. 보통 5년을 뜻하는 경기 순환 주기 동안 기업에서 거둔 재정 수익에 대한 분석을 표준화된 이익normalized earnings이라고 한다. 1983년 버크셔해서웨이 주주 서한에서 버핏은 다음과 같이 적었다. "우리는 1년 동안의 통계를 진지하게 받아들이지 않습니다. 행성이 태양을 도는 데 필요한 시간과 기업에서 수익을 거두는 데 필요한 시간이 정확히 일치할 이유가 없지 않은가요? 우리는 기업 성과를 파악하려면 적어도 5년 이상의 통계를 살펴보라고 추천합니다."

1998년 버크셔해서웨이 주주 서한에서 그는 사업을 길게 보라는 뜻으로 다음과 같이 이야기하기도 했다.

"여러분 각자에게 간단한 임무를 드리겠습니다. 여러분이 소유권 전체를 가진 것처럼, 본인과 가족이 가지고 있거나 앞으로도 가지고 있

을 세상에 유일한 자산인 것처럼, 100년 동안 팔거나 합병하지 않을 것
처럼 사업을 하세요."

이 말을 팁으로 정리한 다음 재무제표에서 두 번째로 중요한 대차대
조표balance sheet에 관해 이야기해보자. 대차대조표는 특정한 시점에 기
업의 재무 상황을 보여준다.

BUFFETT's TIP 44

기업 회계 장부의 1년 통계를 너무 진지하게 받아들일
필요 없다. 기업을 분석할 때는 5년 이상의 수치에 집중하자.

회사 설립 이후 중요한 순간에 남기는
기념사진, 대차대조표

요즘은 셀피selfie를 찍어 인스타그램, 스냅, 페이스북 같은 사이트에
올리는 것을 좋아하는 사람이 많다. 기업에서도 그와 비슷한 셀피를 찍
는다. 바로 대차대조표다. 대차대조표는 특정한 시점에 기업이 어떤 상
태인지를 포착하는 사진 또는 스냅샷이라 할 수 있다. 손익계산표처럼
대차대조표도 기업의 경영진이 발행하며 매년 외부 CPA의 감사를 받
는다. 대차대조표라는 이름 대신 **재무상태표**statement of financial position 또
는 **재정상태표**statement of financial condition라고 부르기도 한다. 우리는 보통

가장 자주 쓰이면서 언제나 균형balance이 맞아야 하는 특징을 잘 드러내는 대차대조표라는 용어만 사용하려고 한다. 중요한 사항이니 꼭 기억해두자. 그리고 균형을 이룬다는 말이 무슨 뜻인지는 잠시 뒤 설명할 것이다.

대차대조표를 보면 기업이 설립된 이후부터 지금까지 어떤 과정을 거쳐 지금의 모습을 갖추게 됐는지 알 수 있다. 또한 기업이 어떻게 시작됐는지부터 손익계산서의 결과들을 전부 보여준다. 학교를 입학할 때부터 받은 점수를 전부 모아 보여주는 표라고 생각하면 좋을 것이다. 보통 대학교나 고등학교에서는 학생들이 받은 점수의 평균을 누적 점수 평균 또는 간단하게 GPAGrade point average라고 부른다. 대학에서 GPA는 4점을 만점으로 계산한다. 그러니까 4.0점짜리 GPA는 학교를 입학한 후 모든 과목에서 A를 받았다는 뜻이다. 상상만 해도 기분이 좋은 점수다.

여기까지 배운 내용을 적용해 버핏의 회사인 버크셔해서웨이의 2019년 12월 31일 대차대조표를 살펴보자. 버크셔해서웨이의 역년과 회계연도는 매년 1월부터 12월까지로 같다. 손익계산서와는 다르게 대차대조표는 왼쪽과 오른쪽이 서로 다른 정보를 나타낸다. 여러분에게는 이런 정렬이 낯설 수도 있겠지만 아주 오래전부터 사용돼온 방식이다. 무려 13세기에도 이 방식이 사용됐다고 한다. 역사가 깃든 전통인 셈이다.

먼 옛날 피렌체의 상인이었던 아마티노 마누치Amatino Manucci가 대차대조표라는 개념을 발전시켰다. 대차대조표를 양쪽으로 나눠 채워 넣

버크셔해서웨이 대차대조표(요약본)

2019년 12월 31일까지				(억 달러)
유동자산		**유동부채**		
현금 및 단기 투자	1,279.97	매입채무	364.37	
매출채권	533.62			
재고	198.52	**장기 채무**		
		장기차입금	994.25	
장기자산				
유형자산	1,802.82	기타 채무	2,570.76	
장기투자	2,846.74	**주주지분**	4,247.91	
기타	1,515.62			
총자산	8,177.29	**부채총액 및 주주지분 합계**	8,177.29	

는 방식은 복식 부기 방식double-entry form of bookkeeping이라고 부른다. 대차
대조표의 한쪽이 무언가로부터 영향을 받으면 대부분 다른 쪽도 영향
을 받게 돼 있다. 이제부터는 '양쪽'이 무엇을 의미하는지 살펴보자.

대차대조표의 왼쪽에는 회계용어로 **자산**asset 또는 **총자산**total asset을
적는다. 자산은 기업이 소유한 모든 것이라고 할 수 있다. 현금과 건물,
대지, 제품 등이 모두 여기에 포함된다. 대차대조표의 오른쪽은 그 모
든 것들의 주인이 누구인지 말해준다. 기업이 은행이나 개인으로부터
돈을 빌렸다면 그 내용이 들어가고, 주주라 부르는 기업의 소유주가 포
함되기도 한다. 왼쪽의 숫자를 다 더한 숫자와 오른쪽의 숫자를 다 더
한 숫자는 같아야 한다. 예외는 없다. 만약 두 숫자가 같지 않다면 대차
대조표 만들기라는 시험에서 낙제를 한 것이나 다름없다. 그런 경우는

생각조차 하지 말자.

다시 본론으로 돌아가서 버크셔해서웨이 대차대조표의 요약본을 살펴보자. 오른쪽과 왼쪽으로 나뉘어 있어서 손익계산서보다 복잡해 보일 것이다. 앞에서 배웠듯 총자산을 뜻하는 왼쪽부터 우선 살펴보자. 총자산은 유동자산과 장기자산이라는 두 부분으로 구성된다. 유동자산 current assets은 1년(365일) 안에 현금화할 수 있는 현금 또는 재화다. 장기 자산long-term assets은 가치는 있지만 1년 안에 현금으로 바꾸기 힘든 재화다. 버크셔해서웨이의 사업, 정확히 말하면 '사업들'을 조금 자세히 들여다보기로 하자.

유동자산

유동자산 아래에 딸린 항목이 세 개 있다. 현금 및 단기투자cash and short-term investments, 매출채권accounts receivable 그리고 재고inventory다. 현금 이 무엇인지는 설명할 필요가 없을 것 같다. 여러분의 지갑과 현금 출납기, 당좌예금계좌에 들어 있는 현금과 똑같은 현금이다. 현금은 안전 하다. 스테픈 커리가 자유투를 넣을 때만큼 마음 놓고 의지할 수 있는 자산이다.

금융 업계에서는 '현금이 왕'이라는 유명한 말이 있다. 이 말은 여러 분이 현금 부자라면 경기 침체 같은 시기에 힘이 막강해진다는 의미다. 단기투자는 1년 안에 만료 또는 만기가 되는 미국 단기국채나 신용 등급이 튼튼한 기업이 발행하는 단기 기업어음commercial paper을 뜻한다. 이런 자산은 거의 언제나 안전하다고 여겨진다.

유동자산 아래 다음 항목은 매출채권이다. 낯선 단어이고 무슨 뜻인지 모르겠다고 생각하겠지만, 알고 보면 여러분도 잘 아는 내용이다. 매출채권은 순외상매출금net receivable이라고도 부른다. 신용카드 매출처럼 신용으로 판매해 발생한 매출을 뜻한다. 데어리퀸에서 여러분이 가장 좋아하는 맛의 아이스크림을 주문했다고 생각해보자. 아이스크림 값을 신용카드로 냈다고 치면 비자, 마스터카드, 디스커버, 아메리칸익스프레스 같은 신용카드 회사들이 데어리퀸 또는 버크셔해서웨이에 현금을 전달하는 데까지는 한 달 조금 안 되는 시간이 필요하다. 하지만 일반적으로 회사가 파산하지만 않는다면 아주 안전한 자산이다. 버크셔해서웨이에서는 절대 일어나지 않을 일이기도 하다.

유동자산에 속하는 마지막 항목은 재고다. 재고는 회사에서 고객들에게 판매하기 전 가지고 있는 모든 것으로 생각하면 이해하기 쉽다. 예를 들어 버크셔해서웨이라면 데어리퀸 매장에 보관된 아이스크림이나 벤저민 무어 매장에 있는 페인트 통을 비롯해 여러 가지 상품들이 재고다. 재고는 원자재 또는 작업 중인 자재도 될 수 있지만, 완성해놓고 아직 팔지 못한 제품으로 생각하는 쪽이 편하다. 즉, 1년 안에 팔리거나 가치가 생기리라고 생각되는 자산이다.

장기자산

대차대조표 왼쪽의 좀 더 아래로 내려가면 장기자산이라는 항목이 보인다. 장기자산이란 지속적인 가치가 있는 기업 소유의 자산을 뜻한다. 이 항목에 속하는 자산은 1년 안에 현금으로 바꾸기 힘들다. 유형자산property, plant & equipment, PP&E은 이름만 봐도 어떤 자산인지 알 수 있다. 우선 회사가 가진 땅이 여기에 포함된다. 버크셔해서웨이도 땅을 많이 가졌는데, 아마 대부분 BNSF 철도회사에 속한 땅일 것이다. 2010년 버크셔해서웨이는 265억 달러(약 32조 원)를 주고 이 철도회사를 샀다. 철도 사업에 해자가 존재하는 이유는 추측하기 쉽다. 미국에서 새로운 철도를 놓는 경우는 거의 없고, 특히 국토 전체를 가로지르는 철도는 더이상 놓을 일이 없기 때문이다.

BNSF는 엄청나게 큰 회사다. 기관차를 총 8,000대 가지고 있으며 28개 주에 걸쳐 3만 2,500마일(약 5만 2,300킬로미터)을 운행한다. 미 대륙 한가운데에서 생산되는 석유를 비롯한 여러 자원을 운송할 때는 트럭보다 기차가 비용이 덜 든다. 1849년부터 역사가 시작돼 시간이라는 시험까지 통과한 BNSF는 버핏이 좋아하는 투자 상품의 여러 특징을 갖춘 회사라고 할 수 있다.

시설은 보통 대지 위에 지어진 건물을 말한다. 공장일 수도 있고, 창고, 사무실 건물, 매장이나 기타 여러 건물이 될 수도 있다. 버크셔해서웨이의 자회사 중 하나이자 여러분도 한 번쯤 방문했을 데어리퀸 매장들도 버크셔해서웨이의 장기자산 중 시설에 속한다. 버크셔해서웨이는 페인트 회사인 벤저민 무어도 소유하고 있다. 가장 좋아하는 스포츠 팀이 판매하는 풍선이나 냅킨 같은 물건이 필요할 때 버크셔해서웨이 에서 장난감 및 기념품 사업을 담당하고 있는 오리엔탈트레이딩컴퍼 니 매장에 방문할 수도 있다. 미국 서부 해안에 산다면 역시 버크셔해 서웨이의 자회사인 씨즈캔디 매장에 들러본 적이 있을 것이다. 이쯤이 면 여러분도 시설이 사업하는 데 필요한 장소라는 사실을 이해했으리 라 생각한다. 기업에서 부동산을 소유하고 있다면 역시 대차대조표에 서 유형자산으로 분류된다.

이제 유형자산 중 마지막으로 장비에 대해 이야기할 차례다. 장비 역시 머릿속에 쉽게 떠올릴 수 있는 자산이다. 장비는 기업에서 판매하 는 물건을 생산하는 기계를 말한다. 데어리퀸에서는 밀크셰이크 기계, 씨즈캔디에서는 사탕 기계가 장비다. 버크셔해서웨이의 제품을 매장 으로 실어 나르는 트럭도 장비에 속한다. 공장을 누비는 지게차나 버크 셔해서웨이의 직원들이 사용하는 컴퓨터도 마찬가지다. 기계는 보통 수명이 꽤 길지만 결국에는 고장이 난다. 자동차를 생각해보자. 타이어 접지면이 닳거나 브레이크가 마모되거나 엔진이 고장 날 수도 있고, 그 밖에 여러 문제가 생길 수 있다. 기업에서는 장기자산이 이렇게 닳거나 고장 나는 것을 대차대조표에서 처리하기 위해 **감가상각**depreciation이라 는 회계용어를 사용한다. 자산의 수명은 물건이 보통 얼마 동안 제 기 능을 하느냐에 따라 달라진다. 컴퓨터는 3년, 자동차는 5~7년, 건물은 30년을 수명으로 본다. 더 자세히 말하면 지루해질 테니 이쯤 해두자.

다음은 **장기투자**long-term investment를 살펴볼 차례다. 장기투자는 기업이나 증권 등 버크셔해서웨이에서 외부 기업 또는 타사에 투자한 자산을 말한다. 예를 들면 버크셔해서웨이에서 보유한 애플, 코카콜라, 웰스파고, 크래프트하인즈의 주식이 장기투자에 속한다. 버크셔해서웨이에서 이런 기업들의 주식을 수백억 달러어치 가지고 있기는 하지만 **지배 지분**controlling interest은 가지고 있지 않다. 지배 지분을 가졌다는 말은 버크셔해서웨이가 이런 회사들을 운영할 수 있을 만큼 충분히 주식을 보유했다는 뜻이다. 그래서 이런 투자는 장기투자 항목으로 분류되고 버크셔해서웨이의 연결재무제표consolidated financial statement(지배·종속 관계에 있는 두 개 이상의 회사의 재무제표를 종합해 작성하는 재무 보고서—옮긴이)에는 보고되지 않는다. 달리 말하면 버크셔해서웨이가 코카콜라에 지배 지분을 가지고 있다면 코카콜라라는 음료 회사 매출의 일부 또는 전체가 버크셔해서웨이의 손익계산서에서 매출로 잡힌다는 뜻이다. 지배 지분을 가지지 않은 이상 버크셔해서웨이가 보유한 지분은 대차대조표의 장기투자 항목에 속한다.

버크셔해서웨이의 자산 중 기타 항목에는 여러 가지가 포함되지만, 여기에서는 **무형자산**intangible이라는 항목만 소개하려고 한다. 무형자산이란 **특허**patent나 **상표**trademark, **저작권**copyright 같은 **지식재산권**intellectual property, IP이라는 권리와 관련 있는 자산이다. 지식재산권을 보호하는 법은 기업의 아이디어나 발명을 아무도 훔치지 못하게 막아준다. 예를 들어 여러분이 가게를 하나 열기로 하고 맥도날드라는 간판을 내건다면 가게를 열자마자 맥도날드를 사랑하는 고객들이 여러분의 가게를 찾을 것이다. 디즈니나 나이키, 애플 같은 다른 회사의 이름을 쓰더라도 마찬가지다. 물론 여러분은 이렇게 할 수 없다. 왜냐하면 이런 기업들은 다른 사람 소유이고, 기업 이름은 지식재산권으로 보호되고 있기 때문이다.

앞서 소개한 버크셔해서웨이 대차대조표의 왼쪽 항목을 모두 합하면 총 8,177억 2,900만 달러가 된다. 입이 딱 벌어질 만한 자산 규모다. 잠깐, 아직 대차대조표의 나머지 반쪽을 더 살펴봐야 한다. 이제 대차대조표의 오른쪽으로 넘어가보자. 오른쪽은 자산이 누구의 것인지 또는 누가 자산에 침을 발라놓았는지 말해준다. 자산의 출처는 보통 두 가지다. 첫 번째는 회사에 돈을 빌려주거나 제품이나 서비스를 제공한 사람들이다. 이런 사람들을 통틀어 채권자creditor라는 용어를 쓴다. 두 번째는 기업을 소유한 사람들, 즉 우리가 주주라고 알고 있는 사람들이다. 이 사람들은 회사가 지출할 돈을 전부 지출한 후 남은 몫을 가진다. 말하자면 접시에 남은 소스를 나눠 먹는 셈이다. 그리고 대차대조표를 보면 알 수 있듯, 버크셔해서웨이에서는 소스가 아주 많이 남는다.

부채

어떻게 사용하든 부채라는 단어는 약점을 뜻한다. '아킬레스건'이라는 표현을 들어본 적이 있을 것이다. 톰 브래디는 훌륭한 미식축구 선수이지만 민첩한 선수는 아니다. 미식축구 용어를 사용하자면 '스크램블'이 약한 선수다. NBA 명예의 전당에 헌액된 샤킬 오닐은 자유투

실력이 형편없어서 다른 팀들이 그의 약점을 활용해 작전을 만들 정도였다. 일부러 파울을 만들어 오닐이 자유투를 하도록 만드는 '핵어샤크'Hack-a-Shaq라는 작전이었다.

여러분은 이제 누구나 그리고 어디에나 부채가 있다는 사실을 확실히 알게 됐을 것이다. 앞서 이야기했듯 대차대조표에서 부채가 보이면 그 말은 기업에서 누군가에게 무언가를 빚졌다는 뜻이다. 다른 판매자가 될 수도 있고 직원, 은행, 아니면 채무자가 될 수도 있다. 대차대조표의 왼쪽을 살펴볼 때처럼 부채도 장기적인 부채와 단기적인 부채로 나누어 살펴볼 것이다. 단기적 또는 유동부채current liability와 장기부채long-term liability를 더하면 부채총액total liability을 구할 수 있다.

유동부채

유동부채는 상환일이 1년 미만으로 남은 빚의 액수다. 매입채무accounts payable는 매출채권과 반대 개념이다. 여기에서는 버크셔해서웨이에서 제품이나 서비스를 받고 아직 대금을 결제하지 않은 경우를 말한다. 좀 더 넓게 보면 회사에 다니는 직원들에게 지급할 임금도 매입채무에 속한다. 세계에서 제일가는 부자인 버핏도 아무 대가 없이 일하지는 않는다. 회사원들은 대개 2주 또는 한 달마다 급여를 받는다. 버크셔해서웨이의 2019년 말 매입채무액은 364억 3,700만 달러였다.

장기부채

장기부채는 채권자들에게 빌린 돈으로 상환일이 1년보다 많이 남은 경우다. 버크셔해서웨이의 경우에는 버크셔해서웨이의 채권에 투자한 사람들에게 갚아야 할 돈으로 무려 994억 2,500달러에 달한다. 다음은 '기타'라는 이름이 붙은 항목이 보일 것이다. 액수가 자그마치 2,570억 7,600만 달러나 되는 이 항목에 무엇이 포함되는지 살펴보도록 하자.

버크셔해서웨이는 상당히 큰 보험insurance 회사를 소유하고 있다. 보험회사에서는 여러분의 자동차, 부동산 또는 주변 사람들에게 나쁜 일이 생겼을 때 보험금을 지급해 여러분을 보호한다. 앞서 가이코라는 세계에서 가장 큰 자동차보험회사를 소개했다. 버크셔해서웨이는 생명보험life insurance을 포함해 여러 보험상품을 판매한다.

생명보험은 보험 가입자가 사망하면 생존 유족(배우자 또는 자녀)에게 보험금을 지급한다. 기업에서는 대부분 직원에게 복지 혜택 또는 비금전적 혜택perks을 제공한다. 직원들은 보통 젊고 건강한 사람들이 많다. 앞에서 잠시 언급했듯이 현재 지구상에 있는 사람 중 다수가 적어도 100세까지 살 수 있으므로, 버크셔해서웨이는 보험료insurance premium라는 이름으로 보험 가입자에게 주기적으로 돈을 받지만, 사망 보험금을 지급하는 데까지는 몇십 년이 걸리기도 한다.

보험회사가 지급할 보험금과 보험 가입자가 납입한 보험료의 차이를 보통 플로트float라고 부른다. 버핏이 좋아하는 음료인 루트비어 '플로트'만큼 맛이 있지는 않지만, 플로트를 가지고 할 수 있는 일은 많다. 우선 안전한 은행 계좌에 넣어두고 이자를 챙길 수 있다. 버핏과 버크셔해서웨이는 플로트를 좀 더 공격적으로 사용해 주식이나 다른 투자 상품에 투자하고 있다. 2019년 말 버크셔해서웨이의 부채총액은 3,929억 3,800만 달러였다.

주주지분

대차대조표에서 가장 중요한 부분에 대해 살펴보자. 빚진 돈을 다 갚고 남은 돈에 관한 이야기다. 회계사들은 주주자본shareholders' equity, 주주지분stockholders' equity 또는 자기자본owners' equity이라고 부른다. 버핏의 순자산이 약 800억 달러라고 이야기하는 것처럼 같은 돈을 두고 순자산 또는 장부가액book value이라는 용어를 사용하기도 한다. 기업의 순자산이든 사람의 순자산이든 계산하는 방법은 쉽다. 총자산에서 부채총액을 빼면 된다. 버크셔해서웨이의 순자산은 4,247억 9,100만 달러다. 대차대조표는 당연히 균형이 맞아야 하므로 부채총액에 주주지분을 더하면 8,177억 2,900만 달러로 대차대조표의 왼쪽 또는 총자산 아래에 있는 항목을 모두 더한 합계와 같다.

기업의 대차대조표에는 회계 규정에 따라 측정할 수 있는 항목인 장부가액이 표시된다. 이와 대조되는 개념은 이전 장에서 설명한 내재 가치다. 내재 가치는 기업의 가치가 현재 얼마인지를 '추정'한 금액으로 목표주가라고도 부른다.

버핏은 1993년 주주 서한에서 두 값을 구분하며 이렇게 썼다. "물론, 잘 살펴야 할 것은 장부가액이 아니라 주당 내재 가치입니다. 장부가액은 사내유보를 포함한 사업에 투입된 자본을 측정하기 위한 회계 용어이고, 내재 가치란 앞으로 사업을 통해 얻을 수 있는 현금의 현재 가치를 추정한 값입니다."

그는 이어서 장부가액을 대학 교육에 드는 비용에, 내재 가치는 한 사람이 평생 벌 수 있는 돈에 비유했다. 예를 들어 비슷한 학비를 내고 공부했더라도 엔지니어가 된 학생은 사회복지사가 된 학생보다 돈을 더 많이 벌 확률이 높다. 서른번째 팁을 통해 버핏이 기업을 평가할 때 내재 가치를 선호한다는 사실을 충분히 알았으니 여기에서는 따로 정리하지 않겠다.

여러분을 혼란스럽게 하고 싶지 않지만, 주주들이 가진 지분의 가치 또는 장부가액은 기업의 시가총액, 즉 기업의 주식 가격에 발행 주식 수를 곱한 값과 일치하지 않을 수 있다. 예를 들어 이 책을 쓰는 지금 버크셔해서웨이의 시가총액은 5,000억 달러를 조금 웃돌지만, 주주지분은 4,250억 달러 정도다. 페이스북, 스타벅스, 테슬라 그리고 다른 기업들 역시 시가총액과 주주지분이 서로 다른 경우가 많다. 두 값 사이의 차이는 기업에서 재무제표를 작성할 때 따르는 규칙이 지나칠 정도로 보수적이기 때문에 발생한다.

기업에서는 재무제표에 포함되는 자산을 원래 가격 그대로 적는다. 예를 들어 여러분의 할아버지가 40~50년 전에 뉴욕시나 샌프란시스코에 있는 아파트를 사셨다고 생각해보자. 지금쯤 그 아파트의 가격은 할아버지가 아파트를 사셨을 때보다 훨씬 올랐을 것이다. 시장가격이 구매가격 또는 대차대조표의 장부가액보다 높을 때 이런 차이가 발생한다고 이해하면 쉽다.

버핏은 영업이익과 주주지분의 비율로 기업의 실적을 측정하기를 좋아한다. 이른바 '본전'을 뽑을 수 있을지 또는 주주들이 투자한 자본을 바탕으로 기업이 정상적으로 거둔 실적(영업이익)에서 주주들이 얼마를 벌 수 있을지 측정하는 방법이다. 버핏은 이 비율이 이전 5년 동안 시장 전체 평균보다 높아야 하며, 그렇게 보이기 위해 기업에서 부채를 너무 많이 사용하거나 회계 장부를 조작하지 않아야 한다고 생각한다.

버핏은 주당순이익이 증가하는 기업만을 찾는 방식에 쓴소리를 하기도 했다. 경영 능력이 좋아서가 아니라 단순히 복리의 혜택으로 주당순이익이 높아지는 것처럼 보일 수 있기 때문이다. 예를 들면 기업의 은행 계좌의 현금 잔고가 복리에 의해 증가하면 기업이 아무것도 하지 않아도 주당순이익이 증가하게 된다.

그는 1979년 주주 서한에서 다음과 같이 입장을 밝혔다. "우리는 원가로 평가한 주주지분에 대한 영업이익비율(증권에 의한 수익 또는 손실을 계산하기 전)을 사용하는 것이 기업의 연간 실적을 평가하는 가장 좋은 방법이라고 생각하고 있습니다. 경영 실적을 검토할 때는 투입된 자본과 비교해 (과도한 빚을 지거나 회계 장부를 꾸며내지 않고) 높은 수익률을 달성했는지를 가장 중요하게 여겨야 하며 주당순이익이 꾸준히 올라간다고 해서 실적이 좋다고 할 수는 없습니다."

여러 가지 회계용어가 많이 등장하지만, 그의 말을 한 문장으로 정리해 팁으로 기억하자.

BUFFETT's TIP 45

대부분 기업의 실적을 검토할 때 좋은 방법은
주주지분에 대한 영업이익의 비율을 확인하는 것이다.

2009년 주주 서한에서 그는 자신이 어떤 기업들을 좋아하는지 좀 더 자세히 설명했다. 그는 이렇게 적었다. "사실 주주들에게 가장 훌륭한 기업은 자본이익률이 높고, 성장하기 위해 계속 투자할 필요가 없는 기업입니다." 사업에 투자한 돈에 비해 높은 이익을 거두고 새로운 투자가 그다지 필요 없는 씨즈캔디 같은 기업은 좋은 기업이라 할 수 있다. 반면 GM이나 포드 같은 자동차 회사는 매출 대비 이익 비율인 이익률profit margins이 상당히 낮을 뿐만 아니라 새로운 자동차 모델이나 엔진, 변속장치, 전기차, 심지어는 먼 미래를 위한 자율주행 자동차를 개발하는 데 투자도 해야 한다. 버핏의 말을 팁으로 요약해보자.

가장 훌륭한 기업은 투입한 자산에 비해 높은 이익을 거두면서
성장하기 위해 큰돈을 투자할 필요가 없는 기업이다.

현금흐름표에 관해

재무제표에서 세 번째로 중요한 요소가 있다. 사업하는 동안 들어
오고 나가는 현금을 측정하는 **현금흐름표**statement of cash flows다. 현금흐
름표는 세 부분으로 구성돼 있다.

첫 번째 부분은 **영업활동으로 인한 현금흐름**cash flow from operating activi-
ties, CFO으로 이름에서 알 수 있듯이 기업에서 정상적인 운영을 통해 벌
어들이는 현금을 나타낸다. 버크셔해서웨이의 영업활동 현금흐름에는
보험, 사탕, 아이스크림을 판매한 돈이 포함될 것이다.

두 번째 부분은 **투자활동으로 인한 현금흐름**cash flow from investing activi-
ties, CFI으로 다른 기업을 인수하거나 다른 기업에 투자하거나 유형자산
에 투자하는 등의 장기투자에 쓰이는 자금을 뜻한다. 버크셔해서웨이
에서 새로운 발전소를 짓거나 데어리퀸 매장을 새로 열거나 애플 주식
에 투자한 자금이 될 것이다.

세 번째 부분은 **재무활동으로 인한 현금흐름**cash flow from financing activi-
ties, CFF이다. 여기에는 주식이나 부채를 발행 또는 환매하거나 배당금

을 지급할 때 드는 자금이 표시된다. 현금흐름표는 손익계산서와 대차
대조표를 바탕으로 작성할 수 있지만, 지금까지 배운 내용만으로도 여
러분이 1년 동안 배울 회계 지식을 다 배운 것 같으니 자세한 이야기는
접어두자.

숫자가 전부는 아니다

기업에서 작성한 재무제표는 99퍼센트 이상 정확하다고 믿어도 된
다. 여기에서 정확하다는 말은 일반기업회계기준을 잘 따랐다는 뜻이
다. 기업 경영에 중요한 역할을 하는 최고경영자CEO와 최고재무책임
자CFO는 자신의 이름을 걸고 재무제표가 진실하고 정확한지 보증해야
한다. 만약 그렇지 않을 경우 감옥에 갈 각오를 해야 한다.

참고로 재무제표를 조작한 혐의로 감옥에 간 사람들이 많이 있다.
월드컴WorldCom과 엔론Enron이라는 회사가 연루돼 세간을 떠들썩하게
했던 금융사기 사건에 대해 알고 싶다면 버니 에버스Bernie Ebbers와 제
프 스킬링Jeff Skilling이라는 이름을 검색해보자. 어쨌든 기업들은 일반기
업회계기준을 벗어나지 않는 범위 내에서 최선을 다해 변화구를 던지
려고 애를 쓴다. 재무제표에는 영향을 미치지 않지만, 회사에 별로 좋
지 않은 결과를 가져다줄 내용을 미주로 빼기도 한다.

버핏은 기업의 경영진이 재무제표 수치를 자신들에게 유리한 쪽으
로 작성하려고 노력한다는 사실을 잘 알고 있었다. 그리고 1988년 주

주 서한에서 다음과 같이 썼다. "경영진이 일반기업회계기준을 따라야 할 기준이 아니라 극복해야 할 문제라고 생각한다면 더 큰 문제가 됩니다. 회계사들 역시 이들을 자주 돕습니다. (고객이 '2 더하기 2는 뭐죠?'라고 고객이 물었는데 회계사는 '답이 얼마라고 생각하시나요?'라고 답하는 식이지요.) 정직하고 평판이 좋은 경영진도 실적을 더 잘 보여주기 위해 일반기업회계 규정을 자신들에게 유리한 쪽으로 이용하곤 합니다." 이쯤에서 보고서에 적힌 숫자를 경계해야 한다는 팁을 남기기로 하자.

BUFFETT's TIP 47

기업에서는 재무제표를 자신들에게
유리한 쪽으로 작성하려고 한다.
기업이 진짜 어떻게 운영되고 있는지 알고 싶다면
겉으로 보이는 숫자 너머를 살펴야 한다.

회계사들이 괴짜처럼 보일지도 모른다. 하지만 버핏은 자신이 괴짜 같다는 것을 알고 인정한다. 그는 온종일 재무제표를 읽으며 시간을 보낸다. 누구라도 그렇게 해야 한다. 재무 상태를 잘 정돈해두면 여러모로 좋다. 우리가 이 책을 쓰는 이유이기도 하다. 회계와 재무제표의 기본을 알고 있으면 여러분의 재무 상황을 관리하는 데도 도움이 된다. 만약 대차대조표와 손익계산서를 쓰는 시험이 있다면 버크셔해서웨이는 A+를 받을 만하니 여러분에 좋은 본보기가 돼줄 것이다.

"첫 번째 규칙: 절대 돈을 잃지 말라.
두 번째 규칙: 첫 번째 규칙을 절대 잊지 말라."

_워런 버핏, 〈버핏이 지키는 원칙〉

제8장

버핏의 포트폴리오와
위험 관리 방식

달걀, 즉 투자금을 한 바구니에 담으면 위험하다. 바구니가 땅에 떨어져서 달걀이 모두 깨져버릴 수 있기 때문이다. 마찬가지로 기업이 파산하면 투자금을 다 날리거나 꽤 많이 잃게 된다. 강제 손절인 셈이다. 코닥, GM, 엔론, 월드컴 그리고 리먼 브라더스처럼 이름만 들으면 알만한 회사들도 파산을 면치 못했고, 이들 기업의 주식은 휴짓조각이 돼버렸다. 제2장에서 사람들은 보통 자산을 여러 상품에 분산해 투자한다고 이야기했다. 투자하는 사람들에게는 거의 기본적인 상식으로 알려진 내용이다. 포트폴리오는 투자 종목을 담은 바구니를 뜻한다. 이번장과 앞으로 남은 장에서는 이상적인 종합 투자 포트폴리오를 뜻하는 **분산 포트폴리오**diversified portfolio라는 용어를 자주 보게 될 것이다. 어떻게 분산해야 투자의 세계에서 **최적의 포트폴리오**optimal portfolio라고 불리는 포트폴리오를 만들 수 있을까? 이에 더해 버핏은 포트폴리오를 구성하는 방식을 몇 가지 제시했다. 수익과 위험이 동전의 앞뒷면이나 마찬가지이므로 포트폴리오를 구성할 때는 위험을 고려해야 한다.

돈을 잃지 말라

제2장에서는 같은 내용을 유명한 상트페테르부르크의 역설, 즉 동전 뒤집기 실험을 통해 강조했었다. 버핏은 다음과 같은 말로 위험에 대한 자신의 의견을 밝혔다. "첫 번째 규칙: 절대 돈을 잃지 말라. 두 번째 규칙: 첫 번째 규칙을 절대 잊지 말라."

물론 FDIC의 보호를 받는 예금계좌나 안전한 단기 정부 채권에 투자하지 않는 이상 돈을 '절대' 잃지 않으면서 투자할 수는 없다. 하지만 버핏은 적어도 투자하기 전에 날카로운 시선으로 위험을 잘 살피라고 경고한다. 팁으로 남겨둘 만한 마음가짐이다.

첫 번째 규칙 : 절대 돈을 잃지 말라.
두 번째 규칙 : 첫 번째 규칙을 절대 잊지 말라.

돈을 잃지 말아야 하는 이유를 더 확실히 깨달을 수 있도록 잃은 돈을 메꾸기가 얼마나 힘든지 예시를 통해 살펴보자. 100달러로 투자를 시작했는데 10퍼센트를 잃으면 90달러가 남는다. 이렇게 되면 11퍼센트 수익을 내야 본전인 100달러를 만들 수 있다. 50퍼센트를 잃어 100달러가 50달러가 됐다면 수익률 100퍼센트를 달성해야 겨우 원금을 지킬 수 있다. 쉽게 말하면, 뚫린 구멍이 클수록 메꾸기가 더 힘들다는 이야기다. 버핏이 첫 번째 규칙과 두 번째 규칙을 만든 것도 이 사실을 잘 알았기 때문이다.

분산이 잘된 포트폴리오를 선택하는 핵심, 상관관계

포트폴리오를 선택하는 방법은 여러 가지다. 동시다발적으로 여러 가지 투자 상품을 무작위로 고를 수도 있다. 그다지 현명한 방법은 아니다. 포트폴리오를 구성하기 시작할 때 투자 상품들을 같은 비율로 구성하는 사람들이 많다. 예를 들어 1만 달러를 투자한다면 10개의 투자 상품에 1,000달러씩 투자하는 식이다. 행동경제학자들은 이런 행동을 1/N 휴리스틱heuristic이라고 부른다. 휴리스틱이란 경험을 통해 터득한 문제해결 방법이라는 뜻이다. 그러니까 1/N 휴리스틱을 따르는 사람은 선택지가 10개 있을 때 각 선택지에 10퍼센트씩 투자한다. 선택지가 20개 있다면 각 선택지에 5퍼센트씩 투자하게 될 것이다. 나쁜 방법은 아니지만, 적어도 이제부터 설명할 측정법을 이해하고 나면 1/N 휴리스틱은 위험이 발생하는 본질적인 이유를 고려하지 않는다는 사실을 알 수 있다.

상관관계correlation는 투자 상품 두 개가 서로 어떤 영향을 미치는지 또는 영향을 미치지 않는지를 나타내는 용어다. 숫자로는 양의 정수 1과 음의 정수 -1 사이의 값으로 표현된다. 두 상품의 상관계수가 -1이라면 한쪽의 가치가 오를 때 다른 쪽의 가치는 언제나 떨어진다. 마찬가지로 한쪽의 가치가 떨어지면 다른 쪽의 가치는 언제나 오른다. 함께 포트폴리오에 담았을 때 위험이 0이 되는, 즉 상관관계가 -1인 상품 두 개가 등장하는 예시를 잠시 뒤에 살펴볼 것이다.

두 자산의 상관관계가 +1이라면 투자 상품 두 개가 운명을 나란히 한다는 뜻이다. 한쪽의 가치가 상승하면 다른 쪽도 '항상' 상승하며, 한쪽의 가치가 하락하면 다른 쪽도 '항상' 하락한다. 여러분도 예상했듯 포트폴리오에 포함한 투자 상품 두 개의 관계가 이렇다면 위험이 조금도 분산되지 않는다. 투자 상품 간의 상관관계가 0이면 두 투자 상품 사이에 아무 관계가 없다는 뜻이다. 한쪽이 오르면 다른 쪽은 오를 수도, 내릴 수도, 어쩌면 변하지 않을 수도 있다. 상관관계가 0인 두 상품을 함께 포트폴리오에 넣으면 위험을 어느 정도 분산할 수 있지만, 상관관계가 −1인 상품 두 개를 넣었을 때보다는 위험이 덜 분산될 것이다.

이론적으로 위험이 전혀 없는 포트폴리오

상관관계가 −1인 투자 상품 두 개가 어떤 영향을 미치는지 살펴보기 위해 주식 시장에 딱 두 회사만 상장돼 있다고 가정해보자. 한 회사에서는 선탠로션을 팔고 다른 회사에서는 우산을 판다고 가정하자. 햇볕을 피하려고 우산을 사용하는 사람도 있지만, 여기서는 사람들 대부분이 비를 맞지 않기 위해 우산을 산다고 가정하자.

날이 맑으면 선탠로션 회사는 돈을 많이 벌 것이다. 수익이 높아서 투자한 돈의 30퍼센트를 벌었다고 치자. 하지만 비가 오면 해변에 가는 사람이 거의 없다. 그래도 선탠로션 회사가 회사를 운영하는 데 고정으로 드는 비용(임대료 또는 직원 급여)은 그대로여서 10퍼센트 손실을 본다고 치자. 반대로 비가 오면 우산 회사는 돈을 많이 벌 수 있다. 계산하기 쉽게 우산 회사도 똑같이 30퍼센트 번다고 가정하자. 하지만 날이 개면 햇볕을 가리려고 우산을 사는 사람 말고는 우산을 사는 사람이 없는 데다 사업을 운영하는 데 계속 비용이 들기 때문에 10퍼센트를 손해 본다고 치자.

자, 이제 거의 다 왔다. 날씨가 맑을 확률과 비가 올 확률이 각각

50퍼센트로 같다고 가정했을 때, 가진 돈을 선탠로션 회사나 우산 회사 중 하나에 몽땅 투자하면 여러분 자산의 운명은 여러분이 '통제할 수 없는' 힘, 날씨에 달려 있다. 30퍼센트를 벌거나 10퍼센트를 잃을 것이다. 하지만 여러분이 가진 돈을 선탠로션 회사와 우산 회사에 반씩 투자한다면 포트폴리오 전체로 따졌을 때 비가 오는 날이든 맑은 날이든 돈을 벌 수 있다. 날씨에 운명을 맡기는 대신 맑은 날에는 우산 회사에서 잃는 돈보다 많은 돈을 선탠로션 회사에서 벌 수 있고, 비가 오는 날에는 선탠 회사에서 잃는 돈보다 많은 돈을 우산 회사에서 벌 수 있다. 그렇다. 맑은 날이건 궂은날이건 수익이 보장된다는 이야기다. 이 예시에서 선탠로션 회사와 우산 회사의 상관관계가 바로 음의 정수, −1이다.

최적의 포트폴리오를 선택하는 비법은 운명을 함께하지 않는 투자 상품, 즉 수학 용어로 상관관계가 낮은 상품을 찾아내는 것이다. 사실 세계 경제라는 같은 배에 타고 있는 이상 투자 상품들은 서로 정적 상관관계positive correlation를 가지는 경우가 많다. 하지만 현명하게 분산해 투자하면 여전히 위험을 상당히 줄일 수 있다. 다른 나라의 다른 산업군에 속하는 투자 상품들은 특히나 같은 방향으로 움직이지 않는다. 버크셔해서웨이는 기업 자체가 연관성이 없는 여러 회사로 구성돼 있고, 경제학자들은 이런 기업을 복합 기업conglomerate이라고 부른다. 자동차 보험회사와 전기회사, 철도회사, 가구점, 사탕 가게는 언뜻 보아도 서로 관련이 없다. 여러분도 알다시피, 버크셔해서웨이는 이외에도 다양한 분야의 회사를 소유하고 있다.

'경영대학원' 방식으로
최적의 분산 포트폴리오 구성하기

금융 문해력을 기르는 데 도움을 주고자 이 책을 쓰고 있는 만큼 경영대학원에서 가장 이상적인 포트폴리오 구성 방법으로 가르치는 내용을 먼저 살펴보려고 한다. 버핏이 좋아하는 방식 두 가지는 이 장의 뒷부분에서 다룰 것이다. 최적의 포트폴리오를 고르는 '경영대학원' 접근방식은 1950년대에 젊은 대학원생이었던 해리 마코위츠Harry Markovitz(1990년 노벨경제학 수상)가 개발했다. 최근 접근방식이 수정되기는 했지만 원래 이론을 확장한 것이나 마찬가지다. 60년이 지난 지금도 여전히 '현대 포트폴리오 이론'이라는 이름으로 불리고 있다.

마코위츠는 서로 상관관계가 낮은 투자 상품들을 조합하면 상대적으로 위험이 낮은 포트폴리오를 구성할 수 있다고 주장했다. 조금 전까지 우리가 살펴본 상관관계라는 개념과 깊이 관계된 접근방식이다. 또한 그는 사람들이 결정을 내릴 때 선택지 사이에서 합의점을 찾는다는 사실을 알고 있었다. 예를 들면 비싼 페라리 자동차를 타고 멋져 보이고 싶은데, 구매할 능력이 없을 때를 떠올려보자. 자동차를 살 때 우리는 원하는 차와 살 수 있는 차 중에서 합의점을 찾는다. 마찬가지로 포트폴리오를 선택할 때 우리는 감당할 수 있는 위험과 기대 수익을 저울질한다. 실제 수익이 얼마인지는 투자 상품을 고르고 난 다음 미래에나 알 수 있으므로 우리는 '기대 수익'이라는 용어를 사용한다.

과거를 참고해 미래를 정확하게 예측하기는 힘들고, 때로는 아예 참고할 수 없을 때도 있다. 그렇지 않다면 투자자들은 애플, 아마존닷컴, 마이크로소프트, 버크셔해서웨이처럼 과거에 가치가 가장 많이 상승한 주식을 고르기만 하면 돈을 벌 수 있을 것이다. 앞으로 다른 기업과 경쟁이 얼마나 치열할지, 어떤 새로운 발명을 할지, 어떤 실수를 범하는지에 따라 기업에서는 과거 수익률과는 완전히 다른 수익을 거둘 수도 있다. 버핏은 이 주제에 관해 미국에서 최상위 부자들의 목록인 《포브스》 선정 400대 부자 순위Forbes 400를 인용해 "부자가 되기 위해 역사책이 중요한 역할을 했더라면《포브스》선정 400대 부자 순위는 도서관 사서들의 이름으로 채워졌을 것이다."라는 재치 있는 말을 남긴 적이 있다. "과거 실적은 미래 수익을 보장하지 않는다."라는 널리 알려진 투자 격언과 맥락이 같은 말이다. 투자 상품의 향후 실적은 과거 실적과 아주 다를 수 있다는 것을 단단히 새겨둘 수 있도록 버핏의 말을 팁으로 정리하자.

BUFFETT's TIP 49

부자가 되기 위해 역사책이 중요한 역할을 했더라면 《포브스》선정 400대 부자 순위는 도서관 사서들의 이름으로 채워졌을 것이다. (과거 실적은 미래 수익을 보장하지 않는다.)

마코위츠는 감당할 수 있는 위험 안에서 기대 수익을 극대화할 수 있는 포트폴리오를 뜻하는 **효율적 포트폴리오**efficient portfolio라는 용어를 만들었다. 위험과 수익은 동전의 양면과 같으므로, 효율적 포트폴리오

는 투자자가 얻고자 하는 기대 수익을 실현하면서 위험은 가장 낮추는 포트폴리오라고도 할 수 있다. 주어진 투자 상품 집합 중에서 가능한 효율적 포트폴리오를 그래프에 표시하면 곡선, 정확히는 포물선이 그려진다. 이 곡선을 **효율적 투자선**efficient frontier이라고 부른다.

효율적 투자선은 잘 분산된 포트폴리오를 모아놓은 메뉴판이라 생각할 수 있다. 효율적 투자선보다 아래에 있는 포트폴리오는 비효율적이어서 더 효율적인 포트폴리오에 밀려 선택되지 못한다. 비효율적인 포트폴리오는 같은 정도의 위험을 감수했을 때 수익이 덜 돌아오거나 같은 수익을 얻으려면 더 큰 위험을 감수해야 하는 포트폴리오다. 이 관계를 설명하는 비유는 많이 있다. 누구나 이해할 수 있게 음식에 비유해보자. 효율적 포트폴리오는 중국 요리 뷔페에 준비된 맛있는 음식들과 같다(어떤 식당이든 상관없지만, 뷔페buffet가 버핏Buffett과 철자가 비슷해서 골라봤다. 또, 여러분이 버핏과 뷔페를 헷갈리지 않으면 좋겠는데, 이 비유를 떠올리면 도움이 될 것이다). 중국 요리 뷔페에서 인기가 없는, 즉 비효율적인 메뉴는 맛이 없거나 신선하지 않거나 메뉴에 들어갈 가치가 없는 음식일 것이다. 이제 마코위츠가 제기한 다음 질문을 살펴보자. '나에게 맞는 최적의 분산 포트폴리오는 무엇일까?'

중국 요리 뷔페 예시를 계속 살펴보자. 중국 음식을 좋아하더라도 준비된 음식을 전부 먹지 않을 수 있다. 포트폴리오를 선택할 때도 마찬가지다. 마코위츠는 위험과 기대 수익 사이에서 투자자의 합의점을 측정하는 방식을 이론에 적용했다. 이런 투자자의 합의점을 그래프로 그린 것을 경제학자들은 **무차별 곡선**indifferent curve이라고 부른다. 포트

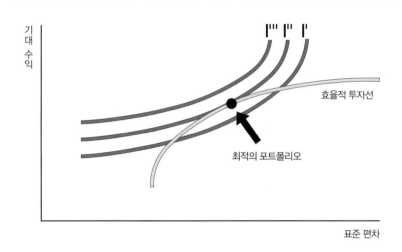

폴리오를 선택하는 맥락에서 무차별 곡선은 투자자가 위험과 수익 사이 어디에서 균형을 찾는지 보여준다. 돈을 조금 더 벌기 위해 약간의 위험 정도는 감수하려고 할 수도 있고, 돈을 덜 벌고 위험도 덜 감수하려고 할 수도 있다. 최적의 분산 포트폴리오는 효율적 투자선(좋은 투자 상품을 모아놓은 메뉴판)과 수익과 위험 사이에서 투자자의 합의점을 나타낸 무차별 곡선(중국 음식 뷔페에서 여러분이 좋아하는 음식)이 서로 일치하는 지점이다. 효율적 투자선과 투자자 개인의 무차별 곡선이 만나는 지점이 바로 최적의 포트폴리오다.

여러분만의 최적 포트폴리오를 선택할 수 있도록 도와주는 무료 소프트웨어를 인터넷에서 찾아볼 수 있다. 특히 마코위츠의 접근방식을 사용해 포트폴리오를 선택할 수 있는 웹사이트가 도움이 될 것이다

(http://www.portfoliovisualizer.com/optimize-portfolio). 투자 회사에서도 대부분 고객을 위해 비슷한 기능의 소프트웨어를 갖추고 있다.

포트폴리오를 선택하는 버핏의 첫 번째 방식, 인덱스펀드

버핏은 두 가지 접근방식으로 포트폴리오를 고른다. 그는 투자자 대부분에게 미국 내 산업 전체에서 가장 큰 주식 500개로 구성된 S&P500 같은 인덱스펀드를 추천한다. 인덱스펀드는 앞에서 언급한 적이 있고, 장점을 팁으로 소개하기도 했다. 인덱스펀드란 여러 종목이 담긴 투자 바구니를 의미한다. 수수료가 아주 낮으며, 사놓고 잊어버리는 식으로 매수 후 보유 전략을 사용할 수 있는 투자 상품이다. 젊은 세대는 주식에 투자하는 사람들이 많을 테니 여기에서는 주가지수펀드에 집중하지만 채권, 부동산, 기타 자산을 기반으로 한 인덱스펀드도 존재한다. 만약 주식 인덱스 포트폴리오가 너무 위험하게 느껴진다면 다른 인덱스펀드에도 함께 투자하면 전체적인 위험을 낮출 수 있을 것이다.

비용이 낮고 관리하기 위해 노력이 별로 필요하지 않다는 장점 말고도 주가지수를 바탕으로 한 펀드는 미국에서 가장 성공적인 기업인 애플, 알파벳, 엑손모빌, 스타벅스, 마이크로소프트, 버크셔해서웨이, 존슨앤드존슨 등의 주식들을 보유할 수 있어 좋다. 이런 대기업들은 파산할 위험이 적고 배당금을 주는 경우도 많다. S&P500은 가치가중지수 value-weighted index 또는 **시가총액가중지수**market capitalization-weighted index다. 이 말은 마이크로소프트처럼 가치가 높은 기업이 가치가 낮은 다른 기업들보다 지표의 전체적인 수익률에 영향을 더 많이 미친다는 뜻이다.

누구도 주식을 언제 사고팔지 확실하게 알 수 없다. 그래서 버핏은 투자자들에게 오랫동안 주기적으로 인덱스펀드를 사라고 추천한다. 이 방식은 **매입원가 평균법**dollar cost averaging이라고 부른다. 매입원가 평균법을 활용하면 시장의 가장 고점이나 저점 근처에서 주식을 사지 않을 수 있다. 또 월급의 일정 부분을 떼서 몇 주 또는 몇 달에 한 번 주기적으로 연금 계좌에 넣는 것과 비슷한 투자 방식이기도 하다.

포트폴리오를 선택하는 버핏의
두 번째 방식, 전문가 모드

버핏이 두 번째로 추천하는 방식은 '(지식이 전혀 없는 것과 반대 의미로) 뭘 좀 아는 투자자들'을 위한 방식이다. '잘 아는' 분야가 있기만 하면 된다는 뜻이니, 적어도 자신의 능력 범위 안에서 '전문가 모드'를 발휘해 투자할 상품을 직접 선택하려는 사람에게 적용할 수 있는 방법이다. 전문가 모드를 발휘한다는 말은 본격적으로 투자를 시작하기 전 기업이 무슨 일을 하고 가치가 얼마인지 이해하기 위해 기꺼이 시간과 노력을 들인다는 뜻이다.

이 접근방식을 택하면 주식을 구매한 이유가 여전히 유효한지 확인할 수 있도록 기업을 꾸준히 살펴야 한다. 예를 들면 제6장에서 경쟁에서 살아남는 데 도움이 되는 자신만의 해자를 갖춘 기업에 관해 이야기했었다. 만약 기업의 해자가 무너지고 있다면 주식을 팔아야 할 때가 왔다는 뜻이다. 버핏은 비교적 많지 않은 기업에 상당한 자산을 투자한다. 월스트리트에서는 자산의 상당한 부분을 몇 개 종목에 집중해 투자하는 그의 방식을 두고 강한 확신high-conviction 접근방식 또는 최고의 아이디어best ideas 접근방식이라고 부른다. 이 방식을 사용하면 광범위한 종목에 분산해 투자하는 인덱스펀드와는 반대로 몇몇 종목에 집중된 포트폴리오가 구성된다.

예를 들어 1960년 아메리칸익스프레스에 문제가 생겼을 당시에 버핏은 투자자들의 자산 중 약 40퍼센트를 투자하고 있었다. 어떤 상품에 투자하든 40퍼센트는 상당한 비율이다. 버핏처럼 강한 확신을 가지고 포트폴리오를 구성하려면 전문가 모드를 발휘해야 한다고 이야기한 이유를 깨달았길 바란다. 집중 포트폴리오를 구성하면서 몇 번만 잘못된 결정을 내리면 메꾸기 힘든 큰 구멍에 빠질 수 있다.

버핏은 대담했던 젊은 시절뿐만 아니라 언제나 이런 식으로 자산을 운용해왔다. 운용 자산이 1억 달러 이상인 대규모 투자자산운용 관리자들은 13-F 양식form 13-F이라는 분기별 보고서를 통해 증권거래위원회에 자신이 어떤 종목을 보유하고 있는지 보고해야 한다. 이 데이터를 추적해 보여주는 웹사이트가 여러 개 있다. 우리가 가장 좋아하는 사이트는 웨일위즈덤WhaleWisdom.com이다. 월스트리트에서 고래whale는 대형 투자자로 통한다.

예를 들어 2019년 말 버크셔해서웨이는 애플(29.7퍼센트), BOA(13.5퍼센트), 코카콜라(9.2퍼센트), 아메리칸익스프레스(7.8퍼센트), 웰스파고(7.2퍼센트) 다섯 종목에 자산의 67퍼센트 이상을 투자했다. 이 기업들은 보통 배당금을 지급하는 수익성이 좋은 기업으로 평가되며 오랫동안 운영돼온 기업들이다. 버핏은 투자할 회사를 꼼꼼하게 파악하는 한편, 이런 특징을 가진 기업을 찾아 위험을 통제한다. 그가 자산을 많이 투자한 종목 중에는 최근에 IPO를 한 기업이나 손실을 보고 있는 기업이나 갓 설립된 회사가 없다는 사실에 주목하자. 그는 전문가 모드로 포트폴리오를 운영하는 사람들은 여섯 종목만 가지고 있으면 충분하다고 여긴다.

플로리다대학교에서 한 연설에서 그는 다음과 같이 말했다. "훌륭한 기업을 여섯 개만 발견할 수 있으면 그것만으로 분산 투자는 충분합니다. 그리고 돈도 많이 벌 수 있을 것입니다. 첫 번째 회사에 돈을 더 투자하지 않고 일곱 번째 회사를 찾는다면 엄청난 실수를 저지르는 것이라 장담할 수 있습니다. 일곱 번째로 좋다고 생각하는 회사에 투자해서 떼돈을 버는 사람은 거의 없습니다. 하지만 가장 좋다고 생각한 회사에 투자해서 돈을 버는 사람은 아주 많습니다. 그래서 나는 보통 수준의 자산으로 투자할 기업에 대해 잘 알고 투자하는 사람들에게 여섯 종목이면 충분하다고 이야기합니다." 그의 말의 핵심을 팁으로 남겨두자.

훌륭한 기업 여섯 개면 그것만으로 분산은 충분하다.
일곱 번째로 좋다고 생각하는 회사에 투자해
떼돈을 버는 사람은 거의 없다. 하지만 가장 좋다고 생각한
회사에 투자해서 돈을 버는 사람은 아주 많다.

1993년 주주 서한에서 버핏은 분산에 대한 생각을 다음과 같이 표현했다. "투자할 기업에 대해 알아보려고 더 노력해서 더 확고한 신뢰를 바탕으로 투자할 수 있다면 몇 개 기업에 집중한 포트폴리오로도 위험을 '낮출' 수 있다고 생각합니다." 이 말도 팁으로 정리하자.

투자할 기업에 대해 알아보려고 더 노력해서 더 확고한
신뢰를 바탕으로 투자할 수 있다면 몇 개 기업에 집중한
포트폴리오로도 위험을 낮출 수 있다.

장점만 골라 포트폴리오 구성하기

관심이 없거나 시간이 없거나 버핏이 이야기하는 전문가 모드를 발휘할 만큼 잘 아는 분야가 없다면 절충안을 사용해 자신만의 분산된

'미니 인덱스'펀드를 구성해볼 수 있다. 각 산업에서 시가총액이 가장 큰 기업을 고르는 것인데, 수십 년 전 아널드 슈워제네거가 연기했던 사이보그 캐릭터에 대한 오마주로서 우리는 이 방법을 '터미네이터 포트폴리오'라고 부른다. 이런 기업들은 터미네이터 캐릭터처럼 다른 기업들과의 경쟁에서 이길 가능성이 크다.

이 방식으로 포트폴리오를 구성하면 미국에서 가장 큰 정유회사인 엑손모빌, 가장 큰 소비재 기업인 애플, 가장 큰 요식업 프랜차이즈인 맥도날드, 가장 큰 금융기업인 JP모건 등을 포트폴리오에 넣게 될 것이다. 이렇게 구성한 미니 인덱스 포트폴리오 안에 포함된 기업의 시가총액은 S&P500 전체 시가총액의 약 80퍼센트 수준에 달하므로, 수익률도 비슷한 양상으로 움직인다. 산업을 이끄는 기업들에 관심을 가지다 보면 소유한 기업에 대한 연차보고서도 매년 자동으로 받아볼 수 있고, 점점 아는 것이 많아지게 된다. 언젠가는 전문가 모드를 발휘할 정도의 지식을 갖출 날이 올 수도 있다.

자금 없이 투자 연습을 하고 싶다면 무료로 배포되는 투자 시뮬레이터를 사용하면 된다. 시뮬레이터를 통해 원하는 투자액(예: 가상 자금 100만 달러)으로 '가상 포트폴리오'를 관리하면서 투자 성과를 살펴볼 수 있다. 우리가 가장 좋아하는 무료 시뮬레이터는 인베스토피디아in-vestopedia.com에서 찾을 수 있다. 사이트에서 '시뮬레이터' 링크를 클릭해 모의 투자를 시작해보자. 원하는 투자 방식을 찾을 때까지 각자 다른 투자 전략을 바탕으로 가상 포트폴리오를 여러 개 만들 수도 있다.

분산 포트폴리오에 적절한 주식 개수

버핏은 "자신이 무엇을 하는지 잘 안다면 분산이 그다지 합리적이지 않을 수 있다"고 했다. 하지만 사람들은 보통 매우 집중된 포트폴리오를 가지고 있으면 불안해한다. 이쯤에서 궁금한 점이 생긴다. '얼마나 분산해야 적절할까?' 그 답은 여러분의 포트폴리오에 무엇이 들어있는지에 달렸다.

예를 들어 주식 500개가 포함된 S&P500 인덱스펀드는 하나만 가지고 있어도 충분히 분산 투자를 하고 있다고 말할 수 있다. 이제부터는 전문가 모드로 집중 포트폴리오를 구성할 준비가 안 된 사람이 직접 주식을 고르려면 얼마나 분산해야 하는지 이야기해보자. 다행히 지금까지 이 주제에 관해 여러 연구가 진행됐다. 제2장에서 우리는 위험을 측정하는 방법으로 수익률의 표준 편차를 사용할 수 있다고 이야기했었다.

몇십 년 동안 학자들이 연구한 결과, 포트폴리오에 종목이 딱 한 개밖에 없으면 위험이 매우 크다고 밝혀졌다. 통계 용어로 표현하면 표준편차가 약 30퍼센트에 달한다고 한다. 다행히 포트폴리오에 종목을 추가하기 시작하면 위험이 빠르게 줄어든다. 포트폴리오에 포함된 종목이 10개가 되면 위험을 40퍼센트 줄일 수 있다. 30개 정도 가지고 있으면 위험이 거의 절반이 된다. 그런데 100개가 넘어가는 순간 위험은 더이상 줄지 않는다. 게다가 꾸준히 살펴보려면 종목 100개는 너무 많은 숫자다. 따라서 분산이 잘된 포트폴리오를 만들기 위해 종목을 몇 개나 포함해야 하는지 묻는다면 30개 정도가 적당하다고 답할 수 있다. 모험심이 강한 사람이라면 15~20개만 포함해도 충분할 것이다.

주식 종목을 30개 고르게 된다면 적어도 15개 이상의 여러 산업에서 골라야 한다. 기술 산업 분야 또는 특정 분야 종목만 30개를 가지고 있으면 종목 간 상관관계가 높을 가능성이 커져 위험을 많이 낮출 수 없기 때문이다.

위험에 대한 '경영대학원'식 접근

버핏은 경영대학원에서 위험에 관해 가르치는 방식에 문제가 있다고 생각한다. 그가 어떤 점을 비판하는지 잘 이해하고 금융 문해력도 높일 겸, 경영대학원에서 가르치는 위험과 수익에 대한 주요 이론의 핵심을 살펴보려고 한다. 자본자산가격결정모델(이하 CAPM)은 마코위츠의 이론을 확장한 모형이다.

포트폴리오에 종목을 많이 담을수록 위험은 줄어든다. 여기에서도 우리는 위험의 정도를 나타내는 지표로 주식의 수익률의 표준 편차, 즉 주식의 변동성을 사용할 것이다. 포트폴리오에 주식을 담으면 담을수록 분산 가능 위험diversifiable risk(시장의 변동과 관련된 위험이 아닌 기업이 속한 특정 산업에 속한 위험―옮긴이) 또는 기업 고유 위험company-specific risk은 줄어든다. 여러분이 시장에 있는 모든 주식을 가지고 있다고 하더라도 (이를테면 주식 수천 개가 포함된 인덱스펀드), 시장 자체에 도사리는 위험

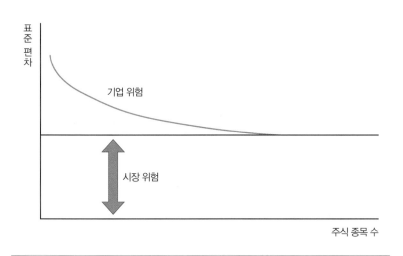

위험에 대한 '경영대학원'식 접근 그래프

(표준편차 / 기업 위험 / 시장 위험 / 주식 종목 수)

은 제거할 수 없다. 시장이 매일 상승하거나 하락하는 것을 생각해보면 이해하기 쉽다. 시장 위험이 완전히 분산될 수 있다면 시장 지수는 절대 하락하지 않을 것이다. 하지만 우리 모두 잘 알듯이 시장은 가끔 끝없이 추락하기도 한다.

학자들은 시장 위험을 베타beta라고 부른다. 경제 체제system와 깊이 연관돼 있다는 의미에서 체계적systematic 위험이라고도 한다. 학자들은 의미 있는 수익을 기대하며 감수할 만한 가치가 있는 위험은 분산할 수 없는 위험인 베타뿐이라는 체계적 위험에 대한 해석을 중요하게 여긴다. 이론에 따르면 주식을 매수할 때 기업 고유 위험은 고려하지 않아도 상관없다. 충분히 분산하면 위험은 없앨 수 있기 때문이다.

CAPM에서 주식의 베타와 곧 살펴볼 한 가지 요소를 곱한 다음 무위험 수익률을 더하면 주식의 기대 수익률을 구할 수 있다. 실무에서 실제로 값을 계산할 때 무위험 수익률은 투자 기간과 같은 만기 기한 (예: 1년)을 가지는 정부 채권이다. 위험을 감수할 가치가 있는 투자는 평균적으로 무위험 수익률보다 수익률이 높다. 그렇지 않다면 투자할 가치가 없다고 봐야 한다. 조금 전 시장 위험을 뜻하는 베타에 관해 이야기했다. 주식이 모두 똑같은 베타를 가지지는 않는다. 시장 전체의 베타는 1이다. 어떤 주식은 베타가 1보다 낮다. 탄탄한 대형 기업이나 식품, 음료, 인프라 또는 대형 제약회사처럼 변동성이 적은 산업에 속하는 회사들의 주식이 해당한다. 하지만 베타가 1보다 큰 기업도 있다. 규모가 작은 기업이나 기술, 생명공학, 금융, 자동차 그리고 몇몇 소비재 기업처럼 변동성이 큰 산업군에 속하는 주식이 해당한다.

CAPM으로 돌아가보면 우리는 무위험 수익률, 베타 그리고 한 가지 요소가 더 필요하다. 마지막 요소에는 시장 심리가 중요하게 작용한다. 전체 시장의 투자자들이 위험을 얼마나 감수할 수 있는지와 연관돼 있다. 이 요소는 시장 위험 프리미엄market risk premium이라고 부르며 주식 시장의 기대 수익률에서 무위험 수익률을 뺀 값이다. 이 개념을 조금 더 구체적으로 설명해보도록 하겠다. 지금까지의 미국 주식 시장 연수익률은 약 10퍼센트였다. 최근에는 재무부 증권 수익률로 대표되는 무위험 수익률이 0퍼센트에 가깝지만, 역사적으로는 연간 약 3퍼센트였다. 이 분석에서 이제까지의 미국 시장 위험 프리미엄은 약 7퍼센트다. 하지만 주식에 관해 이야기하면서 조울증 환자와 진자에 비유했던 것처럼 시장 심리는 언제든 변할 수 있다. 사람들이 겁을 먹으면 시장

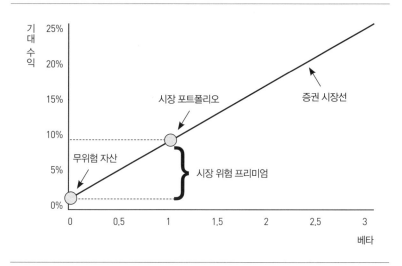

자본자산가격결정모델 그래프

위험 프리미엄은 10퍼센트 이상 치솟기도 한다. 사람들이 욕심을 내거나 시장에 만족하면 2~3퍼센트까지 떨어지기도 한다. 시장 위험 프리미엄이 낮을 때 사람들은 주식 투자에서 엄청난 초과 수익을 기대하지 않는다. 시장 위험 프리미엄은 시장에 있는 모든 주식에 똑같이 적용되며 주식의 베타에는 영향을 받지 않는다.

정리하면 CAPM에서 주식에 대한 기대 수익은 주식의 베타에 시장 위험 프리미엄을 곱하고 무위험 수익률을 더한 값이다. 이렇게 구한 값은 기대 위험과 수익률의 관계를 나타낸 그래프에서처럼 직선으로 표시된다. 수학을 좋아하는 독자들을 위해 CAPM 공식을 이 장의 마지막에 실어두겠다.

경영대학원에서는 베타(시장 위험)가 위험을 측정하는 데 중요한 역할을 한다고 가르친다. 우리가 제5장에서 이야기한 주식의 규모(예: 대형주 vs. 소형주), 성격(예: 성장주 vs. 가치주) 그리고 **모멘텀**momentum이라고 부르는 최근 가격 변동 동향 같은 내용과 위험을 함께 묶어 가르치기도 한다.

경영대학원 방식을 비판한 버핏

여러분이 따분해할 수 있다는 것을 알면서도 베타와 CAPM에 관해 이야기한 이유가 있다. 버핏은 경영대학원에서 위험을 정의하고 가르치는 방식을 못마땅하게 생각한다. 앞서 몇 가지를 언급하기는 했지만, 이제부터 그가 비판적인 시각을 가지는 이유를 더 자세히 알아보려고 한다. 버핏이 한 말이라면 일리가 있을 것이다. 우선 제2장에서 우리는 버핏이 위험을 손실 또는 손해를 볼 가능성이라고 정의한다고 이야기했다. 또한 장기적으로 채권과 현금은 세금을 빼고 나면 인플레이션에 대응하지 못하는 경우가 많아 주식보다 더 위험한 것으로 여긴다고도 이야기했다.

버핏은 위험이라는 주제를 놓고 많은 이야기를 했다. 그의 비판적인 시선을 더 잘 이해하려면 표준 편차와 베타처럼 위험을 측정하는 지표를 더욱 깊이 이해해야만 한다. 집중 포트폴리오는 표준 편차가 높을 수밖에 없다. 하지만 버핏은 표준 편차를 활용하는 방법이 올바른 위험 측정 방식이 아니라고 생각하기에 그다지 신경 쓰지 않는다. 그리고 그는 자신의 판단을 확신한다.

그는 베타도 올바른 지표가 아니라고 생각하며 눈길조차 주지 않는다. 1993년 주주 서한에서 그는 다음과 같이 썼다. "데이터베이스와 통계 기술을 활용해 학자들은 주식의 '베타'(과거 주식의 상대적 변동성)를 계산해내고 난해한 투자 및 자본 배분 이론을 세워 자신들의 계산을 뒷받침하려 합니다. 위험을 측정할 수 있는 단일 지표를 찾고 싶어서겠지만 이들은 자신들의 계산이 대강 맞고 정확하게 틀렸다는 아주 중요한 사실을 망각하고 있습니다."

마지막 문장은 전에 언급한 '공식에 미친 괴짜를 조심하라'라는 팁과 비슷한 맥락이지만, 경영대학원의 접근방식을 직접 꼬집어 비판하는 문장이므로 중요 부분을 추려 팁으로 남기려고 한다.

BUFFETT's TIP 52

베타는 위험이 아니다. 베타가 위험이라는 생각은
대강 맞고 정확하게 틀렸다.

위험에 대한 버핏의 접근방식

버핏은 위험을 판단할 때 기업에서 어떤 사업을 하는지와 다른 기업과의 경쟁에서 기업이 어떤 위치에 있는지, 또는 기업의 해자가 얼마나 견고한지에 집중한다. 그는 코카콜라나 질레트(현 프록터앤드갬블P&G 산하 브랜드)가 눈앞의 이익만 생각하는 신생 기업이나 재정 상태가 불안정한 기업과 베타가 같다고 해서 위험마저 같다고 평가하는 것은 말도 안 된다고 생각한다. 신생 기업인 데다 해자도 갖추지 못한 베타 주식회사라는 회사가 코카콜라나 P&G 같은 기업과 위험이 같을 수는 없다. 1993년 주주 서한에서 버핏은 다음과 같이 썼다.

"사업을 하지 않는 사람들이 봐도 코카콜라와 질레트는 확실히 경쟁력을 갖추고 있습니다. 하지만 이들 주식의 베타는 경쟁력이 거의 없거나 아예 없는 지극히 평범한 기업의 베타와 비슷합니다. 그렇다고 코카콜라와 질레트의 경쟁력이 위험을 측정할 때 아무런 도움도 되지 않는다고 결론 내려야 할까요? 아니면 기업의 일부인 주식을 소유할 때 고려해야 할 위험은 이런 기업들이 지닌 장기적인 운영 위험과는 별개라고 생각해야 할까요? 우리는 둘 중 어느 쪽도 옳다고 생각하지 않으며 투자 종목의 베타가 투자 위험을 의미한다는 생각 역시 말이 되지 않는다고 생각합니다."

그리고 그는 다음과 같이 덧붙였다. "위험을 평가할 때 오로지 베타만 바라보는 사람들은 기업이 어떤 상품을 생산하는지, 경쟁사는 어떤 사업을 하는지, 또는 경영하는 동안 빚을 얼마나 졌는지는 무시할 것입니다. 이들은 기업의 이름을 알고 싶어 하지 않을지도 모릅니다. 이제까지 주가가 어땠는지가 가장 중요하니까요. 반대로 우리는 이제까지의 주가가 어땠는지는 따지지 않을 수도 있습니다. 대신 기업에서 어떤 사업을 하는지 이해할 수 있는 정보를 더 찾을 것입니다." 위험에 대한 그의 시각을 팁으로 요약해보자.

BUFFETT's TIP 53

기업이 얼마나 위험한지는 그들이 어떤 상품을 생산하는지,
경쟁사는 어떤 사업을 하는지 그리고
빚을 얼마나 졌는지에 달려 있다.

자신이 사고 싶은 물건의 가격이 내려간다면 아마 여러분은 좋은
거래를 할 수 있겠다고 생각할 것이다. 여러분이 구매한 물건이나 서
비스를 비싸게 주고 살 위험이 떨어지기 때문이다. 버핏은 투자할 때
도 똑같이 해야 한다고 이야기한다. 1993년 주주 서한에서 그는 이
렇게 이야기했다. "예를 들면 베타를 기본으로 한 이론에서 우리가
1973년에 인수한 〈워싱턴포스트〉처럼 시장과 비교해 가격이 급속도
로 떨어지는 주식은 가격이 높았을 때보다 낮아졌을 때가 '더 위험한'
주식이 됩니다. 회사 전체를 아주 싼 가격에 제의받은 사람에게 이런
해석이 의미가 있었을까요? 사실 진짜 투자자는 변동성을 '반깁니다'."

'오마하의 현인'은 훌륭한 조언을 했다. 하지만 따르기 힘들다고 하
는 사람이 많다. 그 이유가 무엇일까. 보유하고 있는 주식의 가격이 하
락하면 순자산이 줄어들어 전보다 가난해지기 때문이다. 그러면 투자
자들은 엄청나게 불안해하며 쓰린 속을 달래야 한다. 버핏의 마지막 문
장을 팁으로 기억하자.

진정한 투자자는 변동성을 반긴다.

금에 대한 버핏의 생각

금을 안전한 피난처로 여기는 사람이 많다. 주가가 가파르게 하락할 때 금값은 보통 오른다. 주식과 금은 음의 상관관계를 가지므로 학자들은 자산을 분산하는 방법으로 금을 활용한다. 그렇다면 버핏은 금에 대해 어떻게 생각할까? 버핏은 비트코인과 마찬가지로 금도 그다지 좋아하지 않는다. 그는 금이 생산적인 자산이라 생각하지 않는다. 생산적인 자산이란 식품을 생산하는 농장이나 임대료를 가져다주고 주거 공간을 제공하는 부동산, 원금에 이자까지 얹어주는 채권이나 회사의 소유주가 돼 배당금을 받을 수 있게 해주는 주식 같은 자산을 뜻한다. 금이 하는 일이 무엇인지 생각해보자. 금은 예쁘고 장신구가 되기에 좋지만 버핏은 금 자체에 가치가 있다고 생각하지 않는다. 2011년 주주 서한에서 그는 이렇게 말했다.

"오늘날 세계 금 보유량은 약 1억 7,000만 톤 정도입니다. 이 금을 모두 녹여 한 덩이로 만들면 가로세로와 높이가 각각 20미터에 달하는 정육면체 덩어리로 만들 수 있습니다. (야구장 내야에 꼭 들어맞는 사이즈가 되겠군요.) 이 글을 쓰는 현재 금 시세인 1온스(약 28그램=약 8돈 —옮긴이)당 1,750달러로 계산했을 때 정육면체 금덩어리의 값어치는 9조 6,000억 달러입니다. 이 금덩어리를 투자 A 안이라고 하겠습니다.

이제 금덩어리와 가치가 같도록 B 안을 만들어봅시다. 이 돈이면 우리는 미국 내에서 매년 2억 달러를 벌어다주는 4억 에이커(약 162만 제곱킬로미터)의 땅을 몽땅 사들여 농사를 짓고, 연간 4,000만 달러 이상을 벌어들이는 세계에서 가장 수익성이 좋은 엑손 모빌 같은 회사를 16개쯤 살 수 있습니다. 그러고도 여윳돈이 1조 달러나 남아 있을 것입니다. 그러면 원 없이 쇼핑을 즐길 수 있겠지요. 9조 6,000억 달러라는 돈을 가진 투자자가 과연 B 안을 두고 A 안을 선택할까요?

100년 후 4억 에이커의 농장은 옥수수와 밀, 목화와 다른 작물을 어마어마하게 생산할 것이고, 그 후에도 가치가 얼마이건 그만큼의 작물을 꾸준히 생산할 것입니다. 엑손모빌은 투자자들에게 배당금으로 수조 달러를 지급하고도 수조 달러의 자산을 보유하고 있을 것입니다. 게다가 우리에게는 엑손모빌 같은 회사가 16개나 더 있습니다. 금 1억 7,000만 톤은 크기가 더 커지지 않을 뿐만 아니라 아무것도 생산해낼 수 없습니다. 금을 아무리 문질러봐야 아무 일도 일어나지 않습니다."

아주 긴 이야기지만, 나중에 어느 어설픈 예언가가 여러분의 자산 중 상당한 부분을 금에 투자해야 한다고 이야기할 때 떠올릴 만한 가치가 있는 조언이다. 금에 대한 버핏의 생각을 팁으로 정리해두자.

금은 비생산적인 자산이다. 자산을 분산하는 데
도움이 될 만한 특성이 있기는 하지만 포트폴리오에서
큰 비중을 차지해서는 안 된다.

위험을 보는 버핏의 시각 요약

위험은 한 번 듣고 이해하기에 쉽지는 않은 주제지만, 재무 상태와 삶을 건강하게 유지하기 위해서는 꼭 알아둬야 할 주제이기도 하다. 버핏의 관점을 요약하자면 위험이란 세금을 제했을 때 인플레이션율보다 수익률이 낮은 상품에 투자하는 것이다. 또한 경영 상태가 나쁘거나 빚이 많거나 경쟁력이 없거나 과평가된 미지의 사업에 투자하는 것이다.

버핏은 1993년 주주 서한에서 그런 자신의 생각을 공식적으로 밝혔다. 드디어 이 장이 끝나가고 있으니 내용이 꽤 길더라도 조금만 더 인내심을 발휘해보자. 투자 교과서에서 흔히 볼 수 있는 공식도 없다. 버핏에 따르면 위험을 결정하는 근거는 다음과 같다.

1. 기업의 장기적 재무 특성을 평가할 수 있다는 확신
2. 잠재력을 최대한으로 발휘할 수 있을지, 현금흐름을 현명하게 유

용할 수 있을 지 같은 기업의 경영 상태를 평가할 수 있다는 확신

3. 경영 방침에 따라 기업에서 거둔 이익을 경영진이 독식하지 않고 주주에게 돌려주리라는 확신

4. 기업의 주가

5. 기업을 소유하는 동안 투자자의 구매력에 영향을 미치는 동시에 총수익과 실수익의 차이를 결정하게 될 과세 수준 및 인플레이션

자본자산가격결정모델

CAPM에서 가장 중요한 수식, 흔히 증권 시장선Security Market Line, SML이라고 부르는 수식은 다음과 같다. IBM을 예로 들어 살펴보자.

$$E(R_{IBM}) = R_f + \beta_{IBM} \times [E(R_{mkt)} - R_f]$$

수식을 풀어 설명하자면 IBM의 기대 수익은 IBM의 베타와 시장 위험 프리미엄을 곱한 다음 무위험 수익률을 더한 값과 같다. 무위험 수익률과 시장 위험 프리미엄은 이론적으로 모든 기업에서 같으므로, CAPM에서 서로 다른 자산의 기대 수익 차이는 베타의 차이에 의해 결정된다고 할 수 있다.

"다음에 좋은 아이디어가 떠오르면
50년보다는 훨씬 더 일찍 결단을 내릴 것이다."

_워런 버핏, 1989년 버크셔해서웨이 주주 서한

제9장

투자를 할 때
꼭 알아야 할 기업들

르브론 제임스, 테일러 스위프트, 제이지, 톰 브래디, 비욘세, 케이티 페리, 마이클 조던, 웨인 그레츠키Wayne Gretzky(유명 아이스하키 감독―옮긴이), 레이디 가가, 타이거 우즈, 드레이크 같은 슈퍼스타를 모르는 사람을 만났다고 생각해보자. 여러분은 아마 그들에게 "화성에서 오셨어요? 깊은 산속에서 자연인으로 사시나 봐요."라고 말할 것이다. 마찬가지로 금융 문해력을 기르려면 현재 세계 경제의 주요 기업들과 인물들에 대해 알아야 한다. 이 장과 다음 장에서는 우리가 사는 세상을 이끌어가고 있는 기업들에 대해 살펴보려고 한다. 우선 세계 경제를 주도하는 기업들의 주식에 집중하고, 다음 장에서는 뛰어난 사업가들에 대해 살펴볼 것이다. 준비됐다면 페이지를 넘겨보자.

미국에서 가장 오래된 분산 주가지수, 다우존스 산업평균지수

세계 경제에서 가장 중요한 기업이 어떤 기업인지 감을 잡으려면 블루칩 기업들을 떠올리면 도움이 될 것이다. 재정 전문가라면 다우존스 산업평균지수DJIA 또는 다우지수에 포함된 기업들을 블루칩 기업으로 가장 먼저 떠올릴 것이다. 다우는 미국에서, 또는 세계에서 가장 오래된 분산 주가지수다.

앞에서 주가지수를 주식을 담은 바구니 또는 포트폴리오라고 정의했다. 지수들은 저마다 주제가 있는 경우가 많다. 현재 뉴스 코퍼레이션News Corp에 속한 다우존스드앤컴퍼니Dow Jones & Company는 미국을 넘어 전 세계에서 가장 널리 읽히는 경제지인 〈월스트리트저널〉을 발행하는 회사다. 세계적으로 유명한 이 신문을 1889년 처음 발행한 인물이 바로 찰스 다우Charles Dow다.

주식 시장을 공부하거나 주식 투자를 하는 사람들은 몇 가지 중요한 질문을 하곤 한다. 우선 오늘의 주식 시장 상황이 어떤지 궁금해한다. 오늘, 이번 주, 이번 달, 올해… 기간을 얼마로 잡든 상관없지만, 이 질문에 답하기 위해서는 주가지수라는 지표가 필요하다. 1896년 찰스 다우가 그의 신문에 싣고자 다우라는 지수를 만든 것도 이 질문에 답하기 위해서였다.

두 번째 질문은 투자자 '자신의' 투자 포트폴리오가 얼마나 잘하고 있는지에 관한 것이다. 다우도, 어떤 시장 지수도 이에 대해 완벽한 답을 내놓지 못한다. 이 질문에 정확히 답하려면, 시장과 포트폴리오의 위험이 비슷하다고 가정하고 포트폴리오 실적을 계산한 다음 시장 실적과 비교하면 된다. 이때 우리는 시험에서 상대평가 점수를 낼 때처럼 포트폴리오의 상대적인 실적을 평가한다. 선생님께서 시험을 어렵게 내서 전체 학생 평균이 70점일 때 80점을 받았다면 여러분은 행복할 것이다. 반면 전체 평균이 90점인 시험에서 80점을 받는다면 여러분은 실망을 감추지 못할 것이다. 여러분이 다른 사람들의 실적을 상관하지 않는다면, 다행이다. 버핏도 여러분이 내면의 점수표를 갖추고 다른 사람들의 의견에 휘둘리지 않으며 자신을 믿고 있다고 인정해줄 것이다.

주식이라는 맥락에서 실적이란 무엇인지 좀 더 알아보자. 여러분의 포트폴리오 수익률이 15퍼센트인데 시장 전체의 수익률은 10퍼센트라면 마음껏 기뻐해도 좋다. 포트폴리오와 시장의 위험이 비슷하다고 가정할 때, 포트폴리오의 수익률과 시장 수익률의 차이를 알파$_{alpha}$라고 부른다. 만약 위험이 비슷하지 않다면 공정한 게임이라 할 수 없으므로 조정을 약간 해야 한다. 그에 대해서는 이 책에서 다루지 않을 예정이다. 만약 시장이 20퍼센트의 수익을 거두는 동안 여러분의 포트폴리오가 15퍼센트의 수익을 거뒀다면 실적이 그리 좋지 못했다는 이야기고, 이 경우 알파는 -5퍼센트가 될 것이다.

다우지수의 계산법

얼핏 보면 계산하기가 그리 어렵지 않아 보인다. 다우지수 안에 포함된 주식 30개의 가격을 모두 더해서 30으로 나누면 된다고 생각할 수도 있다. 식은 죽 먹기보다도 쉽지 않은가. 원래 다우지수에 포함된 주식 종목 수는 12개였다가 1928년에 30개로 늘었다. 계산할 때는 주식이 12개에서 30개로 늘었다는 것을 참고해야 한다. 그 밖에도 다우지수의 현재 수치를 계산하려면 조정해야 할 사항이 두 가지 더 있다.

때때로 지수에서 사라지는 주식도 있다. 흔한 경우는 아니지만 어떤 기업이 다른 기업에 인수되기도 한다. 이보다는 자주, 역시 흔하지는 않게 일어나는 일로 다우지수를 구성하는 사람들이 특정 종목을 빼고 다른 종목을 넣기도 한다. 다우지수에 포함된 기업 중 규모가 줄고 더 이상 블루칩 기업으로 여겨지지 않는 기업이 발생한 경우다. 다우지수가 등장한 1896년부터 종목이 변한 경우는 예순 번이 채 되지 않는다. 2년에 한 번도 안 될 정도로 드문 일이지만 그래도 계산에 넣어야 한다. 예를 들어 아메리칸슈거컴퍼니American Sugar Company, U.S.레더컴퍼니U.S. Leather Company, 라클리드가스컴퍼니Laclede Gas Company라는 기업의 주식은 한때 다우지수에 속해 있었다. 가장 최근에는 2020년 8월 31일에 화이자Pfizer 대신 암젠Amgen이, 레이시언테크놀로지스 Raytheon Technologies 대신 허니웰Honeywell이, 엑손모빌 대신 세일즈포스닷컴salesforce.com이 다우지수에 편입됐다.

버핏은 과거의 영광을 뒤로한 채 힘을 잃어가는 기업들에 관해 글을 쓴 적이 있다. 2014년 버크셔해서웨이 주주 서한에서 그는 다음과 같이 적었다.

"나의 후임에게는 특별한 강점이 있어야 합니다. 바로 오만함, 관료주의, 안일함에 맞서 싸울 수 있는 능력입니다. 암이나 마찬가지인 이런 폐해가 기업 이곳저곳에 퍼지면 가장 강했던 기업조차도 흔들릴 수밖에 없습니다. 이를 증명할 수 있는 예시는 엄청나게 많지만, 기업가 친구들의 심기를 거스르고 싶지는 않기에 먼 옛날이야기를 꺼내보려 합니다. 한때 GM, IBM, 시어스로벅Sears Roebuck, US 스틸은 거대한 산업의 꼭대기에 앉아 영광을 누렸습니다. 이들의 강점은 절대 사라지지 않을 것처럼 보였습니다. 하지만 이들은 앞서 언급한 파괴적인 행동들로 인해 CEO와 이사들이 그전까지는 절대 불가능하리라 생각했던 깊이까지 추락하고 말았습니다. 한때 탄탄했던 그들의 재정 상태와 기록적인 수익 능력도 결국 그들의 몰락을 막아주지 못했습니다." 점점 힘을 잃는 기업에 대한 그의 말을 팁으로 요약해보자.

BUFFETT's TIP 56

오만, 관료주의, 안일함이라는 기업 부패를 허용하는
회사는 피하라.

다우지수를 계산하기 위해 고려해야 할 세 번째는 **주식 분할**stock split
이다. 다음 주제에서 좀 더 자세하게 정의할 테지만, 지금은 10달러짜
리 지폐를 5달러짜리 두 개로 바꾸는 과정이라고만 알아두면 된다. 경
제적 가치가 없는 회계 속임수라 할 수 있다. 기업에서 왜 이런 일을 하
는지 당장 알고 싶겠지만, 정답은 조금 뒤에 공개하기로 하겠다. 지금
은 액면 분할을 했을 때 회사에는 실제로 아무 영향이 없지만, 주가가
낮아지고 발행 주식 수가 늘어난다는 핵심만 기억해두자.

기본 수치를 몇 가지만 보면 다우지수를 계산하는 데 조정이 필
요한 이유를 쉽게 이해할 수 있다. 오늘날 다우지수는 3만을 웃돈다
(2021년 기준). 현재는 다우지수에서 빠진 버크셔해서웨이를 제외하
고 미국에서 주가가 3만 달러보다 비싼 기업은 없다. 그렇다면, 다우
지수에 포함된 주식 30개의 가격을 더해 30으로 나눈 결과가 어떻게
27,000이 될 수 있을까? 앞에서 이야기한 세 가지 이유가 전부 원인이
지만 그중에서도 액면 분할이 가장 큰 영향을 미친다.

다우지수는 **가격가중지수**price-weighted index다. 이 말은 주가가 비싼 비
자 같은 주식이 주가가 싼 코카콜라 같은 주식보다 지수에 미치는 영

향이 크다는 뜻이다. 학교 성적에 비유하자면 과목의 종합 성적을 계산할 때 쪽지 시험보다는 중간고사나 기말고사의 점수 비중이 높은 것과 같다. 그러니까 고가주(비자)는 정기 시험 점수고 저가주(코카콜라)는 쪽지 시험 점수인 셈이다.

더 일반적인 지수는 가치가중지수 또는 시가총액가중지수다. S&P500이 가장 널리 알려진 가치가중지수다. 지수를 계산할 때 주식의 가중치는 주당 가격 대신 주당 가격에 발행 주식 수를 곱한 값, 즉 시가총액에 의해 결정된다. 예를 들면 최근 마이크로소프트의 시가총액은 1조 6,000억 달러가 넘었다. S&P500과 같은 가치가중지수에서 마이크로소프트의 가중치는 시가총액이 16억 달러인 회사보다 1,000배 더 클 것이다. 학교 예시를 계속해서 사용해 설명하면 마이크로소프트는 점수 비중이 높은 기말고사이고, 시가총액 16억 달러인 회사는 일상적인 숙제라고 볼 수 있다.

용어 하나만 더 설명하고 이 주제를 마무리 짓자. 포인트point는 달러 또는 여러분이 사는 나라에서 사용하는 통화의 변화량을 의미한다. 주식이 2포인트 올랐다고 하면 미국에서는 2달러가 올랐다는 뜻이고 독일에서는 2유로, 영국에서는 2파운드가 올랐다는 뜻이다. 물론 포인트가 떨어질 수도 있다. 다우존스나 S&P500 같은 지수에서도 포인트라는 용어를 사용한다.

주가에 5포인트만큼 변동이 생겼다면 중요할 수도 있고 중요하지 않을 수도 있다. 만약 버크셔해서웨이 클래스 A 주식이 5포인트 떨어졌다면 반올림이 잘못됐을 거라 여기고 넘어갈 문제다. 하지만 현재

50달러 선에서 거래 중인 코카콜라 같은 주식에서 5포인트는 어마어마한 차이다. 따라서 주가나 포트폴리오, 지수에서는 여러분의 자산이 어떻게 변화했는지 더 관련이 있는 '백분율 변화'에 주목해야 한다.

주식 분할이란

조금 전에 이야기한 것처럼 주식 분할은 10달러짜리 지폐 한 장을 5달러짜리 지폐 두 장으로 바꾸는 회계상 꼼수다. 당연히 가진 돈의 액수는 10달러로 변하지 않는다. 액면 분할을 회계 꼼수일 뿐이라고 여기는 이유가 여기에 있다. 주식을 가지고 비슷한 계산을 해보자. 50달러짜리 주식 100개를 가지고 있다고 치자. 여러분은 50달러 곱하기 100, 즉 5,000달러어치 주식을 가진 셈이다.

주식 분할을 하면 회사에서는 주식 분할 비율을 정한다. 가장 흔한 경우는 2:1이다. 우리의 예시에서 2:1 분할을 하고 나면 주식 수는 200개(100주×2)가 될 것이고, 주식 가격은 25달러(50달러÷2)로 절반이 된다. 25달러짜리 주식을 200주 가졌으므로 여전히 주식 5,000달러어치를 가진 셈이다.

가치에 변화가 없는데 굳이 이런 복잡한 과정을 거치는 이유는 무엇일까? 투자자의 심리가 가장 큰 이유다. 길에 나가서 주식에 투자하는 사람을 아무나 붙잡고 물어보자. "100주를 가지시겠습니까, 아니면 200주를 가지시겠습니까?" 투자자들은 주가에 미치는 영향은 묻지도 않고 대부분 200주를 가지겠다고 할 것이다. 겉으로 보기에 가진 주식 수가 많으면 더 많은 돈을 가진 것처럼 보이지만, 이제 우리는 주식 분할을 마친 후 주가가 절반이 되고 나면 결코 더 부자가 될 수 없다는 사실을 안다. 순진한 사람들은 어제까지 50달러였던 주식이 25달러로 싸졌으니 더 좋은 거래를 할 수 있다고 생각하기도 한다. 하지만 기업의 가치는 실제 주당 가격보다 기업의 내재 가치, 예를 들어 미래 현금흐름에 대한 현재 가치나 현재 주당 수익을 주식 수로 곱한 시가총액에 의해 결정되므로 이런 생각은 틀렸다고 할 수 있다.

여기에서 주당 47만 달러라는 금액에 거래되는 버크셔해서웨이 클래스 A 주식은 싸다고 생각하면서 10달러 미만에 거래되는 기업은 비싸다고 이야기할 때가 있는 이유를 짚고 넘어가야 한다. 왜 이런 일이 발생할까? 미래 현금흐름에 대한 현재 현금의 가치와 비교했을 때 버크셔해서웨이 주식의 현재가격이 낮게 책정돼 있기 때문이다. 또 10달러짜리 주식이 고평가됐거나, 앞으로 예상되는 수입이 아주 적거나 없기 때문이다.

투자자의 심리를 이용하려는 의도가 아니라면, 주식 분할을 하는 기업이 많은 이유는 무엇일까? 주식 분할을 하는 기업들이 낸 기사에서는 '시장 유동성을 증가시키기 위해서'라는 문구를 볼 수 있다. 시장 유동성에 대해서는 앞에서 여러 번 이야기한 적이 있다. 다시 한번 짧게 설명하자면 유동자산은 적절한 시장가격으로 빨리 팔 수 있는 자산이다. 주식을 작게 쪼개면 주가가 낮아지므로, 기업들은 더 많은 투자자에게 주식을 팔아서 거래량을 늘리고 거래 비용을 낮출 수 있다고 믿는다. 투자자들이 **최소거래단위**round lot에 맞춰 주식을 사야 했던 몇 년 전까지는 그랬을 수도 있다. 최소거래단위란 주식 100주 이상을 뜻한다. 100주 미만 거래는 최소거래단위 미만 거래를 담당하는 단주 창구odd lot desk에서 따로 거래됐다. 하지만 요즘에는 거래 비용을 낮추기 위해 최소거래단위 이상 거래할 필요가 없어졌다. 매수를 하든 매도를 하든 1,000주까지 단일 수수료(예를 들면 10달러)를 부과하는 증권사가 많아졌다. 사실 슈왑Schwab, 피델리티Fidelity, 로빈후드Robinhood 같은 증권사는 수수료가 아예 없는 구조이므로 유동성을 위해서라는 설명은 설득력을 잃게 됐다. 게다가 증권사 중에는 이미 고객들이 1/n주를 보유할 수 있도록 주식을 쪼개서 판매하는 서비스를 제공하는 회사도 있다.

너무 옆길로 새면 안 되겠지만 **주식 병합**reverse split만큼은 이야기하고 넘어가자. 주식 병합을 하고 나면 보유한 주식 수는 줄고 주당 가격은 올라간다. 예를 들어 1달러짜리 주식 1,000주를 가지고 있었는데 1:10 병합을 했다면 주당 가격이 10달러인 주식 100주를 가지게 된다. 주식 가격에 주식 수를 곱한 총 가치는 여전히 1,000달러다. 그럼 주식 병합을 하는 이유는 무엇일까? 대부분의 증권거래소에는 주식 가격이 적어도 1달러 이상 돼야 거래소에서 계속 거래할 수 있다는 규정이 있다. 회계 꼼수일 뿐이라도 주식 병합을 하고 나면 기업이 곤경에 처해 있다는 인상을 주기 때문에 주가가 떨어진다. 하지만 주식이 거래소에서 더 이상 거래되지 않으면 학교에서 쫓겨난 비행 청소년 신세나 마찬가지다. 이런 상황을 막기 위해 기업들은 무슨 수를 써서라도 주식 병합을 한다.

주식의 종류와 주식 분할에 대한 버핏의 의견

버핏은 액면 분할에 관해서도 의견을 남겼다. 버크셔해서웨이의 주식 가격을 보고 여러분도 예상했듯 그는 액면 분할을 고운 시선으로 보지 않는다. 버크셔해서웨이의 1983년 주주 서한에서 그는 다음과 같이 썼다. "우리가 기업의 가치보다 주가에 집중해 주식을 분할하거나 다른 조처를 한다면 주식을 팔고 떠나는 판매자들보다 질이 좋지 않은 구매자들이 유입될 것입니다. 기업의 가치와 상관없이 매수하는 사람들은 기업의 가치와 상관없이 매도합니다. 투자자 중에 이런 부류가 있으면 기업의 발전과는 관계없이 주가가 불규칙하게 변하게 됩니다." 주식 분할이 회계 꼼수일 뿐이라면 굳이 해야 할 가치가 없다는 뜻이다. 그의 말을 팁으로 요약하자.

BUFFETT's TIP 57

기업의 가치와 관련 없는 이유로 매수하는 사람들은
기업의 가치와 관련 없는 이유로 매도한다.
이들은 가격 변동성을 높이는 경향이 있다.

주식 분할을 하지 않은 버크셔해서웨이의 주가는 엄청나게 올라서 1주도 사기 어려운 사람이 생길 정도가 됐다. 그러자 버크셔해서웨이 주식을 쪼개 팔며 판매 수수료를 챙기는 업자들이 생기기 시작했다. 이런 상황을 보고만 있을 수 없던 버핏은 버크셔해서웨이 클래스 B 주식

을 발행해 자본금이 적은 투자자들도 쉽게 접근할 수 있도록 했다. 이 쯤에서 여러분은 의문을 가지게 될 것이다. "클래스 B 주식은 무엇이고 기업에서 주식의 클래스를 나누는 이유는 무엇일까?" 좋은 질문이다.

기업에서 발행한 주식 클래스는 하나인 경우가 일반적이다. 기업의 주식 1주를 가지면 주주로서 이사회 구성원을 임명할 때나 감사를 맡을 회계 법인을 선임할 때 또는 다른 여러 가지 결정을 내릴 때 1표를 행사할 수 있는 자격을 가지게 된다. 몇몇 회사들만 주식 클래스를 두 개로 나눠 발행한다. 알파벳이나 언더아머 같은 기업들이 주식을 클래스 두 개로 나눠 발행한다. 클래스 두 개의 가장 큰 차이는 회사의 중요한 사안에 대해 투표할 권리를 주는지 여부다. 따라서 주식 클래스가 두 개면 창립자 또는 그들의 후계자는 보유한 주식 비율이 50퍼센트 미만이 되더라도 기업을 계속해서 관리할 권한을 유지할 수 있다.

하지만 버핏은 경영권을 유지하기 위해서 버크셔해서웨이 클래스 B 주식을 만든 것이 아니었다. 어차피 그와 그의 친한 동료들은 버크셔해서웨이의 주식 과반수를 보유하고 있다. 그가 클래스 B 주식을 만들기로 한 이유는 자본금이 얼마 없는 소액 투자자들에게서 수수료를 뜯어내 배를 불리는 업자들을 저지하기 위해서였다. 1996년 처음 발행된 버크셔해서웨이 클래스 B 주식은 현재 클래스 A 주식의 1/1,500 가격에 거래되고 있다. 가격과 투표권을 제외하면 클래스 B 주식과 클래스 A 주식 사이에 다른 점은 없다. 클래스 B 주식 보유자는 여전히 클래스 A 보유자와 동일한 사업에 투자해 수익을 얻을 권한을 가진다. 버크셔해서웨이가 배당금을 지급했다면 클래스 A를 1주 보유한 사람과 클래스 B를 1주 보유한 투자자는 같은 배당금을 받게 됐을 것이다.

버크셔해서웨이 클래스 B 주식을 1주라도 가지고 있으면 버핏과 그의 동료들이 경영하는 엄청나게 훌륭한 기업을 소유할 수 있다. 또 경제지에서 '자본가들의 우드스톡'이라고 불리는 버크셔해서웨이 연례 주주총회에 초대받을 수 있다. 우드스톡 페스티벌은 1969년 여름 지미 핸드릭스Jimi Hendrix, 더후The Who, 산타나Santana, (나중에 스타십으로 이름을 바꾼) 제퍼슨 에어플레인Jefferson Airplane, 크로스비Crosby, 스틸스Stills, 내쉬앤드영Nash & Young, 슬라이앤드더패밀리스톤Sly and the Family Stone, 그레이트풀 데드Grateful Dead처럼 훗날 세계적 밴드로 거듭난 음악가들이 한자리에 모였던 전설적인 음악 예술 페스티벌이다. 매년 버크셔해서웨이 주식을 가진 사람 수만 명도 한자리에 모이고 야후Yahoo에서 주관하는 온라인 스트리밍을 통해 수백만 명이 주주총회에 참가한다. 2020년에는 코로나바이러스의 영향으로 완전히 비대면으로 개최됐다.

현재 다우존스 산업평균지수에 포함된 주식

이제 본격적으로 다우지수에 포함된 주식 30개에 대해 알아보고, 세계적인 블루칩 주식에 관해서도 이야기해보자. 경제 시장에 아주 다양한 기업이 존재하듯, 다우지수에 포함될 주식을 선정하는 이들은 언제나 지수 안에 다양한 회사를 포함시키고자 한다. 우리는 섹터sector별로 기업을 분류하려고 한다. 주식 시장은 **산업**industry별로 묶을 수 있는 개별 주식 종목들로 구성된다. 그리고 산업을 묶어놓은 것이 섹터다. 섹터가 모이면 전체 시장이 된다. 예를 들면 기술은 컴퓨터 소프트웨어, 하드웨어 그리고 컴퓨터 서비스 산업으로 구성된 시장 섹터의 한 갈래다. 이제부터는 다우지수의 섹터에 관해 알아보자. 단, S&P500에서는 약간 다른 방식으로 주식을 구분하는데, 이 책에서는 다루지 않을 예정이다.

소재 관련 주식

소재Materials 섹터에는 석유, 천연가스, 작물 그리고 화학과 같은 원자재와 관련된 주식이 포함된다.

셰브론(NYSE: CVX)

셰브론Chevron, 정확하게는 셰브론 텍사코Chevron Texaco는 세계에서 가장 큰 에너지 기업이다. 석유 사업은 세 부문으로 이루어진다. 상류 부문은 석유와 천연가스를 찾아 개발한다. 중류 부문은 바다나 육지에서 퍼 올린 깨끗하지 않은 원유의 정제와 운송을 담당하며 정유 공장과 송유관 사업으로 구성된다. 하류 부문은 석유와 천연가스 제품을 소매점 또는 소비자 시장에서 판매한다.

예를 들어 코스트코Costco는 하류 부문 사업으로 몇몇 매장에서 휘발유를 판매하지만, 상/중류 부문 사업은 하지 않는다. 상/중/하류 부문 사업에서 모두 활동하는 셰브론 같은 기업을 두고 종합적인 석유 사업을 한다고 이야기한다. 놀랍게도 우리가 자주 사용하는 플라스틱 제품들이나 양초, 립밤을 비롯한 다양한 제품들이 (부분적으로나마) 석유로 만들어진다.

다우 케미컬(NYSE: DOW)

다우 케미컬Dow Chemical은 이름에서도 알 수 있듯 화학 회사이며 다우지수와는 아무런 관련이 없다. 2015년 또 다른 화학 기업인 듀폰Du-Pont과 합병됐다. 듀폰은 다우지수에 맨 처음 포함돼 있던 기업 중 하나였다. 그 후 2019년 다우와 듀폰은 코르테바Corteva라는 회사를 설립해 세 개 기업으로 분할했다. 그 이유를 이해할 수 없겠지만 나중을 위해 그 이야기는 남겨두자. 화학 회사에서는 청소 세제와 농약을 포함해 대부분 석유에서 파생된 아주 다양한 제품을 만든다.

소비자 및 비즈니스 서비스 관련 주식

이름에서 알 수 있듯 소비자 및 비즈니스 서비스Consumer and Business Services 섹터에 속한 기업들은 소비자와 기업을 상대로 상품과 서비스를 판매한다. 레스토랑, 의류 소매업, 백화점 등 소비재 기업이 포함되기 때문에 생활 속에서 가장 많이 접할 수 있는 섹터다.

홈디포(NYSE: HD)

홈디포Home Depot는 세계에서 가장 큰 주택 건축 자재 업체다. 여러분의 집에서 필요한 거의 모든 물품을 찾을 수 있다. 전 세계에 2,200개 이상 매장을 운영하고 있으며 주로 미국, 멕시코, 캐나다 시장에서 활동한다. 주택 구조물을 설치하거나 수리하는 기업 또는 도급업자들과도 여러 사업을 함께 하고 있다. 월마트, 아마존과도 경쟁하고 있지만 홈디포의 가장 큰 경쟁자는 로우스Lowe's다. 아마존이 홈디포와 효과적으로 경쟁할 수 없는 제품 중 하나는 시멘트다. 이는 배송비가 상품 가격보다 비싸질 때가 많기 때문이다.

맥도날드(NYSE: MCD)

맥도날드는 패스트푸드 업계의 선두주자로 세계에서 가장 큰 요식업 체인이다. 조립 공정 기법을 처음 도입한 요식업체이기도 하다. 패스트푸드 식당은 저렴한 음식을 빠르게 준비해 판매하는 식당으로 유명하지만, 판매하는 음식의 영양 면에서 훌륭하다는 평가를 받지는 못한다. 한편 패스트푸드 업계에서는 '패스트 캐주얼'이라 부르는 새로운 부문의 사업이 부상하고 있다. 패스트 캐주얼 기업들은 빠르게 음식을 준비하고 고객들에게 봉사료, 즉 팁을 부과하지 않으면서 맥도날드, 버거킹, 하디스Hardee's, 웬디스Wendy's에서 판매하는 메뉴보다는 영양 측면에서 나은 음식을 판매한다. 치폴레Chipotle와 파네라브레드Panera Bread가 가장 잘 알려진 패스트 캐주얼 기업이다.

월마트(NYSE: WMT)

월마트Walmart는 연 매출로 따졌을 때 세계에서 가장 큰 소매업체다. 가장 규모가 큰 식료품점이자 산업 용어로 건조 제품이라고도 부르는 소비자 제품(최종소비자에 의해 구매되는 제품—옮긴이)을 판매하는 기업이다. 또한 미국에서 가장 큰 다이아몬드 판매 업체이기도 하다. 다이아몬드라니 아마 예상하지 못했을 것이다. 교외 지역에 사는 사람들에게는 월마트가 근방에서 가장 쇼핑하기 좋은 장소인 경우가 많다. 월마트의 주 경쟁업체는 타겟Target, 코스트코, 아마존이다.

버핏은 월마트가 한참 성장하고 있을 때 월마트 주식을 사지 않은 것을 몹시 후회한다고 말했다. 그가 이해할 수 있는 종류의 사업인 데다 네브래스카퍼니처마트와 귀금속 업체인 보셰임스 같은 버크셔해서웨이 소속의 성공적인 소매업체보다 큰 규모로 비슷한 사업을 운영하고 있었기 때문이다.

1989년 주주 서한에서 그는 다음과 같이 말했다. "네브래스카퍼니처마트와 보셰임스는 다음과 같은 성공의 공식을 철저하게 따랐습니다. 첫째, 한 장소에서 매우 다양한 종류의 상품을 둘러볼 수 있을 것. 둘째, 운영 비용을 최대한 낮출 것. 셋째, 상품을 대량으로 사들여 좋은 가격에 물건을 구비할 것. 넷째, 경쟁자들보다 가격을 현저히 낮추고 매출총이익을 높일 것. 다섯째, 언제나 친절하게 맞춤 서비스를 제공할 것." 이 말에는 주주와 사업가가 꼭 기억해야 할 중요한 교훈이 숨어 있다. 이 책에서 가장 긴 팁이 될 테니 기억해두자.

소매업체로서 성공할 수 있는 비결은 다음과 같다.
첫째, 한 장소에서 매우 다양한 종류의 상품을 둘러볼 수 있을 것.
둘째, 운영 비용을 최대한 낮출 것.
셋째, 상품을 대량으로 사들여 좋은 가격에 물건을 구비할 것.
넷째, 경쟁자들보다 가격을 현저히 낮추고 매출총이익을 높일 것.
다섯째, 직원들은 언제나 친절한 맞춤 서비스를 제공할 것.

소비재 관련 주식

위에서 살펴본 소비자 및 비즈니스 서비스 섹터와 소비재Consumer Goods 섹터는 겹치는 부분이 있다. 우선 두 섹터 모두 이름에 '소비'consumer가 들어간다. 월마트 같은 소비자 서비스 기업은 다른 기업들의 제품을 판매한다. 반면 나이키 같은 소비재 기업은 매장을 직접 소유하거나 풋락커Foot Locker나 딕스스포팅굿즈Dick's Sporting Goods, DSW와 같은 다른 회사를 통해서 자신들의 제품을 판매한다.

애플(NASDAQ: AAPL)

아이폰의 제조회사 애플은 세계에서 가장 수익성이 좋고 시가총액이 높은 기업이다. 초창기 애플은 개인용 컴퓨터 사업의 선두주자였다. 현재는 아이팟, 아이패드, 애플워치 등 여러 가지 유명 제품들을 생산한다. 애플이 기술 기업이라고 생각하는 사람들이 많다는 것을 우리도 알지만, 애플에서 아이폰 같은 제품을 고객에 직접 판매하는 이상 리서치 기업에서는 애플을 소비재 섹터로 분류한다. 애플의 현재 시가총액은 무려 2조 달러 이상으로 세계에서 가장 높은 수준이다.

버핏은 자신이 이해하기 버겁다고 생각하고 기술 주식을 멀리해왔다. 하지만 현재 버크셔해서웨이가 보유한 종목 중에서 애플이 가장 큰 비율을 차지한다. 버핏은 제품을 사용하는 고객들의 강한 충성심을 바탕으로 상품 가격을 높일 수 있는 능력, 새로운 제품을 구매하도록 만드는 애플의 능력을 높이 산다.

CNBC에서 진행한 애플과 아이폰에 관한 인터뷰에서 그는 다음과 같이 말했다. "스마트폰 시장에서는 가전제품 등의 시장에서처럼 가격을 무기로 고객들을 좌지우지할 수 없습니다. 사람들은 자신의 마음에 드는 제품을 원합니다. 가장 싼 제품을 원하지 않지요. 스마트폰을 중심으로 삶이 돌아갈 정도로 사람들에게 아주 아주 아주 가치 있는 제품이니까요. 여덟 살 아이부터 여든 살 노인까지 누구에게든 마찬가지입니다." 그의 말속에 팁으로 기억할 만한 부분이 있다.

BUFFETT's TIP 59

고객의 삶에서 핵심이 되는 제품을 만드는 회사의 주식을 사라.

코카콜라(NYSE: KO)

전 세계 사람들 누구나 코카콜라를 안다. 코카콜라는 세계에서 가장 유명한 브랜드이며, 무알콜 음료를 만드는 회사 중 규모가 가장 큰 회사로 200개국에 제품을 유통한다. 코카콜라에서는 콜라, 다이어트 콜라, 스프라이트, 탭Tab, 프레스카Fresca, 다사니, 파워에이드Powerade 그리고 미닛메이드 주스를 생산한다.

가장 큰 경쟁사는 펩시코PepsiCo다. 놀랍게도 펩시코는 레이스 포테이토 칩Lays Potato Chip, 토스티토스 토르티야 칩Tostitos Tortilla Chip, 도리토스Doritos 같은 스낵류 식품으로 대부분의 매출을 낸다. 펩시에서는 게토레이도 만든다. 코카콜라와 펩시에 대항하는 작은 규모의 경쟁사로는 캐드버리슈웹스Cadbury Schweppes와 닥터페퍼스내플Dr. Pepper Snapple이 있다.

코카콜라는 버핏이 추진한 투자 중 가장 성공적인 투자로 꼽힌다. 그는 1988년 코카콜라 주식을 처음 매수한 후 100억 달러 이상을 벌었다. 하지만 그는 1989년 주주 서한에서 코카콜라 주식을 더 일찍 샀어야 한다는 흥미로운 이야기를 남겼다.

"1935년인가 1936년에 처음 코카콜라를 마셨던 기억이 납니다. 1936년, 나는 우리 가족이 운영하던 버핏앤드선Buffett & Son이라는 식료품점에서 코카콜라를 6개에 25센트를 주고 사서 이웃들에게 개당 5센트씩 받고 팔기 시작했습니다. 이처럼 이윤이 많이 남는 사업을 하면서 나는 코카콜라가 사람들을 사로잡는 능력과 대중성이 충분하다는 것을 알아봤습니다.

그 후 52년 동안 코카콜라는 전 세계로 뻗어나갔고, 나는 코카콜라의 이런 특성을 계속 알고 있었습니다. 하지만 그동안 나는 철도회사, 풍차 터빈 제조사, 무연탄회사, 섬유산업, 경품권 발행사와 같은 회사에 투자하면서도 코카콜라의 주식은 단 한 주도 사지 않았습니다. (내가 말을 지어낸다고 생각한다면 회사의 이름을 댈 수도 있습니다.) 1988년 여름이 돼서야 그동안 지켜보기만 하던 코카콜라에 투자하겠다는 결정을 내릴 수 있었습니다.

사실 내가 조금만 현명했다면 1936년 우리 할아버지께 식료품점을 팔고 가진 돈으로 전부 코카콜라 주식을 사야 한다고 설득했을 것입니다. 여기에서 나는 교훈을 얻었습니다. 다음에 좋은 아이디어가 떠오르면 50년보다는 훨씬 더 일찍 결단을 내리겠다는 것이지요."

버핏의 재치 있는 이야기에 숨은 중요한 교훈을 다음 팁으로 남기자.

BUFFETT's TIP 60

눈부신 아이디어가 생각났을 때는 빨리 행동으로 옮기라.

나이키(NYSE: NKE)

나이키는 세계에서 가장 규모가 큰 운동화 회사다. 나이키에서 가장 인기 있는 운동화는 에어 조던Air Jordan과 나이키 르브론Nike ReBron이다. 2003년 나이키는 컨버스Converse를 인수했고, 그때부터 컨버스도 나이키의 소유가 됐다. 나이키는 티셔츠, 반바지, 축구화, 스웨터 등 모든 종류의 운동 의류와 장비를 판매한다.

한 번 들으면 잊을 수 없는 '저스트 두 잇'Just Do It이라는 광고 문구와 마이클 조던, 르브론 제임스, 타이거 우즈, 자이언 윌리엄슨, 마리아 샤라포바 그리고 크리스티아누 호날두 같은 유명 스포츠 선수들을 협찬하는 회사로 잘 알려져 있다. 나이키의 가장 큰 경쟁사는 아디다스, 퓨마, 언더아머다.

프록터앤드갬블(NYSE: PG)

P&G는 세계에서 가장 큰 소비재 기업이다. 슈퍼마켓에서 찾을 수 있는 다양한 물건들을 판매한다. 가장 잘 알려진 P&G 브랜드로는 아이보리비누Ivory Soap, 헤드앤드숄더Head & Shoulder, 치어Cheer, 타이드Tide, 옥시Oxy 그리고 트로피카나가 있다. 가장 큰 경쟁사는 네덜란드에 본사를 두고 있는 국제 기업 유니레버다.

월그린부츠얼라이언스(NASDAQ: WBA)

월그린부츠얼라이언스Walgreens Boots Alliance는 월그린스Walgreens와 드웨인리드Duane Reade라는 미국 드럭스토어(약품 및 일용잡화, 화장품, 담배, 책, 음료 등을 판매하는 상점—옮긴이) 체인의 모회사다. 드럭스토어는 건강 제품, 화장품, 일용잡화 등을 판매하는 가게라고 알아두면 된다. 이름에 들어간 부츠얼라이언스는 2014년 인수합병된 글로벌 약국 체인인 월그린스와 관련이 있다. 인수합병 후 월그린부츠얼라이언스는 전 세계에 1만 5,000개 매장을 소유한 거대 기업이 됐다.

월트디즈니(NYSE: DIS)

디즈니는 거대한 미디어 및 엔터테인먼트 기업이다. 디즈니에서 제작하는 영화와 디즈니에서 운영하는 놀이동산, 디즈니플러스 VOD 서비스를 여러분도 잘 알 것이다. 하지만 방송 채널 ESPN과 ABC TV도 디즈니 소유인 줄은 몰랐을 것이다. 디즈니는 애니메이션 영화제작사인 픽사Pixar, 코믹북과 만화 캐릭터가 유명한 영화제작사 마블Marvel, 스타워즈 및 인디애나존스 프랜차이즈의 제작사 루카스필름Lucasfilm같은 다른 영화 제작사와 폭스Fox사의 영화 및 TV 사업 부문도 인수했다. 또다른 동영상 구독 서비스인 훌루Hulu의 대주주이기도 하다.

금융 관련 주식

금융주는 이름에서 보이는 그대로다. 은행, 신용카드 회사, 보험회사, 투자자산운용사 그리고 투자 은행사 등이 포함된다.

아메리칸익스프레스(NYSE: AXP)

아메리칸익스프레스는 앞서 신용카드에 관해 이야기하면서, 그리고 샐러드 오일 스캔들로 회사가 어려워졌을 때 버핏이 주식을 사들인 이야기를 하면서 이미 언급했다. 아메리칸익스프레스는 속달 우편, 머니오더 그리고 여행자수표를 취급하는 회사였다. 사용자에게 무료로 항공권을 제공하거나 신용카드로 구매할 때마다 캐시백을 제공하는 리워드 프로그램을 처음 시행한 신용카드 발행회사 중 하나다. 또한 영업과 관련된 비용을 회사 자금으로 처리할 수 있도록 기업과 기업의 직원들에게 법인 카드를 발행하는 회사이기도 하다.

골드만삭스(NYSE: GS)

골드만삭스는 경기 대침체 동안 버핏이 자신의 명언인 "사람들이 욕심을 부릴 때는 몸을 사리고 사람들이 몸을 사릴 때는 욕심을 내라."를 실천한 예로 언급한 적이 있다. 골드만삭스는 세계에서 가장 크고 명망 있는 금융 기업이다. 월스트리트에서 일하고 있거나 일하고 싶어하는 사람들에게 골드만삭스는 꿈의 직장이다. 마치 금융계의 뉴잉글랜드 패트리어츠, 뉴욕 양키스, 골든스테이트 워리어스 같은 존재다. 무적의 스포츠팀과 마찬가지라는 뜻이다. 골드만삭스는 대규모 투자금융, 투자자산운용사, 증권사 그리고 성장하고 있는 온라인 소액 거래 은행을 운영하고 있다.

제이피모간체이스(NYSE: JPM)

제이피모간체이스는 세계에서 가장 큰 금융 기업 중 하나다. 다음 장에서 자세히 다룰 J. P. 모건이 1871년에 설립했다. 전 세계에서 은행 업무와 투자금융 서비스를 개인과 기업에 제공한다. 체이스 은행은 예금과 대출, 신용카드 발급 그리고 다른 업무들을 담당하는 J. P. 모건의 소매판매 부문 사업이다. 그리고 자산이 1,000만 달러 이상인 개인을 대상으로 하는 대규모 투자금융부서와 자산관리팀도 운영한다. 이 책의 교훈을 잘 새겨둔다면 언젠가는 우리도 1,000만 달러를 손에 쥘 날이 올지도 모른다!

트래블러스(NYSE: TRV)

트래블러스Travelers는 미국에서 가장 큰 보험회사다. 유명한 빨간 우산 모양 로고가 인상적이다. 다양한 보험상품을 판매한다. 자동차보험은 사람들이 제일 먼저 구매하는 보험상품이다. 여러분이 사용할 만한 다른 보험상품으로는 집에 무슨 일이 생겼을 때를 대비한 자택 소유 보험과 먼 훗날 여러분이 사망하고 난 후 상속자에게 자산을 남겨주기 위한 생명보험 등이 있다.

비자(NYSE: V)

신용카드에 관해서는 제3장에서 이야기했다. 비자는 세계에서 가장 큰 신용카드 회사다. 비자가 어떻게 돈을 버는지 모르는 사람이 있을지 모르니 짧게 설명하고 넘어가려 한다. 여러분이 백화점에서 20달러짜리 셔츠를 사고 비자 신용카드로 결제한다고 치자. 백화점은 20달러 전부를 수입이라고 생각하지 않는다. 백화점은 셔츠 가격의 약 97~98퍼센트인 19.40달러를 가져간다. 비자가 아무것도 하지 않고 구매의 2~3퍼센트를 떼간다고 생각할 수도 있다. 하지만 신용카드를 잃어버리거나 도난당한 고객에게 배상하는 업무나 금융 결제 시스템을 사용할 수 있도록 '기초 공사'를 제공하는 업무를 포함해 보이지 않는 곳에서 여러 가지 일을 하고 있다.

헬스케어 관련 주식

헬스케어Health Care 주식에는 건강보험을 판매하는 회사나 처방약을 개발하고 유통하는 회사, 인슐린 펌프에서 인공 심장까지 각종 의료기기를 판매하는 회사들이 포함된다.

암젠(NASDAQ: AMGN)

암젠은 세계에서 가장 큰 생명공학 기업이다. 생명공학 기업은 실험실에서 시행착오를 거치는 기존의 과정 대신 새로운 기술을 활용해 신약을 개발한다. 다우지수에 제약회사 주식이 몇 개 있으므로 세 단계로 이루어진 FDA 승인 과정에 대해 잠깐 설명하고 넘어가겠다.

첫 번째 단계는 약품이 안전한지 확인하는 과정이다. 물론 모든 약에는 부작용이 있지만, 첫 번째 단계를 거치는 이유는 약의 부작용이 질병보다 사람들에게 덜 해롭다는 것을 증명하기 위해서다. 두 번째 단계는 약이 사람들에게 효과가 있다는 것을 증명하기 위한 과정으로 공식적으로는 약의 효능 시험 단계라고 한다.

세 번째 단계는 더 많은 사람을 대상으로 약을 시험하는 단계로 설탕으로 만들어진 위약과 진짜 약의 효능을 대조하는 과정이다. 이 방법은 이중맹검법이라 부른다. 환자나 의사는 모두 어떤 약이 진짜인지 모르는 상태에서 진짜 약을 복용하는 환자는 위약을 복용하는 환자보다 나은 결과를 보여야 한다. 놀랍게도 모든 단계를 거친 후 시장에 출시되는 약의 비율은 0.1퍼센트에도 못 미친다.

존슨앤드존슨(NYSE: JNJ)

존슨앤드존슨은 세계에서 가장 큰 헬스케어 기업이다. 크게 세 분야로 나눌 수 있다. 반창고 밴드에이드Band Aids와 타이레놀Tylenol 등 상품을 판매하는 소비자 부문, 처방약을 판매하는 제약 부문, 인공고관절이나 무릎인공관절, 혈관이 닫히지 않도록 도와주는 기구인 심장 스텐트 등을 판매하는 의료기기 부문이 있다.

머크(NYSE: MRK)

머크Merck & Co.는 의약품을 판매하는 거대 헬스케어 기업으로 다양한 처방약을 판매한다. 흥미로운 정보 하나를 말해주자면 의약품이 실험실 단계에서 최종적으로 FDA 승인을 받아 시장에 나오기까지는 10년 이상이 걸린다. 특허가 20년 이상 유지되는 것도 이런 이유에서다. 그렇지 않으면 비용이 막대하게 드는 연구 개발 작업에서 얻는 소득이 거의 없을 수도 있기 때문이다.

유나이티드헬스 그룹(NYSE: UNH)

유나이티드헬스 그룹UnitedHealth Group은 미국에서 가장 큰 건강보험 회사다. 건강보험은 환자를 치료하는 의사와 병원 그리고 약사에게 치료비와 약값을 지급한다. 직장에서 임금 외 복지benefit 차원으로 건강보험 혜택을 받는 사람이 많다. 노인들은 정부에서 제공하는 노인 대상 건강보험 프로그램인 메디케어Medicare를 통해 보험 혜택을 적용받는다.

메디케어 외에도 정부가 지원하는 중요한 건강보험 제도가 여러 개 있다. 건강보험 혜택은 보통 공짜로 누릴 수 없다. 회사에서 복지 혜택으로 건강보험을 제공한다고 하더라도 비용이 드는 경우가 많다. 노인들을 비롯해 많은 사람들에게 가장 규모가 큰 지출이 의료비일 때가 많다. 치료비에서 얼마 정도는 우리 주머니에서 나가게 되는데, 이를 본인부담금co-pay이라고 부른다.

산업재 관련 주식

산업재Industrial Goods 주식은 특정한 장비를 만들거나 다른 제품을 만드는 데 사용되는 제품을 공급하는 기업의 주식들이 포함된다. 예를 들면 GE의 대표적인 제품은 항공기 엔진이다. 한 가지 놀랄 만한 사실을 덧붙이자면 롤스로이스도 항공기 엔진 사업을 하고 있다. 롤스로이스는 이제 더 이상 자동차를 만들지 않는다. 20여 년 전 BMW에 자동차 부문이 인수됐다. 여러분이 알고 있는 롤스로이스는 BMW에서 만든 자동차다.

보잉(NYSE: BA)

보잉Boeing은 사람들이 타고 다니는 제트기 또는 어려운 말로 상업용 항공기를 만드는 가장 큰 회사다. 아마 여러분도 737, 747 또는 드림라이너 제트를 타본 적이 있을지도 모른다. 가장 큰 경쟁사는 유럽 회사인 에어버스. 국방산업 부서를 운영하는 보잉은 우주왕복선을 제작하는 데도 중요한 역할을 했다.

캐터필러(NYSE: CAT)

캐터필러는 세계에서 가장 큰 건설용 중장비 제조사다. 공사 현장에서 볼 수 있는 크레인, 채굴기, 불도저, 증기 롤러 같은 장비들을 생산한다. 노란색과 검은색 칠이 된 중장비를 생산하는 회사로 잘 알려져 있다. 최근에는 건축 공사가 미국 밖, 특히 중국이나 인도에서 진행되는 경우가 많다. 대부분의 매출이 미국 밖에 있는 시장에서 일어나는 진정한 다국적 기업이라 할 수 있다.

허니웰(NYSE: HON)

허니웰은 여기에서 자세히 언급하기가 벅찰 정도로 다양한 제품을 생산한다. 보통 사람들은 허니웰을 집 안 온도를 조절하는 온도조절 장치 제조회사로 알고 있다. 하지만 항공우주, 방위, 감시, 화재 방지, 소프트웨어 산업에도 영향력을 미치고 있다. 예를 들면 구글의 사물인터넷IoT 부서에서 개발하는 네스트Nest의 다양한 무선 기기들과 경쟁한다. 허니웰은 10년 동안 다우지수에서 제외됐다가 2020년 복귀했다. 버크셔해서웨이처럼 허니웰도 서로 관련이 없는 다양한 사업체 여러 개로 이루어진 복합 기업으로 볼 수 있다.

쓰리엠(NYSE: MMM)

쓰리엠3M의 원래 이름은 미네소타광산 제조회사Minnesota Mining and Manufacturing였다. 현재는 광산업을 접고 산업 기업으로 완전히 자리매김했다. 쓰리엠의 제품 중에서 스카치테이프, 포스트잇 같은 제품은 모르는 사람이 없을 것이다. 코로나19가 한창일 때는 쓰리엠에서 생산하는 N95 마스크를 구하기가 하늘의 별 따기였다. 쓰리엠에서는 테이프나 접착제를 생산하는 사업 외에도 자동차, 헬스케어, 보안, 전자기기, 에너지 사업도 하고 있다.

기술 관련 주식

기술 섹터는 컴퓨터 하드웨어, 소프트웨어, 서비스 등의 산업을 포함한다. 다우지수에 포함된 기업들이 수십 년 동안 운영된 기업들이라는 사실을 기억하길 바란다. 최근에 성공을 거둔 페이스북이 다우지수에 포함되지 못하는 이유다. 버크셔해서웨이, 알파벳, 아마존닷컴과 같이 엄청나게 고가인 주식들은 액면 분할을 하지 않는 이상 가격가중지수인 다우지수에 편입되기가 힘들다. 하지만 구글과 아마존의 창립자는 버핏과 버크셔해서웨이를 매우 좋게 평가하기 때문에 이들이 가까운 미래에 주식 분할을 하지는 않을 것이다. 어쩌면 버크셔해서웨이 클래스 B 주식은 언젠가 다우지수에 들어갈 가능성을 생각해볼 수 있겠다. 하지만 버핏이 버크셔해서웨이 주식을 분할할 리 없다는 점을 이제 여러분도 눈치챘을 것이다.

인텔(NASDAQ: INTC)

인텔은 세계에서 가장 큰 컴퓨터 칩 제조사다. 월스트리트에서는 컴퓨터 칩을 만드는 회사를 반도체 기업이라고 부른다. 노트북과 컴퓨터 대부분에 쓰이는 중앙처리장치CPU로 가장 잘 알려져 있다. 안티바이러스 소프트웨어 제조사인 맥아피McAfee를 소유하고 있다. 최근에는 모빌아이라는 자율주행 자동차에 적합한 컴퓨터 칩을 만드는 회사를 인수했다.

IBM(NYSE: IBM)

IBMInternational Business Machine은 100년이 넘는 역사를 자랑하는 세계에서 가장 큰 컴퓨터 제조사다. 방 하나를 꽉 채울 수 있을 정도로 큰 대형 컴퓨터를 집중적으로 생산한다. 영화 〈히든피겨스〉Hidden Figures를 본 사람이라면 수십 년 전에 IBM의 컴퓨터가 어떻게 생겼었는지 알 것이다. 컴퓨터는 1940년대와 1950년대에 생산되기 시작했다. 그렇다면 그전에는 뭘 팔았을까? IBM이라는 이름에 답이 숨겨져 있다. 사업장에서 필요한 현금출납기 같은 기계를 만들어 팔았다.

또한 IBM은 전 세계 여러 기업의 컴퓨터 관련 업무를 맡아 처리하는 거대한 정보 서비스 사업을 운영하고 있다. 이렇게 회사에서 자신들이 하던 일, 예를 들면 IT 업무 등을 대신해줄 누군가를 고용하는 것을 아웃소싱outsourcing이라고 부른다.

최근 IBM은 애플의 시리Siri, 아마존의 알렉사Alexa와 비슷한 음성인식비서인 왓슨Watson을 개발하고 인공지능AI 소프트웨어 개발에 관심을 쏟고 있다. 2019년 자신들의 더딘 성장률을 끌어올리기 위해 리눅스 같은 클라우드 기반 오픈소스 소프트웨어를 개발하는 기업인 레드햇Red Hat을 인수했다.

마이크로소프트(NASDAQ: MSFT)

마이크로소프트는 세계에서 가장 큰 컴퓨터 소프트웨어 기업이다. 윈도Windows라는 컴퓨터 운영체제와 마이크로소프트 365로 이름을 바꾼 오피스프로그램 패키지인 MS 오피스MS Office로 잘 알려져 있다. 이 패키지에는 마이크로소프트 워드Microsoft Word, 엑셀Excel, 파워포인트Power-Point가 포함된다. 또한 소니 플레이스테이션과 닌텐도 스위치의 경쟁작인 엑스박스 게임기도 생산하고 있다. 몇 년 전, 마이크로소프트는 노키아의 휴대전화 사업부를 인수했지만, 아직 애플의 아이폰이나 삼성의 갤럭시 시리즈에 대항할 만한 업적은 내놓지 못하고 있다. 전 세계 사람들과 무료로 통화할 수 있도록 해주는 소프트웨어 프로그램 스카이프와 경력을 매개로 사람들과 교류할 수 있도록 해주는 소셜미디어 링크드인 역시 마이크로소프트 소유다. 링크드인에 대해서는 제14장에서 직업에 관한 이야기를 하며 좀 더 이야기해보자. 지난 몇 년간 마이크로소프트의 주가가 빠른 속도로 오른 데는 지능형 클라우드 사업 부문에서 거둔 성공이 큰 역할을 했다.

세일즈포스닷컴(NASDAQ: CRM)

세일즈포스닷컴의 약자는 CRM인데, 약자만 봐도 기업에서 어떤 서비스를 제공하는지 알 수 있다. 참고로 CRM은 고객 관계 관리Customer Relationship Management 소프트웨어의 앞글자를 딴 약어다. 예를 들어 통신회사 고객센터는 여러분이 마지막으로 문의한 내용이 무엇인지, 휴대전화 기종은 무엇이고 어떤 요금 플랜을 사용하는지 등을 저장한 고객 관리 계정을 가지고 있다.

세일즈포스닷컴은 사용자가 어디에서나 스마트폰이나 노트북으로 접근할 수 있는 클라우드 서비스를 제공하는 선두 기업이라 할 수 있다. 구독 기반으로 제품을 판매하는 방식인 서비스형 소프트웨어Software as a Service, SaaS(IT 자원을 소유하지 않고 인터넷에 접속해서 빌려 쓰는 서비스 방식—옮긴이)로 상품을 판매한다. 2019년에는 데이터 시각화 프로그램으로 잘 알려진 타블로Tableau라는 기업을 인수했다. 한 가지 더 덧붙이자면, 세일즈포스닷컴은 회사명을 항상 소문자로만 표기한다.

통신 서비스 관련 주식

통신 서비스Telecommunication Service 기업은 음성 통화 서비스, 인터넷 서비스를 제공하거나 이런 산업들에 필요한 장비를 생산하는 기업을 뜻한다.

시스코 시스템즈(NASDAQ: CSCO)

시스코Cisco Systems는 본사가 있는 실리콘밸리와 가까운 도시인 샌프란시스코San Francisco를 짧게 줄인 말이다. 시스코는 인터넷을 사용하는 데 필요한 네트워크 장비를 판매하는 회사로 가장 잘 알려져 있다. 기술적인 부분을 자세하게 설명하면 지루할 테니 시스코가 가장 초창기에 판매하던 제품이 바로 인터넷 라우터였다는 점만 간단히 말하고 넘어가겠다. 야후와 같은 웹페이지를 방문할 때 라우터는 호스트 회사의 컴퓨터에서 개인의 컴퓨터, 태블릿, 휴대전화 등의 기기로 웹페이지를 보낼 수 있도록 돕는다. 최근 시스코는 좀 더 다양한 분야로 사업 범위를 넓혀 하드웨어, 소프트웨어, 보안 관련 제품을 판매하고 있다.

버라이즌(NYSE: VZ)

한때 AT&T에 속해 있던 버라이즌Verizon은 현재 미국에서 가장 큰 통신사다. FIOS라는 큰 규모의 케이블 TV 통신 브랜드를 소유하고 있다. 최근에는 인터넷 사업을 시작했다. 몇 년 전에는 아메리카 온라인AOL을 인수하는가 하면 세계에서 가장 널리 쓰이는 검색엔진인 야후도 버라이즌의 소유가 됐다.

여기까지 다우지수에 포함된 미국의 30대 블루칩 기업과 그들의 경쟁사를 살펴봤다. 하지만 이 외에도 더 중요한 기업들이 존재한다. 여기서부터는 전 세계 주요 기업들에 관해 알아보자.

다우존스에 포함되지 않은 미국의 블루칩 주식

다우지수는 블루칩 주식으로만 구성된 역사가 긴 지수다. 따라서 다우지수의 지수선정위원회는 주식을 추가하는 데 보수적인 태도를 보이는 경우가 많다. 그들은 한때 반짝 떠올랐다가 결국은 져버리고 말 별똥별 같은 주식을 지수에 추가하지 않으려고 한다. 또한 앞서 이야기 했던 것처럼 버크셔해서웨이 클래스 A처럼 가격이 비싼 주식이 다우 지수에 편입되면 지수의 실적을 평가할 때 왜곡이 생길 수도 있다.

이름보다 착한 주식, FANG

우선 팡FANG 주식이라고 불리는 주식들부터 살펴보자(영어 fang은 송곳니를 의미한다—옮긴이). 'FANG'은 (메타 플랫폼스로 바뀌기 전 사명 을 적용해)페이스북Facebook, 아마존닷컴Amazon.com, 넷플릭스Netflix, 구 글Google(현 알파벳)의 앞글자를 조합한 이름이다.

페이스북은 매일 수십억 명이 사용하는 소셜미디어이자 업계 선두 주자였다. 소셜미디어는 사용자가 댓글을 달거나 사진, 동영상을 게시하거나 의견 또는 직업 경력과 관련된 관심 분야 등을 공유할 수 있는 전자 플랫폼이다. 친구들과 연락할 때도 사용하지만 페이스북으로 할 수 있는 일은 훨씬 많다. 사진 공유 소셜미디어인 인스타그램과 무료 문자메시지와 통화 서비스를 제공하는 왓츠앱WhatsApp이라는 앱도 페이스북 소유다. 왓츠앱 역시 사용자가 수십억 명에 달한다.

아마존은 이미 벌써 여러 번 언급했다. 쇼핑 외에 아마존이 어떤 방식으로 우리 삶과 연관돼 있는지 전부 설명하기는 힘들다. 가장 유명한 제품은 에코Echo다. 겉으로 보면 스피커 같지만, 가상 비서 역할을 한다. 인공지능이 할 수 있는 일이 점점 늘어나면서 음악을 틀고 날씨를 확인하고 물건을 구매하는 것 말고도 에코로 할 수 있는 일이 많아졌다. 발전 가능성은 앞으로도 무궁무진하다. 마이크로소프트처럼 아마존도 클라우드 컴퓨팅cloud computing(인터넷 서버에서 각종 IT 관련 서비스를 한 번에 사용할 수 있도록 해주는 컴퓨팅 환경―옮긴이) 사업인 아마존 웹 서비스Amazon Web Services를 통해 수익을 높이고 있다. 2017년 홀푸드마켓Whole Foods(미국의 유명 유기농 슈퍼마켓 체인―옮긴이)을 인수해 오프라인 식품 유통 분야로까지 사업 영역을 넓혔다.

영화, TV 프로그램, 교육용 자료 같은 영상을 시청할 때 넷플릭스는 굉장히 유용하다. 최근에는 우편으로 DVD를 보내주는 서비스도 시작했다. 넷플릭스의 주요 사업은 동영상 콘텐츠를 온라인으로 스트리밍하는 서비스다. 세계에서 인터넷 대역폭(트래픽)을 가장 많이 활용하는 사업이기도 하다. 넷플릭스 사용자들이 영상을 '몰아보기'하는 버릇의 영향도 있다. TV를 통해 방송 프로그램을 시청할 때는 일주일마다 한 회씩 시청할 수밖에 없지만 '몰아보기'를 하면 주말 동안 한 시즌 전체를 볼 수도 있다. 그런 덕분에 TV 케이블 서비스를 해지하고 넷플릭스 같은 동영상 스트리밍 서비스를 이용해 여가를 보내는 소비자들도 점점 많아지고 있다. 여러분이 몰아보기 할 프로그램을 찾고 있다면 버핏이 가장 좋아하는 드라마인 〈브레이킹배드〉Breaking Bad를 시청해도 좋을 것이다.

구글이 가장 유명한 검색엔진이라는 사실은 모르는 사람이 없다. 하지만 구글은 유튜브를 소유하고 있으며 자율주행 자동차를 개발하는 프로젝트에도 적극적으로 참여하고 있다. 또 구글맵은 세계에서 가장 널리 쓰이는 길 안내 앱이다. 구글맵 대신 웨이즈Waze가 더 좋다고 생각할지도 모르지만, 웨이즈 역시 구글 소유다. 검색 서비스 말고도 훨씬 많은 일을 하는 구글은 최근에 회사 이름을 아예 알파벳으로 바꿨다. 여전히 구글이 핵심이지만, 아마존처럼 구글도 무한한 잠재력을 펼치며 계속해서 사람들을 놀라게 하고 있다.

테슬라는 엄밀히 따지면 'FANG'에 속하지는 않지만, 경제지 머리기사에 자주 등장하는 기업이다. 전기차를 처음 개발하기 시작한 기업으로,《컨슈머리포트》Consumer Reports에서 모델 S 승용차에 전무후무한 최고 등급을 매길 만큼 인상적인 제품을 내놓고 있다. 꾸준히 수익을 내기 위해 아직 풀어나가야 할 과제가 있지만, 페라리만큼 빠르면서 포르쉐 같은 안정적인 승차감을 자랑하는 자동차를 만드는 회사라면 인정받을 가치가 있다. 월스트리트에서도 포드, GM, 폭스바겐, 다임러(메르세데스)를 합친 것보다 시가총액이 큰 테슬라의 잠재력을 인정하고 있다. 테슬라는 유명 태양광 패널 제조사인 솔라시티를 인수하기도 했다. CEO인 일론 머스크는 그가 운영하는 다른 회사인 스페이스X를 통해 화성을 장악하겠다는 원대한 꿈을 꾸고 있다. 옛말에 꿈은 크게 꾸라고 했던가. 일론 머스크에 대해서는 다음 장에서 사업가들에 관해 이야기하며 더 자세히 알아보자.

떠오르는 중국 거대 기업

현재 중국은 GDP로 따졌을 때 세계에서 두 번째로 경제 규모가 큰 나라이며 우리가 죽기 전에 미국과 유럽연합EU을 따돌리고 선두를 차지할 수 있는 나라이기도 하다. 여기서는 중국 기술 기업 중에서 '빅 3'라고 불리는 알리바바Alibaba, 바이두Baidu, 텐센트Tencent를 소개하려고 한다. 네 번째로 큰 기업은 틱톡TikTok(숏폼Short-form 형식의 영상을 제작 및 공유할 수 있는 SNS—옮긴이)을 소유한 바이트 댄스ByteDance로 아직은 상장되지 않았다. 현재 미국과 중국이 갈등을 겪고 있어 혼란스러운 상황에서 사업의 일부를 미국의 소프트웨어 제조사 오라클Oracle에 매각하는 계획을 추진 중이다(2021년 현재 결국 이 계획은 무산됐다—옮긴이). 알리바바는 이베이와 아마존닷컴, 페이팔을 합친 것과 비슷한 기업이다. 소비자를 대상으로 물건을 판매하는 플랫폼은 물론 B2B business-to-business 플랫폼 또한 활발하게 운영되고 있다.

B2B란 무엇일까? 여러분이 티셔츠를 판매하는 회사를 운영한다고 치자. 그러면 티셔츠를 대량으로 생산하는 기업과 거래해야 할 것이다. 이럴 때 알리바바를 활용할 수 있다. 알리바바 웹사이트에서 가장 싸게 티셔츠를 생산하는 업체를 찾으면 된다. 회사를 홍보할 때나 티셔츠 재고를 보관하는 업체 등 유통 distribution 과정에 필요한 업체를 찾을 때도 알리바바를 활용할 수 있다. 또한 제3장에서 이야기했던 페이팔과 비슷한 전자결제 시스템을 운영하고 있다. 알리페이 Alipay라고 부르는 이 서비스는 알리바바의 금융 부문 사업으로 앤트파이낸셜 Ant Financial이라고 부른다.

바이두는 중국의 구글 또는 알파벳이라고 생각하면 된다. 중국에서 가장 인기 있는 검색엔진이다(현재 홍콩을 제외한 중국 본토에서는 구글을 사용할 수 없다). 우연히도 바이두 역시 앞으로의 사업성을 책임져줄 사업으로 자율주행 자동차와 인공지능 프로젝트를 시작했다. 텐센트 역시 소개해야 할 기업이다. 미국 가수인 '50센트'와는 관련이 없으니 오해하지 말자. 페이스북을 사용할 수 없는 중국에서는 중국판 소셜미디어 기업인 텐센트가 소셜미디어 업계에서 선두를 달리고 있다. 전 세계 모바일 게임 산업을 이끄는 회사이기도 하며 중국의 인스턴트 메시지 시장도 장악하고 있다. 텐센트의 사업 중에서 가장 가치가 높은 사업은 위챗 앱이다. 역시 알리페이와 비슷한 전자결제 시스템을 운영한다.

앞으로 몇십 년 동안 이 세 기업의 이름을 매우 자주 듣게 될 테니 기억해두자.

거대 글로벌 에너지 기업들

에너지 산업은 경제 시장에서 가장 중요한 산업이다. 승용차, 트럭, 비행기, 기차 등의 교통수단을 이용하고 천연가스, 난방유, 석탄을 이용해 집을 따뜻하게 유지하는 과정에서 거의 모든 사람이 에너지를 사용하기 때문이다. 사우디아라비아를 통치하는 왕가에서 소유권 대부분을 가지고 있는 기업인 사우디 아람코Saudi Aramco가 사우디아라비아의 유전 전체를 소유하고 있다. 앞서 이야기한 중류 부문과 하류 부문 시장 또한 대부분 사우디 아람코에서 장악하고 있다. 2019년 사우디아라비아 정부는 앞으로 석유가 바닥났을 때 석유 산업을 대신할 새로운 사업을 개발하는 데 필요한 자금을 모으기 위해 사우디 아람코의 일부분을 떼어 투자자들에게 팔았다. IPO 직후 주가가 치솟았고, 시가총액이 약 2조 달러를 돌파하며 당시 세계에서 가장 가치가 높은 주식으로 등극하기도 했다. 현재 사우디 아람코의 시가총액은 1조 7,500억 달러 정도다. 버핏도 부러워할 규모다.

다른 글로벌 에너지 기업에는 가즈프롬Gazprom(러시아 정부에서 지분을 대부분 가지고 있는 기업), 브리티시페트롤륨British Petroleum, BP, 로열더치셸Royal Dutch Shell(영국 및 네덜란드 기업), 페트로차이나(중국), 페트로브

라스Petrobras(브라질), 토털Total S.A.(프랑스), 에니Eni(이탈리아) 등이 있다. 미국의 거대 에너지 기업인 엑손모빌 또한 빼놓아선 안 된다. 이 장 앞쪽에서 2020년 엑손모빌이 다우지수에서 밀려나고 세일즈포스닷컴이 그 자리를 대체했다는 이야기를 한 적이 있다. 당시 애플이 4:1 주식 분할을 마친 시점이어서 다우지수의 기술 부문 비중을 늘리기 위한 결정이었다.

거대 글로벌 소비재 기업

이 장의 앞쪽에서 유니레버를 미국의 P&G와 비슷한 네덜란드 기반 소비재 기업으로 설명했다. 유니레버 산하에 있는 브랜드 중 가장 잘 알려진 브랜드로는 브레이어Breyer's, 벤앤제리스Ben&Jerry's, 도브Dove(비누), 헬만스Hellmann's(마요네즈), 립톤Lipton(차), 바세린Vaseline, 큐팁스Q-Tips 등이 있다. 몇몇 주요 글로벌 자동차 회사 이름은 익히 들어 알고 있을 것이다. 포드, GM, 테슬라는 미국 회사이고 토요타, 혼다, 닛산은 일본, 다임러(메르세데스 벤츠), BMW, 포르쉐, 폭스바겐은 독일 회사다. 피아트, 크라이슬러, 푸조가 합쳐져 스텔란티스Stellantis라는 자동차회사가 탄생했다. 스텔란티스 산하의 브랜드로는 지프, 닷지, 램, 알파로메오, 마세라티가 있다. 인도에 기반을 둔 자동차 생산 업체 중 선두를 차지하고 있는 타타 모터스Tata Motors는 재규어, 랜드로버를 소유하고 있다. 중국 자동차 시장을 이끄는 상하이 자동차 그룹SAIC Motor, 동펑Dongfeng, FAW, 창안Chang'an, BYD, 체리Chery, 지리Geely는 언제든 세계 시장으로 진출할 수 있는 기업들이다. 지리는 볼보, 로터스와 합병하면서 이미 중국 밖 시장에 이름을 알렸다. 자동차 이야기가 나왔으니 덧붙이자면 우버와 리프트 같은 차량 공유 서비스가 사용되기 시작한 이상 자가용이 더 이상 필요하지 않을 수도 있다. 우버와 리프트 모두 상장돼 있으며, 세계 여러 나라에서 차량 공유 서비스를 제공한다. 우버와 함께 숙소 임대 서비스를 제공하는 에어비앤비 역시 '공유 경제'를 이끄는 선두주자라 할 수 있다.

글로벌 금융 서비스 기업

다우지수에 포함된 JP모건이나 골드만삭스 같은 미국 금융 기업들에 대해서는 앞서 이야기했다. 미국 내에서 두 회사의 가장 큰 경쟁자는 BOA, 씨티그룹, 웰스파고, 모건스탠리다. 해외 시장에서는 중국은행Bank of China, 중국 공상은행ICBC, 독일 도이체방크Deutsche Bank of Germany, 스위스 유니언 은행UBS, 크레디트스위스Credit Suisse, 영국 바클레이Barclays 등이 있다. 블랙록과 뱅가드는 세계에서 가장 큰 자산관리 기업으로, 고객들을 위해 뮤추얼펀드와 **상장지수펀드**Exchange Traded Funds, ETF를 운용한다. 두 기업이 운용하고 있는 자산 규모는 무려 6조 달러에 달한다.

축하한다. 이제 여러분은 상장 기업 중에서도 업계 선두 기업들에 대한 지식을 갖추게 됐다. 물론 피델리티인베스트먼트(금융 서비스)나 카길Cargill(농업 서비스)처럼 개인 소유이면서 중요한 역할을 하는 기업들도 많이 있다. WSJ.com이나 야후 파이낸스, 구글 파이낸스, 블룸버그, CNBC.com, MSN 인베스터 같은 경제지 또는 금융 정보 웹사이트를 계속 찾아보면 이런 기업들과 새롭게 부상할 기업들에 대한 최신 정보를 확인할 수 있을 것이다.

"지금의 중상위층 가정에서는 내가 태어났을 당시
존 록펠러가 누리던 것보다 나은 생활 수준을 누리고 있다."

_워런 버핏, 2015년 버크셔해서웨이 주주 서한

제10장

투자를 할 때
꼭 알아야 할 경영인들

앞 장에서는 다우지수와 함께 금융 문해력을 높이기 위해 약간의 배경지식을 갖춰야 하는 기업들에 대해 살펴봤다. 이 장에서는 과거부터 현재까지 중요한 업적을 남긴 경영인들에 집중하려고 한다. 이들이 어떤 사람들인지 알고 나면 경제 시장이 어떻게 현재의 모습을 갖추게 됐고 앞으로 어떤 방향으로 나아갈지 더 잘 이해할 수 있을 것이다. 19세기와 20세에 이름을 떨쳤던 철학자인 조지 산타야나George Santayana 는 이렇게 말했다. "과거를 기억하지 못하는 사람은 반드시 과거를 반복하게 돼 있다." 이 장을 건너뛰지 말아야 할 이유다.

이 장은 과거의 경영인과 현재의 경영인, 두 부분으로 나눠 이야기를 풀어가려고 한다. 말하자면 경영계 '명예의 전당'을 만드는 셈이다. 앞으로 이야기할 인물들은 버핏이 실제로 알았거나 언급했던 적이 있는 인물들이다. 현재 살아 있는 경영인 중에는 더기빙플레지에 가입된 사람도 많다. 이 장에는 버핏의 팁으로 남겨둘 만한 유용한 조언이 많다. 준비됐다면 본격적으로 이야기를 시작해보자.

기억해야 할 과거의 경영인

알렉산더 그레이엄 벨

논란이 있기는 하지만, 알렉산더 그레이엄 벨은 전화기를 처음 발명한 사람으로 알려져 있다. 벨은 벨 전화회사Bell Telephone Company를 설립했고 이 회사는 후에 AT&T가 됐다. AT&T는 1982년 정부 명령에 따라 회사를 분할하기 전까지 미국 통신 산업 시장을 장악한 기업이었다. 궁금한 사람들을 위해 말해두자면 휴대전화를 처음 발명한 사람은 모토로라의 마틴 쿠퍼Martin Cooper다.

로즈 블럼킨 또는 B 여사

로즈 블럼킨, 일명 B 여사Mrs. B에 대해서는 앞에서 언급한 적이 있다. 그녀는 네브래스카퍼니처마트를 미국에서 가장 큰 가구회사로 키웠고, 버크셔해서웨이에 매각했다. 103세가 될 때까지 일했고, 네브래스카퍼니처마트의 운영자인 동시에 가장 우수한 판매사원이기도 했다.

버핏은 그녀를 역사상 가장 재능 있는 경영인이라고 여긴다. 그는 몇십 년 동안 (존과 존의 학생들을 포함해) 매년 대학생들을 수백 명씩 만났는데, 주요 일정에는 항상 네브래스카퍼니처마트 견학 시간이 포함됐다.

2013년 주주 서한에서 버핏은 다음과 같이 말했다. "야심 있는 경영인이라면 B 여사가 엄청난 성공을 거둘 수 있었던 비결을 잘 새겨 둬야 합니다. 그것은 평범한 것 같지만 결코 흔하지 않은 것들입니다. B 여사에게서 얻은 교훈을 잘 받아들인다면 나는 그 이상 해줄 조언이 없습니다." 정말 강력한 추천사다. 이번 팁으로는 B 여사가 했던 말 중 가장 유명한, "싼값에 팔고 진실을 이야기하라."라는 말을 남겨두자. 버핏도 분명 잘했다고 할 것이다.

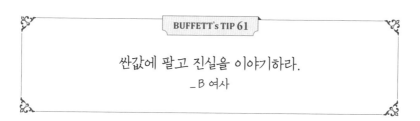

BUFFETT's TIP 61

싼값에 팔고 진실을 이야기하라.
_ B 여사

앤드루 카네기

앤드루 카네기는 철강왕이자 자선사업가로 잘 알려져 있다. 그의 철강회사는 조금 뒤 살펴볼 J. P. 모건의 도움으로 미국 최초로 10억 달러 이상의 자본금을 가진 회사인 US 스틸에 통합됐다. 그의 자선사업 덕분에 전 세계에 도서관 수천 개가 설립됐고 펜실베이니아주 피츠버그에 카네기멜론대학교(전 카네기테크대학교)가 세워졌다.

월트 디즈니

월트 디즈니는 엔터테인먼트 사업가가 되기 전 만화가였으며 그의 캐릭터 중 가장 유명한 캐릭터는 미키마우스다. 매우 성공적으로 영화 사업을 이끌었을 뿐만 아니라 사업 영역을 테마파크로 확장해 역시 대성공을 거뒀다. 1955년 캘리포니아에서 처음 개장한 디즈니랜드를 시작으로 세계 각지에 거대한 테마파크를 열었다. 어른과 아이가 모두 즐길 수 있는 전체 연령가 또는 부모 동반 전체연령가Parental Guide, PG 콘텐츠를 주로 만들었던 디즈니는 가족 엔터테인먼트와 가장 어울리는 사람일 것이다. 지난 장에서 이야기했던 것처럼 디즈니는 다우지수에 포함된 종목 중 하나다.

토머스 에디슨과 잭 웰치

토머스 에디슨은 전구, 축음기, 영화 촬영기 그리고 1천 개가 넘는 물건들의 특허를 따낸 인류 역사상 가장 위대한 발명가로 알려져 있다. 그는 J. P. 모건의 도움으로 회사를 설립했다. 이 회사가 바로

100년 이상 다우지수의 30개 기업에 포함됐다가 2018년 퇴출당한 GE다. 2020년 세상을 떠난 GE의 또 다른 경영자 잭 웰치는 2000년 퇴임할 당시 GE를 세계에서 가장 가치 있는 주식으로 자리매김시키며 가장 성공적인 사업가로 인정받았다.

헨리 포드

헨리 포드는 자동차를 발명한 사람은 아니지만(다임러/메르세데스 벤츠의 칼 벤츠도 마찬가지다), **조립라인 공정**assembly-line techniques을 활용해 자동차를 대량 생산하는 데 큰 역할을 했다. 조립라인 공정이란 각 작업자가 타이어 등의 자동차 부품을 추가하는 등 작업 한 개 또는 몇 개만 전담으로 맡아 상품을 생산하는 기법이다. 포드는 모델 T 자동차를 출시해 대중에게 합리적인 가격으로 자동차를 보급했고, 전 세계 사람들의 이동 수단에 혁신적인 변화를 가져왔다. 포드는 아마도 전 세계의 말들을 해방시키고 '버기(마차) 채찍' 사업을 문 닫게 만드는 데 가장 중요한 역할을 한 사람일 것이다.

캐서린 그레이엄

캐서린 그레이엄Katharine Graham은 〈워싱턴포스트〉의 CEO이자 《포춘》 500에 처음으로 이름을 올린 여성이기도 하다. 그녀가 〈워싱턴포스트〉를 이끌던 1971년부터 1991년까지 다우지수가 227퍼센트 상승했는데, 당시 〈워싱턴포스트〉 주식은 3,315퍼센트의 수익률을 기록했다. 그레이엄은 버핏에게 전 세계 재계와 정계에서 '누가 누구인지'를 소개해주며 그가 인맥을 넓힐 수 있도록 도왔다. 버핏은 그레이엄이 쓴 책《퍼스널 히스토리》Personal History를 꼭 읽어보라고 추천한다. 그녀의 저서에는 남편이 자살한 후 어쩔 수 없이 〈워싱턴포스트〉를 맡아 운영하게 된 사정이나 최고경영자로서 느끼는 불안 그리고 그녀가 거머쥔 성공을 비롯한 개인적인 이야기가 생생히 담겨 있다. 얼핏 보면 성장 영화에서나 나올 법한 줄거리지만 실제로 그레이엄이 겪은 실화다.

윌리엄 랜돌프 허스트

윌리엄 랜돌프 허스트William Randolph Hearst는 한때 가장 큰 신문사 및 잡지사를 운영했던 인물이다. 1800년대 말부터 1950년대 초까지 사업가로 활동했다. 1920년대, 미국인 네 명 중 한 명은 허스트가 소유한 신문사에서 발행한 신문을 읽었다.

그의 회사는 지금까지도 유명한《코스모폴리탄》Cosmopolitan,《하퍼스바자》Harper's Bazaar,《굿하우스키핑》Good Housekeeping 등의 잡지도 발행했다. 그의 신문에 실린 기사는 훌륭하다는 평가를 받지는 못했으며 비평가들로부터 추측과 반쪽짜리 진실을 보도하는 언론이라는 뜻의 '황색 언론'이라는 혹평을 받기도 했다. 그는 또한 가장 유명하면서도 가장 비판을 많이 받는 "당신이 사진을 제공하면 나는 분란을 제공하겠다." 같은 말을 남기기도 했다.

그의 신문에 실린 기사들은 미국의 가십성 주간지《내셔널인콰이어러》National Enquirer와 연예지《TMZ》에 〈워싱턴포스트〉를 섞은 듯한 형식이었다. 하지만 여러 번 부패 사건을 폭로하며 언론의 역할을 충실하게 수행한 적도 있었다. 허스트의 성공과 몰락을 각색해 〈시민 케인〉이라는 영화가 제작되기도 했다.

스티브 잡스

스티브 잡스는 스티브 워즈니악과 함께 애플을 공동으로 창립해 개인 컴퓨터 시대의 막을 여는 데 중요한 역할을 한 인물이다. 애플이 생기기 전 컴퓨터는 보통 사업 목적으로 사용됐고, 크기도 방 하나를 채울 만큼 컸다. 애플은 요즘 컴퓨터 대부분에서 사용되는 그래픽 사용자 인터페이스GUI를 보급하는 데도 중요한 역할을 했다. GUI를 바탕으로 한 시스템에서는 명령어를 기억해 입력하는 대신 아이콘과 그림을 활용한다.

짧게 요약해보면 잡스는 1985년 애플 이사회의 결정에 따라 해임됐다가 1997년 회사로 복귀했다. 그의 이야기를 소재로 2015년에 애슈턴 커처 주연의 영화 〈잡스〉가 만들어지기도 했으니 자세한 내용이 궁금해 미치겠다면 영화를 보면 된다. 잡스는 맥, 아이팟, 아이패드, 아이폰 등 혁신적인 제품들을 개발해냈고, 애플을 한때 세계에서 시가총액이 가장 높은 기업의 반열에 올려놓기도 했다. 애플을 성공적으로 이끈 것 외에도 그는 애니메이션 영화 스튜디오 픽사를 설립해 운영했으며 2006년 74억 달러를 받고 디즈니에 매각했다.

잉그바르 캄프라드

잉그바르 캄프라드Ingvar Kamprad는 스웨덴의 고품질, 저가격, 대형 가구 판매장인 이케아IKEA의 창시자다. 버핏과 마찬가지로 캄프라드는 절약, 소박함, 열정을 사랑한다. 예를 들면 이케아는 대체로 조립되지 않은 상태로 가구를 판매한다. 또 고객이 스스로 조립하는 데 부담을 느끼지 않도록 제품을 제작한다. 이렇게 하면 제품 가격을 낮출 수 있을 뿐만 아니라 가구를 담는 박스의 부피도 상대적으로 작아져서 배송비를 낮출 수 있고 매장에서도 재고를 더 많이 가지고 있을 수 있다. 고객들은 SUV나 픽업 트럭 등 자가용에 가구를 싣고 매장을 나설 수 있어 가구가 배송될 때까지 몇 주를 기다릴 필요도 없다. 버핏처럼 캄프라드도 세계 최고 부호 중 한 명으로 꼽히지만 소박하게 살았다. 예를 들면 자산이 수백억 달러에 달하는데도 1993년형 20년 동안 볼보 자동차를 몰았으며, 벼룩시장에서 장을 보고 비행기를 탈 일이 있을 때는 이코노미석을 이용했다. 비행기를 탈 때만큼은 버핏보다도 검소했다고 할 수 있다.

레이 크록

레이 크록Ray Kroc은 맥도날드를 만든 사람은 아니다. 맥도날드의 설립자는 모리스 맥도날드와 리처드 맥도날드 형제다. 영화 〈파운더〉The Founder에서 그려진 것처럼 약간의 논쟁이 있었지만 어쨌든 크록은 두 형제에게서 맥도날드를 샀다. 그리고 그는 패스트푸드 산업을 널리 퍼뜨리고 맥도날드를 세계에서 가장 큰 요식업 체인으로 만들었다. 맥도날드 매장은 회사가 직접 소유한 직영점이 아니라 가맹점franchise 형식으로 운영된다. 가맹점이라는 말은 독립적인 운영자가 맥도날드 같은 기업에서 세운 방침에 따라 가게를 운영하면서 매출의 일부를 기업에 낸다는 뜻이다. 가맹점에서 본사에 매장 임대료를 내는 경우가 많아서 맥도날드는 부동산으로도 상당한 매출을 올리고 있다. 맥도날드의 이런 방침 역시 비즈니스 모델의 한 부분이다. 알아두면 금융 문해력에도 도움이 될 것이다. 디즈니와 마찬가지로 맥도날드도 다우지수의 30개 주식 중 하나다.

에스티 로더

백화점 화장품 매장이나 향수 매장을 지나쳐본 적이 있다면 틀림없이 에스티 로더Estee Lauder 제품을 봤을 것이다. 에스티 로더는 자신의 이름을 딴 화장품 및 향수 회사의 공동 창립자다. 1998년《타임》에서 선정한 20세기 가장 천재적인 사업가 20명의 목록에 이름을 올린 유일한 여성이었다. 한때 세계에서 가장 자수성가한 여성이기도 했다. 그녀는 뛰어난 마케팅 기술로도 유명하다. 지금은 아주 흔하지만 화장품이나 향수 제품을 구매한 고객에게 공짜 선물을 주는 전략을 널리 퍼뜨린 장본인이다.

J. P. 모건

책의 앞부분에서 현재는 제이피모간체이스로 알려진 기업의 창립자인 J. P. 모건을 여러 번 언급했다. 그의 외모는 모노폴리라는 보드게임에 그려진 은행가 캐릭터와 똑 닮았다. 미국 중앙은행인 연방준비제도는 1913년에 처음 만들어졌다. 연방준비제도가 생기기 전에는 '공황'이라고 불리기도 했던 경제 불황이 닥칠 때면 정부에서 모건 같은 힘 있는 은행가에 의존해 나라 경제를 구제하고자 했다. 실제로 모건은 1907년 공황을 끝낸 인물로 알려져 있다. 그는 기업들을 병합하고 자본을 끌어모아 당시 세계에서 가장 큰 기업들을 설립하는 데도 중요한 역할을 했다. 특히 앞에서 이야기한 세 기업 AT&T, GE, US 스틸이 탄생하는 과정에 크게 도움을 줬다. 모건이 전성기 시절 누린 권력과 맞먹는 힘을 가졌던 금융 재벌 가문은 아마도 유럽의 로스차일드 가문이 유일할 것이다.

존 록펠러

제5장에서 근대사상 가장 부유한 인물이었던 존 록펠러가 배당금을 얼마나 사랑했는지 이야기했던 적이 있다. 록펠러는 당시 세계에서 가장 큰 회사를 세웠고, 그 회사는 지금의 스탠다드 오일Standard Oil이 됐다. 스탠다드 오일은 정부에 의해 서른네 개 회사로 쪼개지기 전까지 미국 석유 산업 전반과 특히 정유 부문을 장악했었다. 스탠다드 오일의 주요 사업이었고 지금까지 유지되고 있는 회사가 바로 엑손이다. 스탠다드 오일 아래에 있던 엑손의 '형제' 사업 중에는 모빌(나중에 엑손과 다시 병합됐다), 셰브론, 아모코 등이 있다.

버핏은 오늘날 미국인이 누리는 생활 수준에 대해 깊이 생각했다. 그는 기술과 의학, 농업 등이 발전한 덕분에 중산층 정도의 미국인 누구나 과거의 어떤 부자들보다 더 나은 생활을 누리게 됐다고 말했다. 또 건강보험 혜택을 받고, 더 나은 음식을 먹으며 자동차, 전화기, 비행기, 컴퓨터, 텔레비전 등 록펠러가 살던 시대에는 존재하지 않았거나 품질이 훨씬 더 나은 물건들을 부족함 없이 사용한다고 덧붙였다.

2015년 주주 서한에서 버핏은 다음과 같이 썼다.

"중상위층이 모여 사는 우리 동네 사람들은 내가 태어날 무렵에 존 록펠러가 평생을 일궈 누리던 삶보다 나은 삶을 살고 있습니다. 록펠러는 엄청난 재산을 가지고도 우리가 당연하게 받아들이는 교통수단, 오락, 통신, 의료 서비스를 살 수 없었습니다. 그는 확실히 권력을 쥐고 명성을 떨쳤지만 지금 우리 이웃들처럼 살지는 못했습니다."

버핏에 따르면 시간이 지나면서 시민들의 생활 수준이 향상된 이유는 상업과 혁신을 바탕으로 한 미국의 경제 체제 덕분이다. 또한 세계에서 제일가는 부자였던 인물보다 더 나은 삶을 살고 있는 우리는 운이 좋은 사람들이다.

위와 같은 2015년 주주 서한에서 그는 이렇게 말하기도 했다. "지난 240년 동안 미국 시장을 거역하는 투자는 끔찍한 실수였고, 지금도 마찬가지입니다. 미국이 가진 상업과 혁신이라는 황금알 낳는 거위는 앞으로 더 큰 황금알을 더 많이 낳을 것입니다." 록펠러와 미국 경제 체제에 대한 버핏의 확고한 의견을 팁으로 남겨두자.

시간이 흐르면서 사람들의 생활이 나아질 수 있었던 이유는
상업과 혁신을 바탕으로 한 미국의 경제 체제 덕분이며,
그 결과 많은 사람들이 근대사에서 가장 부자로 손꼽히는
존 록펠러보다 나은 삶을 살고 있다.

코넬리우스 밴더빌트

코모도라는 별명으로도 불리는 코넬리우스 밴더빌트Cornelius Vander-
bilt는 1800년대 유통 및 철도 산업을 통해 엄청난 부를 축적했다. 그의
자산을 현재 가치로 환산하면 약 2천억 달러에 달한다. 버핏, 게이츠,
베이조스보다도 부자였다고 할 수 있다. 자동차가 보급되고 도로가 닦
이기 전 경제를 활성화할 수 있는 주요 운송 수단은 철도였고, 당시 밴
더빌트는 철도의 왕으로 통했다.

샘 월튼

샘 월튼Sam Walton은 세계에서 가장 큰 소매업체인 월마트의 창립자
다.《포천》은 연 매출액 기준으로 미국 최대 기업 500개를 선정해 '포
천 500'Fortune 500을 작성한다. 월마트는 지난 몇 년 동안 마이크로소프
트, 아마존닷컴, 애플 등 시가총액이 더 큰 기업들을 제치고 최고 자리
를 지켜왔다. 불과 몇 년 전만 해도 월마트는 아칸소주 벤턴빌에서 활
동하던 이류 기업이었다. 월마트라는 이름은 창립자 월튼의 성과 당시

월마트의 최고 경쟁자였던 K마트의 이름을 조합한 것이다. 시어스 역시 1962년 월마트가 생길 당시에는 월마트보다 훨씬 큰 기업이었고 이미 다우지수에 포함돼 있었다. 월마트는 '대형 슈퍼'Superstore라는 개념을 정착시키는 데 선구적인 역할을 했으며 고객들에게 저렴한 가격에 다양한 상품을 제공해왔다. 현재는 당연히 다우지수의 30개 종목 안에 포함돼 있다.

토머스 왓슨

토머스 왓슨Thomas Watson Jr.은 1950년부터 1970년까지 IBM을 세계에서 가장 강력한 컴퓨터 회사로 만드는 데 큰 공을 세웠다. 기업과 정부 기관에 컴퓨터를 판매해 엄청난 성공을 거뒀고 애플 덕분에 개인 컴퓨터가 보급되는 혁신이 일어난 후에는 개인에게도 컴퓨터를 판매했다. 지금도 규모가 큰 기업이기는 하지만 기술 산업 분야에서 마이크로소프트, 페이스북, 알파벳의 그림자에 묻히게 됐다. 그럼에도 여전히 다우지수 30대 주식에 포함돼 있다.

왓슨은 학창 시절 성적 때문에 어려움을 겪었는데, 아버지인 토머스 왓슨 시니어의 영향력으로 브라운대학에 입학할 수 있었다. 버핏은 다음과 같은 왓슨의 말을 인용하는 것을 좋아한다. "내가 천재는 아니지만, 명석함을 발휘할 수 있는 분야가 있다. 나는 바로 그 분야에 집중한다." 버핏이 이야기하던 능력 범위와 비슷한 맥락으로, 우리 같은 보통 사람들이 기억해둘 만한 팁이기도 하다.

성공하기 위해 천재가 될 필요는 없다. 사람들은 저마다
명석함을 발휘할 수 있는 분야가 있다.
그 분야에 집중하면 된다. _토머스 왓슨

기억해야 할 현재의 경영인

한 분야를 완전히 장악한 기업이 나오는 일은 자주 일어나지 않는
다. 한 세대에 한두 번 나올까 말까. 1950~1970년대의 IBM, 1980년
대~현재의 마이크로소프트, 스마트폰이 출시되기 전인 1980~2000년
대 초반까지의 인텔, 2006년~현재의 구글 그리고 2012년~현재까지
의 페이스북이 그렇거나 그랬던 기업들이다. 알리바바와 텐센트 역시
현재 중국 내 해당 산업에서 강력한 존재감을 자랑하고 있다.

베르나르 아르노

베르나르 아르노Bernard Arnault는 럭셔리 브랜드 기업인 LVMH 모엣
헤네시루이뷔통 SELVMH Moët Hennessy Louis Vuitton SE의 회장이자 CEO다.
자신의 부를 자랑하고 싶다면 초일류 명품 기업인 루이뷔통의 제품을
휘감으면 된다. LVMH에 속한 기업 중에서 루이뷔통 외에 유명한 브
랜드로는 크리스챤 디올, 펜디, 돔페리뇽Dom Pérignon이 있다. LVMH는

세계에서 가장 주목받는 보석 브랜드인 티파니Tiffany를 인수하기 위해 노력하고 있다. 세계에서 가장 부유한 사람 중 한 명으로 꼽히는 아르노의 자산 가치는 현재 800억 달러에 달한다.

메리 바라

메리 바라Mary Barra는 세계에서 가장 오래된 기업이자 가장 큰 자동차 회사인 GM의 CEO다. GM이 소유한 브랜드로는 캐딜락, 쉐보레, 뷰익, GMC 트럭 등이 있다. 바라는 위기에 대응하는 방식을 통해 능력을 인정받고 있다.

처음 GM의 CEO가 됐을 당시 그녀가 가진 패는 그리 좋지 않았다. GM에서 자동차 수십만 대의 시동 장치에 문제가 있다는 사실을 숨겨왔기 때문이다. 시동 장치가 불량인 자동차들은 운전 중 시동이 꺼지거나 사고가 나도 에어백이 작동하지 않는 사고로 이어졌다. 이런 기계적인 결함이 있는 자동차 때문에 적어도 100명이 목숨을 잃었다. 바라는 공개적으로 문제를 인정하고 사과한 다음 자동차 3,000만대를 리콜했다. 대응이 늦기는 했지만, GM은 스캔들을 극복했고, 기업에서 제품 리콜에 어떻게 대처해야 하는지를 잘 보여주는 좋은 예시로 남게 됐다.

2005년 주주 서한에서 버핏은 문제에 대응하는 방법을 다음과 같이 이야기했다. "직원 문제든 사업 운영에 관한 문제든, 문제가 생긴 즉시 대응해야 합니다." 바라는 GM의 CEO가 되자마자 버핏의 조언을 따랐다. 우리도 그의 조언을 팁으로 기억해두자.

> 직원 문제든 사업 운영에 관한 문제든,
> 문제가 생긴 즉시 대응해야 한다.

　실수가 생기지 않도록 할 수 있으면 더 좋다. 2005년, 허리케인 카트리나가 루이지애나주 뉴올리언스를 덮쳤다. 미국을 강타한 역대 허리케인 중 가장 강력한 규모였다. 1,800명 이상이 목숨을 잃었고 경제적 손실도 약 1,250억 달러에 달했다. 해수면보다 낮은 지대는 해일을 견디도록 설계된 제방으로 보호되는 경우가 많다. 하지만 허리케인 카트리나가 불어닥쳤을 때 뉴올리언스의 제방은 재앙을 막아주지 못했다. 버핏은 2005년 주주 서한에서 다음과 같이 적었다. "뉴올리언스의 제방을 믿을 수 있는지 고민하고 보완해야 했던 때는 카트리나가 불어닥치기 전이었다."

　버핏은 언제든 실수하거나 위험을 마주할 수 있다고 생각하면서 부정적인 영향을 최소로 하기 위한 계획을 미리 마련해두라고 조언한다. 예를 들면 필요 없는 물건을 충동적으로 살 때가 많거나, 전 재산을 한 종목에 몽땅 투자하고 싶은 유혹을 자주 느끼거나, 아니면 문제가 될 수 있는 상황에 처할 수도 있다. 다른 사람들 때문에 압력을 느껴 실수하지 않도록 내면의 점수표를 따르자. 충동적으로 구매하고 싶은 생각이 자주 든다면 불이익 없이 환불받을 수 있는 물건인지 확인해두자. 투자하기 전에는 어떤 유형의 투자가 합리적인지, 어떻게 위험을 관리해야 손실을 줄일 수 있을지 계획을 적어두자.

제프 베이조스

아마존에 대해서는 이미 앞에서 여러 번 이야기했다. 이 엄청난 회사를 세운 인물이 바로 제프 베이조스다. 아마존은 인터넷으로 책을 판매하는 사이트로 시작했고, 스스로 '세계에서 가장 큰 상점'이라고 홍보했다. 결국 아마존은 사업을 확장해 거의 모든 물건을 판매하는 사이트가 됐다. 홀푸드라는 유기농 식료품 마트를 사들인 아마존은 이제 오프라인 소매 사업에도 진출했다. 월스트리트에서는 오프라인 소매 사업을 벽돌과 시멘트로 지어진 가게라는 뜻으로 브릭앤드모르타르brick and Mortar라고도 부른다.

아마존에서는 회사의 이름을 건 '아마존 스토어'라는 매장을 열기 시작했다. 그리고 이 매장에 최신 기술을 적용해 사람들이 가장 싫어하는 과정을 없앴다. 바로 계산대 앞에서 기다리는 시간이다. 아마존에서는 계산을 위해 줄을 서지 않아도 되는 '계산원 없는 가게'를 시험하고 있다. 아마존 웹서비스 부서를 통해 넷플릭스처럼 세계에서 가장 방문자 수가 많은 웹사이트를 지원하기도 한다. 아마존이 만든 가정용 스피커 에코/알렉사는 조만간 다양한 질문에 답할 수 있는 유능한 가상 비서 역할을 해내게 될 것이다.

버핏은 베이조스를 현세대에서 가장 유능한 경영인으로 인정하며, 고객들을 만족시키는 사업을 구축한 점을 높이 샀다. 소규모로 사업하는 사업가들에게 버핏은 다음과 같이 이야기한 적이 있다. "제프 베이조스는 빠른 배송, 저렴한 가격 등 고객들을 기쁘게 할 수 있는 것이라면 무엇이든 실현해냈습니다. 그리고 지금도 고객들을 기쁘게 할 방법을 연구하고 있습니다." 이 말도 팁으로 기억해두자.

리처드 브랜슨

리처드 브랜슨Richard Branson은 버진Virgin이라는 기업과 특출 난 모험 정신으로 잘 알려진 훌륭한 사업가다. 우선 그의 모험 정신부터 이야기해보자. 1991년 그는 열기구를 타고 태평양을 횡단하는 기록을 세웠다. 또 다른 모험 여행에서는 대서양을 건너기도 했으며 육지와 물속에서 모두 주행이 가능한 수륙양용 자동차로 영국과 프랑스 사이의 영국해협을 건너는 기록도 세웠다. 현재는 우주로 승객을 실어 나르겠다는 목표를 세우고 버진 갤럭틱Virgin Galactic이라는 회사를 운영하고 있다. 그가 운영했거나 운영 중인 사업에는 버진 레코드Virgin Records, 버진 모바일Virgin Mobile, 버진 애틀랜틱 에어웨이Virgin Atlantic Airways 등이 있다. 어릴 적 난독증을 앓으며 학교 성적도 좋지 않았던 그는 사업에서 엄청난 성공을 거뒀고, 현재 그의 순자산 가치는 40억 달러가 넘는다.

마이클 블룸버그

마이클 블룸버그Michael Bloomberg는 2002년부터 2013년까지 뉴욕

시장으로 재임한 인물로도 잘 알려져 있다. 2020년에는 민주당 대통령 후보 경선에도 참여했지만 결국 탈락하고 말았다. 500억 달러가 넘는 그의 자산 대부분을 경제 전문 미디어 기업인 블룸버그 L.P.Bloomberg L.P.를 통해 벌어들였다.

대부분의 월스트리트 트레이딩 데스크에서 블룸버그 머신Bloomberg machine(뉴스와 거래소를 비롯한 다양한 출처에서 발생하는 데이터를 취합해 투자 관련 최신 정보를 제공하는 기계—옮긴이)을 활용하고 있으며 블룸버그 TV와 라디오도 비즈니스 채널과 라디오 방송국으로 인기를 끌고 있다. 블룸버그 머신은 데이터, 분석 자료, 뉴스를 수집하고 메시지도 주고받을 수 있는 효율적인 플랫폼이다. 투자 상품, 특히 채권 시장에서 거래할 때 사용하는 도구이기도 하다. 여러분이 언젠가 월스트리트에서 일하게 된다면 여러분 자리나 사무실에서 블룸버그 머신을 적어도 한 대 이상 볼 수 있을 것이다. 블룸버그의 일생에서는 끈기를 배울 수 있다. 그는 월스트리트의 투자 은행 살로몬브라더스에서 회사 상황이 좋지 않다는 이유로 권고사직 당했지만 결국 자기 이름을 건 회사를 시작해 성공을 이뤄냈다.

세르게이 브린, 래리 페이지, 순다르 피차이

세르게이 브린Sergey Brin과 래리 페이지Larry Page는 현재 알파벳으로 거듭난 구글의 공동 창립자다. 구글이 생기기 전, 사람들은 여러 검색 엔진을 사용했다. 야후나 MSN 검색/빙Bing(마이크로소프트) 그리고 지금은 거의 찾아보기 힘든 알타비스타Alta Vista, 익사이트Excite, 인포시크Infoseek, 애스크 지브스Ask Jeeves 등이 대표적이다. 구글이 시장을 장악할 수 있었던 이유는 가장 뛰어난 제품을 가지고 있었기 때문이다. 브린과 페이지는 스탠퍼드 대학원생 시절 회사를 시작했다. 인터넷 혁명은 젊은 세대가 세상을 바꿀 수 있다는 것을 보여주는 좋은 예시다. 현재 알파벳의 CEO인 순다르 피차이Sundar Pichai 역시 앞으로 수십 년간 주목해야 할 인물이다.

버핏이 가장 후회하는 일 중에는 구글(현 알파벳) 검색엔진을 열심히 활용했으면서도 주식은 사지 않은 것도 포함된다. 버핏은 보통 기술 주식을 멀리하지만, 구글이 시장을 자연적으로 독점할 수 있는 요소를 가졌다는 사실을 인정한다. 자연적 독점natural monopoly이란 한 상품을 판매하는 판매자가 하나뿐이어서 자연적, 즉 정부의 규제 때문이 아니라 회사 제품의 질이나 사업에 대한 통찰력 덕분에 이익이 발생한다는 뜻이다. 구글이 유일한 검색엔진은 아니지만, 미국 내 시장점유율이 약 80퍼센트이니 거의 독점이나 마찬가지라고 봐도 좋을 것이다.

버핏은 2017년 주주총회에서 다음과 같이 말했다. "클릭할 때마다 캘리포니아 어딘가에 있는 금전 출납기에 돈이 채워지는 사업을 가졌다고 생각해보십시오. 과거에도 지금도 훌륭한 사업이며 자연적으로 시장을 독점하고 있습니다. 적어도 제가 사용하기는 매우 쉽더군요." 구글에 투자하지 않은 버핏의 실패를 팁으로 남겨 기억해두자.

┌─────────────────────────────┐
BUFFETT's TIP 66

자연적으로 독점할 수 있는 회사에 투자하라.
└─────────────────────────────┘

숀 카터, 비욘세 놀스, 숀 콤스, 안드레 영

숀 카터Shawn Carter, 비욘세 놀스-카터Beyoncé Knowles-Carter, 숀 콤스Sean Combs, 안드레 영Andre Young은 원래 음악가였다. 제이지Jay-Z, 비욘세Beyoncé, 피 디디P Diddy(또는 디디Diddy, 퍼프 대디Puff Daddy), 닥터 드레Dr. Dre라는 그들의 '활동명'이 여러분에게 더 익숙할지도 모르겠다. 제이지와 결혼한 비욘세-놀스 카터는 셰어Cher나 마돈나Madonna처럼 성을 붙이지 않아도 될 정도로 유명하다. 이들이 음반을 팔아서가 아니라 사업을 통해 자산을 쌓았다는 사실을 알면 아마 놀랄지도 모르겠다. 이들은 모두 곧 억만장자가 될 예정이고, 제이지는 이미 그 반열에 올랐다.

제이지는 로카펠라 레코드Roc-A-Fella Record, 로카웨어Rocawear, 스포츠 에이전시인 락네이션 스포츠Roc Nation Sports, 알코올 음료 회사인 위세D'Ussé 코냑, 에이스 오브 스페이드Ace of Spades 샴페인 그리고 구독형 음악 스트리밍 서비스인 타이달Tidal를 운영하고 있다. 그는 성공적으로 사업을 이끄는 방법을 듣기 위해 버핏과 한 번 이상 만났다고 한다. 비욘세 역시 데스티니스 차일드Destiny's Child와 비욘세라는 이름으로 활동하며 음악가로서 성공했고, 〈오스틴 파워: 골드 멤버〉에 출연해 영화배우로서도 이름을 알렸다. 스스로 사업체도 경영하고 있다. 하우스 오브디리언House of Deréon, 아이비파크Ivy Park라는 의류 라인과 타이달에도 지분을 가지고 있으며 그녀가 출시한 향수 브랜드 히트Heat도 성공을 거뒀다. 또한 펩시, 아메리칸익스프레스, 닌텐도, 로레알 그리고 여러 기업의 홍보 모델이기도 하다.

숀 콤스가 사업적으로 성공할 수 있었던 것은 음악적으로 성공한 덕분이기도 하지만 그가 워낙 사업에 관심이 많았던 덕분이기도 했다. 콤스 엔터프라이즈Combs Enterprises는 의류 및 향수(숀 존Sean John), 음반(배드 보이 레코드Bad Boy Records), 주류(시락Cîroc 보드카) 사업을 소유했거나 현재 소유하고 있다. 닥터 드레는 그가 공동 창업자였던 비츠Beats라는 헤드폰 회사를 2014년 애플에 30억 달러에 매각하며 큰 성과를 거뒀다. 애프터매스 엔터테인먼트Aftermath Entertainment라는 이름으로 알려진 그의 음반 회사는 스눕독Snoop Dogg, 에미넴Eminem, 50센트50 Cent 같은 다른 스타 음악가들이 성공할 수 있었던 발판이 되기도 했다.

팀 쿡

팀 쿡Tim Cook은 지구상에서 가장 영향력 있는 기업인 애플의 회장이자 CEO다. 팀 쿡의 지휘 아래 애플의 가치는 2조 달러를 넘기며 세계에서 가장 시가총액이 높은 기업이 됐다. 팀 쿡은 원래 회사를 실질적으로 경영하는 운영 부문을 맡았는데, 병세가 위독해진 잡스가 그를 CEO로 지명하며 회사 경영을 책임지게 됐다.

제이미 다이먼

제이피모간체이스의 CEO인 제이미 다이먼Jamie Dimon은 아마도 금융 서비스 업계에서 버핏 다음으로 잘 알려진 인물일 것이다. 그는 2008~2009년 경기 대침체 동안 은행을 경영하는 전 세계의 어떤 경영자보다 회사를 잘 이끌었다. 하지만 그가 걸어온 길이 항상 탄탄하기만 했던 것은 아니다. 제14장에서 우리는 직업, 인맥, 멘토에 관해 이야기하려고 한다. 멘토는 경력에 도움이 되는 조언을 해줄 수 있는 사람을 말한다. 다이먼에게는 몇 년 동안 의지하던 샌디 웨일Sandy Weill이라는 좋은 멘토가 있었는데, 웨일과 갈등을 겪게 되면서 멘토에 의해 해고를 당하기도 했다. 하지만 다이먼은 재기에 성공했고, JP모건이라는 기업을 한 단계 더 높이 끌어올렸다. 버핏처럼 다이먼도 주주들을 위해 매년 아주 꼼꼼하게 주주 서한을 작성한다.

잭 도시

잭 도시Jack Dorsey는 아마도 현존하는 경영인 중 잡스와 가장 비슷한 인물일 것이다. 그는 트위터Twitter와 스퀘어Square라는 두 개의 회사를 공동 창립하며 세간의 주목을 받았다. 여러분도 알다시피 트위터는 어떤 면에서는 신문을 대체했다고도 할 만큼 인기 있는 소셜미디어 플랫폼이다. 트럼프 전 대통령이 트위터를 아주 사랑한 것으로 유명하다. 그가 올린 글 때문에 금융 시장이 혼란을 빚기도 했다. 스퀘어는 소상공인들이 신용카드를 받을 수 있도록 해주는 하드웨어와 소프트웨어 제품을 생산한다. 2020년 잭 도시는 코로나19로 피해를 본 사업체를 지원하기 위해 10억 달러를 기부해 화제가 되기도 했다.

빌 게이츠, 폴 앨런, 스티브 발머

빌 게이츠는 버핏과 앞서 소개한 베이조스와 함께 세계 최고의 부자로 꼽힌다. 마지막 집계에 따르면 그의 자산은 무려 1,100만 달러 이상이라고 한다. 게이츠는 마이크로소프트의 공동 창립자다. 다른 한 명은 그다지 관심을 받지 못하는 억만장자인 폴 앨런Paul Allen으로, 1982년 마이크로소프트를 떠났다. 만약 스포츠를 좋아한다면 NFL의 시애틀 시호크스Seattle Seahawks와 NBA의 포틀랜드 트레일블레이저스Portland Trailblazers 구단주로 폴 앨런이라는 이름을 들어봤을 것이다. 그는 2018년에 별세했다. 스티브 발머Steve Ballmer는 마이크로소프트의 초창기 직원으로 게이츠가 경영에서 손을 놓은 후 몇 년 동안 CEO를 맡기도 했다. 지금은 NBA 로스앤젤레스 클리퍼스Los Angeles Clippers의 구단주다.

게이츠는 버핏과 개인적으로 친한 친구 사이이기도 하다. 버핏은 그의 자산을 거의 모두 게이츠의 자선 재단에 기부해왔다. 그의 통 큰 선물에 관해서는 자선사업과 기부에 관해 이야기할 마지막 장에서 더 자세히 살펴보도록 하자. 게이츠와 버핏은 제1장에서 언급했던 '더기빙플레지'라는 기부 단체를 공동 설립하기도 했다.

리드 헤이스팅스

리드 헤이스팅스Reed Hastings는 대형 온라인 동영상 서비스인 넷플릭스의 공동 창립자다. 케이블 TV 가입을 해지하는 코드커터(코드로 연결된 것을 끊어내는 사람이라는 뜻으로 TV 방송 서비스 대신 인터넷으로 방송 및 동영상을 시청하는 소비자를 말한다—옮긴이) 가정이 늘어나면서 엔터테인 먼트 산업에서 넷플릭스의 영향력이 점점 커지고 있다. 코드커터들에 게는 넷플릭스, 구글의 유튜브, 아마존의 프라임 비디오가 TV다. 넷플 릭스는 원래 우편으로 DVD를 대여하는 사업을 하던 기업이었지만 현 재 넷플릭스의 소비자들은 대부분 인터넷 스트리밍으로 동영상 콘텐 츠를 접한다. 영화 〈아폴로 13〉Apollo 13을 빌려 보고 제때 반납하지 않 아 연체료를 물게 된 헤이스팅스가 화가 나서 시작한 사업이 넷플릭스 였다고 한다. 그 후 어떻게 됐는지는 여러분이 더 잘 알 것이다. 기존의 제품보다 우수하고 소비자 친화적인 제품을 만들었으니 사업은 대성 공을 거뒀다. 넷플릭스는 이제 자체적으로 영화나 TV 프로그램을 제 작하기 시작했고, 디즈니, AT&T 타임워너 등 미디어 회사들과 경쟁하 게 됐다.

카일리 제너, 로빈 펜티

카일리 제너는 자신과 집안의 소셜미디어 영향력을 마케팅에 십분 활용해 화장품 제국을 건설했다. 대형 화장품 회사인 코티Coty에서 그 녀 회사의 지분을 상당 부분 매수하면서 제너는 역사상 가장 어린 억 만장자 사업가가 됐다. 로빈 펜티Robyn Fenty는 미들네임이자 활동명인 리아나Rihanna라는 이름으로 더 잘 알려져 있다. 제이지나 비욘세, 피대 디, 닥터 드레처럼 그녀도 음악적 재능으로 얻은 자신의 유명세를 활용 해 전 세계로 사업을 확장했다. 제너처럼 리아나도 화장품과 패션 사업 에서 성공을 거뒀다. 30대 초반이었을 때 이미 순자산이 6억 달러가 넘었다고 한다. 인플레이션을 따지더라도 버핏이 30대 초반이었을 때보다 더 많은 자산을 보유한 셈이다.

필 나이트

필 나이트Phil Knight는 세계에서 가장 큰 운동화 및 의류 회사인 나이키의 공동 창립자이자 전 회장 겸 CEO였던 인물이다. 나이키라는 이름이 어디에서 왔는지 궁금한 사람들을 위해 설명하자면, 니케라는 그리스 승리의 여신의 이름이 어원이다. 운동복 회사에 어울리는 멋진 이름이 아닌가 싶다.

이 책을 다 읽은 다음 나이트가 쓴 훌륭한 자서전인《슈독: 나이키 창시자의 회고록》Shoe Dog, : A Memoir by the Creator of Nike을 읽어보길 바란다. 나이키가 한순간에 성공을 이룬 기업이 아니라는 이야기를 들으면 여러분은 아마 깜짝 놀라며 자극을 받을 것이다. 필 나이트는 일본에서 운동화를 떼다가 자기 차에 싣고 운동 경기장을 찾아다니며 파는 사업을 시작했다. 그리고 결국 운동화 재판매 장사를 블루리본 스포츠라는 사업으로, 나이키라는 그룹으로 키워냈다. 그 결과는 우리가 아는 것처럼 대성공이었다.

잭 마, 포니 마, 로빈 리

잭 마Jack Ma(마윈), 포니 마Pony Ma(마화텅), 로빈 리Robin Li(리엔훙)는 각각 중국에서 가장 큰 기술 기업인 알리바바, 텐센트, 바이두의 공동 창립자들이다. 이 기업들은 지난 장에서 현재 국제 경제에 영향을 끼치는 중요한 기업들을 설명하면서 가볍게 언급했었다. 중국은 현재 GDP로 따졌을 때 세계에서 미국 다음으로 경제 시장 규모가 큰 나라다. 중국의 인구는 약 14억 명에 달한다. 선진국에서 개발된 기술을 활용하면서 국민들의 교육 수준도 높아지고 있어서 우리가 죽기 전에 중국이 미국의 GDP 규모를 뛰어넘을 확률이 매우 높다. 그리고 이 세 인물은 자신들의 기업을 통해 중국의 미래를 빚어가는 중이다.

루퍼트 머독

호주 출신인 루퍼트 머독Rupert Murdoch은 뉴스코퍼레이션News Corporation의 창립자이자 공동 의장이다. 가장 성공적인 뉴스 미디어 전문가로 순자산은 150억 달러 이상이다. 뉴스코퍼레이션은 폭스 TV 채널과 20세기/21세기 폭스 영화사로 잘 알려진 기업이다. 지난 장에서 이야기했던 것처럼 엔터테인먼트 사업 대부분을 디즈니에 매각했다. 유럽과 아시아에서는 지금은 컴캐스트 소유가 된 스카이Sky라는 케이블 TV 회사로 잘 알려져 있었다. 뉴스코퍼레이션은 세계에서 가장 큰 신문사이기도 하다. 가장 유명한 신문은 〈월스트리트저널〉이지만 〈뉴욕포스트〉나 〈더 선〉 같은 인기 있는 신문을 여럿 발행하고 있다. 부동산에 관심이 많은 사람이라면 리얼터realtor.com라는 유명한 웹사이트를 소유한 기업으로 뉴스코퍼레이션이라는 이름을 들어본 적이 있을 것이다.

일론 머스크

일론 머스크는 제3장에서 전자 결제에 관해 이야기하며 언급했던 페이팔의 창시자로 처음 이름을 알렸다. 현재 그는 선구적인 전기차 회사인 테슬라의 공동 창립자이자 CEO로 더 잘 알려져 있다. 또한, 기업과 정부 기관 고객들을 위해 로켓과 인공위성을 우주로 쏘아 올리는 회사인 스페이스X SpaceX의 창립자이기도 하다. 스페이스X는 화성을 정복하겠다는 야망을 품고 있기도 하다. 단순히 웃어넘길 일이 아니라, 여러분이 사는 동안 현실이 될 수도 있다. 머스크와 베이조스는 앞에서 소개한 잡스의 뒤를 이을, 오늘날 가장 선견지명이 뛰어난 경영인이라고 할 수 있다.

아만시오 오르테가

스페인 출신인 아만시오 오르테가 Amancio Ortega는 다국적 의류 회사인 인디텍스 Inditex의 창립자이자 세계에서 가장 부유한 인물 중 하나다. 최근 보도된 그의 순자산은 650억 달러로 버핏, 게이츠, 베이조스와 함께 세계에서 제일가는 부자 반열에 오르게 됐다. 자라 Zara는 오르테가가 세운 제국에서 가장 잘 알려진 의류 브랜드다. 오르테가는 '패스트 패션'이라는 흐름을 만드는 데 큰 역할을 했다. 패스트 패션이란 올림픽 단거리 선수였던 우사인 볼트가 입는 옷이 아니라, 뉴스 머리기사를 장식한 스타의 의상을 아주 빠르게 의류 매장에 반영한다는 뜻이다. 얼마나 빠르냐면 새로운 제품을 개발하고 매장에서 판매하기까지 다른 회사에서는 수개월이 걸리는 데 비해 자라에서는 1주일이면 충분하다.

하워드 슐츠

하워드 슐츠Howard Schultz는 세계에서 가장 인기 있는 카페 체인인 스타벅스의 창시자이자 전 회장 겸 CEO다. 그는 사람들과 만나 어울리거나 일하기 좋은 장소를 뜻하는 '스타벅스 경험'Starbucks experience이라는 개념을 만들었다. 이탈리아 밀라노를 여행하다 방문한 커피숍에서 영감을 얻었다고 한다. 다른 식당들은 그저 먹고 마시기 위한 공간인 경우가 많다. 친근한 분위기로 꾸며진 스타벅스 매장에는 보통 와이파이가 설치돼 있으며 편안한 가구가 놓여 있다. 이런 멋진 분위기 덕분에 스타벅스는 비싼 값에 커피를 팔면서도 계속 고객을 유치할 수 있다.

오프라 윈프리

오프라 윈프리는 한때 지구상에서 가장 인기 있는 토크쇼의 진행자였다. 그녀가 진행하던 〈오프라 윈프리 쇼〉는 20년간 동 시간대 가장 높은 시청률을 유지했다. 오늘날처럼 몰아보기가 가능한 시절이 오기 전 사람들은 시간대마다 볼 수 있는 프로그램이 정해져 있었다. 윈프리는 미디어와 영업 전문가로 억만장자 반열에 올랐다. 원래 토크쇼 제작사의 직원이었던 그녀는 크게 성공한 뒤 영향력이 강해졌고, 하포 프로덕션Harpo Production(하포는 오프라 자신의 이름을 거꾸로 적어 읽은 것이다)이라는 회사를 세우고 자신의 토크쇼를 직접 제작했다.

2011년 일일 토크쇼 사업은 접었지만, TV 스페셜 방송 시리즈를 진행했으며 《오프라 매거진 O》O, The Oprah Magazine, 오프라닷컴Oprah.com,

위성 라디오국인 오프라 라디오, 케이블 네트워크 옥시젠Oxygen을 포
함한 미디어 제국을 키우는 데 집중했다. 또 그녀가 기획에 참여한 토
크쇼 〈닥터 필〉Dr. Phil, 〈닥터 오즈 쇼〉Dr. Oz Show를 공동 제작하기도 했
다. 이게 다가 아니다. 주간 뉴스 프로그램 〈60분〉60 minutes의 제작에 참
여하는 한편, 체중 관리 서비스를 제공하는 기업 웨이트워처스Weight
Watchers 인터내셔널의 지분 약 10퍼센트를 소유하고 있다.

마크 저커버그, 셰릴 샌드버그

마크 저커버그는 일일 사용자가 120억 명에 달하는 세계에서 가장
큰 소셜미디어 기업 페이스북의 공동 창립자이자 회장 겸 CEO다. 그
는 하버드대학교 기숙사의 자기 방에서 사업을 시작했으며 후에 사업
이 인기를 끌자 학교를 자퇴했다. 게이츠도 한두 세대 전에 저커버그와
똑같은 결단을 내렸었다. 보통은 학교를 그만두려는 사람을 말리지만,
만약 여러분도 이들처럼 억만장자가 되리라 확신한다면 우리는 여러
분을 진심으로 응원할 것이다. 페이스북이 인스타그램과 페이스북 메
신저, 왓츠앱을 소유하고 있다는 이야기는 이미 앞 장에서 한 적이 있다.

셰릴 샌드버그Sheryl Sandberg는 페이스북의 실질적인 경영을 책임지
는 최고 운영 책임자다. 2008년 페이스북에 입사하기 전에는 구글의 간
부였다. 그녀가 입사했을 때 페이스북은 매년 수천만 달러를 손해 보고
있었다. 현재 페이스북은 매년 150억 달러 이상을 벌어들인다. 그녀는
《린 인》Lean In이라는 베스트셀러의 저자이기도 하다. 특히 여성들에게
사업을 성공적으로 이끄는 방법을 조언하는 책으로 호평을 받고 있다.

과거와 현재를 통틀어 중요한 경영인은 이 밖에도 수없이 많지만 우선 이 정도만 알아둬도 도움이 될 것이다. 시간이 있다면 블룸버그 억만장자 인물 사전Bloomberg's Billionaire Index, 《포브스》 선정 400대 부자 순위, 노벨상 수상자 목록에 등장하는 인물들에 관해 알아보자. 영감을 얻을 수 있는 흥미로운 활동일 것이다. 나카모토 사토시Nakamoto Satoshi 라는 가명을 쓰는 비트코인 창시자 역시 살펴볼 가치가 충분한 인물 중 하나이지만, 현재는 그가 남자인지, 여자인지, 어떤 단체인지조차도 파악하지 못하고 있다.

"너무 많이 소유하면 소유한 물건에 사로잡혀버린다."

_워런 버핏, 더기빙플레지에 보내는 서한

제11장

버핏처럼 검소하게 사는 법: 돈을 아끼는 일상의 팁

메리엄-웹스터Merriam-Webster 사전은 '검소한'thrifty이라는 단어를 '절약하는'과 같은 뜻으로 해석한다. '경제적인 관리'와 관련된 정의라고도 한다. 이게 무슨 뜻일까? 돈을 대할 때 조심스럽고 실속을 챙기며 낭비하지 않는다는 뜻이다. 보통 부정적으로 해석되는 '자린고비처럼 인색하다'라는 뜻이 아니다. 버핏은 얼마 전까지 맞춤 자동차 번호판을 붙이고 다녔다(번호판에 원하는 단어나 숫자를 넣으려면 매년 요금이 든다—옮긴이). 그는 롤스로이스나 슈퍼카를 몰지 않았다. 그 대신 좋은 차이면서도 수수하다고 할 수 있는 링컨 타운카Lincoln Town Car를 타고 다녔다. 타운카는 기업에서 출장 온 손님을 접대할 때 많이 사용하던 차다. 그의 자동차 번호판에 어떤 단어가 적혀 있었는지 궁금하지 않은가? 예상했다시피 'THRIFTY'(검소한)다. 이 장에서는 돈을 아끼기 위해 여러분이 할 수 있는 일들을 버핏의 조언과 함께 살펴보려고 한다. 돈을 모으지 못하면 가진 돈을 불리거나 돈이 여러분을 위해 일하도록 할 수 없다는 사실을 잊지 말자.

이 책의 주제 중 하나는 형편에 맞게 살자는 것이다. 그렇다고 해서 거지나 수도승처럼 살아야 한다는 뜻은 아니다. 다만 돈을 현명하게 사용하면 좋겠다는 마음에서 하는 말이다. 월마트의 유명한 광고 문구를 기억할 것이다. '더 아끼며 더 나은 삶을 사세요.' 우리는 이 말이 돈을 쓰는 올바른 마음가짐이라고 생각한다. 그리고 버핏이 자신의 재산을 거의 전부 자선단체에 기부하고 있다는 사실을 아는 이상, 그가 결코 인색한 구두쇠가 아니라고 자신 있게 말할 수 있다.

이 장에서는 돈을 아끼기 위해 어떤 노력을 할 수 있는지 살펴볼 것이다. 적어도 한 가지 이상의 측면에서, 돈을 아끼겠다는 마음가짐이 돈을 더 벌겠다는 마음가짐보다 순자산에 미치는 영향이 더 크다. 번 돈은 보통 25퍼센트 이상 세금으로 없어지지만, 아낀 돈은 고스란히 내 주머니에 들어와 순자산이 되기 때문이다. 돈을 아끼는 방법을 바로 실천할 수 있도록 실제 기업의 이름이나 제품, 서비스 등을 언급할 것이다. 우리는 지금부터 언급되는 기업과 어떤 관계도 없다. 그저 우리도 종종 사용하는 제품이나 서비스를 소개하려 한다. 소화하기 쉽도록 주제별로 내용을 나눠 설명하고 책을 다 읽고 난 뒤 참고할 만한 웹사이트나 앱들도 여러 개 소개하겠다. 물론 책을 한 번 더 읽어도 좋다.

돈을 들일 필요 없이 할 수 있는 일들로 시작해 목돈이 들어가는 일로 넘어가보자. 자동차나 집처럼 돈이 많이 드는 구매는 매우 중요하므로 따로 한 장을 할애해 다뤄보려고 한다. 이 장에서 짧게 짚고 넘어가더라도 이들이 얼마나 중요한지 잊지 않았으니 걱정하지 말자.

도서관을 자주 가라

이 책을 읽고 있든 오디오북으로 듣고 있든 여러분 마음에 들었으면 좋겠다. 여러분이 전자책이든 종이책이든 오디오 파일이든 어떤 매체를 사용해 정보를 받아들이는지는 중요하지 않다. 우리는 오디오북을 아주 좋아한다. 운전하면서 또는 다른 사람이 운전하는 차 안에서 들을 수도 있고, 기차 안이나 집 등 어디에서나 들을 수 있다. 아마존의 오디블Audible은 오디오북 서비스 업계의 선두주자라 할 수 있다. 오디오북audiobook.com, 아이튠즈 등도 비슷한 서비스를 제공한다. 오버드라이브OverDrive는 여러 도서관에서 사용하는 앱으로 다양한 포맷의 디지털 도서를 무료로 다운로드할 수 있다.

제1장에서 버핏이 고등학교를 졸업할 때까지 학교 수업을 위해 읽어야 하는 필수 도서 외에 책을 100권이나 더 읽었었다고 이야기했다. 그는 "열 살 때까지 오마하 공립 도서관에서 투자에 관한 책을 몽땅 읽었고, 어떤 책은 두 번씩 읽었다. 서로 대립하는 다양한 아이디어로 머릿속을 채우고 어떤 것이 합리적인지 결정할 수 있어야 한다."라고 말하기도 했다. 팁으로 기억할 만한 좋은 말이다.

BUFFETT's TIP 67

많이 읽으라. 서로 대립하는 다양한 아이디어들로
머릿속을 채우고 어떤 것이 합리적인지 결정할 수 있어야 한다.

버핏이 돈이 많다는 사실이야 누구나 아는 사실이고, 지난 장에서는 앤드루 카네기라는 다른 거물tycoon(엄청나게 돈이 많은 사업가)을 소개했다. 인플레이션과 카네기가 살던 시절의 경제 규모를 따지면 카네기는 버핏보다도 부자였다. 지금 돈의 가치로 환산하면 그의 자산은 자그마치 3천억 달러에 달한다고 한다.

카네기가 자선사업가가 되기로 했을 때 그는 전 세계에 도서관 네트워크를 구축할 계획을 세웠다. 그리고 그 계획을 현실로 만들었다. 1883년부터 1929년까지 전 세계 각지에 도서관 2,500개를 세웠으며 그중 대부분은 미국에 지어졌다. 도서관을 기증받은 지역에서도 도서관이 생길 부지를 기증하거나 도서관이 지어진 다음 운영 비용을 대는 등 도서관을 세우는 데 도움을 줬다.

카네기는 젊은 시절 책을 열심히 읽었고 책에서 얻은 지식이 꿈을 이루는 데 도움이 된다는 사실을 깨달았다. 스코틀랜드 출신 이민자였던 그는 자기만의 방식으로 노력한 끝에 세계 최고의 부호 중 하나가 됐다. 그는 철강 왕baron(거물과 같은 뜻)이라는 별명으로 널리 알려졌으며 그의 회사 US 스틸은 아직까지도 운영되고 있다. 카네기는 열심히 노력해 능력을 갖춘 사람들이 성공할 기회를 더 많이 얻을 수 있는 능력주의 경제 체제를 믿었다. 이런 믿음을 지식의 민주화democratization of knowledge라고 부른다. 구글 역시 이런 믿음을 가진 회사 중 하나다.

구글 역시 전자책 또는 디지털화된 책을 모아놓은 가상 온라인 도서관을 만들었다. 출판사의 동의를 얻어 세상에 존재하는 모든 책을 스캔해 온라인상에 올리겠다는 목표를 가지고 있다. 책의 작가는 저작권을 가지고 작업의 대가로 저작권 사용료를 받는다. 저작권법마다 조금씩 차이가 있지만, 작가가 사망한 후 보통 70년까지 보장된다. 스무 살에 책을 쓰고 백 살까지 산 작가는 80년에 70년을 더해 총 150년 동안 저작권을 가지는 셈이다. 구글은 2,500만 권 이상의 책을 스캔해 온라인으로 제공하고 있다. 현재 전 세계에 1억 3,000만 권의 책이 있다고 추정한다.

요즘 도서관에서는 책 외에도 거의 모든 것들을 무료로 빌릴 수 있다. 영화, 음반, 신문, 잡지를 빌릴 수 있으며 인터넷도 사용할 수 있다. 우리 가족도 뉴욕시 공립 도서관에서 영화를 빌리곤 한다. 인기 있는 영화를 대부분 빌릴 수 있지만, 꼭 보고 싶은 영화를 빌리려면 시간이 걸릴 때가 있기는 하다.

무료 교육 강좌 활용하기: 칸 아카데미, 코세라

'백문이 불여일견'이라는 말을 들어본 적이 있을 것이다. 배우는 방법에는 여러 가지가 있지만 그중에서도 눈으로 직접 보는 시각적 학습이 가장 흔하다. 가장 잘 알려진 무료 동영상 학습 웹사이트로 칸 아카데미Khan Academy, 코세라Coursera가 있다. 휴대전화, 노트북, PC, 맥북, 아이패드 등 다양한 기기에서 강의를 들을 수 있는 두 웹사이트를 간략하게 소개하려고 한다.

칸 아카데미는 2006년 살만 칸Salman Khan이라는 인물이 만들었다. 칸 아카데미를 시작하기 몇 년 전 그는 사촌에게 인터넷으로 과외를 해준 적이 있었다고 한다. 그는 자신이 하던 과외 활동을 비영리사업으로 발전시키기로 했다. 원래 금융 서비스 산업에 종사하고 있던 그는 자신의 소명이 남을 가르치는 데 있다는 사실을 깨달았다. 그래서 돈을 많이 벌 수 있는 금융계 일자리를 그만두고 교육 사업을 한 차원 높은 단계로 끌어올렸다.

칸 아카데미의 모토는 '누구든, 어디에서든 들을 수 있는 세계 최고의 무료 교육'이다. 현재 대학원 수준부터 고등학교 수준까지 무료 강의 코스 수천 개를 제공한다. PSAT(예비 대학 수학 능력 평가)나 SAT, ACT(대학 수능 시험), AP 시험 준비(미국 고등학교에서는 대학 수업을 선행학습 한 후 AP 시험을 쳐서 학점을 취득할 수 있다—옮긴이) 과정 또한 제공한다.

칸 아카데미가 강의를 무료로 제공할 수 있는 비결은 무엇일까? 이 기업은 빌 게이츠 재단, 구글, AT&T, 카를로슬림 재단Carlos Slim Foundation 등에서 상당한 재정 지원을 받는다. 카를로 슬림은 세계 최고의 부자 중 한 명으로 멕시코에 기반을 둔 사업을 통해 어마어마한 돈을 벌었다.

칸 아카데미의 수업은 유튜브와 칸 아카데미 웹사이트KhanAcademy.org에서 들을 수 있다. 인터넷과 친하지 않은 사람들을 위해 덧붙이자면, 'organizational'의 약자인 '.org'라는 도메인은 웹사이트를 운영하는 기업이 비영리 기업이라는 뜻이다. '.gov'는 정부 기관 웹사이트, '.edu'는 전통적인 교육기관 웹사이트 그리고 우리에게 익숙한 '.com'은 상업 또는 영리 기관 웹사이트라는 뜻이다.

대학교에서 어떤 강의를 하는지 궁금하다면 코세라의 웹사이트(Coursera.org)에 방문해보자. 예일, 펜실베이니아, 스탠퍼드, 듀크, 존스홉킨스, 럿거스, 중국의 푸단대학교를 비롯해 세계에서 손꼽히는 대학교의 강의 3천 개 이상을 무료로 들을 수 있다. 시험을 치러야 한다는 부담 없이 집에서 원격으로 실제 대학 수업을 들을 수 있다니 정말 멋지지 않은가. 물론 학위를 받을 수는 없지만 지식은 남을 것이다. 학위를 주는 프로그램도 제공하기는 하지만 이런 프로그램을 들으려면 비용이 든다. 코세라의 경쟁사가 여럿 있는데, 그중 유다시티Udacity, 에드엑스edX 등도 참고하면 좋을 것이다. 대학 강의가 아니면서 교육적이고 영감을 주는 짧은 무료 동영상 강연을 찾고 있다면 테드TED.com에서 2,500개 이상의 강연을 찾을 수 있다. TED 강연은 유튜브에서도 찾을 수 있다.

무료 웹사이트에서 나눔 받기

무언가를 남에게 공짜로 주려는 사람이 있을까? 의외로 아주 많다. 이사를 하면서 필요 없어진 물건을 나눠주려는 사람도 있고, 새 TV를 장만해서 원래 있던 TV를 치우고 싶어 하는 사람도 있을 수 있다. 사람들뿐만 아니라 단체에서도 물건을 나눠준다. 도서관에서 오래된 책들을 나눠줄 때도 있고, 교회에서 노숙자들에게 제공하는 무료 급식 외에 교인들에게 물건을 나눠주기도 한다. 영리 기업에서는 소비자가 자신들이 만든 제품을 사용해보고 단골고객이 되기를 바라며 샘플 제품을 무료로 나눠준다. 또는 회사의 다른 제품을 정상가에 판매할 기회를 얻을 목적으로 무료 제품을 증정하기도 한다.

제3장에서는 은행에서 비용 없이 당좌예금계좌와 저축계좌를 제공한다고 했었다. 무료로 뭔가를 제공하는 전략은 **로스리더**loss leader(고객을 끌어모으기 위해 원가보다 싸게 판매하는 상품—옮긴이) 전략 중 하나라고 할 수 있다. 기업에서 미끼로 사용하는 샘플 제품은 회사에 손실을 가져다주지만, 만약 고객이 다른 새 상품을 정상가에 산다면 결국은 이득을 볼 수 있다. 자기 회사의 상품을 구매한 고객에게 회사의 다른 상품도 함께 파는 **끼워 팔기**cross-selling 전략과 성격이 비슷하다. 예를 들어 은행에서 고객들에게 신용카드를 만들라고 권하면서 연회비를 받지 않는 경우가 많다. 하지만 고객들이 매달 대금을 완전히 갚지 않으면 이자를 매겨 돈을 벌 수 있다. 이 책을 다 읽고 나면 여러분은 반드시 신용카드 대금을 제때 갚아서 이자를 내지 않았으면 좋겠다. 또 은행들

은 고객들에게 신용카드를 발급해주면서 당좌예금계좌나 주택담보대출, 자산관리 상품들을 끼워 팔기도 한다.

가장 유명한 무료 나눔 웹사이트는 크레이그스리스트_{Craigslist.org}일 것이다. 예상했을지도 모르지만, '크레이그'_{Craig}라는 남자가 시작한 사업이다. 가장 널리 사용되는 **항목별 광고**_{classified AD} 웹사이트일 것이다. 항목별 광고는 물건을 팔기 위해 올리는 광고다. 일할 사람을 찾는 '구인' 광고일 수도 있다. 항목별 광고는 원래 신문에서 많이 볼 수 있었는데 점점 온라인으로 활동 영역을 옮겨가는 추세다. 공짜 물건을 구할 때 사용할 수 있는 다른 유명 웹사이트로는 이름만 봐도 어떤 일을 하는지 알 수 있는 페이스북 마켓플레이스_{Facebook Marketplace}, 프리스터프_{FreeStuff.com}, 프리샘플_{FreeSamples.org},, 버즈에이전트_{BzzAgent}, 우먼프리비즈_{WomanFreebies.com} 등이 있다. 이 외에도 타겟 같은 대기업에서 지원하는 웹사이트 등 여러 무료 나눔 웹사이트를 찾을 수 있다.

돈 들이지 않고 노는 법

당연한 말이지만 공짜로 할 수 있는 즐길 거리를 찾는 것도 돈을 아끼는 방법에 포함된다. 예를 들면 친구들과 어울리거나 TV를 보거나 음악을 들을 수도 있고, 스포츠 경기를 하거나 공원 또는 해변을 걷거나 체력 단련을 할 수도 있으며, 친구 집에서 당구, 카드 게임, 보드게임을 즐기는 것도 공짜로 시간을 보내는 방법이다.

장비가 필요할 수도 있고, 보드게임을 사야 할 때도 있지만, 그 비용을 몇 달이나 몇 년으로 나누면 충분히 감당할 만한 액수가 된다. 예를 들면 아마존을 검색하면 카드 한 세트를 4달러에 살 수 있다. 벼룩시장에서 중고 카드를 사면 더 싸게도 살 수 있다. 보통 카드 한 세트를 사면 5~10년을 사용할 수 있으니, 10년 동안 즐거움을 가져다줄 물건이라 생각하면 비싼 가격도 아니다.

버핏은 브리지Bridge라는 카드 게임을 아주 좋아한다. 불완전한 정보와 다른 플레이어들의 행동을 바탕으로 결정을 내리는 게임 방식이 투자와 비슷하다고 생각하기 때문이다. 변형 브리지 게임에서는 대부분 두 사람이 팀을 이뤄 진행하게 돼 있어 팀워크도 기를 수 있다. 버핏은 티본T-Bone이라는 사용자 이름으로 온라인 브리지 게임도 즐긴다. 그는 브리지 게임의 묘미에 대해 다음과 같이 말했다.

"주어진 사실을 모두 살펴야 합니다. 본 것, 들은 것에서 추론을 끌어내야 하지요. 증거가 더 많이 들어오면 상대가 어떤 패를 가졌는지에 대한 잘못된 가정을 버려야만 합니다. 물론 새로운 정보를 얻었을 때 변화할 준비가 돼 있어야 합니다. 방어할 때는 특히 파트너와 협력도 해야 하지요."

전 세계에서 가장 큰 상점, 아마존 활용법

검소하게 사는 방법 중 공짜가 아닌 방법을 소개하자면 아무래도 더 이상 소개가 필요 없는 기업인 아마존부터 시작해야 할 듯하다. 동굴 속에 사는 사람이 아니라면 누구나 한 번쯤 아마존이라는 사이트에 대해 들어봤을 것이다. 아마존이라는 이름은 지구상에서 가장 큰 강에서 따왔다. 아마존은 다양한 종류의 물건을 대부분 아주 저렴하게 판매한다. 게다가 웹사이트에 고객 후기가 수백만 개나 남겨져 있어서 제품을 얼마나 유용하게 사용할 수 있을지 스스로 판단할 수 있다.

아마존의 창업자인 제프 베이조스는 온라인으로 책을 파는 사업을 시작으로 세계에서 가장 큰 상점을 만들고 싶었다. 적어도 기업 가치를 따져보면 그의 바람은 현실이 됐다고 할 수 있다. 연매출로는 월마트가 아마존보다 위지만(5억 4,200만 달러 vs. 3억 3,200만 달러), 시가총액은 아마존이 월마트보다 크다(1조 5,000억 달러 vs. 3,850억). 이런 차이는 아마존이 앞으로도 꾸준히 성장해 언젠가는 월마트보다 훨씬 큰 기업이 되리라고 기대하는 주식 투자자들의 마음을 반영한다.

인터넷이 연결돼 있거나 스마트폰을 사용하는 사람이라면 누구나 아마존 웹사이트를 방문할 수 있다. 또 우리 집을 포함해 미국 가정의 절반은 아마존 멤버십에 가입돼 있다. 아마존 프라임 멤버십 가입비는 연간 119달러다. 학생이라면 6개월 동안 무료로 멤버십을 유지할 수 있고 그 후에는 59달러만 내면 된다. 멤버십 비용을 내고 나면 아마존 프라임 회원으로서 누릴 수 있는 혜택들이 아주 많다.

아마도 가장 좋은 혜택은 아마존에서 직접 판매하는 물건들을 빨리, 공짜로 배송받을 수 있다는 것이다. 아마존은 콜스Kohl's와도 협약을 맺고 있어서 아마존에서 구매한 물건을 콜스 매장에 가서 교환할 수도 있다. 아마존이라는 플랫폼에서 자신들의 제품을 노출하려는 외부 판매자들의 제품도 살 수 있지만, 보통 무료로 배송되지 않는다.

아마존이 자신의 웹사이트에서 외부 판매자들이 물건을 팔도록 허용하는 이유를 묻는 사람들이 있다. 좋은 질문이다. 아마존의 매출 중 일정 부분은 외부 판매자 덕분에 발생한다. 또 외부 판매자가 판매하는 물건은 아마존에서 재고를 구매해둘 필요가 없다. 배송비 역시 판매자가 알아서 부담한다. 아마존은 이런 판매자들에게 선반 진열대 사용료처럼 상품 게시 수수료를 받는다. 판매자들도 아마존이 보유한 수백만 명의 고객에게 상품을 선보일 기회를 얻을 수 있으므로 이득이다.

아마존 프라임에 가입하면 동영상, 음악, 책을 공짜로 즐길 수 있다. 자회사인 오디블에 비해 선택의 폭이 넓지는 않지만 매달 오디오북 한 권을 무료로 다운로드할 수 있다. 또, 아직까지 넷플릭스보다 훌륭하다고는 할 수 없지만, 다양한 영화와 함께 아마존에서 자체 제작한 콘텐츠를 즐길 수 있다. 아마존 프라임 회원은 인터넷에 정보를 저장하는 방법인 클라우드 저장소에 사진은 무제한으로, 동영상은 5기가바이트까지 업로드할 수 있다. 비회원보다 세일 상품을 빨리 구매할 수 있는 혜택은 연말연시처럼 쇼핑객이 많아질 때에 유용하다.

아마존 프라임 회원이 되면 누릴 수 있는 혜택은 이 밖에도 많다. 링크를 확인하거나 검색엔진에 '아마존 프라임 혜택'이라고 검색하면 자세히 알아볼 수 있다.

최근 아마존은 웹사이트에서 구매한 물건을 드론으로 배송하는 서비스도 시험하고 있다. 아직 '프라임' 타임(황금 시간대라는 뜻―옮긴이)

이라고 하기에는 이르다(그렇다. 말장난을 쳐보고 싶었다). 계산원이나 셀프 계산 키오스크 앞에서 줄을 설 필요가 없는 아마존 고$_{Amazon\ Go}$ 매장은 기대를 걸어볼 만하다.

새로운 절친, 비교 쇼핑 도구

인터넷에서는 셀 수 없이 많은 물건이 팔린다. 어떻게 하면 사고 싶은 물건을 가장 좋은 가격에 살 수 있을까? 이럴 때 비교 쇼핑 웹사이트를 사용할 수 있다. 원하는 물건의 최저가를 찾는 데 집중하는 검색 엔진이라고 생각하면 된다. 그리 놀랍지도 않겠지만, 구글(현 알파벳)은 이 분야에서 가장 앞서가고 있는 기업이다. 구글의 비교 쇼핑 도구는 '구글 쇼핑'$_{Google\ Shopping}$이라고 부른다.

예시를 통해 사용하는 방법을 알아보자. 여러분이 활동량 측정기인 핏빗 차지 3$_{Fitbit\ Charge\ 3}$ 모델을 찾는다고 가정해보자. 구글 쇼핑의 검색창에 제품명을 검색하니 해당 제품이 86~149.99달러 사이에서 판매되고 있다. 똑같은 제품인데도 가격 차이가 75퍼센트나 난다는 뜻이다.

비교 쇼핑 사이트에서는 제품 구매자가 남긴 후기를 볼 수 있고, 재고가 있는 집 근처 오프라인 매장의 위치도 알 수 있다. 다른 비교 쇼핑 사이트인 프라이스그래버$_{PriceGrabber.com}$, 이베이의 쇼핑닷컴$_{Shopping.com}$, 숍질라$_{Shopzilla.com}$, 위키바이$_{wikibuy.com}$ 등도 알아두면 좋다.

버핏은 구글을 애용하며 물건을 살 때 돈을 아끼는 것도 좋아한다.

2007년 버크셔해서웨이 주주 서한에서 그는 다음과 같이 썼다. "먼 옛날 벤 그레이엄은 내게 '가격은 지불하는 것, 가치는 내가 얻는 것'이라고 가르쳐줬습니다. 나는 양말을 사든 주식을 사든 품질 좋은 물건을 할인된 가격에 사고 싶습니다." 팁으로 기억할 만한 좋은 조언이다.

BUFFETT's TIP 68

가격은 지불하는 것, 가치는 내가 얻는 것이다.
질 좋은 상품을 할인된 가격에 사라.

_ 벤저민 그레이엄

휴대전화를 포르쉐로, 물물교환

물물교환barter이란 현금 없이 물건이나 서비스를 교환한다는 뜻이다. 어릴 때 친구와 점심을 바꿔 먹거나 크리스마스 선물을 교환해본 적이 있을 것이다. 모두 물물교환이라 할 수 있다.

사람들은 역사가 기록되기 시작했을 때부터 물물교환을 해왔다. 결국 물건을 얻는 주요 수단으로 물건 대신 돈(동전, 지폐, 전자화폐)을 사용하게 됐지만, 사람들은 여전히 물물교환을 한다. 물물교환은 경제학에서 욕구의 상호 일치double coincidence of wants라고 부르는 조건을 반드시 만족시켜야 이뤄진다. 쉽게 말해 물물교환을 하려는 양쪽 모두 상대방이 가진 물건을 원해야 한다. 예를 들면 우리가 킴 카다시안, 제니퍼 로렌스, 버핏과 물물교환을 하기는 힘들 것이다. 우리가 가진 물건 중에서 그들이 가지고 싶어 할 만한 물건이 없을 확률이 높기 때문이다.

하지만 물물교환이 시간 낭비라고 생각하기 전에 이제부터 이야기할 놀라운 예시를 살펴보자. 당시 열일곱 살이었던 스티븐 오르티즈 Steven Ortiz는 물물교환으로 휴대전화를 포르쉐로 바꾸는 데 성공했다. 엄청나게 남는 장사를 한 셈이다. 어린 오르티즈는 친구에게 선물로 받은 휴대전화로 처음 물물교환을 했다. 아무것도 없이 시작해서 결국 포르쉐를 가지게 된 셈이다. 일단 이야기를 끝까지 들어보자. 그는 선물로 받은 휴대전화를 아이팟 터치 iPod touch(아이폰과 비슷하지만 통신 기능이 없는 미디어 플레이어—옮긴이)로 바꿨다. 그리고 아이팟 터치를 경주용 오토바이와 교환했다. 경주용 오토바이는 맥북 프로 MacBook Pro와 바꿨다. 맥북 프로는 1987년식 토요타 4러너로, 토요타는 또 다른 SUV, 1975년식 포드 브롱코 Ford Bronco와 바꿨다. 1975년식 브롱코는 결국 2000년식 포르쉐 박스터 Porche Boxter와 맞바꿨다. 몇 단계를 건너뛰기는 했지만, 결론적으로 오르티즈는 2년에 걸쳐 물물교환을 총 14번 한 끝에 공짜로 얻은 휴대전화를 멋진 포르쉐로 바꿀 수 있었다.

이보다 훨씬 극단적이면서 우리가 많이 들어본 예시가 하나 더 있다. 빨간색 종이 클립 한 개를 '결국' 집 한 채와 바꾼 남자가 있었다. 거짓말이 아니다. 친구들의 도움을 얻고 외부에 홍보 활동을 한 끝에 이 어마어마한 거래를 성사시킨 인물은 카일 맥도널드 Kyle MacDonald라는 청년이다. 그가 운영하는 웹사이트(http://oneredpaperclip.blogspot.com/)에서 자세한 이야기를 읽을 수 있다. 그는 자신의 물물교환 여정을 바탕으로 쓴 《빨간 클립 한 개》One Red Paperclip라는 책도 출간했다.

시간이 걸리고 양측이 동시에 원하는 물건이 있어야 성사되기는 하지만 물물교환을 통해 돈을 아낄 수 있다. 물물교환을 할 수 있는 웹사이트도 많이 등장했다. 오르티즈는 휴대전화를 포르쉐 박스터로 바꾸는 과정에서 크레이그스리스트의 물물교환 페이지를 이용했다. 이 밖에 유명한 사이트로는 스왑닷컴swap.com, U-익스체인지http://www.u-exchange.com/barterusa, 트레이드어웨이http://www.tradeaway.com/, 스왑라이트SwapRight.com 등이 있다.

주기적으로 식비 절약하기

식비를 아끼는 방법을 이야기해보자. 굶으라거나 끼니를 거르라는 말은 아니니 걱정하지 말라. 이런 조언은 여러분의 주치의나 영양사에게 맡기도록 하겠다. 그 대신 우리는 돈을 아끼는 방법을 조언해줄 수는 있다. 일주일에 한 끼(7일 중 1일=14.3퍼센트)는 비용이 많이 들지 않는 식사를 해보자. 배가 고파야 한다는 이야기가 아니라 배를 채우는 데 돈을 얼마나 사용하고 있는지 잘 따져보라는 이야기다. 진부하지만 스타트업을 운영하면서 라면과 마카로니 치즈로 끼니를 때우는 젊은 사업가들을 떠올려보자. 월마트에서 라면은 12개(개당 약 85그램)에 1.94달러, 크래프트 마카로니 치즈는 3개(개당 약 400그램)에 6.48달러면 살 수 있다.

버핏은 거의 매일 아침 맥도날드 드라이브스루 매장에 들른다. 지갑이 든든한 날이면 3.17달러짜리 베이컨에그치즈 비스킷을 먹는 사치를 누리고, 주식 시장이 하락세거나 돈을 적게 번 것 같은 날에는 2.61달러를 주고 소시지 패티만 두 장 먹는다. 꾸며낸 이야기가 아니라 버핏의 삶에 관한 HBO 방송사의 다큐멘터리에도 소개된 사실이다.

좀 더 건강하게 먹고 싶으면 달걀, 오트밀, 시리얼이나 쌀밥을 먹을 수도 있다. 미국에서 가장 큰 식료품점인 월마트에서 이러한 식자재가 얼마에 판매되는지 살펴보자. A등급 달걀 12개는 0.90달러, 오트밀 약 1.2킬로그램(약 30인분)은 3.88달러, 시나몬 토스트 크런치 시리얼 한 박스(약 11인분)는 2.98달러에 판매되고 있다. 설탕이 덜 들어간 식사를 찾는다면 켈로그Kellogg's의 콘플레이크 한 박스가 3.64달러다. 시리얼과 함께 먹을 우유는 1갤런(약 3.8리터)에 3달러였다. 마지막으로, 저렴하게 먹을 수 있는 주식인 영양 쌀은 약 2.3킬로그램에 2.67달러에 살 수 있었다. 자, 이제 여러분은 〈더 프라이스 이즈 라이트〉The Price is Right!(상품 가격을 최대한 정확하게 맞힌 참가자가 상품이나 상금을 타는 게임 쇼—옮긴이)에 나갈 준비가 됐다.

시간과 공간이 넉넉하다면 씨앗을 심어서 나만의 작은 텃밭을 가꿀 수도 있다. 토머스 제퍼슨은 농사를 가장 정교한 기술이라고 생각했다. 그는 독립 선언문 외에 "나는 영혼과 육체 모두, 뼛속까지 농부다. 다른 어떤 주제에 관한 의견도 이렇게까지 인정한 적이 없었다."라는 유명한 말을 남기기도 했다. 농사일을 정말 좋아했던 모양이다.

가장 합리적인 마실 거리는 수돗물이다. 가장 편리하게 얻을 수 있는 마실 거리이기도 하다. 보통은 어느 지역에서나 수돗물을 마실 수 있다. 사실 수돗물 수원지와 병에 담겨 판매되는 생수의 수원지가 같은 동네가 많다. 수원지는 보통 호수나 산속에 있는 샘이다. 수돗물의 질이 의심스럽다면 1년 정도 사용할 수 있는 정수 필터를 20달러에 살 수도 있다.

자체 개발 상품 쇼핑

앞에서 아마존과 월마트를 예로 들었다. 이제부터는 주로 식품에 초점을 둔 다른 할인점들을 소개하려고 한다. 대표적으로는 알디Aldi와 코스트코가 있다. 알디는 독일에서 시작된 할인 슈퍼마켓으로 전 세계에 매장을 1만 개 이상 가지고 있다. 이 중 미국에 있는 매장만 1,900개 이상이다. 월마트보다 싼 물건을 파는 몇 안 되는 소매업체 중 하나다. 알디는 트레이더 조Trader Joe's라는 자매 회사를 운영하고 있다. 적어도 아마존에서 홀푸드를 인수하기 전까지는 트레이더 조가 홀푸드보다 싼 가격에 유기농 제품을 판매했다.

알디는 게토레이 같은 브랜드 제품도 판매하지만 보통 '이름 없는' 상품을 판매하는 상점으로 잘 알려져 있다. '이름 없는' 브랜드 제품이란 게토레이와 성분이 비슷한 스포츠 음료이나 이름이 잘 알려지지 않은 '스포츠에이드'SportsAde 같은 제품이다. 이런 비교를 하게 돼 스포츠

에이드를 만드는 회사에는 미안한 마음이 든다.

외부 회사에서 생산한 제품에 자기 회사 상표를 붙여 판매하는 것을 자체 개발 상품private label이라 부른다. 제약품에서는 자체 개발 상품 대신 상표 없는 상품generic이라는 용어를 많이 쓴다. 월마트에서는 샘스Sam's나 이퀘이트Equate라는 상표를 붙여 팔며 알디에서는 클랜시스Clancy's 또는 프렌들리팜Friendly Farms이라는 상표를 붙인다. 코스트코에 가면 자체 개발 상품에 커크랜드Kirkland라는 상표가 붙어 있다.

보통 자체 개발 상품은 유명한 브랜드에서 만든 제품보다 판매 비용 면에서 적어도 20퍼센트 이상 저렴하다. 예를 들면 최근 월마트에서 샘스 콜라 12개 묶음은 2.17달러에 팔리지만, 코카콜라 12개 묶음은 4.28달러였다. 성분이 거의 같은 제품인데 가격 차이는 거의 두 배나 나는 셈이다. 물론 버핏은 코카콜라라는 회사를 좋아하며 주식을 보유하고 있을 뿐만 아니라 하루에 코카콜라를 다섯 캔씩 마신다.

코스트코는 상품을 대량으로 판매하는 할인점으로 잘 알려져 있다. 껌을 한 통씩 파는 대신 24개를 하나로 묶어 팔고, 일회용 면도기도 26개들이 묶음으로 판매한다. 물건의 개당 단가를 따지면 가격은 저렴하지만, 일정한 기간 내에 묶음 제품을 전부 써버릴 수 없다면 가격이 아무리 싼들 소용이 없다. 낱개 제품을 저렴하게 판매하기도 하는데, 대표적으로 구운 닭 한 마리를 단돈 4.99 달러에 판매하는가 하면 1980년대 중반부터 핫도그와 음료를 1.5달러에 팔고 있다.

코스트코는 개인 멤버십 이용료로 연간 약 60달러를 받는다. 하지만 가족 전체가 멤버십을 나눠 쓸 수 있으므로 크게 부담이 되는 금액은 아니다. 창고형 매장이라고 부르기도 하는 이런 사업을 하는 다른 회사로는 월마트의 샘스클럽Sam's Club이나 비제이스BJ's가 있으며, 이들의 연간 멤버십 사용료는 각각 45달러와 50달러다. 이런 창고형 매장에서는 식품 말고도 전자제품, 의류, 건강용품, 가구 또는 집을 유지 보수하는 데 필요한 물품들도 판매한다.

월마트, 코스트코, 알디 같은 매장에서는 유명한 브랜드에서 만든 제품을 자체 개발 상품으로 판매하기도 한다. 의외라고 생각할 것이다. 브랜드 회사에서 굳이 왜 할인점에 제품을 넘길까? 마케팅 비용이나 판매 비용이 들지 않기 때문이다. TV 광고나 인쇄물/온라인 광고에 드는 마케팅 비용이 대표적이다.

의류 쇼핑: 아웃렛 매장, 빈티지 의류, 이월 상품을 노려라

10대 청소년이나 젊은 청년들은 체형이 급격하게 커지고 유행하는 패션에도 민감해서 옷을 많이 산다. 물론 나이와 상관없이 누구나 옷을 산다. 멋진 옷을 입고 싶지 않은 사람이 있을까? 여러분이 '사랑'하는 물건을 정상 가격 또는 소매 가격에 사지 말라고 말리는 것은 아니다. 하지만 주요 의류 브랜드들은 보통 상품을 25~70퍼센트까지 대폭 할인해서 판매하는 아웃렛 매장outlet store을 운영한다. 거의 아웃렛 매장으로만 이뤄진 쇼핑몰도 있다.

동부에서 가장 유명한 아웃렛 쇼핑몰은 뉴욕주 오렌지 카운티에 있는 우드버리 커먼 프리미엄 아웃렛으로, 매장이 200개 이상 모여 있는 아주 큰 규모의 쇼핑몰이다. 말 그대로 쇼핑 천국이라 할 수 있다. 중국 등 해외에서 비행기를 타고 쇼핑을 하러 오기도 한다. 200개가 넘는 매장을 하나하나 다 나열할 수는 없지만 유명한 브랜드만 몇 개 꼽자면 아디다스, 아메리칸 이글, 캘빈 클라인, 갭, 제이크루, 리바이스, 나이키, 오클리, 푸마, 리복, 노스페이스, 팀버랜드, 언더아머 등이 있으며, 이 밖에도 셀 수 없이 많은 브랜드가 입점해 있다.

여러분이 돈을 아끼는 것을 도우려고 이 장을 쓰고 있지만, 고급 럭셔리 브랜드를 살 만한 능력이 있는 사람들이라면 우드버리 커먼에는 아르마니 익스체인지, 휴고 보스, 브룩스브라더스, 버버리, 코치, 펜디, 구찌, 지미추, 케이트스페이드, 니먼마커스 라스트 콜, 폴로 랄프 로렌, 베르사체 등도 입점해 있으니 알아두면 도움이 될 것이다. 쇼핑하다 배가 고파지면 애플비, 치폴레, 시나본, 쉐이크쉑, 스타벅스 그리고 없으면 섭섭한 맥도날드 같은 장소에서 허기를 채울 수 있다.

T.J. 맥스T.J. Maxx는 브랜드 상품을 할인된 가격으로 판매하는 체인형 매장으로 미국 전역에 매장을 1,000개 이상 운영하고 있다. 아디다스, 캘빈 클라인, 케이트스페이드, 마이클 코어스, 랄프 로렌, 푸마, 타미 힐피거, 언더아머 등 다양한 브랜드의 의류와 액세서리를 갖추고 있다. 로스 스토어Ross Store도 전국에 매장을 갖추고 할인된 가격으로 브랜드 제품을 판매하는 기업이다.

중고 의류를 멋지게 부르고 싶을 때 빈티지 의류라고 부른다. 사람들 대부분은 빈지티나 앤티크라는 단어는 긍정적으로 받아들이지만, '중고'라는 말은 그다지 반기지 않는다. 마치 '칠레 농어'가 원래 이름인 '파타고니아산 이빨 고기_{toothfish}'보다 더 맛있는 생선처럼 느껴지는 것과 비슷하다. 다른 사람이 입던 옷을 입는다니 찝찝하게 느끼는 사람도 있겠지만 중고 의류 시장은 규모가 꽤 크다. 거의 입지 않은 옷일 때도 많은데 가격은 새 상품에 비해 50~90퍼센트 저렴하다. 예를 들어 청바지 하나를 새로 사려면 50~200달러가 든다. 하지만 이베이에서는 빈티지 청바지를 10~20달러면 살 수 있다. 다른 옷들도 마찬가지로 할인된 가격에 살 수 있다. 도시에 산다면 이베이나 엣시_{Etsy.com}, 러스티 지퍼_{RustyZipper.com} 같은 웹사이트를 이용하지 않더라도 실제로 상품을 볼 수 있는 빈티지 옷가게들을 찾을 수 있다.

어떤 투자든 시간이 충분하면 곤경에 처한 판매자의 덕을 볼 수 있다. 곤경에 처한 판매자는 어떤 이유로든 돈이 필요하므로 저렴한 가격에 물건을 팔곤 한다. 투자 업계에는 이런 말이 있다. "할인된 주식을 사는 것은 '겨울에 밀짚모자를 사는 것'과 같다."

물론 지금은 밀짚모자가 촌스럽거나 멋지지 않다고 생각하는 사람들이 많지만, 인기가 있던 시절에는 여름이나 따뜻한 계절이 오면 밀짚모자가 날개 돋친 듯 팔렸다. 이 말을 의류 쇼핑에 대입해보자. 계절에 맞지 않는 옷, 예를 들면 날씨가 추운 지역에서 가을에 수영복을 사면 신상품이라도 저렴하다는 것이다. 실제로 계절이 끝날 때면 소매업체에서는 다음 계절에 판매할 물건을 더 갖춰둘 수 있도록 재고를 정리하려고 노력한다. 예를 들어 미국 북동부 지역의 매장에서는 가을이 오면 전시됐던 수영복을 치우고 그 자리를 긴 팔 셔츠나 재킷으로 채운다.

주유비

주유비는 식비처럼 예산에서 뺄 수 없는 경우가 많다. 적어도 자가용을 가지고 다니는 사람들이나 대중교통 시스템이 훌륭한 도시에 살지 않는 사람들에게는 그렇다. 기름값은 회사마다 천차만별이지만 옥탄가(휘발유가 연소할 때 이상 폭발을 일으키지 않는 정도. 옥탄가가 높을수록 고급 휘발유로 평가된다―옮긴이)가 비슷하다면 품질에는 그다지 차이가 없다. 옥탄은 연료의 질과 성능을 좌우하는 성분으로 숫자가 높을수록 좋다. '브랜드 이름 없는' 주유소에서 파는 휘발유도 알고 보면 엑손 모빌, 셰브론, BP, 로열더치셸 같은 큰 정유회사에서 공급한다.

기름을 넣을 때 연료가 완전히 떨어진 상태가 아니라면, 가장 가까운 주유소 아무 데나 들르지 말고 휴대전화 앱이나 가스버디GasBuddy.com 같은 웹사이트를 찾아보자. 여러분의 차가 있는 지역의 우편번호나 주소를 입력하고 '주유소 찾기'를 클릭하면 된다. 그러면 주변 지역의 주유소 목록을 기름값이 낮은 곳부터 높은 곳 순으로 보여준다. 직접 사용해본 결과 코스트코, 샘스클럽, 비제이스 홀세일 같은 창고형 매장에서 가장 저렴하게 휘발유를 판매하는 경우가 많았다. 다른 주유소를 이용하는 것보다 10퍼센트 이상 기름값을 아낄 수 있었다.

단점이 있다면 주유소가 한가한 시간에 기름을 넣으러 가지 않는 이상, 줄을 오래 서야 한다. 하지만 제2장에서 배운 복리와 미래 가치 공식을 떠올려보자. 50년 동안 매년 100달러씩 아껴서 수익률이 10퍼센트인 주식에 넣으면 50년 뒤에는 10만 달러를 손에 쥘 수 있다!

기름값에 대해 한마디만 더 하자면, 기름값 걱정을 '전혀' 할 필요 없는 자동차를 가지는 방법도 있다. 최근 전기차EV 가격이 점점 낮아지는 중이다. 미국 정부에서는 전기차를 살 때 연방세 2,500~7,500달러를 공제해주는 전기차 연방세 크레딧electric vehicle federal tax credit이라는 세제 혜택을 제공한다. 세금 혜택을 받기 전 닛산 리프Nissan Leaf 신차 가격은 3만 달러 정도다. 쉐보레 볼트Chevy Volt는 최저 3만 3,000달러, 한 번 충전해서 약 380킬로미터를 주행할 수 있는 테슬라 모델 3은 최저 3만 9,990달러다. 자동차 회사 대부분 전기차를 개발했거나 현재 개발 중이다. 두말할 필요 없이 중고차는 이보다 훨씬 저렴하게 구입할 수 있다. 다음 장에서 자동차 구매와 장기리스에 관해 더 자세히 이야기하자.

쿠폰과 할인 혜택 활용하기

제4장에서 채권 시장을 살펴보면서 채권의 발행인이 지불하는 이자를 '쿠폰'이라고 부른다고 배웠다. 하지만 사람들은 이 쿠폰보다 물건을 살 때 할인을 받을 수 있도록 해주는 쿠폰을 훨씬 잘 알고 있다. 여기서 이야기하려는 주제도 바로 그 쿠폰이다. 버핏과 쿠폰에 얽힌 재

미있는 일화가 하나 있다. 게이츠를 맥도날드에 데려간 버핏이 계산할 때 쿠폰을 내밀더라는 이야기다. 세계에서 제일가는 부자 둘이서 저렴한 패스트푸드 음식점에서 식사하면서 음식값을 쿠폰으로 냈다니 누가 상상이나 하겠는가.

이 장에서 미끼 상품에 관해 이야기한 적이 있다. 어떤 상품을 손해 보고 팔더라도 그 상품을 통해 다른 상품을 팔아 이익을 남기는 전략을 소개했다. 주로 베스트바이Best Buy 같은 기업에서 엑스박스처럼 인기 있는 상품을 연말 시기에 대박 세일door buster(짧은 시간 동안 아주 저렴한 금액으로 상품을 판매하는 세일 정책―옮긴이) 상품으로 정해 파격적으로 할인해 판매하는 전략이다. 또 판매하는 물건 중 몇 가지를 골라 원가보다 파격적으로 낮은 가격에 판매하며 우편으로 쿠폰을 보내기도 한다.

여러분 동네에 있는 슈퍼마켓에서 원래 4달러였던 아이스크림 한 통을 2달러에 판다고 가정해보자. 50퍼센트나 할인된 가격이다. 아이스크림 회사에서 슈퍼마켓의 할인된 가격에 중복으로 적용할 수 있는 쿠폰을 발행했다고 치자. 그러면 이중으로 할인을 적용받는 셈이니 **중복 할인**double-couponing이라고 한다. 아이스크림 회사가 제공한 쿠폰이 50센트 할인 쿠폰이라면, '중복 할인'을 적용했을 때 총 아이스크림값은 자그마치 62.5퍼센트나 할인된 1.50달러가 된다. 슈퍼마켓에서 25달러 이상 구매하면 10퍼센트를 할인해주는 다른 할인 정책이 있다면 **삼중 할인**triple-couponing을 받을 수도 있다.

쿠폰을 전문으로 발행하는 회사가 몇 곳 있다. 밸팍Valpak은 우편으로 쿠폰을 보내주는 규모가 큰 회사 중 하나다. 크로거Kroger, 애크미Acme, 에이앤드피A&P, 스탑앤드숍Stop&Shop, 숍라이트Shop Rite 같은 슈퍼마켓에서는 자체적으로 만든 쿠폰을 광고 전단circular으로 만들어 우편으로 보내곤 한다. 리테일미낫RetailMeNot.com, 허니JoinHoney.com, 쿠폰스닷컴Coupons.com 등 쿠폰을 전문으로 발행하는 웹사이트들도 있다.

그루폰Groupon.com은 기업들과 협력해 제품이나 서비스의 할인 쿠폰을 발행하는 유명한 웹사이트다. 미국에서 시작된 회사지만 지금은 전세계 48개국에서 사용되고 있다. 초창기 그루폰은 24~36시간 동안만 사용할 수 있는 '오늘의 할인'이라는 쿠폰을 판매했다. 지금은 온갖 종류의 할인 쿠폰을 제공하며, 할인율은 보통 25~75퍼센트 정도다. 그루폰은 꾸준히 손님을 모으기가 힘든 소규모 기업들과 협업하기도 한다. 작은 회사들은 그루폰에 가입된 고객 수백만 명에게 '오늘의 할인'을 제공해 자신들을 '노출'하고 회사를 알릴 수 있다. 첫 번째 쿠폰 행사에서 간신히 본전만 건지거나 손해를 보더라도 고객들이 만족하며 제품을 다시 찾는다면 정상가로 제품을 판매할 기회를 얻을 수 있다.

리워드 프로그램 찾아보기

고객들에게 리워드 프로그램을 제공하는 회사들이 많다. 사업을 오랫동안 유지하는 데 단골고객이 도움이 된다는 사실을 알기 때문이다. 이들은 할인을 제공하는 리워드 프로그램을 만들거나 회원을 더 많이 모으기 위해 '회원 전용' 할인 행사를 하기도 한다. 예를 들면 던킨도너츠는 DD 퍼크스DD Perks라는 리워드 프로그램을 운영하고 있다. 회원들은 도넛을 살 때마다 포인트를 적립받는다. 가입할 때, 생일 그리고 200포인트를 모으고 나면 무료로 음료를 제공한다. 스타벅스, 파네라, 칠리스를 비롯해 여러 회사에서 비슷한 프로그램을 운영한다.

항공사들은 프리퀀트 플라이어 프로그램frequent flyer program이라 부르는 리워드 프로그램을 운영한다. 해당 항공사의 항공편을 이용할 때마다 마일 또는 포인트를 쌓을 수 있다. 마일이 충분히 모이면 현금처럼 사용해 항공권을 살 수도 있고, 좌석 등급을 올려 이코노미석 값만 내고 안락한 비즈니스석이나 일등석에 앉아 비행할 수도 있다. 듣기만 해도 기분이 좋은 일이다. 항공사 이야기가 나왔으니 짚고 넘어가자면 카약Kayak, 부킹닷컴Booking.com(프라이스라인Priceline), 익스피디아Expedia, 트래블로시티Travelocity 같은 웹사이트를 이용하면 항공편을 저렴한 가격에 예약할 수 있다. 프라이스라인에서는 지불하고 싶은 만큼의 가격으로 입찰에 참여할 수도 있다. 제3장에서 캐시백을 해주거나 식사비, 주유비, 의류 구매비를 할인해주는 혜택이 있는 신용카드가 있다고 이야기했다. 여러분이 주기적으로 이용하는 가게들이 있는지 잘 따져보고 리워드 프로그램이 있는지도 물어보자. 그리고 여러분이 이미 하고 있는 소비 행동 중에서 돈을 아낄 방법이 있는지도 검토해보자.

통신사, 케이블 TV 등
서비스 업체와 가격 조율하기

정해진 적정가가 없는 상품이나 서비스도 있다. 가격을 조율할 수 있다는 뜻이다. 가격을 흥정하는 기술은 전 세계 여러 나라에서 쓰인다. 중고 자동차를 사면서 가격을 흥정할 때 불편하게 느끼는 사람이 많지만, 협상 기술을 잘 익혀두면 두고두고 도움이 된다. 제13장에서 데일 카네기라는 훌륭한 인물이 《인간관계론》이라는 자신의 저서에 남긴 가르침을 살펴보려는 이유이기도 하다.

물건을 살 때 정중하게 물어보면 가격을 낮출 수 있는 경우가 상당히 많다. 특히 상품이나 서비스를 제공하는 쪽에서 여러분을 경쟁사에 뺏길 수 있다고 생각하는 경우에는 더욱 가능성이 커진다. 거짓말을 해야 한다는 뜻이 아니라 정말로 다른 회사의 서비스나 제품을 사용하려고 생각하고 있을 때 원래 이용하던 회사에 여러분의 생각을 언급하면 도움이 될 수 있다는 뜻이다. 휴대전화 요금, 케이블/위성 TV 이용요금 등은 가격을 조율할 수 있다. 우선 고객 센터 상담원에게 할인받을 방법이 있는지 물어보자. 1년 이상 계약하면 할인을 받을 수 있는 경우가 많다. 만약 방법이 없다고 한다면 더 저렴한 가격으로 서비스를 제공하는 경쟁사의 광고를 보여주면서 원래 이용하던 회사에서 같은 정도의 혜택을 제공해줄 수 있는지 물어보자.

휴대전화 요금에 관해 이야기해보자. 요즘 사람들의 삶에서 휴대전화는 매우 중요한 물건이다. 하지만 휴대전화 요금제는 루빅스 큐브보다 더 머릿속을 뒤죽박죽으로 만든다. 다행히 복잡한 요금제를 이해할 수 있도록 도와주고 가장 적합한 요금제도 추천해주는 웹사이트들이 있다. 대표적인 요금제 추천 웹사이트는 위슬아웃WhistleOut, 와이어플라이Wirefly, 너드월렛NerdWallet, 컨슈머리포트Consumer Reports 등이다.

개인적인 경험과 비공식 설문조사를 바탕으로 이야기하자면 스마트폰을 사용할 수 있느냐가 어떤 스마트폰을 사용하느냐보다 중요하다. 결국 중요한 것은 스마트폰에 깔린 앱이기 때문이다. 우리가 아이폰을 정말 좋아하기는 하지만 (폭발 위험이 있던 모델을 제외하면) 삼성, 구글, LG, 소니, 화웨이, 샤오미 등 다른 기업에서도 저렴하면서 성능이 좋은 스마트폰을 만든다. 다음 이야기를 읽어보면 우리가 무슨 이야기를 하는지 이해가 될 것이다.

1990년대, 아직까지는 인터넷이 신기술이었을 때, 사람들은 아메리카 온라인America Online, MSN 온라인MSN Online, 컴퓨서브CompuServe 같은 인터넷 서비스 사업자Internet Service Provider, ISP를 통해 인터넷에 접속했다. 믿기 힘들겠지만, 당시에는 서비스 사업자가 만들어놓은 환경인 자체 웹사이트 안에서만 활동하는 사람이 많았다. 예를 들면 아메리카 온라인을 통해 인터넷을 연결한 사람들은 AOL 뉴스, AOL 스포츠, AOL 쇼핑 등을 모아둔 페이지만 이용하곤 했다. 그러다 마침내 사람들은 서비스 사업자가 제공하는 페이지를 벗어나 ESPN.com, 인스타그램, 페이스북 같은 외부 웹사이트에 접속하기 시작했다. 현재 사람들은 수백, 수천만 개의 웹사이트를 이용한다. 요약하자면, 자신에게 맞는 통신사나 케이블(인터넷) 서비스 업체를 찾아 쓰면 된다는 뜻이다.

여러분에게 스마트폰을 손에서 놓으라고 하지는 않겠지만 버핏은 아직도 노키아의 플립형 휴대전화를 사용한다. 그는 "이게 바로 알렉산더 그레이엄 벨이 내게 남긴 선물"이라며 농담하기도 한다. 그는 평생 살며 딱 한 번 이메일을 보냈다고 한다. 결국 이 이메일은 법정에까지 소환되기도 했다. 구형 스마트폰 모델을 사면 돈을 약간 아낄 수 있지만, 버핏처럼 구식 플립형 휴대전화를 사용한다면 돈을 아주 많이 아낄 수 있을 것이다. 내킨다면 시도해보자.

버린 물건이 보물이 되는 마법, 야드 세일, 벼룩시장을 눈여겨 보자

야드 세일yard sale 또는 **차고 세일**garage sale은 자신이 사용하지 않는 물건을 마당이나 차고에 꺼내놓고 사람들에게 파는 방법이다. 쓰지 않는 물건을 파는 사람은 여윳돈을 만들 수 있고, 물건을 사는 사람은 괜찮은 물건을 싸게 살 수 있다. 야드 세일에서는 어떤 것이든 팔 수 있지만 보통 의류, 장난감, 게임, 스포츠용품, 가구 등을 파는 경우가 많다. "누군가에게는 버릴 물건이 다른 사람에게는 보물이 될 수 있다."라는 유명한 말이 떠오른다.

판매자가 가치를 모른 채 푼돈에 판 물건이 알고 보니 몇백만 달러의 가치가 있었던 사례도 드물게 있었다. 버릴 물건이 말 그대로 보물이 된 셈이다. 여러분에게 이런 일이 있으리라고 확신할 수는 없지만,

어쨌든 예시를 몇 개 들어보려고 한다. 릭 노르시지안Rick Norsigian이라는 사람은 2000년도에 45달러를 주고 평범해 보이는 유리 판화 두 박스를 샀다. 그런데 알고 보니 유리 판화들에 음각으로 새겨져 있던 그림은 전설적인 사진작가 앤설 애덤스Ansel Adams의 작품이었다. 그 가치는 자그마치 2억 달러에 달했다. 그런가 하면 2009년 테이샤 맥닐Teisha McNeal이라는 사람이 야드 세일에서 2달러를 주고 산 피카소의 그림이 알고 보니 200만 달러의 가치가 있는 진품으로 밝혀진 사건도 있었다.

야드 세일은 보통 동네 사람들을 대상으로 한다. 그래서 같은 동네에 사는 사람들끼리 하루 날을 잡고 같이 야드 세일을 여는 경우도 많이 있다. 이렇게 하면 한 집이 아니라 여러 집에서 판매하는 물건들을 한 번에 볼 수 있기 때문에 사람들을 많이 모을 수 있다. 차고 세일은 판매자 수십 또는 수백 명이 한자리에 모여 필요 없는 물건을 판매하는 벼룩시장flea market과도 비슷하다. 벼룩시장에 참여하는 각 판매자는 찾아온 고객들이 물건을 자세히 살펴볼 수 있도록 저마다 매대를 펼쳐놓고 상품을 진열한다. 차고 세일에서처럼 판매자는 물건을 팔아 용돈을 벌고, 사는 사람은 저렴한 가격에 좋은 물건을 살 수 있다.

이와 비슷하게 중고품 할인 판매점thrift shop도 눈여겨볼 만하다. 중고품 할인 판매점에서 판매하는 상품 대부분은 가게에서 기부받은 물건들이다. 자선단체나 종교단체에서 운영하는 경우가 많다. 이 분야의 대표라 할 수 있는 회사는 굿윌 인더스트리Goodwill Industries다. 중고품 할인 판매점에서는 의류, 신발, 책, 장난감, 스포츠용품, 전자제품, 가구 등 다양한 물건을 판매한다. 중고품 상점을 이용하자는 생각에 비웃을 수도 있지만, 아마 세계 최고 부호 버핏의 아내인 아스트리트 멩크스 Astrid Menks가 중고품 상점을 애용한다는 사실을 알면 깜짝 놀랄 것이다. 세계 최고의 부호도 돈을 아낀다는 사실을 마음에 새겨두자.

마지막으로, 좋은 물건을 싸게 살 수 있는 장소로 전당포pawn shop를 소개하고 싶다. 여러분이 그런 상황에 있지 않으면 좋겠지만, 살다 보면 여러 가지 이유로 급하게 돈이 필요할 때가 생긴다. 그럴 때 좋은 시계 같은 값이 나가는 물건을 가지고 있으면 전당포에서 물건을 담보로 돈을 빌릴 수 있다. 시계가 200달러짜리라고 치자. 시계는 우리가 제3장에서 은행 대출을 소개하면서 언급했던 '담보'가 되고, 전당포 주인은 시계 주인에게 100달러를 빌려준다. 전당포에 시계를 맡긴 사람은 보통 30~90일 정도의 기한 안에 100달러를 이자와 함께 갚아야 한다. 돈을 갚지 못하면 시계는 전당포 주인의 소유가 돼 다른 사람에게 팔리고 말 것이다. 우리의 예시에서 시계는 아마 100~200달러 사이에 팔릴 것이다.

과거에는 도둑들이 훔친 물건을 현금화하는 방법으로 전당포를 이용하는 경우가 많았기 때문에 전당포를 바라보는 시선이 곱지 않았다. 하지만 〈폰스타〉Pawn Stars 같은 유명한 TV 프로그램 덕분에 합법적인 사업이라는 것을 인정받고 인식도 개선됐다. 퍼스트캐시FirstCash, FCFS 처럼 증권거래소에 상장된 전당포 기업도 생겼는데, 기업 가치가 무려 200만 달러에 달한다.

DIY

스스로 만들어 사용하면 돈을 아낄 수 있는 물건들이 많이 있다. 흔한 예로 학교나 직장에 점심 도시락을 싸갈 수도 있고, 차가 있는 사람은 다른 사람에게 맡기는 대신 스스로 세차를 하면 된다. 가족이나 가까운 친구에게 꼭 필요한 물건을 직접 만들어 선물하면 가게에서 산 선물보다 감동을 줄 수 있을 것이다. 페인트칠이나 청소, 잔디 깎기 등 집안일을 직접 해도 돈을 아낄 수 있다. 네스트Nest의 자동 온도조절기 스마트 써모스탯Smart Thermostat이라는 장치를 사용하면 여러분이 집에 있지 않을 때도 집 안 온도가 자동으로 조절돼 난방비를 아낄 수 있다. 이쯤 되면 여러분 머릿속에도 떠오르는 아이디어가 있을 것이다. 돈을 아끼기 위해 스스로 할 수 있는 일은 엄청나게 많다. 앞에서 했던 계산을 다시 떠올려보자. 평생 매년 100달러씩 아껴 투자하면 10만 달러를 벌 수 있다. 좀 더 혹할 만한 계산을 해보자. 이제 막 부를 쌓기 시작한 젊은 사람이 매년 1,000달러, 매달 83.33달러씩 아끼면 평생 100만 달러를 모을 수 있다.

자선단체에 기부하기

이베이나 크레이그스리스트, 야드 세일 같은 곳에서 팔 수 없는 물건이 있다면 기부를 해보면 어떨까? 여러분에게 쓸모가 없어졌거나 질려서 쓰지 않는 물건도 중고품 판매 상점이나 주민 센터에서는 반길 수 있다. 기부한 물건은 불우이웃이나 저렴한 가격을 찾는 사람들에게 가서 다시 유용하게 사용될 수 있다. 게다가 소득세를 낼 만큼 수입이 있는 사람들은 기부를 하면 세금 공제 혜택도 받을 수 있다. 그야말로 누이 좋고 매부 좋은 거래다.

나쁜 습관 때문에 자기 발등 찍지 않기

제3장에서 우리는 신용카드를 사용하면서 매달 남김없이 대금을 갚는 게 얼마나 중요한지 살펴봤다. 대금을 꼬박꼬박 갚으면 이자로 낼 돈을 아낄 수 있다. 여러분이 담배를 피우거나 과하게 음주를 하거나 건강에 해로운 음식을 먹는 등 나쁜 습관에 빠져 있지 않길 바라고, 앞으로도 그런 삶을 유지하면 좋겠다. 이런 습관이 없으면 건강에도 좋지만 지갑이나 은행 계좌도 지킬 수 있기 때문이다.

자신이 가진 것에 만족하는 마음가짐을 길러보는 것도 좋다. 남들보다 뒤지지 않아야 한다는 부담감 때문에 이런 마음가짐을 가지기가 쉽지는 않을 것이다. 마음이 흔들릴 때는 버핏의 지혜를 떠올리면 도움이 될 것이다. 2006년, 재산 대부분을 기부하겠다고 서약한 버핏의 이야기를 다룬《포천》기사에서 그는 이렇게 말했다. "물질적인 것들 중에 내 삶을 즐겁게 하는 것들도 있지만 대부분은 그렇지 않습니다. 비싼 전용기가 있어 행복하지만, 집을 대여섯 채 가지고 있다면 나에게 부담만 될 것입니다. 너무 많이 소유해서 소유한 물건에 사로잡혀버리는 경우가 많습니다. 내가 건강을 제외하고 가장 가치 있다고 생각하는 자산은 평생 함께할 수 있는 다양하고 흥미로운 친구들입니다." 현인의 조언을 팁으로 기억해두자.

BUFFETT's TIP 69

너무 많이 소유하면 소유한 물건에 사로잡혀버린다.
많이 가질수록 걱정도 많아진다.

예산 안에서 해결하라

지출과 저축에 대한 계획인 예산budget 세우기에 관해 이야기하고 이 장을 마치려고 한다. 10대들의 예산과 은퇴한 사람들의 예산은 아주 다르다. 그 중간 어딘가에 있는 사람들도 예산 안에 저마다 다른 항목을 넣을 것이다. 우리는 이제 막 학교를 졸업하고 직장에 들어가 세전 수입으로 5만 달러를 버는 사람의 예산을 예로 들어보려고 한다. 아마 버핏도 필요하다면 연간 5만 달러를 가지고 생활할 수 있을 것이다. 물론 전용기는 포기해야 하겠지만 말이다.

이 책을 여기까지 읽었다면 버는 것보다 많이 쓸 경우 절대 부를 축적할 수 없다는 사실을 깨달았을 것이다. 하지만 자신이 버는 것보다 많이 쓰는 악순환에 빠지는 사람들을 많이 봤다. 그러다 보면 점점 빚진 돈의 이자가 불어나서 결국 하루 벌어 하루 먹고사는 처지가 되기 쉽다. 부디 여러분은 그러지 않았으면 좋겠다. 아마도 버핏은 태어날 때부터 여윳돈을 모아야 한다는 개념을 타고났던 모양이다. 게다가 그는 돈을 모으는 게 힘들었던 적이 한 번도 없었고, 어릴 때부터 자신이 세상에서 제일가는 부자가 된 모습을 머릿속에 그렸다고 한다.

예산은 수입에 따라 달라진다. 보통은 정식 일자리를 통해 돈을 벌지만 투자 소득이나 선물, 부업을 통해 번 돈도 수입이 될 수 있다. 여러 개의 소득원multiple streams of income이 있으면 자산을 더 빨리 늘릴 수 있다. 예산은 식비, 주거비, 유흥비, 의료비, 교육비 등 어디에 얼마를 쓸지에 따라서도 달라진다. 수입과 지출은 사람마다 달라도 금융 문해력을 갖춘 사람들은 보통 수입이 지출보다 많아야 한다는 핵심을 쉽게 이해한다. 예외가 있다면 대학교 학비다. 학비는 학생으로서 벌 수 있는 수입보다 훨씬 돈이 많이 드는 비싼 투자지만, 아끼기 쉽지 않은 항목이기도 하다.

예산 짜기가 막막하게 느껴진다면 돈을 어디에서 벌어서 어디에 얼마를 썼는지 목록으로 만들어보자. 신용카드 내역서는 지출 내역을 항목별로 묶어 보여주기도 하니 참고하면 목록 만들기가 쉬울 것이다. 스프레드시트로 예산을 만드는 습관을 들이면 도움이 된다.

재정적인 목표를 정했다면 수입을 생각할 차례다. 여러분이 본업으로 1년 동안 5만 달러(2020년 미국 노동 통계국 조사 기준, 미국 대학 졸업자 연봉의 중앙값이 약 6만 8,000달러라고 한다—옮긴이)를 벌 수 있다고 가정해보자. 1,000달러를달러를 선물로 받았고, 투자 소득으로 1,000달러를 벌었으며, 우버 운전기사로 등록해 부업으로 4,000달러를 벌었다. 총소득gross income은 5만 6,000달러이지만, 투자 소득은 당장 써버리는 대신 재투자해 '복리의 기적'을 누리는 편이 더 현명할 것이다. 이제 세전 소득은 5만 5,000달러가 됐다.

금융 문해력이 있는 사람이 되려면 올바른 마음가짐을 가져야 한다. '은퇴 연금' 또는 저축을 첫 번째 '지출'로 처리하자. 물론 진짜 지출은 아니다. 하지만 지출처럼 생각하면 돈을 모으기가 수월할 뿐만 아니라 제14장에서 이야기할 IRA나 401(k) 같은 연금 계좌에 자금을 넣으면 세금 공제도 받을 수 있다. 소득의 50퍼센트 이상을 저축하는 '슈퍼세이버'들도 있지만 아직은 갈 길이 멀다. 사람들 대부분에게 현실적인 목표는 소득의 10퍼센트 정도이고, 피델리티인베스트먼트에서는 20퍼센트를 추천한다. 앞으로 몇 년 뒤에 소득이 늘면 20퍼센트를 저축하기로 하고, 지금은 소득의 10퍼센트인 5,500달러만 저축한다고 생각해보자.

또한, 예시의 주인공이 혼자 살고 있다고 가정하자. 집세는 사람들 대부분에게 가장 큰 지출이다. 일반적으로 주거비는 총수입의 30퍼센트를 넘지 않아야 한다. 미국 CPI에서는 주거비가 약 40퍼센트를 차지한다. 이는 경기 대침체 시기 직전에 감당하지 못할 집을 산 사람이 많기 때문이다. 호화로운 집에 욕심이 없어서 소득의 25퍼센트인 1만 3,750달러, 또는 매달 1,146달러만 주거비로 쓴다고 가정하자. 룸메이트를 두지 않으면 이 돈으로 뉴욕 같은 도시에서는 살아남을 수가 없을 것이다. 집세에 전기세, 가스비, 인터넷(케이블 및 넷플릭스), 수도세 등 공과금이 포함된 집도 있지만 우리는 소득의 5퍼센트인 2,750달러를 공과금 예산으로 따로 책정해두려고 한다.

사람들은 대략 교통비로 소득의 15퍼센트 미만을 지출한다. 우리 예시에서는 연간 8,250달러, 매월 688달러가 된다. 넉넉한 액수 같지만, 미리 봐둔 BMW를 살 생각은 아직 하지 말길 바란다. 여기에서 교통비란 자동차, 기차, 버스, 지하철, 자동차보험, 주차요금, 유지비에 드는 돈을 모두 포함한 액수다. 대중교통 시스템이 잘 갖춰진 도시에 살면 주거비는 늘어날 수 있겠지만 교통비는 대폭 줄일 수 있다. 직장 동료와 같은 동네에 살고 있다면 카풀carpool을 이용해 교통비를 아낄 수 있다. 코로나19로 전과는 많이 달라진 일상에서는 특히, 재택근무도 좋은 대안이다.

보통 직장에서 복지 혜택으로 건강보험을 제공하지만, 회사에서 내주는 돈을 초과한 금액이 우리 주머니에서 나간다. 자신이 대체로 건강한 편이어서 병원에 자주 가지 않는다면 보험료를 낮출 수 있도록 본인 부담금 비율이 높은 보험을 선택해도 괜찮다. 보험료로 나가는 돈은 세금 공제를 받을 수 있는 경우가 많지만, 어쨌든 예산의 5퍼센트를 책정해보자. 여러분이 선물로 받은 돈은 1,000달러이지만 이 책을 읽고 돈을 아끼며 쇼핑하는 법과 직접 물건을 만드는 법을 익혔다고 생각하고 지출할 경조사비는 600달러로 책정해보자.

앞서 했던 이야기를 떠올려보면 현명하게 장을 보고 직장에 도시락을 싸가고 외식을 줄이고 주말에도 집에서 식사하려고 노력하면 식비를 대폭 아낄 수 있다. 외식의 유혹에 쉽게 무너지지 않는다면 소득의 10퍼센트인 5,500달러를 식비로 책정하자. 외식비에서 아낄 수 없다면 저축할 돈을 쓸 생각이 아닌 이상 다른 곳에서 예산을 줄여야 한다는 사실을 기억하자.

의류 쇼핑에는 연간 소득의 3퍼센트인 1,650달러를 책정해보자. 너무 적다고 생각할지 모르지만 지금 가지고 있는 옷에 더해 매년 1,650달러어치를 더 살 수 있다는 뜻이니 그리 터무니없는 액수는 아니다. 패션위크 런웨이에서 본 옷을 사고 싶었다면 적은 예산 때문에 안타깝게 됐다. 이제 유흥비 및 기타 비용이라는 항목도 추가하자. 휴대전화 요금, 데이트 비용, 휴가비, 기호품처럼 즐거움을 위해 사용하는 돈을 모두 포함하는 항목이다. 여기에도 소득의 5퍼센트인 2,750달러를 책정하자. 다시 한번 말하지만, 이 예산이 너무 적다고 생각하면 다른 예산을 줄일 수밖에 없으니 잘 생각하자.

비상금은 필수, 절세 방법을 찾아라

비상금emergency fund을 마련해두면 직장을 잃거나 건강에 문제가 생기거나 자동차가 고장 났을 때처럼 예상치 못하게 큰돈이 나갈 때 도움이 된다. 비상금은 안전하면서 언제든 돈을 꺼내 쓸 수 있는 저축계좌에 보관하면 좋다. 비상금은 대략 매년 소득의 5퍼센트 정도면 적당하다. 차곡차곡 모아서 적어도 3개월, 이상적으로는 6개월 동안 필요한 생활비를 모아두도록 한다.

누구도 세금을 피할 수는 없다. 미혼자 기준 1년에 1만 2,400달러까지 기본 공제가 가능하다. 건강보험료와 연금 계좌를 활용해 공제를 받으면 세금을 더 줄일 수 있다. 예시의 주인공이 세율이 엄청나게 높지 않은 지역에 산다면 소득세로 약 8,750달러를 내게 될 것이다. 세율이 높은 지역에 살고 있다면 주거비를 줄일 수 있도록 룸메이트를 구해야 할 것이다. 또, 학자금대출이 어마어마하지 않다고 가정하자.

이제까지 책정한 가상 예산을 표로 정리해 아래에 실었다. 이제 이 장을 마무리하고자 한다. 많은 내용을 다뤘지만 여러분이 부를 쌓아가는 동안 가장 실질적으로 도움을 줄 만한 것들이니 기억해두면 좋겠다.

예산 샘플

목표: 은퇴 후를 위한 자금 모으기, 내 집 마련하기.

소득원	금액(달러)
직장	50,000
투자(재투자에 활용)	1,000
축하금	1,000
부업	4,000
누계	56,000
조정 후 총계(투자 소득을 재투자에 활용한 후 총계)	55,000

비용	금액(달러)
연금 저축(소득의 10퍼센트, 추후 20퍼센트 이상 저축 목표)	5,500
주거비	13,750
공과금	2,750
교통비	8,250
식비	5,500
건강보험	2,750
의류비	1,650
유흥비 및 기타	2,750
경조사	600
비상금	2,750
세금	8,750
조정 후 총계	55,000

"모든 투자 중 내가 세 번째로 잘한 투자는
집을 산 것이다."

_워런 버핏, 2011년 버크셔해서웨이 주주 서한

제12장

버핏처럼
현명하게 돈을 쓰는 법:
자동차와 집

내 집 마련은 아메리칸 드림 중 하나다. 하얀색 울타리를 두른 그림 같은 집을 여러분도 상상해본 적 있을 것이다. 버핏은 주식을 아주 좋아하지만, 오마하에 있는 그의 집을 산 것이 인생에서 세 번째로 잘한 투자였다고 생각한다. 그럼 그가 첫 번째와 두 번째로 잘했다고 생각하는 투자가 무엇인지 궁금하지 않은가. 첫 번째는 그의 전 아내인 수지와 결혼한 것이고, 두 번째는 수지가 세상을 떠난 후 지금의 아내 아스트리드와 결혼한 것이라고 한다.

누구나 무엇을 사든 현명하게 결정을 내리고 싶어 한다. 목돈이 들어가는 자동차나 집을 살 때는 더할 나위 없다. 자동차나 집 구입은 단순히 물건을 산다기보다 어떤 면에서는 투자에 가깝다. 이렇게 목돈이 들어가는 구매 중 우선순위를 차례로 살펴보자. 보통 자동차를 먼저 사고 집을 구매하는 경우가 많다. 이제까지 그래왔듯, 버핏은 이 주제에 관해서도 여러 조언을 남겼고, 적절한 순간에 인용할 예정이다.

집 구입은 특별하다

버핏은 억만장자로 살아왔으면서도 1958년에 3만 1,500달러를 주고 산 집에서 지금까지 살고 있다. 좋은 집이지만 대저택과는 거리가 멀다. 여러분 동네에서도 버핏의 집보다 훨씬 호화스러운 집을 분명 찾을 수 있다. 그런데도 그는 한 인터뷰에서 이렇게 말했다. "나에게는 우리 집이 세상에서 가장 행복한 장소입니다. 추억이 깃들어 있고, 가족이 찾아오고, 이와 비슷한 셀 수 없이 많은 이유로 말이지요." 그리고 그는 이렇게 덧붙였다. "월셋집에 살면서 이 집을 산 돈으로 주식을 샀더라면 돈은 훨씬 많이 벌 수 있었겠지만, 모든 것들을 생각해봤을 때, 내가 이제껏 세 번째로 잘한 투자는 우리 집을 산 것입니다." 버핏이 주식을 좋아하기는 하지만, 내 집 마련에 대한 그의 의견도 팁으로 기억해두자.

BUFFETT's TIP 70

집은 당신의 투자 중에서 최고의 투자가 될 것이다.

자동차가 필요할까?

자율주행 자동차가 곧 도로를 누비게 되겠지만, 현실이 되려면 아직까지는 시간이 필요하다. 대중교통이 잘 갖춰져 있는 도시에 사는 사람들은 평생 자동차 없이 살기도 한다. 일반인이 운행하는 택시라고 볼 수 있는 우버나 리프트를 자가용 대신 이용하는 사람도 있다.

덴마크에서는 10명 중 9명이 자전거를 가지고 있으며, 추운 겨울에도 자전거를 이용해 출근한다고 한다. 돈도 아낄 수 있고 운동도 되기 때문이다. 그래서인지 덴마크 사람들은 다른 나라 사람들에 비해 건강한 편이다. 하지만 자동차가 있으면 훨씬 자유롭게 다닐 수 있으므로 미국 청년들은 여전히 자동차를 가지고 싶어 한다. 학교나 직장에 갈 때도, 쇼핑할 때도, 친구들을 만날 때도 차가 있으면 눈치 볼 일 없이 마음껏 다닐 수 있다.

물론 자동차를 가지고 있으면 여기저기 돈 들어갈 일이 생긴다. 우선 자동차를 사는 데 돈이 들고 유지비, 자동차보험, 기름값도 들어간다. 청소년들에게는 자동차를 가지는 것이 마치 어른이 되기 위한 통과의례처럼 여겨지기도 한다.

버핏은 예나 지금이나 자동차를 좋아한다. 그는 이렇게 말하기도 했다. "열여섯 살에 내 머릿속에는 여자와 자동차, 두 가지 생각뿐이었습니다. 나는 여자아이들과 잘 어울리지 못했기 때문에 자동차 생각에 몰두했지요."

지금은 검소하게 살고 있지만, 고등학생이었던 버핏은 여학생들에게 잘 보이기 위해 친구와 절반씩 돈을 보태 구형 롤스로이스를 사기도 했다. 두 친구는 롤스로이스를 다른 사람들에게 빌려주고 돈을 벌었다. 350달러를 주고 산 자동차를 하루 35달러에 대여했다. 고등학교 시절 장례식에서 관을 옮길 때 사용하는 영구차를 공동소유한 적도 있었다. 영구차를 타고 데이트에 나가기도 했다. 예상했다시피 데이트가 성공적으로 끝나지는 않았다고 한다.

그는 당시 자신의 행동을 두고 "그렇게 훌륭한 선택은 아니었다."라고 회상했다. 현재 그는 좋은 차이지만, 너무 사치스럽지 않은 캐딜락 XTS를 가지고 있다. 주로 집에서 사무실이나 맥도날드에 갈 때 이용하는데, 매년 약 3,500마일(약 5,600킬로미터)를 탄다고 한다.

이제부터는 새 차와 중고차 중에서 어떤 차를 살지, 구매할지 리스할지, 가장 좋은 구매 시기 등 자동차를 사기 전에 고민하게 되는 문제를 살펴보려고 한다. 물론 정답은 '때에 따라 다르다'이다. 하지만 이런 고민을 하면서 고려해야 할 점들을 살펴보고, 자신에게 어떤 차가 맞는지 대강 판단할 수 있도록 돕고자 한다. 이제 본론을 시작해보자.

새 차 vs. 중고차

경제적 관점에서 보면 적어도 가격표에 붙은 가격은 중고차가 훨씬 싸다. 여러분도 '새 차를 차고에서 몰고 나오는 순간 가치가 20퍼센트 떨어진다'라는 말을 들어본 적이 있을 것이다. 앞서 회계에 관해 이야기하면서 감가상각이라는 용어를 설명했다. 건물, 자동차, 기계와 같은 자산이 시간이 흐르면서 해지고 낡아 가치가 떨어지는 것을 설명하는 용어다.

자동차 회사와 모델에 따라 차이가 나지만 보통 토요타, 혼다, 닛산, 지프 같은 브랜드의 자동차가 감가상각률이 가장 낮다. 이 회사들의 자동차는 신뢰할 수 있고, 문제가 생겼을 때 대체로 수리 비용이 많이 들지 않기 때문이다. 반면 가격이 비싼 벤츠, BMW, 캐딜락, 링컨 같은 자동차는 비싼 유지 비용 때문에 감가상각률이 크다. 중고차를 사려는 사람들은 가격에 민감한 경우가 많으므로 유지 비용이 많이 드는 차량은 적합하지 않다.

오래된 차는 새 차보다 고장이 더 잦다. 품질 보증 기간에는 수리 비용이 적게 들거나 아예 들지 않지만, 시간이 지나면 보증warranty 기간이 만료된다. 보증된certified pre-owned(이하 CPO) 중고차는 연식이 오래되지 않은 중고차로 상태가 좋고 비교적 주행거리가 짧으며 보증 기간이 연장돼 있다. 보통은 출시된 지 5년 미만이면서 주행거리가 5만 마일(약 8만 킬로미터) 이하인 차량을 CPO라 부른다. 하지만 브랜드와 모델에 따라 요구사항이 달라진다. CPO를 선택하면 문제가 많은 낙첨 복권 같은 자동차를 고를 위험이 낮아지기 때문에 보증 기간이 만료되고 CPO 승인도 받지 못한 일반 중고차보다 20퍼센트 정도 비싸다.

많은 소비자가 보기에도 좋고 새롭고 유용한 기능도 많은 새 차를 사고 싶어 한다. 예를 들어 최근에는 와이파이가 탑재돼 있거나 스마트폰과 완전히 동기화되는 차들도 여럿 출시됐다. 고급 브랜드의 새 차를 사려면 10년 전 모델이라도 10만 달러를 넘게 줘야 한다. 물론 당시에는 존재하지 않았던 이런 기능들은 탑재돼 있지 않다.

앞으로는 운전 중에 문자메시지나 이메일을 읽고 답하고 싶은 충동을 '효과적으로' 없애주는 인공지능 소프트웨어처럼 유용한 새로운 기술이 계속 발명될 것이다. 문자메시지를 완벽하게 읽고 답해주는 시리나 알렉사가 연동되는 앱을 비롯해 자동차가 많은 장소에서 주차 공간을 알아서 찾아주는 앱도 발명될 수 있다. 비슷한 기능을 제공하는 차량이 있기는 하지만 아직 완벽해지려면 시간이 필요하다. 이 장을 시작할 때 이야기했던 것처럼 곧 자율주행 자동차도 도로를 누비게 될 것이다.

새 차는 보통 중고차보다 엔진 효율이 더 높고 제로백 시간이 짧아 운전자들의 만족도가 높다. 요즘 출시되는 차들은 제로백(정지 상태에서 시속 100킬로미터까지 도달하는 데 걸리는 시간―옮긴이) 시간이 5초 미만이고, 연비는 1갤런당 30마일(1리터당 약 13킬로미터) 이상이다. 10년 전, 20년 전에는 절대 불가능한 성능이었다. 테슬라의 모델 3 같은 전기차는 기름을 넣을 필요도, 수리할 부품도 거의 없으며 엄청난 가속력을 자랑한다. 형광등 스위치를 켜면 즉시 방이 밝아지는 것처럼 전기차는 전원을 켜는 즉시 최대 출력 또는 토크를 발휘할 수 있어서 금세 몸이 뒤로 젖혀질 만큼 가속이 붙는다. 테슬라 모델 S를 '루디크로스 모드'Ludicrous Mode에 놓으면 2.3초 만에 시속 100킬로미터로 달릴 수 있다. 이것만 해도 놀라운데, 2020년 재출시된 테슬라 로드스터는 제로백이 자그마치 1.9초라고 한다.

그래서 새 차와 중고차 중에서 어떤 게 낫다는 뜻일까? 재정적인 측면을 따지면 중고차 쪽이 더 좋은 점이 많지만, 자동차를 어떤 용도로 사느냐에 따라 달라지기도 한다. 이동 수단으로만 자동차를 이용한다면 두말할 필요 없이 중고차가 훨씬 싸다. 하지만 자신이 얼마나 멋진지를 드러내는 수단이 자동차라고 생각하거나 정비소에 수리를 맡기고 되찾는 시간을 기다리기가 정말 싫은 사람이라면 새 차를 사는 쪽이 훨씬 낫다.

다른 사람이 쓰다 버린 물건이라 생각해서 굳이 중고품을 사고 싶어 하지 않는 사람도 있다. 최근 한 연구에서 보통 사람들에게 어떤 중고차가 가장 적합한지 조사한 적이 있다. 시간의 흐름에 따른 비용 그래프를 그렸더니 U자 형태를 띠었다. 연식이 오래되면 점점 구매가격은 낮아졌지만, 너무 오래되면 구매가격으로 이득을 본 것보다 유지비가 더 많이 들기 때문이다.

소셜미디어 겸 커뮤니티 웹사이트인 레딧Reddit에 익명으로 올라온 위 연구에 대한 분석에서는 구매비, 감가상각, 수리비, 보험료, 주유비를 고려해 가장 싸게 자동차를 살 방법을 제시했다. 분석에 따르면 10년 된 자동차를 5년 동안 타다가 팔기를 반복하면 된다고 한다. 반면

5년마다 차를 팔고 새 차를 사면 자동차를 가장 비싸게 타게 된다고 한다. 감가상각률이 가장 큰 기간 동안 자동차를 가지고 있게 되므로 매번 차를 살 때마다 무조건 50퍼센트 이상 손해를 보며 보험료도 가장 비싸기 때문이다.

구매 vs. 리스

돈을 아끼려면 중고차가 더 낫다는 것을 알지만 새 차를 사기로 했다고 가정해보자. 당연히 가격은 천차만별이다. 닛산 베르사나 쉐보레 스파크 신형은 1만 3,000달러 미만으로 살 수 있다. 여러분이 곧 저스틴 비버나 마일리 사이러스, 카일리 제너 같은 슈퍼스타가 될 몸이라면 수백만 달러짜리 부가티Bugatti나 코닉세그Koenigsegg도 살 수 있을 것이다. 하지만 돈을 어떻게 아낄지 고민하고 있다면 가격은 일단 제쳐두고, 차를 살지 리스할지부터 결정해야 한다.

리스는 1년에서 4년 동안 새 차를 빌려 타는 방법이다. 2~3년짜리 계약이 가장 흔하다. 엄밀히 말해 리스한 차를 내 소유라고 할 수는 없지만, 계약 기간 동안 사용할 권리를 가지며 월 리스 비용은 새 차 할부금보다 저렴하다. 보통 리스 기간이 끝났을 때 차를 구매할 수 있는 옵션을 붙일 수 있지만, 차를 살 생각이 있다면 처음부터 신차를 구매하는 게 더 효율적이다.

카Car.com, 리스가이드Lease.Guide.com, 뱅크레이트BankRate.com처럼 차

를 새로 살 때와 리스할 때 드는 비용을 비교해주는 웹사이트도 있다. 여러분의 머리를 아프게 하지 않는 수준에서 신차와 리스 비용을 비교하는 방법을 설명하려고 한다. 미국에서 가장 잘 팔리는 차는 승용차가 아니라 트럭이다. 구체적으로는 포드 F-150이 1년에 90만 대 이상 팔린다. 트럭은 건설 현장 등에서 사업 목적으로 많이 사용하지만, 단순히 트럭이 좋아서 자가용으로 타는 사람도 많다. 포드 F-150과 함께 쉐보레 실버라도Silverado와 램RAM이라는 모델도 항상 순위권 안에 든다. 램은 원래 닷지의 하위 브랜드였다가 지금은 독립 브랜드로 성장했다. 스포츠 유틸리티 자동차SUV인 토요타 라브4Rav4는 트럭이 아닌 차량 중에서 가장 많이 팔리는 모델로 1년에 40만 대가 팔린다. 최근에는 같은 회사 모델인 토요타 캠리Camry의 판매량을 앞질렀다.

토요타 라브4나 캠리의 신차 가격은 2만 5,000달러부터 시작한다. 고급 옵션 패키지를 포함하면 1만 달러가 비싸진다. 여기서는 기본 모델을 산다고 가정하자. 또, 구매가를 낮추기 위해 자동차 판매 업계에서 쓰는 용어로 비용 절감을 위한 출자금capitalized cost reduction이라 부르는 계약 보증금을 내지 않았으며, 보상 판매 제도를 이용할 수 있는 기존 승용차나 트럭도 없다고 가정하자. 자동차나 트럭을 구매할 때 거의 모든 주에서 판매세sales tax를 내야 한다. 판매세는 말 그대로 판매되는 상품이나 서비스에 대해 주 정부에 내는 세금이다. 판매세율은 0~11퍼센트 이상까지 주마다 다르다. 우리는 5퍼센트라고 가정하자.

이자율과 돈의 시간적 가치에 관해서는 이미 앞에서 여러 번 이야기했으니 이자율이 차량 가격에 영향을 미친다는 사실을 직관적으로 이해하리라 생각한다. 이자율이 낮을수록 차량 할부금도 낮아진다. 리스 비용 계산기는 이자율을 그대로 사용하는 대신 머니 팩터money factor(리스 비용 중에서 금융 비용이 차지하는 비율—옮긴이)라는 변형된 이자율을 사용하기도 한다. 머니 팩터는 이자율을 2400으로 나눠 구한다. 지금은 이자율이 터무니없이 낮기는 하지만, 3년 동안 40퍼센트 이상 자동차가 감가상각될 것을 생각해 이자율 역시 5퍼센트라고 가정하겠다.

3년짜리 대출을 받아 라브4나 캠리를 사면 매달 낼 할부금은 786달러다. 같은 차를 가장 흔한 계약 기간인 3년 동안 리스하면 월 납부금은 379달러다. 차를 구매하면 가격은 물론 훨씬 비싸지만 3년이 지나고도 계속 차를 가지고 있을 수 있다. 우리의 예시에서처럼 할부금이 매달 786달러나 되면 부담스러워하는 사람들이 많기 때문에 자동차 대출 상환 기간은 보통 5년 이상이다. 다른 숫자가 모두 같다고 가정하고 대출 상환 기간을 5년으로 다시 계산하면 월 할부금은 495달러가 된다. 여전히 리스 비용보다 훨씬 비싸다. 게다가 토요타를 비롯한 자동차 회사 대부분의 무상보증수리 기간은 3년이면 만료되기 때문에 3년이 지난 뒤 발생하는 수리비는 차 주인이 책임져야 한다. 토요타는 엔진, 변속장치를 비롯한 몇몇 부품을 5년 또는 주행거리 6만 마일(약 9만 6천 킬로미터)까지 무상보증하는 '파워트레인' 보증을 제공하기도 한다.

구매와 리스에 관한 계산이 헷갈리더라도 경험을 바탕으로 한 해답을 전수할 테니 걱정할 필요 없다. 하지만 먼저 리스에 관해 좀 더 자세히 알아보자. 승용차나 트럭을 리스하면 계약 기간 동안 운행할 수 있는 거리가 정해져 있고, 이를 초과하면 위약금과 초과한 거리만큼 추가 비용이 들어간다. 보통 위약금은 1마일당 15~25센트로 책정돼 있다. 리스 차량으로 주행할 수 있는 거리는 연평균 7,500~1만 5천 마일(약 1만 2천~2만 4천 킬로미터) 정도다. 또 자동차가 파손됐을 때 수리 비용을 청구할 보험이 없으면 수리 비용이 추가로 든다.

결론적으로 거의 모든 시나리오에서 주행거리가 많지 않고(1만 2천 마일 이하) 몇 년마다 또는 자주 차를 바꾸고 싶은 사람에게는 리스가 더 효율적이다. 사업을 한다면 차를 리스했을 때 세금을 낮출 수 있는 혜택도 있다.

게티 오일Getty Oil이라는 기업의 창립자이자 한때 세계에서 가장 부자였던 석유 재벌 폴 게티Paul Getty는 다음과 같이 말했다. "가치가 올라갈 물건은 사라. 가치가 떨어질 물건은 빌리라." 비록 버핏이 한 말은 아니지만, 집을 살 돈을 주식에 재투자했다면 돈을 더 많이 벌 수 있었으리라고 말한 것을 보면 버핏도 게티의 말을 팁으로 기억하는 것을 이해할 것이다.

BUFFETT's TIP 71

가치가 올라갈 물건은 사라. 가치가 떨어질 물건은 빌리라.
_ 폴 게티

주식, 채권 그리고 집은 보통 가치가 점점 올라간다. 자동차를 비롯해 구매할 수 있는 기타 물건들은 시간이 갈수록 가치가 떨어진다. 다

음 주제로 넘어가기 전에 마지막으로 하나만 짚고 넘어가자. 클래식 자동차classic car는 시간이 갈수록 가치가 오르기도 한다. 클래식 자동차란 수집가들의 수집 대상으로 적어도 25년 이상 된 모델들을 말한다. 그러니까 구형 페라리Ferrari나 콜벳Corvette은 클래식 자동차라 할 수 있지만 25년 된 토요타 캠리는 그렇지 않다. 클래식 자동차는 취미이자 투자일 뿐, 보통 이동 수단으로 사용되지는 않는다. 여기에서도 게티의 말을 따르면 된다. 가치가 오를 물건이면 사고 가치가 떨어질 물건이면 빌리거나 팔라는 말을 적용하면, 주행거리가 많지 않고 자동차를 오래 탈 생각이 아닌 이상 리스하면 된다. 버핏은 주행거리가 많지는 않지만 자동차를 오래 탄다. 그는 자동차를 사면 보통 적어도 8년 이상 타고, 자동차를 통해 멋지게 보이고 싶은 마음도 없으며, 최신 기술이 적용된 자동차를 가지고 싶어 하지도 않는다.

자동차를 사거나 리스하기 좋은 시기

다른 물건들처럼 자동차도 싼 가격에 살 수 있는 시기가 있다. 예를 들면 크리스마스트리를 1월 1일 이후에 산다면 아마 50퍼센트 이상 할인받을 수 있을 것이다. 가을이 시작되고 난 다음 수영복이나 반바지를 산다면 역시 좋은 제품을 저렴한 가격에 살 수 있을 것이다. 또 사업상 차를 빌리는 사람들은 주말에는 차를 빌리지 않기 때문에 주말에 차를 렌트하면 주중에 렌트할 때보다 가격이 저렴하다. 항공권을 출발일보다 두 달 앞서 예약하면 그보다 일찍 예약하거나 떠나기 직전에 예약할 때보다 싸게 살 수 있다. 마찬가지로 좋은 가격으로 자동차를 사거나 리스할 수 있는 시기가 있다.

새 차를 연말(10~12월)에 사거나 리스하면 좋은 거래를 할 수 있을 때가 많다. 딜러들이 곧 출시될 신형 자동차를 위해 차고 공간을 확보해야 하기 때문이다. 자동차 판매 직원이 달성해야 할 실적 할당량을 쿠오타quota라고도 부른다. 쿠오타는 보통 월간 자동차 판매 대수를 바탕으로 계산하기 때문에 매달 말에는 싼 가격으로 자동차를 살 수 있다. 수요 공급 분석을 생각해보면, 잠재 고객이 적을 때 더 저렴한 가격에 좋은 물건을 살 수 있다. 보통 사람들은 퇴근 후, 주말, 연휴에 자동차를 보러 다니므로 주중 아침이나 오후에 대리점에 방문하면 좋은 거래를 할 수 있다.

자동차 딜러와 가격을 놓고 흥정하는 게 싫다면 코스트코에서 자동차 구매 서비스를 이용하거나 트루카TrueCar.com 같은 웹사이트에서 더 편리하게 자동차를 구매할 수 있다. 생산이 중단될 예정이거나 출시될 신형 모델에서 스타일이 많이 변할 차량이면 가격이 저렴해진다. 실제로 2019년형 토요타 라브4는 2018년형과 완전히 다른 모습으로 출시됐었는데, 당시 딜러들은 구형 모델인 것이 너무 분명한 2018년형 차량을 빨리 차고에서 치우려고 했었다. 또 도로에 나가면 과거 폰티액Pontiac이나 새턴Saturn, 올즈모빌Oldsmobile, 플리머스Plymouth, 머큐리Mercury 같은 회사에서 생산됐다가 단종된 차들을 많이 볼 수 있다. 만약 이런 차들을 생산한 마지막 해에 샀더라면 가격을 대폭 낮춰 살 수 있었을 것이다. 더불어 제조업체에서는 무상보증을 제공하지 않으면 자동차를 살 사람이 거의 없으므로 생산이 중단되더라도 똑같이 무상보증을 약속한다.

마지막으로 하나만 이야기하고 집에 관한 내용으로 넘어가자. 아마 여러분은 '구매하거나 리스할 돈으로 필요할 때마다 차를 렌트하면 되지 않을까?'라고 생각할 수도 있다. 직장이나 학교에 갈 때 자차가 필요 없는 사람들에게는 합리적인 생각일 수 있다. 25세 이상이라면 더더욱 그렇다. 자동차 렌털은 아직까지 법적인 차별이 존재하는 영역 중 하나여서 21세 미만인 사람에게 차를 빌려주지 않는다. 21세를 넘기지 않으면 우버나 리프트 운전기사로 등록해 용돈 벌이를 할 수도 없다. 운전 경험이 부족한 젊은 사람들은 안전하지 않은 운전자로 여기기 때문이다. 21세가 넘었다고 해도 25세가 되기 전까지는 자동차를 렌트할 때 추가 요금을 내야 한다.

자동차를 렌트할 수 있는 사람은 자동차 렌털 검색엔진인 카약, 트래블로시티를 활용하면 저렴한 가격에 차를 빌릴 수 있다. 코스트코와 AAA에서도 좋은 거래를 할 수 있다. 집카Zipcar 같은 회사에서는 하루에 몇 시간만 차를 빌려주기도 한다. 에이비스Avis, 허츠Hertz, 버짓Budget, 쓰리프티Thrifty 같은 렌털 회사에서 차를 빌리는 대신 투로Turo 같은 웹사이트에서 개인 소유 차량을 빌릴 수도 있다. 투로는 호텔에 묵는 대신 숙박비를 내고 개인 주택을 사용할 수 있도록 해주는 웹사이트 에어비앤비의 자동차 버전이라고 생각하면 된다.

주택을 살 때 알아야 할 기본 지식

인생에서 가장 중요한 구매가 무엇인지 물으면 아파트, 연립주택, 단독주택 같은 주택 구매라고들 말한다. 인생에서 사게 될 물건 중 가장 큰돈이 들어가는 물건이고 신용점수에도 영향을 크게 미치므로 맞는 말이다. 주택 구매는 인생에서 치르게 될 지출 중에서 액수가 가장 크다. 신용 기관에도 꾸준히 보고될 구매여서 신용점수에도 크게 영향을 미친다. 무엇보다 현금을 주고 집을 살 수 있을 만큼 부자가 아닌 이상 돈을 빌려야 하기 때문이다. 앞서 집을 사기 위해 빌리는 돈을 주택담보대출이라 부른다고 이야기했었다. 주택담보대출은 보통 대출 상환 기간이 15년에서 30년이므로 신용 보고서에 아주 오랫동안 기록되며 신용점수의 기준점 역할을 한다. 하지만 주택담보대출이라는 빚을 책임감 있게 매달 잘 갚아나간다면 신용점수를 올릴 수도 있다. 이제부터는 집을 구매할 때 기본적으로 알아야 할 내용을 살펴보자.

가장 먼저, 집을 사려는 지역에서 적어도 몇 년 이상 살 계획이 있는지 생각해야 한다. 그럴 계획이 있다면 집을 사는 게 임대료를 내는 것보다 합리적이다. 임대료로 나가는 돈은 버리는 돈이고, 우리 돈으로 임대인landlord 또는 집주인의 배만 불려주는 셈이다.

임대료를 받기 위해 집을 구매한 사람들인 임대인은 집을 여러 채 가지고 있는 경우가 많다. 악덕 집주인slumlord이란 세놓은 집을 유지하고 관리하는 데 돈을 거의 쓰지 않으면서 저소득층에 집을 임대하는 사람들을 말한다. 집들은 시간이 지나면 가치가 올라가기 때문에 집주인들은 부를 축적할 수 있다. 이 장을 시작할 때 버핏이 이야기했던 추억이 쌓인다는 장점 외에도 집을 가지고 있으면 조금 뒤에 살펴볼 세제 혜택도 받을 수 있다.

그렇다면 왜 집을 사지 않고 임대료를 내고 살까? 집을 가지면 재정적으로 책임질 일이 많아지기 때문이다. 우선 주택담보대출을 제공하는 은행이나 대출자를 보호하기 위한 보증금이라고 할 수 있는 계약금down payment을 내야 하는데, 보통 수십만 달러 이상의 목돈이 든다. 이 문턱을 넘지 못하는 사람들이 많다. 그리고 대출금을 꾸준히 갚지 못하면 파산 신청을 하게 돼 신용점수가 엉망이 되고 집도 잃게 될 수 있다. 게다가 집을 팔려면 중개 수수료commission도 든다. 중개 수수료란 집을 팔아주는 대가로 부동산 중개인과 사무실에 내는 영업 수수료다. 때에 따라 다르기는 하지만 보통은 5~6퍼센트다.

그러니까 중개 수수료율이 5퍼센트라면, 20만 달러짜리 집을 팔 때 1만 달러를 중개인 또는 브로커와 이들의 회사에 내야 한다는 뜻이다. 이런 비용을 생각하면 집을 통해 누릴 수 있는 금전적인 혜택이 거의 없는 거나 마찬가지다. 온라인 부동산 회사인 질로우Zillow나 레드핀Redfin 등은 중개 수수료를 조금 덜 받기도 하지만 그래도 목돈이 들어가는 마찬가지다.

집을 소유하는 것에 관한 다음 주제로 넘어가기 전에, 집을 살 가치가 있는지 결정할 때 짚어봐야 할 점을 정리해보자. 첫째, 계약금을 넣을 만큼 자금이 충분히 있어야 한다. 둘째, 집을 사려는 지역에 몇 년 동안 머무를 예정이어야 한다. 셋째, 수입이 꾸준히 있어야 한다. 마지막으로 **연대보증**co-sign이 필요할 수도 있다.

부모님이나 누군가가 보증을 서주지 않으면 주택담보대출을 받기가 힘들 수 있으므로 마지막 항목은 아주 중요하다. 연대 보증인이 된다는 것은 차용인이 대출금을 갚지 못했을 때 대신 갚아주는 데 동의한다는 뜻이다. 연대보증은 법적으로 의무를 지게 돼 있기 때문에 신용점수에도 영향을 미친다. 그러니 다른 사람의 연대보증인이 되기 전에 신중하게 생각해야 하며, 누군가 여러분의 연대보증을 서준다면 너그러운 마음에 고마워해야 한다.

마음에 드는 집 찾기

어떤 장소에 살고 싶은지 넓게 생각해봐야 한다. 아마도 직장과 가족, 또는 여러분을 행복하게 만드는 장소와 가까이 살고 싶을 것이다. 작가나 프리랜서처럼 직장으로 출근할 필요가 없는 사람들은 어디에서든 살 수 있다. 이들은 해변가, 산골짜기, 공원 가까이 등 영감이 떠오를 만한 장소를 고를 것이다.

자동차를 타고 살고 싶은 동네를 돌면서 마당에 '매매' 표지판이 붙은 집들을 둘러볼 수도 있다. 더 효율적으로 집을 찾고 싶으면 검색엔진을 사용하거나 부동산 중개인을 찾아가면 된다. 부동산 중개인은 동네를 잘 알기 때문에 방 두 개, 화장실 두 개 이상, 또는 전용 면적 등과 같은 고객의 요구에 맞는 집을 찾아줄 수 있다. 부동산 중개인과 매수인들이 집을 검색하기 위해 가장 많이 사용하는 데이터베이스는 MLS-Multiple Listing Service(미국의 부동산 중개업자들끼리 공동중개하기 쉽도록 매물을 등록해두는 플랫폼이다—옮긴이)다.

부동산 매물을 스스로 검색한 다음, 보고 싶은 집들을 목록으로 정리해 중개인을 찾아가면 더 효율적으로 집을 찾을 수 있다. MLS에 등록된 집들은 대부분 리얼터, 질로우, 레드핀 같은 웹사이트에도 등록된다. 크레이그스리스트에도 주인 직접 매매For Sale by Owner, FSBO 매물이 올라오곤 한다. 직접 매매를 하려는 사람들은 집을 팔면서 부동산 수수료를 내지 않으려는 사람들이다. 이런 경우 매수인와 매도인은 법적으로 문제가 없도록 계약을 성사시키기 위해 각각 부동산 전문 변호사의 도움을 받는다. 부동산 전문 변호사에게 주는 수수료는 차이가 있지만 보통 몇백 달러에서 몇천 달러 사이다. 복잡한 계약이거나 집값이 아주 비싼 경우에는 좀 더 높아지기도 한다.

주택 가격 협상하기

자, 여러분이 꿈에 그리던 집 또는 만족할 만한 집을 찾았다고 치자. 이제 집을 사겠다는 의사를 밝혀야 한다. 집주인과 직접 계약하는 경우가 아니라면 부동산 중개인을 통해 의사를 전달한다. 매도인과 매수인은 각각 자신을 대리해 계약에 필요한 소통을 할 중개인을 따로 둔다. 미국에서는 보통 매도인이 수수료를 내고 매도측 중개인과 매수측 중

개인이 이를 나눈다. 정산 비율은 50:50이 일반적이다. 매도인과 매수인이 모두 수수료를 내는 시장도 있다.

제시된 가격이 있기는 하지만 실제 얼마에 거래할지는 협상을 통해 정한다. 집값도 다른 물건들의 가격처럼 수요와 공급에 따라 결정된다. 매도인은 여러 가지 요인을 생각해 최종적으로 집을 얼마에 팔지 정한다. 매도일은 자신이 집을 꼭 팔아야 할 이유가 있는지, 집을 내놓은 지 얼마나 됐는지, 집 상태가 어떤지, 집을 얼마 주고 샀는지, 집을 사겠다는 제안이 몇 번이나 들어왔는지, 비슷한 매물이 시장에 몇 개나 나와 있는지 등을 고려한다. 대개 매도인들은 제안했던 가격보다 1~5퍼센트 낮은 가격 안에서 집을 팔려고 하고, 대부분 1~2퍼센트 할인된 가격에 판매된다. 반면 부동산 열기가 뜨거울 때는 집을 사겠다는 제안을 여러 번 받은 매도인이 원래 제시했던 가격보다 집값을 올려 받기도 한다.

시장가격보다 25~50퍼센트 정도 할인이 많이 된 집을 찾고 있다면 **압류 주택**foreclosed home을 구매하거나 조금 뒤에 살펴볼 **쇼트세일**short sale이라는 방식으로 구매할 수도 있다. 압류된 집이란 대출자가 주택담보대출을 갚지 않아서 소유권이 대출 기관으로 일부 또는 완전히 넘어간 집을 말한다. 주택담보대출은 법적인 계약이므로 의무적으로 대출금을 갚아야 한다. 돈을 갚지 않으면 은행 또는 대출 기관에서 집을 빼앗아 갈 수 있다.

법에 관한 비유 중에서 "법이라는 수레바퀴는 느리지만 확실하게 움직인다."라는 표현이 있다. 다시 말하면, 주택담보대출금을 제때 갚지 않으면 반드시 책임이 따르니 신중하게 생각하라는 뜻이다. 압류는 법적인 절차에 따라 진행돼야 해서 대출자가 돈을 밀리기 시작한 후 1년에서 2년까지 시간이 걸린다. 은행에 압류된 부동산은 은행 압류 매물bank real estate owned, REO이라고 부른다.

압류보류pre-foreclosure 상태인 집들은 집주인이 대출금을 갚지 않아서 대출 기관에서 집의 소유권을 가져가기 위해 절차를 밟고 있거나 집주인과 새로운 할부금을 협상 중인 집들이다. 집을 살 생각이 있을 때 압류된 집을 사면 좋은 거래를 할 수 있을 것처럼 들리고, 정말로 그럴 때도 있다. 하지만 몇 가지 알아둘 점이 있다. 우선 압류된 집을 사면 대출을 받을 수 없고 집값을 모두 현금으로 내야 한다. 압류된 집은 그 상태 '그대로' 팔리며, 집을 사기 전 집 내부를 점검하지 못할 수도 있다. 전에 살던 사람이 집을 엉망으로 사용했다면 새로운 주인은 수리비를 알아서 부담해야 한다. 어떤 경우에는 원래 세입자가 집을 나가지 않고 버텨서 퇴거명령을 내려야 할 때도 있다. 생각만 해도 머리가 아픈 일이다.

주식 시장에 관해 이야기했던 제5장에서 '공매"라는 단어를 사용한 적이 있다. 주식에서 공매는 주식 가격이 하락하리라는 쪽에 거는 내기다. 공매 투자자는 주식 가격이 내려가면 이득을 본다. 부동산 거래에서 쇼트세일이란 집주인이 현재 담보가치보다 싸게 집을 파는 것을 말한다.

집주인들이 왜 집을 싸게 팔까? 적어도 두 가지 이유가 있다. 우선 처음 집을 살 때 비싸게 주고 샀을 수 있다. 25만 달러를 주고 집을 샀는데 경제 사정이 나빠졌거나 기타 다른 이유로 비슷한 집이 현재 20만 달러 아래로 팔리는 경우다. 두 번째는 압류와 비슷한 경우다. 집 주인이 더 이상 대출을 갚을 능력이 안 될 수도 있고, 파산 신청까지 가서 신용점수가 바닥을 치기 전에 서둘러 집을 팔아 주택담보대출 계약에서 벗어나고 싶어 할 수도 있다. 주택담보대출 기관의 승인을 받아야 하지만, 기관에서는 보통 기간이 오래 걸리는 압류 절차보다 쇼트세일을 선호한다.

집값 내기: 계약금

앞에서 집을 사려면 계약금을 내야 한다고 이야기했었다. 과연 얼마나 내야 할까? 상황에 따라 다르다. 2007~2009년 경기 대침체 전에는 거의 계약금 없이도 집을 살 수도 있었다. 경제지는 이런 대출을 가리켜 '거짓말 대출'liar loans 또는 '닌자'NINJA 대출이라고 불렀다. 거짓말 대출이란 대출을 신청하는 사람이 소득과 자산을 조작해서 대출 상환 능력을 거짓으로 꾸며내 받는 대출을 말한다. 닌자는 '수입 없음' No Income, '직업 없음'No Job, '자산 없음'No Assets의 줄임말이다.

대출 기관이 이런 사람들에게 대출을 허락하는 이유가 무엇일까? 집값은 시간이 지나면 오른다. 집을 산 다음 대출금을 갚지 않더라도 대출 기관에서는 집을 압류한 다음 차용인이 갚지 못한 대출금보다 높은 가격에 팔 수 있다. 또한, 다른 대출 기관에 주택담보대출채권을 팔아서 '책임을 넘기는' 대출 기관도 있다. 그러면 대출을 넘긴 대출 기관 입장에서는 이제 차용인이 빚을 갚든 말든 신경 쓰지 않아도 된다.

경제 대침체가 끝난 후 도드 프랭크 법안Dodd-Frank Act을 비롯한 새로운 금융 법안들이 통과됐다. 이제 은행들은 대출을 승인하기 전에 책임지고 철저하게 서류 심사를 해야 하며 집을 구매하려는 사람은 무조건 계약금을 내야 한다. 예외가 하나 있는데, 미국 군인이라면 계약금 거의 내지 않는 미국 보훈부 대출US Department of Veterans Affairs(VA) Loan을 받을 수 있다.

계약금 이야기로 다시 돌아가보자. 일반적으로 계약금은 집값의 10~20퍼센트이지만 3.5퍼센트만 내면 될 때도 있다. 계약금 비율에 대해서는 곧 자세히 이야기할 것이다. 여러분이 운이 좋다면 계약금을 낼 때 부모님이나 조부모님의 도움을 받을 수도 있다. 하지만 여기서는 대부분의 사람이 여기에 해당하지 않는다고 가정한다. 자식들에게 목돈을 보태주기보다 성실하게 돈을 버는 법을 가르치고 싶었던 버핏도 계약금을 대신 내주지 않았다고 한다. 대출 은행에서는 대출이라는 투자를 하기 전에 자산 가치 비율loan-to-value ratio, LTV을 고려한다. 예를 들면 25만 달러짜리 집을 사기 위해 20만 달러를 대출받는다면 LTV 비율은 20만 달러/25만 달러, 즉 80퍼센트가 된다.

버핏은 계약금으로 적어도 10퍼센트를 넣으라고 조언한다. 경기 대침체 시기였던 2008년 부동산 위기 속에서 쓴 주주 서한에 그는 다음과 같은 내용을 담았다.

"내 집을 가진다는 것은 멋진 일입니다. 우리 가족과 나는 지금 우리 집에서 50년 동안 즐거움을 누렸고 앞으로도 그럴 것입니다. 하지만 집이 꼭 필요할 때, 삶을 더 즐기기 위해 집을 사야지 집을 통해 수익을 얻으려 하거나 리파이낸싱 가능성을 보고 집을 사서는 안 됩니다. 그리고 집을 살 때는 소득에 맞는 집을 사야 합니다. 현재 부동산 위기를 통해 주택 구매자, 대출 기관, 중개인 그리고 정부가 교훈을 얻어야 앞으로 부동산 시장이 안정될 수 있을 것입니다. 집을 사려는 사람들은 계약금을 적어도 10퍼센트 이상 반드시 내야 하며 월 상환금은 자신의 소득 안에서 부담 없이 해결할 수 있는 수준이어야 합니다. 그리고 소득은 철저하게 검증돼야 합니다." 버핏의 현명한 조언을 팁으로 요약해보자.

BUFFETT's TIP 72

내 집을 마련한다는 것은 멋진 일이다.
다만 소득에 맞는 집을 구매하자.

집값 내기: 주택담보대출

젊은 세대 중에서 집값을 전부 현금으로 치를 수 있는 사람은 많지 않다. 미국 주택 가격의 중앙값이 약 25만 달러라고 한다. 맨해튼이나 샌프란시스코 같은 지역에서는 중앙값이 100만 달러를 훌쩍 넘어가기도 한다. 이런 집을 현금으로 사려면 버핏만큼 재력을 갖춰야 한다.

보통 사람들은 처음 집을 살 때 집값의 80~96.5퍼센트까지 대출을 받는다. 계약금을 20퍼센트만 낼 수 있어도 대단하다고 할 수 있다. 25만 달러짜리 집이라면 계약금으로 5만 달러를 내는 셈인데, 보통 사람이 쉽게 모으기 힘든 액수다.

통계를 놓고 보면 어떤 지역이든 주택의 절반은 중앙값보다 낮은 값에 팔린다는 이야기가 된다. 이런 집들은 소득이 상대적으로 낮은 사람들이 **생애 첫 집**starter home으로 삼기에 적당하다. 시간이 흐르면서 더 좋은 집으로 옮겨가는 경우가 많아 'starter'(시작하는)라는 단어가 붙게 됐다.

주택담보대출은 일반 주택담보대출을 뜻하고, 규모가 큰 주택담보대출은 **점보모기지**jumbo mortgage라고 부른다. 얼마나 규모가 커야 점보모기지가 될 수 있는지는 지역마다 다르다. 보통 대출금이 51만 400달러 이상이면 점보모기지에 해당한다. 뉴욕, 로스앤젤레스, 마이애미, 샌프란시스코 같은 지역에서는 대출금이 76만 5,000달러는 돼야 점보모기지라 부른다.

계약금을 20퍼센트보다 적게 주고 집을 살 때는 개인 모기지 보험private mortgage insurance(이하 PMI)에 가입해야 한다. 같은 보험을 **채권자 모기지 보험**lenders mortgage insurance, LMI이라고 부르는 부동산 전문가도 있지만, 이 책에서는 PMI라는 이름을 사용하려고 한다. PMI는 차용인이 돈을 갚지 않을 때 대출 기관을 보호해주는 보험이다. 차용인이 대출금을 상환하기 어려운 상황이 됐거나 돈을 갚을 마음이 없을 때 개인 모기지 보험회사에서 대출 기관에 대신 빚을 갚는다. PMI에 가입하면 보통 대출금의 0.5~1.0퍼센트를 매년 추가로 내야 한다.

집주인의 자본이 집 가치의 20퍼센트 이상 되면 상환금을 제때 갚지 못해 대출 기관에서 입을 손해도 웬만큼 감당할 수 있는 수준이므로 PMI를 해약할 수 있다. 대출금을 밀리지 않고 갚거나 집값이 오르면 자기자본을 20퍼센트로 만들 수 있다. 현금흐름이 안정적이라면 갚기로 돼 있는 상환금보다 더 많이 갚아서 PMI을 일찍 해약할 수도 있다. 시간이 흐르면서 주택 가격이 연간 2~3퍼센트 정도 상승하는 경우가 보통이지만 지역마다 상승률은 차이가 난다. 왜 부동산에서 '첫째도 위치, 둘째도 위치, 셋째도 위치'라고 표현하는지 이제 이해가 될 것이다.

대출 이자율을 최대한 낮추려면 발품을 팔아야 한다. 이자율이 약간만 차이가 나도 전체 기간(15~30년)을 놓고 보면 대출금은 엄청나게 차이가 난다. 20만 달러를 이자율 4퍼센트로 30년간 대출받았을 때 월 상환금은 955달러, 총 상환금은 34만 3,739달러다. 이자율을 1퍼센트 올려서 5퍼센트라고 가정하면 같은 액수를 대출받을 때 월 상환금이 1,074달러, 총 상환금은 38만 5,512달러가 된다. 추가로 붙은 4만 달러를 이자가 아니라 다른 좋은 용도로 얼마든지 쓸 수 있을 것이다. 은행에서 제공하는 주택담보대출 이자율을 검색할 수 있도록 해주는 웹사이트에는 렌딩트리LendingTree.com, 뱅크레이트BankRate.com 등이 있다.

하우스 해킹: 대출금
대신 갚아줄 사람 구하기

좋은 가격에 내 집 마련을 하는 것보다 행복한 일이 있을까? 합법적인 방법으로 다른 사람이 주택담보대출금 대부분을 대신 갚게 할 방법이 있다.

부동산 투자자이자 작가인 브랜든 터너Brandon Turner는 다세대 주택을 사서 집의 일부분을 다른 사람에게 임대하는 부동산 투자에 '하우스 해킹House Hacking'이라는 이름을 붙였다. 각각의 출입구를 가진 두 세대로 구성된 **복층 주택**duplex을 구매하면 이 시나리오를 실현할 수 있다. 자금 사정이 더 여유롭다면 세 가구 또는 네 가구가 각 세대에 세 들어 살 수 있도록 3, 4층짜리 주택을 구매할 수도 있을 것이다. 이렇게 하면 건물 전체에 대한 대출금의 월 상환금을 전부나 일부 충당할 정도의 임대료를 받을 수 있다. 복층 주택으로 월 상환금을 모두 충당하기는 힘들겠지만 3층 집이나 4층 집이면 가능할 수도 있다. 다세대 주택 중에는 집값의 3.5퍼센트만 계약금으로 내고 살 수 있는 집들도 있다.

가격도 가격이지만, 다세대 주택을 세놓으면 임대인으로서 책임져야 할 일이 많이 생긴다. 세면대 물이 새거나 히터가 고장 나거나 화장실이 막히는 등 다른 세대에 문제가 생기면 여러분이 책임지고 해결해야 한다. 물론 배관공이나 기술자를 불러 문제를 해결할 수도 있지만 그러려면 비용이 든다. 세입자가 제때 임대료를 내지 않거나 집을 함부로 사용할 때도 골치가 아프다. 임대료를 받아내거나 쫓아내려면 법원에도 들락거려야 한다. 생각만 해도 골치가 아픈 일들이다. 하우스 해킹은 사업가 기질이 있는 사람에게는 잘 맞을 수 있지만, 모두에게 추천할 만한 방법은 아니다.

주택담보대출 자세히 알아보기

주택담보대출에 관해 배우는 과정이 스포츠카를 타고 달리는 것만큼 신나지는 않을 것이다. 하지만 자세히 알아두면 앞으로 돈을 아낄 수 있을 테니 잘 배워두자. 주택담보대출은 채권과 마찬가지로 원금과 이자로 이루어져 있다. 원금은 빌린 돈의 액수를 말한다. 알다시피 주택담보대출을 포함한 모든 대출에는 이자가 붙는다. **주택담보대출 관리회사**mortgage servicer는 월 상환금을 회수하는 금융기관이다. 상환금에는 원금과 이자 외에 **재산세**property tax나 주택 보험, 필요한 경우에는 PMI도 포함된다.

재산세는 지방 정부에서 제공하는 서비스에 대한 세금이다. 거의 학교를 운영하는 데 쓰이며 경찰, 소방관, 지방 행정 기관 직원의 임금을 지급하고 제설 작업, 도로 보수 공사 등을 하는 데도 쓰인다. 재산세는 분기마다 내지만 대출은 매달 상환한다. 그래서 주택담보대출 관리회사는 월 상환금에서 일부를 떼어 **에스크로**escrow에 보관했다가 분기마다 재산세를 낸다. 에스크로란 제3자(이 경우에는 주택담보대출 관리회사)가 자금을 맡아두었다가 필요할 때(재산세의 경우 매 분기)에 대금을 받을 권리가 있는 기관(지방 정부)이나 개인에게 자금을 송금하는 방법을 뜻하는 법률 용어다.

대출 상환금에서 가장 큰 부분을 차지하는 원금과 이자에 관해 계속 알아보자. 보통 주택담보대출 상환 기간의 초기(전체 대출 기간을 반으로 나눴을 때 전반에 해당하는 기간)일수록 상환금에서 이자가 차지하는 비율이 높고, 후기로 갈수록 원금 비율이 높아진다. 갚아나갈 빚과 이자와의 관계를 분할상환일정amortization schedule이라고 부른다.

세법은 항상 바뀌지만 아직까지 대출 이자는 100만 달러까지 세금 공제가 가능하다. 이 말은 세금을 계산할 때 지출한 비용을 모두 목록으로 나열하는 방법, 즉 항목별 공제itemize를 선택하고 대출 이자를 항목에 포함하면 소득세를 줄여 돈을 아낄 수 있다는 뜻이다. 단, 항목별 공제액이 지출을 따지지 않고 누구나 기본적으로 받을 수 있는 표준 공제standard deduction보다 커야 한다. 현재 표준 공제는 미혼일 때 연간 1만 2,400달러, 부부합산일 때 연간 2만 4,400달러다. 예전에는 재산세를 낸 만큼 연방세를 공제해주기도 했었다. 지금도 주 정부에 내는 세금에 대해서는 재산세만큼 공제를 받을 수 있다. 요약하면 내 집을 가지고 있으면 뿌듯함을 느끼고 자산을 늘릴 기회를 얻을 수 있다는 장점 외에 세제 혜택도 누릴 수 있다는 이야기다.

주택담보대출 기간은 보통 30년이지만 총 이자상환액을 줄이려면 기간을 15년으로 대출받으면 된다. 기간이 30년인 주택담보대출에서 사용했던 수치(대출금 20만 달러, 이자율 4퍼센트)를 똑같이 적용하면 월 상환금이 955달러, 총 상환금은 34만 3,739달러였다. 20만 달러를 빌

일반 주택담보대출 분할상환일정

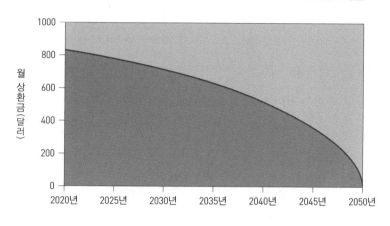

■ 이자 ■ 원금

월 상환금(달러)

2020년 2025년 2030년 2035년 2040년 2045년 2050년

출처: www.engineeryourfinances.com

렸는데 34만 3,739달러를 갚으면 이자로 14만 3,739달러를 내는 셈이다. 이자율 4퍼센트로 15년짜리 대출을 받으면 월 상환금은 1,479달러, 총 상환금은 26만 6,288달러로 이자비용이 6만 6,288달러가 된다. 약 54.9퍼센트 정도 비싼 월 상환금을 감당할 수만 있다면 전체 이자비용을 대폭 줄일 수 있다는 뜻이다. 이 예시에서는 자그마치 7만 7,451달러를 아낄 수 있었다. 사람들은 주택담보대출금을 다 갚고 나면 기념 파티를 열기도 한다. 인생에서 가장 큰 지출을 깔끔하게 해결한 셈이니 파티를 열만 하다.

15년짜리든 30년짜리든 주택담보대출을 받아 집을 샀더라도 평생 묶여 있을 필요는 없다. 집을 팔면 집을 살 때 빌린 돈을 갚을 수도 있을 만큼 집값이 올라 있는 경우가 많다.

이자율이 떨어졌을 때는 주택담보대출을 리파이낸싱refinancing하는 것이 합리적이다. 리파이낸싱이란 기존 대출을 없애고 새로 대출을 받는다는 뜻이다. 앞에서 살펴본 예시를 적용하면 기존 대출 이자율이 5퍼센트였다가 4퍼센트로 낮아지면 매달 119달러를 아낄 수 있다.

이때 주의할 점이 있다. 주택담보대출을 리파이낸싱하면 권원 보험 Title insurance, 감정 비용, 신청 비용 등 클로징 비용closing cost이 한 번 더 발생한다. 따라서 새로운 대출로 아낄 수 있는 돈이 클로징 비용으로 들어가는 돈보다 많은지 잘 따져봐야 한다. 대출금액이 얼마인지에 달려 있기는 하지만, 보통은 새 이자율이 기존 이자율보다 1퍼센트 이상 낮아야 금전적인 혜택을 볼 수 있다.

버핏은 빚을 싫어하는 반면, 주택담보대출만큼은 '이기는 베팅'이라고 부르며 좋아한다. 주택담보대출 이자율은 고정돼 있기 때문에 이자율이 오르면 시장 이자율보다 낮은 이자율을 계속 유지할 수 있다. 또 이자율이 떨어지면 앞에서 이야기했듯 리파이낸싱을 통해 낮아진 이자율의 혜택을 누릴 수 있다.

버핏은 캘리포니아에 있는 두 번째 집을 사면서 현금을 주고 구매할 능력이 있으면서도 주택담보대출을 받았다. 대출을 받은 덕분에 당장 쓸 일이 없게 된 돈으로는 버크셔해서웨이의 주식을 샀고 역시 엄청난 수익을 거뒀다.

그가 한 이야기를 그대로 옮기면 다음과 같다. "30년짜리 주택담보대출은 정말 훌륭한 제도입니다. 그럴 리는 없겠지만 이자율이 2퍼센트로 내려가서 손해를 보게 됐다면 기존 대출을 갚아버리면 그만입니다. 한쪽에게만 유리한 협상이라 할 수 있지요. 집을 사려는 사람에게 매력적인 제도이고 반드시 이기는 베팅입니다." 주택담보대출에 대한 그의 생각을 팁으로 기억해두자.

BUFFETT's TIP 73

빚은 대개 나쁘다. 하지만 갚을 능력이 되는 한도 내에서
받은 주택담보대출은 긍정적인 효과를 가져올 수 있다.
언제나 이기는 베팅이기 때문이다.

추천하는 방법은 아니지만, 집 가치에 대한 자기자본 비율이 충분하다면 집을 통해 현금을 빌릴 수 있다. 주택 가치의 20퍼센트 이상이 자기자본이면 보통 그 자본에 대해 **주택자기자본대출**home equity loan을 받을 수 있다. 이렇게 되면 집을 담보로 갚아야 하는 빚이 일반 주택담보대출 상환금에 주택자기자본대출금 상환금까지 두 개가 되므로 일반적으로는 권하지 않는다. 물론 예외가 있다. 주택담보대출을 다 갚았을 때다.

주택자기자본대출은 신용카드보다 이자율이 낮다는 장점이 있다. 또, 이자 상환금만큼 세금 공제도 받을 수 있다. 따라서 신용카드 빚이나 높은 이자율로 빌린 돈이 있을 때는 주택자기자본대출을 받는 것이 합리적일 수 있다.

집값을 결정하는 요인

집을 포함해 세상에 존재하는 모든 물건의 가격은 수요와 공급이 상호 작용 한 끝에 결정된다. 좀 더 구체적으로 이야기하자면, 부동산 가격에 경향을 미치는 요인들을 몇 가지로 정리할 수 있다. 이자율이 낮거나 떨어지고 있을 때는 집을 살 때 부담이 덜하다. 그래서 이자율이 떨어질 때는 보통 집값이 오른다. 학군이 좋은 동네에 있는 집들은 자녀가 있거나 자녀 계획이 있는 사람들에게 높이 평가돼 집값이 비싸다.

기차역 같은 주요 교통수단과 가까운 집들은 출퇴근에 용이하므로 수요가 많다. 같은 맥락으로 일자리가 많은 뉴욕, 시카고, 시애틀, 실리콘밸리, 보스턴, 오스틴, 워싱턴 D.C. 등에 있는 집들도 비싼 가격에 팔린다.

사람들은 보통 오래된 집보다는 새집이나 지은 지 얼마 되지 않은 집을 좋아하므로 주택 연식도 가격에 크게 영향을 미친다. 개성 있고 아름다운 집이라도 지은 지 오래되면 고장이 잘 나기 마련이고 유지하려면 여러모로 품이 많이 들기 때문이다.

대지 면적과 주택 면적을 통틀어 규모가 큰 집들은 작은 집들보다 비싸다. 창밖으로 호수나 바다가 보이거나 탁 트인 초원이 펼쳐진 전망 좋은 집은 별 특색 없는 집이나 번잡한 대로변에 있는 집들보다 비싸게 팔린다. 이런 특징을 갖추지 못한 집들은 집값이 싸고, 경기가 불황일 때도 집값이 내려간다.

우리도 버핏도 내 집 마련을 강력히 추천하지만, 집의 가치는 변하기 쉽고 집을 구매하기 위해서는 알아둬야 할 것들이 많다. 내 집을 마련하고 '꿈꾸던 삶'을 살고 싶다면 일찍부터 노력할수록 대부분 더 유리하다.

"습관이란 족쇄는 너무 가벼워서
끊어내기 힘들다는 것을 깨닫기 전까지는 느낄 수 없다."

_워런 버핏, 《포춘으로 읽는 워런 버핏의 투자 철학》
Tap Dancing to Work : Warren Buffet on Practically Everything

제13장

버핏이 카네기로부터 배운
인간관계에 대한 지혜

제1장에서 버핏이 자신의 사무실에 걸어둔 단 하나의 학위가 데일 카네기 수업 수료증이었다고 이야기했다. 그가 펜실베이니아대학교, 네브래스카대학교, 컬럼비아대학교 같은 명문 대학교에 다녔다는 사실을 생각하면 놀랄 만한 이야기다. 그는 데일 카네기 수업에서 배운 기술이 자신의 인생을 바꿨다고까지 이야기한다. 아주 강력한 추천사다. 그렇다면 데일 카네기는 누구고 버핏은 수업에서 대체 무엇을 배웠을까? 이번 장에서는 이 질문에 답하면서 의사소통 능력, 감성 지능 그리고 사람들과 어울리는 친화력에 관해 이야기하려고 한다.

데일 카네기 수업에서
인생을 바꾼 기술을 배우다

버핏은 어린 시절 친화력이 없었다고 했지만, 노력한 끝에 결국 자신의 강점으로 만들었다. 제1장에서 이야기했던 것처럼 이런 능력들은 금전적으로도 영향을 미친다. 버핏은 이런 능력들을 향상시키면 평생 50퍼센트 이상 수입을 높일 수 있다고 주장한다. 아주 좋은 투자다. 또한 버핏은 남 앞에서 말하는 능력이나 사회성으로 따지면 어린 시절의 자신이 둔재였다고 이야기한다. 버핏이 쓰는 연례 서한의 편집자이자 《포천》의 칼럼니스트이면서 버핏과 오랫동안 친구였던 캐럴 루미스Carol Loomis는 그를 다음과 같이 묘사했다.

"어린 시절 버핏은 남들 앞에서 이야기하기를 아주 많이 두려워했다. 그의 표현을 빌리면 그는 자신을 채찍질해 '자신과 똑같이 딱한 처지에 있는 사람들'과 데일 카네기 수업을 들었다. 현재 그는 매우 편안하게, (연설문 작가도 부러워할 만한) 무궁무진한 재치와 예시, 비유를 곁들여 자신의 머리에 있는 생각을 글로 쓰거나 메모하지 않아도 그대로 전달할 수 있다."

이 정도면 사람이 180도 변했다고 할 만하다. 사람들 사이에서 긴장하거나 수줍음을 타거나 의사소통하는 데 어려움을 겪는 사람은 버핏 말고도 더 있다. 지금은 부부가 된 유명 영화배우 라이언 레이놀즈Ryan Reynolds와 블레이크 라이블리Blake Lively도 수줍음을 많이 탄다고 한다. 라이블리는 "우리는 연기를 하면서 다른 사람의 모습에 숨어 있을 때 가장 감정 표현을 많이 하는 내성적인 사람들"이라고 말하기도 했다.

영화 〈캐리비안의 해적〉의 잭 스패로 선장 역할로 유명한 조니 뎁Johnny Depp은 좀 더 직설적으로 자신을 묘사했다. "나는 지독하게Fxxking 내성적이다. 어떤 면에서는 거의 도망자처럼 살고 있다. 사람들이 많이 모이는 자리도 싫어한다." 은퇴한 미식축구 선수이자 하이즈먼 트로피Heisman Trophy(뛰어난 대학 풋볼 선수에게 주어지는 상—옮긴이)를 받기도 한 리키 윌리엄스Ricky Williams도 리포터를 똑바로 보지 않으려고 헬멧을 벗지 않은 채 경기 후 인터뷰를 하기도 했다. 고인이 된 록스타 데이비드 보위도 사회적 불안과 수줍음 많은 성격을 극복하기 위해 지기 스타더스트Ziggy Stardust라는 무대 위 자아를 만들어냈다고 한다.

영화 〈스플래시〉, 〈월스트리트〉, 〈킬빌〉 등에 출연해 유명해진 배우 대릴 해나Daryl Hannah는 어릴 적 자폐 진단까지 받았지만, 결국 할리우드에서 최고의 위치에 올랐다. 음악계 거물이자 성공한 사업가인 닥터 드레도 사회적 불안에 시달린다고 한다. 《롤링스톤》Rolling Stone과의 인터뷰에서 그는 이렇게 이야기했다. "나는 사회적 불안에 시달린다. 스포트라이트를 받는 것도 좋아하지 않는다. 그러니까 이 일을 하기로 한 것은 말도 안 되는 결정이었다. 내가 신비주의를 고수하는 것도, 남들과 교류하지 않는 것도, 사람들이 나에 대해 아무것도 모르는 것도 나의 이런 성격 때문이다."

작가 수전 케인의 《콰이어트》Quiet는 내성적인 사람들이 모든 영역에서 성공할 수 있다는 다양한 증거를 제시한다. 그러니까 사회적인 상황에서 긴장하거나 의사소통에 서툰 사람이라도 절대 성공하지 못하는 것은 아니라는 뜻이다. 버핏처럼 이런 능력을 키우기 위해 노력한다면 더욱더 그렇다. 어린 버핏이 의사소통 기술을 개선하기 위해 밟았던 중요한 단계를 이 장의 첫 번째 팁으로 기억하자.

BUFFETT's TIP 74

자신에게 중요한 기술이 부족하다는 것을 안다면 개선하라.

예를 들어 여러분에게 종합 격투기 선수가 되는 데 필요한 능력이 부족하다면, 그런 능력을 키우는 것도 물론 의미 있는 일이다. 하지만

시간을 좀 더 합리적으로 사용할 수 있는 곳은 더 많다. 여러분이 종합 격투기 선수가 돼 우리에게 펀치를 날리러 올 수도 있으니 그런 노력 이 시간 낭비라고 이야기하지는 않겠다. 버핏처럼 재정적, 정신적 기술 을 개선하기 위해 들인 노력으로 어떤 이익을 볼 수 있을지 계산해보 자. 시간과 에너지는 제한돼 있고, 가치 있는 일을 하려면 언제나 기회 비용이 든다. 이제 버핏이 수료한 데일 카네기 수업에서 무엇을 가르치 는지 살펴보자.

데일 카네기《인간관계론》요약

데일 카네기에 대해 제1장에서 소개한 내용을 좀 더 자세히 살펴보 자. 1888년 태어난 데일 카네기의 원래 이름은 데일 카나지였다. 그는 인류 역사상 가장 부자였던 철강왕 앤드루 카네기의 성과 같은 성을 가지기 위해 1922년에 개명했다.

여러분도 카네기의 책을 읽어보면 좋겠다. 300페이지 정도 되는 책 이다. 데일카네기닷컴DaleCarnegie.com에 접속해 수업에 등록할 수도 있 다. 그럴 시간이나 돈이 없는 사람들을 위해 우리가 그의 책에서 중요 한 부분을 요약해보려고 한다. 감사 인사장은 여러분이 마침내 알을 깨 고 나왔을 때 보내도 좋고, 연습 삼아 미리 보내도 환영이다. 우리는 카 네기의 책과 '파르남 스트리트'Farnam Street라는 블로그에 실린 관련 기 사를 요약하려고 한다. 1차 자료(조사자가 직접 수집하거나 작성한 원형 그대로의 자료—옮긴이)는 아니지만, 위키피디아의 데일 카네기 페이지에도 요약이 잘돼 있다. 파르남 스트리트는 버핏의 집과 직장이 있는 거리의 이름이다. 직장에서 약 3킬로미터도 떨어지지 않은 곳에 살고 있어 출근길에 스트레스 받는 일은 없을 것 같다. 그는 자신의 집과 직장이 있는 동네에 만족하며, 시간의 가치가 엄청나다는 사실을 안다. 직장과 집을 가깝게 둔 것은 합리적이면서도 그의 성격과 잘 어울리는 결정이라 할 수 있다.

카네기의 책과 우리 책, 또는 여러분이 읽은 다른 책과 여러분의 생각이 다를 수도 있다. 예를 들면 자기 계발서나 동기부여 서적에서 등장하는 '진짜가 될 때까지 진짜인 척하라'는 식의 말에 공감하지 않는 사람이 많다. 여러분의 삶이 순조롭게 풀리는 중이라면 굳이 변할 필요가 없을 것이다. 행복한 삶을 마음껏 누리면 된다. 하지만 원하는 결과를 얻지 못하고 있다면 힘들더라도 자신을 솔직하게 들여다보고 무언가를 바꿔야 한다. 카네기의 조언을 통해 변화할 수 있다는 것이 오랜 시간에 걸쳐 검증되기는 했지만, 반드시 그의 조언만 따라야 하는 것은 아니다.

이제부터는 카네기의 책에서 버핏과 관련된 부분을 위주로 중요한 내용을 살펴보자. 핵심 내용을 주제별로 나눠 꼼꼼하게 짚어보려 한다. 살펴볼 주제는 책이 여러분에게 미칠 영향, 사람을 다루는 기본 기술, 사람들에게 호감을 사는 여섯 가지 방법, 자신의 사고방식으로 사람들을 이끄는 방법, 리더가 되는 방법이다. 이제 본격적으로 시작해보자.

《인간관계론》이 당신에게 미칠 영향

카네기의 책을 읽은 후에 당신이 어떻게 바뀔 것이라는 설명은 마치 거짓말처럼 들린다. 영업 사원이었던 그가 자신의 사례를 과장해서 이야기했을 수도 있지만, 책을 통해 이루려는 목표만큼은 원대했다. 그는 자신의 책에서 제시하는 원칙을 따르면 돈을 더 많이 벌 수 있고 사람들에게 호감을 살 수 있으며, 영향력을 키우고 명예를 드높일 수 있고, 목표를 달성하는 법을 익힐 수 있다고 주장했다.

그의 목표는 그게 전부가 아니다. 자신의 책을 통해 빠르고 쉽게 친구를 사귀고 다른 사람들 앞에서 이야기를 더 잘할 수 있으며 대화에 능한 사람이 될 수 있다고도 주장했다. 이미 사업을 하고 있다면 더 능숙하게 영업을 할 수 있고, 새로운 고객들을 얻고 동료들에게 영감을 줄 수 있고, 불만 처리도 쉽게 할 수 있으며 논쟁을 피할 수 있다고 한다. 책을 읽은 사람들이 그중 몇 가지만 성공해도 책의 가치는 금보다 귀하다고 할 수 있다. 이제까지 책이 3,000만 부 이상 팔리고 관련된 워크숍도 셀 수 없이 많이 열리는 것을 보면 효과가 있기는 한 모양이다.

우리는 버핏이 성공할 수 있었던 이유가 오로지 카네기의 조언 덕분인지, 아니면 적어도 상당한 영향을 미쳤는지 의심하곤 한다. 하지만 믿을 만한 인물, 즉 버핏 자신이 직접 그렇다고 이야기하니 확실히 영향을 미치기는 했던 것 같다. 버핏은 세계에서 가장 유명하고 영향력 있는 사람이고, 사업적으로도 엄청난 성공을 거뒀다. 재치 있게 연설하며 매력적으로 대화할 줄 아는 사람이고, 빌 게이츠부터 르브론 제임스까지 다양한 친구와 몇몇 적수를 둔 사람이다. 요약하면 그는 카네기가 남긴 조언의 효과를 가장 잘 보여주는 인물이다. 카네기와 버핏이 어떻게 연결돼 있는지 계속해서 살펴보자.

《인간관계론》에서 이야기하는 사람을 다루는 법

카네기는 자신의 전설적인 저서에서 사람을 다루는 세 가지 기술을 제안했다.

첫째, 비판, 비난, 불평하지 말라.
둘째, 꾸밈없이 진심으로 감사하라.
셋째, 상대방의 간절한 욕구를 불러일으키라.

처음 두 가지 기술은 버핏도 여러 번 이야기한 적이 있다. 그의 의견을 약간 추가해 팁으로 기억하려고 한다. '절대'는 무거운 말이다. 정의롭지 않은 상황이나 차별을 목격할 수도 있으므로 절대 다른 사람을 비난하거나 절대 불평을 하지 말아야 한다는 조언은 비현실적이다. 또한 사람들은 대체로 이성적이다. 누군가를 만났을 때 그 사람이 얼마나 나쁜 사람일지 단숨에 결론을 지어버리는 것도 옳지 않다. 새로운 사람을 만나면 "겉모습만 보고 판단하지 말라."는 오래된 말을 떠올리자. 버핏이 주주 서한에서 일 잘하는 사람을 칭찬하는 경우를 자주 볼 수 있다. 반면 그는 사람들을 거의 비난하지 않고, 설사 비난할 일이 생기더라도 절대 직접 이름을 거론하지 않는다. 누군가를 비난하고 싶을 때는 '순간의 충동'에 따라 행동하기 전에 기다리거나 한숨 자면 좋다. 버핏의 방식을 반영한 팁은 다음과 같다.

BUFFETT's TIP 75

칭찬할 때는 이름을 거론하라. 비난해야 할 때는
개인에게 하지 말고 그가 속한 집단을 향해하라.

상대방의 욕구를 불러일으키라는 카네기의 세 번째 제안은 사실 겸손한 버핏의 성격과는 잘 맞지 않는다. 그는 나서기 좋아하는 영업 사원 같은 성격과는 거리가 멀다. 대신 마케팅 교수인 로버트 치알디니Robert Cialdini의 연구로 이 주제를 마무리 지으려고 한다. 치알디니 교수는 100만 부 이상 팔린 그의 저서 《설득의 심리학》Influence에서 이 주제를 폭넓게 분석했다. 그는 사람들에게 강하게 영향을 미칠 수 있는 다음과 같은 여섯 가지 요소를 찾아냈다.

상호성: 사람들은 자신을 돕는 사람을 도와야 할 것 같은 의무감을 느낀다.

일관성: 사람들은 자신의 말을 번복하고 싶어 하지 않는다. 작은 일을 해내기로 했을 때 결국 약속했던 것보다 많은 일을 해내게 되는

경우도 많다.

사회적 증명: 사람들은 다른 사람들이 하는 행동을 따라 하는 경우가 많다.

권위: 사람들은 정치인, 의사, 교수 같은 권위 있는 인물의 말을 따르는 경우가 많다.

호감: 사람들은 유명 연예인이 광고하는 물건 등 자신이 좋아하는 인물에게서 물건을 사려는 경향이 있다.

희귀성: 사람들은 수량이 제한돼 있거나 한정된 기간에만 살 수 있는 물건을 더 구매하고 싶어 한다.

앞으로 돌아가서 구체적인 예시를 한번 살펴보자. 버크셔해서웨이 연례 서한에서 버핏은 버크셔해서웨이 자회사의 최고 경영진이나 행정 직원 등 자신의 삶에 긍정적인 영향을 미친 인물을 칭송하곤 한다. 우선 버핏의 금융 멘토였던 벤저민 그레이엄에 관한 이야기부터 해야 자연스러울 듯하다. 2000년도 주주 서한에서 버핏은 다음과 같이 썼다.

"잠시 향수에 젖어봅시다. 50년 전, 컬럼비아대학교에 다니던 시절, 벤저민 그레이엄의 수업을 처음 듣게 됐습니다. 그전 10년 동안 주식을 분석하고 매수하고 판매하면서 정말 즐거웠습니다. 하지만 내 수익은 평균 정도에 그쳤습니다. 1951년 사정이 더 나아졌습니다. 식단을 개선하거나 운동을 하지는 않았습니다. 딱 한 가지 달라진 점은 바로 그레이엄의 조언이었습니다. 고수의 발치에서 보낸 몇 시간이 스스로 고민한 10년보다 훨씬 가치 있었다는 것이 증명된 셈이지요. 그레이엄은 좋은 선생님이었을 뿐만 아니라 좋은 친구이기도 했습니다. 내가 그에게 진 빚은 감히 가늠조차 할 수가 없습니다."

버핏은 아직까지 버크셔해서웨이의 이사직을 맡고 있는 캐피탈 시티스/ABC의 전 운영자 톰 머피('머프')를 "내가 만난 사람 중 가장 훌륭한 만능 경영인"이라고 부른다. 2005년 연례 서한에서 그는 다음과 같이 썼다. "이쯤에서 머프에 대해 몇 마디를 하는 게 적절할 것 같습니다. 요약하면, 그는 내가 오랫동안 사업을 하면서 본 사람 중 가장 좋은 경영인입니다. 그는 자신의 경영 능력만큼이나 훌륭한 인성도 갖추고 있습니다. 정말 멋진 친구이자 부모이고, 남편이며, 시민입니다. 드물게 그 자신의 의견이 주주들의 의견과 다를 때도 언제나 주주들의 편에 섰습니다. 머피는 내가 어울리고 싶은 '형제나 사돈, 내 유언의 신탁 관리자로 둬도 좋겠다고 생각할 만한 경영인'의 완벽한 예시입니다."

버핏은 버크셔해서웨이 소속 보험회사인 가이코를 수년간 운영했던 토니 나이슬리Tony Nicely도 자주 칭찬했다. 2005년 주주 서한에서 그는 이렇게 썼다. "가이코와 훌륭한 CEO인 토니 나이슬리는 재앙 같았던 한 해 동안 보험 부문에서 빛나는 성과를 거두는 데 중요한 역할을 했습니다. 눈에 띄는 통계 하나가 있습니다. 불과 2년 만에 가이코의 수익성은 32퍼센트 향상됐습니다. 마찬가지로 주목할 만한 일이 더 있습니다. 채용 직원 수를 4퍼센트 줄이고도 보험 판매량은 26퍼센트 증가했고 수익성은 앞으로도 더 좋아질 예정입니다. 단위 원가를 이렇게 대폭 낮추면 고객들에게 훨씬 가치 있는 서비스를 제공할 수 있습니다.

결국 지난해 가이코는 시장점유율을 높였고, 누구나 인정할 만한 수익을 거뒀으며 브랜드 역량을 키워냈습니다. 2006년에 아들을 낳게 되거나 증손자를 보게 되거든 이름을 토니라고 지어보세요."

에이지트 제인Ajit Jain은 그렉 아벨Greg Abel과 함께 버크셔해서웨이의 부회장직을 맡고 있다. 언젠가 버핏의 CEO 자리를 넘겨받게 될 인물이다. 버핏이 2009년 주주 서한에서 에이지트에 대해 했던 이야기를 옮기면 다음과 같다. "찰리와 나, 에이지트가 물이 차오르는 보트에 타고 있는데 딱 한 사람만 구할 수 있다면 에이지트를 구하십시오." 여기에서 찰리란 당연히 버핏의 오랜 친구이자 오랫동안 버크셔해서웨이의 부회장이었던 찰리 멍거다. 부회장이 세 명이나 되다니 너무 많은 게 아닌가 싶기는 하지만, 버핏이 이 세 사람을 어떻게 생각하고 있는지만큼은 확실히 알 수 있다.

버핏은 주요 경영진이 아닌 직원들 역시 자주 칭찬하곤 한다. 캐리 소바Carrie Sova는 몇 년 동안 버크셔의 연례 총회를 개최하는 데 도움을 준 인물이다. 회사 내부와 외부 업무에 관련된 사람들뿐만 아니라 수만 명에 달하는 그의 추종자가 참석하는 자리인 만큼 절대 쉽지 않은 일이다. 2017년 총회에서 그는 다음과 같이 말했다.

"총회를 시작하기 전에 몇 가지를 짚고 넘어가려고 합니다. 우선 7년 동안 우리와 함께해 준 캐리 소바를 소개합니다. 캐리에게 조명 좀 비춰주시겠습니까? … 여러분도 알다시피 그녀는 엄청나게 많은 회사들과 행사를 준비합니다. 우리가 준비하는 행사와 이 행사를 찾는 여러분들을 위한 호텔과 항공과 차량 렌털에 관한 업무도 그녀는 마치 공세 개를 들고 저글링하듯 능숙하게 처리해냅니다. 그녀는 아주 놀라운 사람이고, 나는 우리를 위해 오늘 행사를 준비해준 그녀에게 감사의 말을 전하고 싶습니다."

버핏은 다른 사람들을 자주 비난하지 않는다. 그가 남을 비난할 때는 한 사람을 지목하기보다 그가 동의하지 않는 그룹 전체를 대상으로 한다. 주로 목표가 되는 대상은 미심쩍은 인수를 추진하기 위해 버크셔해서웨이를 비롯한 여러 기업을 압박하는 투자 은행가들이다. 은행가들은 거래가 성사되면 높은 수수료를 받을 수 있고 거래가 성사되지 않으면 손을 털고 떠난다. 버크셔해서웨이의 2014년 주주 서한에서 버핏은 이렇게 말했다. "월스트리트에 사는 이들은 주당 수익을 올리기 위해 의심스러운 작전이 사용되더라도 언제든 눈을 감아줄 준비가 돼 있습니다. 특히 투자 은행가들에게 막대한 수수료를 안겨줄 합병으로 이어지면 더욱더 그렇지요."

수수료가 높은 헤지펀드나 사모펀드 같은 투자 상품도 버핏이 자주 비난하는 대상이다. 이런 투자 상품들은 부유한 사람들이나 큰 기업을 대상으로 판매된다. 수수료가 관리 자산의 약 2퍼센트로 높고 투자 보수도 달성한 수익의 20퍼센트나 된다. 1퍼센트에 한참 못 미치는 수수료를 받고 수익에 대한 보수도 없을 때가 많은 인덱스펀드와 비교해보자. 버핏은 이렇게 수수료가 높은 투자 상품을 판매하는 기업들과 재정 자문가들을 '도우미'helper라고 부른다. 여기서 의미하는 도움은 가난한 이들을 위해 헌신한 공으로 2016년 바티칸에 의해 성인으로 추대된 고 테레사 수녀가 실천한 선한 도움이 아니다. 2005년 주주 서한에서 버핏이 '도우미'라고 부르는 사람들을 어떻게 생각하는지 엿볼 수 있는 문장이 있다. "도우미들의 배를 불려주느라 대부분의 미국 주식 투자자들이 누구의 조언을 듣지 않고 가만히 앉아서도 벌 수 있었던 수익의 80퍼센트만 벌게 됐습니다." 도우미들의 정곡을 찌르는 문장이다. 따지고 보면 버핏도 예전에 헤지펀드를 관리하던 '도우미'였던 적이 있지만, 지금의 헤지펀드 회사들과는 달리 고객들에게 수수료를 제하고도 엄청난 돈을 벌어다줬으므로 이런 비판을 하는 그를 눈감아줘도 괜찮을 것 같다.

사람들에게 호감을 얻는 여섯 가지 방법

카네기의 책에 소개된 사람들에게 호감을 살 수 있는 여섯 가지 방법을 소개한다. 여기에서도 모든 내용을 하나하나 뜯어보는 대신 버핏과 금융 문해력에 관련된 내용만 짚고 넘어가도록 하겠다.

첫째, 진심으로 다른 사람들에게 관심을 가지라.
둘째, 웃으라.
셋째, 누군가가 자신의 이름을 불러주면 누구나 기분이 좋아지고 자신을 중요한 사람이라고 여긴다는 것을 기억하라.
넷째, 상대방의 말을 귀담아들으라. 그들이 자신의 이야기를 할 수 있도록 하라.

다섯째, 상대방의 관심사에 관해 이야기하라.

여섯째, 진심을 다해 상대방이 자신을 중요한 사람이라고 생각하게 끔 만들으라.

일단 웃는 게 가장 실천하기 쉬워 보인다. 공짜이고 실천하기 쉽고 시간도 들지 않는다. 하지만 자연스럽게 하려면 낯설 수 있고 스트레스를 받을 만한 상황에서는 실천하기가 어려울 수도 있다. 억지로 웃는 것처럼 보일 수 있지만 '진짜가 될 때까지 진짜인 척하라'라는 조언이 쓸모 있는 경우가 바로 이럴 때다. 선생님이나 상사 등 누군가를 처음 만났을 때 그들이 여러분을 친근하게 대해주길 바랄 것이다. 살짝 미소를 지어 보이면 이런 바람을 전달할 수 있다. 눈빛에 살기가 가득하거나 스트레스가 가득해 보이는 얼굴로 과연 좋은 인상을 남길 수 있을까? 핼러윈 파티나 헤비 메탈 콘서트에 있지 않은 이상 절대 그럴 수 없을 것이다.

카네기는 사람들의 이름을 반드시 기억해야 한다고 생각했다. 하지만 현실에서, 특히 사람들을 한꺼번에 많이 만나는 자리에서는 이름을 잊어버리기 쉽다. 게다가 나이가 들면 처음 만난 사람의 이름처럼 단기 기억력이 필요한 것들을 기억하기가 점점 어려워진다. 이름을 기억하는 비결 중 하나는 사람의 이름이나 외모와 관련지어 독특한 상상을 하는 것이다. 특이한 생각일수록 기억하기가 쉽다. 예를 들어 헤비급 복싱 챔피언이었던 마이크 타이슨이 유명해지기 전에 만났다고 가정해보자. 문장의 앞글자를 같은 글자로 맞추는 두운법을 사용하면 기

억할 때 도움이 된다. 마이크라는 그의 이름을 'Mauler'(손, 주먹이라는 뜻
―옮긴이) 또는 'Marauder'(약탈자라는 뜻―옮긴이)라는 단어와 붙여서
기억하면 된다. 악수를 하게 됐다면 악수하는 동안 그가 권투 글러브를
끼고 있다고 상상해볼 수도 있다. 더 영화 같은 장면을 원한다면 그가
누군가에게 주먹을 날리는 모습을 상상해도 좋다. 이렇게 해도 기억이
나지 않는다면 다른 그림을 생각해보자. 그가 여러분과 악수하면서 타
이슨이라는 닭고기 전문 기업에서 만든 치킨 너겟을 먹는 모습을 떠올
려볼 수도 있다.

버핏은 사람들을 부를 때 성 대신 이름을 부른다. 또 모두가 평등한
관계로 지내도록 사람들도 자신을 '워런'이라고 부르도록 한다. 누군가
의 성품을 판단하려면 상대적으로 하찮은 일로 여겨지는 청소부, 식당
종업원, 계산원, 비서 일을 하는 사람들을 어떻게 대하는지 보면 도움
이 된다. 성품이 좋은 사람은 웬만큼 확고한 이유가 있지 않은 이상 모
두를 존중한다. 민권 운동가 제시 잭슨Jesse Jackson이 여기에 대해 한 말
이 있다. "다른 사람을 내려다볼 수 있는 때는 그 사람을 도울 때뿐이
다." 앞에서 여러 예시를 통해 벤저민 그레이엄, 톰 머피, 토니 나이슬
리, 에이지트 제인, 캐리 소바를 비롯한 다른 사람들을 진심으로 칭찬
하며 이들이 자신을 중요한 사람으로 느끼게 만드는 버핏의 면모를 살
펴봤다. 이 역시 카네기가 강조하는 인간관계의 기술이었던 셈이다.

카네기는 잘 들어주는 사람이 돼야 한다고 생각했다. 상대방이 자
신의 이야기를 할 수 있는 기회를 주고 잘 들어주면 호감을 얻기 쉽다
고 믿었기 때문이다. 버핏처럼 내성적인 사람들은 특히 다른 사람의 이

야기를 잘 들어준다. 버핏이 자주 강조하는 의사소통 능력을 기르는 데 잘 들어주기가 많은 도움이 된다.

버핏은 버크셔해서웨이의 특정 사업을 맡아 운영하는 관리자들의 보고를 특히 더 경청한다. 사업이 어떻게 진행되고 있는지 속속들이 알고 있으면 이들에게 더 와닿는 조언을 해줄 수 있다. 또 버크셔해서웨이가 소유한 여러 회사에 자산을 현명하게 분배하는 데도 도움이 된다. 예를 들면 버크셔해서웨이는 몇백 달러짜리《월드북백과사전》World Book Encyclopedia 전집을 출판하는 회사를 아직 소유하고 있다. 위키피디아는 보기 좋게 편집돼 있지는 않지만 무료로 사용할 수 있고 인터넷으로 검색하기 쉬우며 수백만 개에 달하는 주제를 다룬다. 따라서 버핏은《월드북백과사전》에 큰돈을 분배하는 대신 더 높은 이익을 거둘 수 있는 버크셔해서웨이의 다른 회사들에 집중적으로 자금을 투자한다.

자신의 사고방식으로 사람들을 이끄는 방법

카네기는 자신의 사고방식으로 사람을 얻는 방법을 10가지 이상 제시했다. 이쯤이면 여러분도 우리가 어떻게 내용을 풀어갈지 눈치챘을 것이다. 자세한 내용을 서술하는 대신 카네기와 버핏의 생각을 벤다이어그램 그리듯 비교해보려고 한다. 카네기는 의논할 때 상대방을 무장해제시키고 긴장감을 줄일 수 있도록 친근한 방식으로 시작하라고 한다. 앞에서 이야기했던 상대방에게 웃어 보이라는 조언과 비슷하다.

중서부에서 나고 자란 덕분인지 버핏은 친근함이 몸에 배어 있다. 그가 누구에게나 사랑받을 수 있었던 것은 그의 유머 감각과 친근함, 편안한 말투 덕분일 것이다.

카네기는 다른 사람의 시각에서 생각하도록 노력하라고 조언했다. 버핏 또한 언제나 '역수'를 생각하라고 말하는 찰리 멍거에게서 다른 사람의 관점에서 생각하는 법을 배웠다. 수학 시간에 방정식을 풀며 사용하던 역수를 기억할 것이다. 2009년 주주 서한에서 버핏은 역수에 관한 짧은 일화를 적었다. "오래전 찰리가 자신의 가장 큰 꿈을 이야기한 적이 있습니다. 그는 '딱 하나 원하는 게 있다면 내가 어디에서 죽을지 알아내서 그 장소를 절대 방문하지 않을 것'이라고 말했습니다. 그는 난제를 풀려거든 '언제나 뒤집어서 생각하라'Invert, always invert라고 강조하던 프러시아의 수학자 자코비Jacobi에게서 이런 지혜를 배웠습니다. 뒤집어서 생각하는 접근방식이 일상적인 문제를 해결하는 데도 도움을 줄 수 있을 것 같군요. 컨트리송을 거꾸로 부르면 차, 집, 아내를 다시 얻을 수 있지 않을까요?(컨트리송은 사랑하는 것들을 잃은 이야기를 담은 가사로 유명한데, 그런 컨트리송을 거꾸로 부르면 잃었던 것들을 다시 얻을 수도 있다는 뜻으로 한 농담이다—옮긴이)"

그러고는 그와 멍거가 버크셔해서웨이를 운영하며 '뒤집어 생각하는' 전략을 어떻게 적용하고 있는지 사뭇 진지하게 밝혔다.

"우리가 찰리의 생각을 버크셔해서웨이에 어떻게 적용하고 있는지 예를 들어 설명하겠습니다. 찰리와 나는 아무리 훌륭한 상품을 만드는 회사라도 우리가 미래를 평가할 수 없다면 투자하지 않으려고 합니다.

과거에 자동차(1910년대), 비행기(1930년대), 텔레비전(1950년대) 산업이 얼마나 눈부시게 성장할지 누구나 예측할 수 있었습니다. 하지만 이들의 미래에는 해당 산업에 뛰어드는 거의 모든 회사를 말살시킬 경쟁 구도가 기다리고 있었습니다. 살아남은 기업도 상처뿐인 영광을 움켜쥐는 경우가 많았지요. 멍거와 내가 어떤 산업이 극적으로 성장하리라고 확신할 수 있다고 하더라도, 패권을 차지하기 위한 치열한 경쟁 속에서 회사들의 수익 마진이나 자본이익률이 어떻게 될지는 여전히 알 수 없습니다. 버크셔해서웨이에서는 앞으로 수십 년간 거둘 이익이 충분히 예측 가능한 회사에 투자할 것입니다. 그렇게 하더라도 여러 가지 실수를 저지를 것입니다." 데일 카네기와 찰리 멍거, 자코비에 영향을 받은 버핏의 의견을 팁으로 요약해보자.

BUFFETT's TIP 76

언제나 뒤집어서, 다른 사람의 관점으로 생각해보라.

카네기는 자신이 틀렸을 때 잘못을 빨리 단호하게 인정해야 한다고 조언했다. 버핏은 자신의 실수를 신속하게 인정하며 때로 자기를 깎아내리는 농담을 곁들이기도 한다. 투자자들이 버크셔해서웨이 같은 안정적인 주식 대신 인터넷과 관련된 주식에 홀딱 반해 있던 1999년은 버크셔해서웨이에게 힘든 한 해였다. 1999년 주주 서한에서 버핏은 다음과 같이 썼다.

"앞 페이지의 통계는 우리의 1999년 실적이 얼마나 형편없었는지를 보여줍니다. 절대적인 실적이 내가 버크셔에 있는 동안 가장 형편없었고, S&P 지수와 비교한 상대적인 실적도 마찬가지입니다. 상대적인 실적이 심히 걱정스럽습니다. 상대 실적이 나쁘면 시간이 가면서 절대적인 실적도 만족스럽지 못하게 됩니다. 형사 클루조도 지난해의 형편없는 실적이 누구의 잘못인지 찾아낼 수 있을 것입니다. 바로 저입니다. 나는 성적표에 'F' 네 개와 'D' 한 개를 받고도 너그러운 감독에게서 '아들아, 한 과목에 너무 집중했구나'라는 위로를 받는 쿼터백을 떠올리게 하는 실적을 거두고 말았습니다."

클래식 영화를 좋아하지 않는 사람을 위해 설명하자면 형사 클루조는 영화〈핑크 팬더〉에 등장하는 실수투성이 형사 캐릭터다. 실패로 끝난 버핏의 투자 중 4억 3,400만 달러를 주고 인수했던 덱스터 슈Dexter Shoe라는 신발 회사가 있었다. 그가 실수라고 말한 것은 회사를 인수하는 비용을 현금이 아니라 버크셔해서웨이의 주식으로 지불했기 때문이다. 이때 넘긴 주식을 지금까지 가지고 있었다면 자그마치 100억 달러가 됐을 것이라고 한다. 2001년 주주 서한에서 그는 자신에 대한 비난을 받아들이며 다음과 같이 썼다.

"나는 덱스터를 인수하면서 여러분에게 크게 손해를 안겨준 세 가지 결정을 했습니다. 첫 번째는 덱스터를 인수한 것이고 두 번째는 주식으로 값을 치른 것이고 세 번째로 영업 전략을 바꿔야만 했을 때 차일피일 미룬 것이었습니다. 나는 내 실수를 멍거에게 또는 누군가에게라도 떠넘기고 싶지만, 실수를 저지른 사람은 바로 저입니다. 우리가 인수하기 전 그리고 인수 후 몇 년 동안 덱스터는 인정사정없는 저비용 외국계 경쟁사들에 밀리지 않고 번창했습니다. 나는 그 후에도 덱스터가 문제를 잘 헤쳐나갈 수 있으리라 생각했지만 내가 틀렸습니다."

실수에 대한 카네기와 버핏의 의견을 정리해 팁으로 기억하자.

BUFFETT's TIP 77

실수했다면 빨리 인정하고 배울 점을 찾으라.

카네기는 사람들을 비난하지 말라고 했지만, 의견을 증명하기 위해 가끔 도전을 받아들이는 것에는 반대하지 않았다. 버핏도 마찬가지였다. 제5장에서 우리는 주식을 가장 잘 고르기로 정평이 난 버핏이 비용이 들지 않고 세금 혜택도 있는 인덱스펀드를 얼마나 좋아하는지 이야기했다. 그리고 이 장에서는 그가 수수료가 비싼 사모펀드나 헤지펀드 매니저들을 비난한다고 이야기했다. 우리가 무슨 이야기를 할지 눈치를 챘을지도 모르겠다. 2007년에 버핏은 전문 투자사에서 손수 고른 헤지펀드 포트폴리오의 수익률이 다음 10년 동안 S&P500 인덱스펀드의 수익률을 이길 수 없다고 주장했다. 그는 자신의 주장을 행동으로 보여주기로 했고, 100만 달러짜리 내기를 걸었다. 그리고 우승자가 원하는 자선단체에 돈을 기부하기로 했다. 내기의 결과는 버핏의 승리였다. S&P500 인덱스펀드의 수익률은 10년 동안 연평균 7.7퍼센트, 헤지펀드 매니저들이 고른 포트폴리오의 수익률은 2.2퍼센트였다.

카네기의 책에는 '리더가 돼라: 불쾌하게 만들거나 분노를 유발하지 않고 사람들을 변화시키는 법'이라는 내용이 실려 있다. 이 내용은 책의 마지막 부분에 등장하는데, 여기에서 이야기하는 '진심으로 감사하고, 자신의 실수를 숨김없이 이야기하라'를 비롯한 여러 조언은 앞에서 이야기한 내용과 겹치는 부분이 많다. 이제 의사소통과 감성 지능, 다른 사람들과 어울리는 방법에 관한 이야기로 넘어가보자.

감성 지능이란

요즘 사람들에게도 교훈을 주는 카네기의 책은 80년 전에 처음 출간됐다. 의사소통 능력과 사회성에 관련된 다른 주장 중에서 여러 사람의 공감을 얻은 주장이 또 있을지 궁금할 것이다. 떠오르는 주제 한 가지는 감성 지능emotional intelligence(이하 EQ)이라는 개념이다. EI라고 부르기도 하지만, 여기서는 EQ라는 용어만 쓰도록 하자. EQ는 감정을 인식하고 이해하고 처리하고 감정에 영향을 미칠 수 있는 능력을 측정하는 척도다.

감성 지능이라는 개념은 과학 저널리스트이자 수년간 〈뉴욕타임스〉에 글을 기고했던 대니얼 골먼Daniel Goleman에 의해 알려졌다. 골먼의 저서 《감성 지능》Emotional Intelligence은 1995년 처음 출간돼 지금까지 500만 부 이상 팔렸으며 전 세계 40개 이상의 언어로 번역됐다.

똑똑해지는 방법은 여러 가지가 있다. 똑똑한 아이, 똑똑한 사람이란 공부를 잘하거나 삶의 지혜가 있는 사람들을 뜻하는 경우가 많다. 전자는 학교 수업에서 돋보이며 시험 점수를 잘 받는 사람들이다. 후자는 개인적인 경험을 통해 깨달음을 얻어 자기가 처한 상황 또는 마주한 사람들을 잘 파악하는 사람들이다. 버핏은 처음에는 우등생으로 시작했지만, 점점 삶의 지혜를 키워나갔다. 학교에 다닐 때 그는 성적이 좋고 수 계산이 빠른 우등생이었다. 점차 나이가 들면서 뇌의 역량은 떨어졌지만, 그는 현재의 자신이 어린 시절 자신보다 훨씬 사람들을 잘 판단할 수 있게 됐다고 이야기한다. 인생에서 경험한 것들과 자신의 약점을 개선하고자 했던 그의 바람 그리고 두 명의 아내와 〈워싱턴포스트〉의 출판인이었던 캐서린 그레이엄, 찰리 멍거 등 그의 삶에서 중요했던 인물들의 영향을 바탕으로 삶의 지혜를 갖추게 된 것이다.

지능 지수Intelligence Quotient, IQ라는 용어는 사람들 대부분에게 아주 익숙하다. IQ는 사람의 인지능력 또는 판단력, 계산 능력, 문해력, 문제 해결 능력을 측정한다. 주로 표준화된 시험을 통해 측정한다. SAT와 ACT가 IQ 시험이라고 여겨지지는 않지만 둘의 상관관계가 높아서 대학 입학시험의 점수가 높으면 IQ도 높은 경우가 많다. 일반 사람들의 평균 IQ는 약 100 정도이고 종형 곡선을 그리며 분포한다. 일반적으로 곡선의 오른쪽 끝 쪽에 있는 사람들은 '천재'라고 여겨진다. 천재들의 IQ 수치는 130~140 사이이며 드물게 200을 넘는 극단적인 경우도 있다.

버핏은 성공적인 투자가가 되는 데 필요한 최고 IQ 수준은 130 정도라고 이야기했다. IQ가 너무 높은 사람들은 자신이 절대 실수하지 않으리라 생각하고는 과도하게 위험을 감수하려고 한다고 덧붙였다. 이들은 또한 자신들이 위험을 통제할 수 있다고 생각한다. 투자자산운용사 롱텀캐피탈매니지먼트Long Term Capital Management(이하 LTCM)의 사례가 그의 말을 아주 잘 뒷받침한다. LTCM에서 무슨 일이 있었는지 간단히 살펴보자. 한때 관리 자산 규모가 수백만 달러에 달했던 이 회사의 경영진은 천재들로 구성돼 있었다. 그들은 레버리지라고도 부르는 엄청난 돈을 빌렸고 그들이 운영하던 펀드가 폭락하면서 전 세계 금융 시장 전체가 마비될 뻔했다. 다행히도 연방준비은행과 월스트리트 은행들이 구제금융을 조성한 덕분에 그런 일은 일어나지 않았다. 만약 LTCM의 사연을 더 자세히 알고 싶다면 로저 로웬스타인Roger Lowenstein이 쓴 훌륭한 작품인《천재들의 실패》When Genius Failed를 읽어보자.

가장 널리 사용되는 IQ, EQ 외에도 지능을 측정하는 방법 여러 가지가 개발됐다. 빌 게이츠는 "지능은 여러 형태가 있고, 1차원적인 것이 아니다. 그리고 내가 생각했던 것보다 중요하지도 않았다."라고 말하기도 했다. 골먼이 정리한 EQ의 개념에는 감성 지능과 사회 지능이 '모두' 포함된다. 크게 자아 인식self-awareness, 자기 관리self-management, 사회 인식social awareness, 관계 관리relationship management라는 네 가지 요소로 이루어져 있다.

감성 지능 자세히 알아보기

이제부터는 버핏의 지혜와 감성 지능의 개념을 비교하며 감성 지능에 영향을 미치는 네 가지 요소를 자세히 살펴보자.

자아 인식

골먼은 EQ의 자아 인식 요소를 '자신의 감정과 감정이 행동에 어떤 효과를 미치는지 이해할 수 있는 능력'이라고 정의했다. 버핏의 어록 중에서 "사람들이 욕심을 부릴 때는 몸을 사리고 사람들이 몸을 사릴 때는 욕심을 내라."(팁 27)라는 말이 자아 인식을 가장 잘 반영한 예시라고 할 수 있다. 어떻게 하면 자아 인식 능력을 키울 수 있을까? 골먼은 자신의 강점과 한계 또는 약점을 알아야 한다고 제안했다. 중요한 결정과 그 결과를 글로 적어두고 배울 점을 찾으려고 노력하면 EQ의 모든 요소에 도움이 된다고 한다.

버핏은 살다 보면 일이 잘 안 풀릴 때가 있지만 결국 더 좋은 결과를 얻을 수도 있다는 중요한 지혜를 깨달았다. 흔히 이야기하는 전화위복인 셈이다. 아마도 버핏이 젊었을 때 겪은 불행 중 전화위복이 된 가장 유명한 사례는 그가 하버드 대학원 입학을 거절당해 컬럼비아에 입학하게 된 일일 것이다. 이 사건을 두고《포천》의 칼럼니스트인 캐럴 루미스는 다음과 같은 글을 썼다.

"1950년 여름, 하버드 경영대학원에 지원했던 버핏은 시카고에 사는 하버드 면접관을 만나기 위해 시카고행 기차에 몸을 실었다. 하버드라는 최고 교육기관의 면접자가 맞이한 사람은 '외모는 열여섯 살, 사회성은 열두 살에 머무른 깡마른 열아홉 살 소년'이었다고 버핏은 회상했다. 면접은 10분 만에 끝이 났고, 하버드에 가겠다는 그의 기대는 산산조각이 났다. 하지만 그는 하버드 대학원에 입학하지 못하게 된 것이 그에게 찾아온 최고의 행운이었다고 이야기한다. 오마하로 돌아온 후 벤저민 그레이엄이 컬럼비아 경영대학원에서 학생들을 가르치고 있다는 이야기를 듣고 망설임 없이 컬럼비아에 지원했고, 무사히 합격 통지를 받을 수 있었다."

앤절라 더크워스Angela Duckworth는 베스트셀러 《그릿》Grit에서 좌절을 극복하는 능력은 성장 마인드셋growth mindset에 달렸다고 주장했다. 이 말은 좌절을 통해 깨달음을 얻고 성장하는 능력을 개발해야 한다는 뜻이다. 여기까지의 핵심을 정리해 팁으로 기억하자. 더크워스의 주장을 반영한 이번 팁은 이전 팁과는 약간 관점이 다르다.

BUFFETT's TIP 78

당장 일이 잘 안 풀리더라도 더 나은 미래가 펼쳐질 수 있다.
성장 마인드셋을 키우자.
_ 앤절라 더크워스

자기 관리

골먼은 자기 관리란 '내면의 정서 상태와 충동성 그리고 정신적 능력을 관리하는 능력'이라고 정의했다. 자아 인식이 자신의 감정과 감정이 인생에 미치는 효과를 이해하는 데 초점을 뒀다면 자기 관리는 감정에 따른 행동과 관련이 있다. 골먼은 감정을 절제하고 열린 태도로 적극적으로 기회를 맞이하는 자세가 자기 관리와 관련이 있다고 이야기했다. 버핏의 어린 시절로 돌아가보자. 그는 어린 시절 다른 사람들 앞에서 말할 때면 심하게 긴장했고, 데일 카네기의 수업을 들었다. 수강생 중에서 가장 발전한 모습을 보이며 강사에게 상을 받기도 했다. 수업을 통해 거둔 성과 중 하나로 그는 첫 번째 아내인 수지에게 청혼할 수 있었다. 다행히 그녀는 그의 청혼을 승낙했다.

사람들 앞에서 말하는 연습을 많이 해야 진짜 자기 능력으로 만들 수 있다는 것을 알았던 버핏은 네브래스카대학교 오마하 캠퍼스의 전신인 오마하시립대학교에서 일부러 투자 강의를 맡아 1952년부터 1962년까지 10년 동안 가르쳤다. 강의를 시작할 때만 해도 사람들 사이에 있으면 여전히 어색했지만, 빈틈없는 투자 지식을 바탕으로 자신감을 얻을 수 있었다.

버핏은 햄버거와 체리코크가 주식인 탓에 미국 농무부US Department of Agriculture에서 건강한 식단을 섭취하는 인물로 칭송할 리 없다. 하지만 그는 자신의 정신을 항상 맑게 유지하고 체형을 유지하기 위해 아흔 살의 나이에도 운동은 게을리하지 않는다. 그는 "우리는 정신과 육체 하나로 평생을 산다. 젊었을 때 돌보지 않으면 우박이 떨어지는 길가에 자동차를 내놓고 녹슬도록 방치하는 것이나 마찬가지다. 지금 몸과 마음을 관리하지 않으면 40세, 50세가 됐을 때 옴짝달싹 못 하는 망가진 자동차가 되고 말 것이다."라고 조언하기도 했다. 팁으로 기억할 만한 명언이다.

사회 인식

골먼은 사회 인식이란 '사람들과의 관계와 다른 사람의 감정, 욕구, 관심사를 대하는 방식'을 의미한다고 주장했으며, 공감 능력을 기르고 봉사하는 마음가짐을 기르면 사회 인식을 높일 수 있다고 제안했다. 빌 클린턴 전 대통령은 인정 많은 사람으로 보이는 방법을 통달한 인물이다. 그는 '다른 사람의 고통에 공감'하는 능력 덕분에 사람들의 마음을 얻어 두 번이나 대통령으로 선출될 수 있었다. 버핏의 봉사하는 마음은 수십 년간 매년 대학생들과 만나는 시간을 만들었을 뿐만 아니라 더기 빙플레지를 설립한 데서 가장 뚜렷하게 드러난다. 제1장에서 이야기 했던 것처럼 버핏의 너그러운 마음 씀씀이 덕분에 나는 럿거스대학교의 학생들과 함께 오마하에서 버핏을 직접 만나기도 했다.

하지만 버핏도 사회 인식 능력이나 공감 능력이 완벽하지는 않다. 그는 1977년 첫 번째 아내인 수지가 가수로서의 삶을 살기 위해 그를 떠나 캘리포니아로 이사하겠다고 했을 때 말리지 않은 것을 두고두고 후회한다. 그 후 둘의 관계는 완전히 달라질 수밖에 없었다. 두 사람은 수지가 사망한 2004년까지 결혼 상태를 유지했지만, 그녀가 떠난 이후 둘의 관계는 예전 같지 않았다. 버핏과 동거하다 수지가 세상을 떠나고 2년 후 두 번째 아내가 된 아스트리드 멩크스를 버핏에게 소개한 사람도 수지였다. 이들의 삼각관계에 관해서는 연예 잡지나 가십 기사를 통해 더 자세히 알 수 있을 테니 이쯤 하고 넘어가도록 하자.

데일 카네기를 주제로 살펴보는 동안 버핏이 그의 직원들을 자주 칭찬한다는 이야기를 했었다. 다른 사람의 재능을 알아보는 것도 사회 인식 영역과 관련이 있다. 그는 버크셔해서웨이뿐만 아니라 미국이라는 나라가 사람들의 재능을 적절하게 사용하지 못하면 발전 가능성을 최대로 펼칠 수 없다는 사실을 안다. 2001년 주주 서한에서 그는 여성, 소수 인종, 다양한 종교적 가치관 또는 성적 취향을 가진 이들의 재능을 활용하는 것이 얼마나 중요한지 이야기한 적이 있다. 그의 문장을 인용하면 다음과 같다.

"시민 모두의 재능을 활용하면 할수록 훌륭한 상품과 서비스를 생산할 수 있을 것입니다. 우리는 우리가 가진 능력을 50퍼센트 사용했을 때 얼마나 성취할 수 있는지 목격했습니다. 우리가 가진 능력을 100퍼센트 사용했을 때 어떤 일이 일어날지 머릿속에 그려본다면 여러분도 나처럼 미국의 앞날이 창창하리라고 생각하게 될 것입니다.

상품을 구매하거나 직원들을 고용할 때, 우리는 우리가 만난 사람의 종교적 신념이나 인종, 성적 기호 등을 고려한 적이 없습니다. 그런 행동은 잘못됐을 뿐만 아니라 어리석기 때문입니다.

우리는 적재적소에 배치할 인재가 필요하고, 능력 있고 신뢰할 만한 관리자와 직원, 공급업체를 찾으려면 다양한 사람들을 두루 살펴야 한다는 사실을 배웠습니다."

요즘은 아주 당연하게 여겨지는 생각이기는 하지만, 그래도 팁으로 기억할 만한 말이다.

관계 관리

골먼은 관계 관리란 '상대에게서 원하는 반응을 얻어낼 수 있는 기술과 그 기술을 능숙하게 사용할 수 있는 능력'과 관계된 영역이라고 정의했다. 효율적인 팀의 구성원 역할을 충실히 수행하는 능력, 영감을 끌어내는 리더십을 발휘하는 능력, 갈등을 해결하는 능력, 변화의 촉매제가 될 수 있는 능력과도 연관돼 있다고 할 수 있다. 버핏은 회사를 위해 일하는 수만 명의 직원과 그를 추종하는 전 세계 수백만 명의 추종자들에게 영감을 주는 리더다. 또한 자신의 죽마고우인 찰리 멍거와 버크셔해서웨이의 고위급 경영진들과 더불어 팀의 일원으로서 일한다. 그는 정부와 살로몬브라더스 사이에 있었던 갈등을 중재해 살로몬브라더스에 투자했던 투자금을 지켜내기도 했다. 이 이야기는 마지막 장에서 더 자세히 하자.

그가 자회사의 경영에 실질적으로 참여하지는 않지만, 대신 직원 보상제도처럼 전체적인 그림을 그리는 역할에 집중한다. 2010년 주주 서한에서 그는 자신이 원하는 보상제도의 방향을 다음과 같이 밝혔다. "우리는 개인의 성공에 도움이 많이 되면서도 경쟁이 아닌 협력을 끌어내는 보상제도를 운영하려 합니다." 예를 들어 그는 정기적으로 버크셔해서웨이의 젊은 자산관리 전문가인 토드 콤스, 테스 웨슬러와 투자 의견을 공유한다. 콤스와 웨슬러는 S&P500지수의 수익률과 비교해 초과로 달성한 장기 수익에 대해 보상을 받는다. 만약 그다음 평가에서 결과가 좋지 않으면 버크셔해서웨이는 그들에게 지급한 보상을 '돌려받을' 수 있다.

EQ라는 개념이 너무 추상적이거나 이론적인 것 같다면 바로 효과를 기대할 수 있는 방법이 있다. 마음의 안정을 찾고 가장 나은 버전의 자신이 되도록 도와주는 마음챙김 앱을 사용해보자. 어쩌면 여러분에게 필요한 것은 넷플릭스를 보며 쉬라는 조언보다 더 구체적인 지침일 수 있다. 중요한 스포츠 경기를 앞두고 있을 때처럼 누구에게나 자신감을 충만하게 채우고 싶을 때가 있다. 흥미로운 예시로 전형적인 청춘 영화 〈리치몬드 연애 소동〉Fast Time at Ridgemont High에서 포레스트 휘태커Forest Whitaker가 연기했던 캐릭터를 떠올려보자. 만약 감정 때문에 마음을 다잡을 수 없고 스트레스를 받는다면 마음 챙김 앱의 조언이 도움이 될 수 있다. 가장 유명한 마음챙김 앱은 헤드스페이스Headspace다. 기본 서비스는 무료이고 고급 서비스는 유료로 제공한다. 버핏도 좋아할 만한 완전 무료인 서비스를 이용하고 싶다면 유튜브에 마음을 수련할 때 쓸 수 있는 동영상이 수도 없이 많이 준비돼 있으니 살펴보길 바란다. 몇 개를 시험 삼아 시청하고 자신에게 가장 잘 맞는 영상을 찾아보자.

좋은 사람들을 곁에 두어라

버핏은 사업적으로 또는 개인적으로 어떤 사람들과 어울려야 하는지에 대해 여러 번 언급한 적이 있다. 골먼이 제시한 관계 관리 영역에 속하기도 하는 이 주제를 버핏이 어떻게 생각했는지 살펴보자.

무리, 크루, 친구, 동료, 가족 등 무엇으로 부르든 우리가 함께 시간을 가장 많이 보내는 사람들은 여러분이 아는 것보다 여러분에게 훨씬 큰 영향을 미친다. 인격이 형성되는 시기에는 특히 그렇다. 이들은 우리의 시간을 가장 많이 차지할 뿐만 아니라 성격과 도덕성을 형성하는 데 중요한 역할을 한다. 동기부여 전문가 토니 로빈스Tony Robbins에게 상당한 영향을 미친 동기부여 강연가 짐 론Jim Rohn은 친구 집단의 역할을 다음과 같이 간략하게 묘사했다. "가장 많이 어울리는 다섯 사람의 평균이 바로 자신의 모습이다." 친구들이 게으름뱅이거나 그보다 못한 경우가 많다면 발전하거나 훌륭한 일을 성취하기가 힘들 것이다. 심지어 이들이 여러분의 발목을 잡아 곤란에 빠뜨릴 수도 있다.

버핏은 좋은 사람들과 어울리라는 론의 말에 적극적으로 동의한다. 동기와 자신감을 채워주고 더 나은 성과를 거두거나 더 나은 사람이 되고 싶도록 좋은 자극을 주는 사람들과 시간을 보내자. 버핏은 론과는 약간 다른 말을 남겼다. "자기보다 나은 사람들과 어울리라. 자신보다 나은 행동을 하는 사람과 함께하면 결국 당신도 그 방향으로 가게 된다." 팁으로 기억할 만한 말이다.

BUFFETT's TIP 81

자기보다 나은 사람들과 어울리라.
자신보다 나은 행동을 하는 사람과 함께하면
결국 그 방향으로 가게 된다.

벤저민 그레이엄이나 찰리 멍거, 빌 게이츠, 캐서린 그레이엄 그리고 두 아내 수지와 아스트리드와의 관계처럼 버핏의 삶을 바꾼 인간관계를 앞에서 언급했다. 우리 두 사람을 포함한 전 세계 수백만 명에게 존경받는 지금의 버핏은 이들과 그의 가족들에 의해 만들어진 인물인 셈이다. 1989년 주주 서한에서 버핏은 이러한 생각을 사업의 세계로 확장했다.

"그 밖에 여러 실수를 거친 끝에 나는 내가 좋아하고 믿을 수 있으며 존경하는 사람들과 사업해야 한다는 것을 배웠습니다. 전에도 이야기했듯이 이 원칙만으로는 절대 성공할 수 없습니다. 경영진이 가족 경조사에 초대하고 싶은 좋은 사람들이라고 해서 이류 섬유회사 또는 백화점이 갑자기 번창할 리는 없으니까요. 하지만 이런 경영인 또는 투자자가 경제적인 능력이 뛰어난 사람들과 어울리면 사업에서도 놀라운 성과를 거둘 수 있을 것입니다. 반대로 사업이 아무리 잘되고 있더라도 존경할 만한 구석이 없는 경영진과는 어울리고 싶지 않습니다. 나쁜 사람과 했던 거래가 성공적이었던 적은 한 번도 없습니다."

그는 성격이 형성되는 중인 청년들에 대해 한층 더 자세히 의견을 밝혔다. 《포천》의 연재 기사를 바탕으로 한 루미스의 저서에 따르면 버핏은 다음과 같이 말했다.

"가장 존경하는 사람을 고르고 어떤 점 때문에 그 사람을 존경하는지 적어보자. 그리고 가장 참을 수 없는 사람을 솔직하게 떠올리고 그 사람의 어떤 점이 실망스러운지도 적어보자. 존경하는 특징은 조금만 노력하면 자신의 것으로 만들 수 있고, 연습하면 습관이 될 수 있다."

마지막 말은 "습관이란 족쇄는 너무 가벼워서 끊어내기 힘들다는 것을 깨닫기 전까지는 느낄 수 없다."라는 명언과도 관련이 있다. 버핏이 자주 인용하기는 하지만 새뮤얼 존슨Samuel Johnson, 버트런드 러셀Bertrand Russell 등이 처음 했다고 알려져 있다. 버핏이 이 말을 통해서 하고 싶었던 말은 젊을 때 좋은 습관을 기르라는 것이다. 나이가 들어 습관을 바꾸기는 매우 힘들다. 사업과 인간관계에 관한 버핏의 지혜를 팁 여러 개로 요약하며 이 장을 마무리 짓자.

BUFFETT's TIP 82

사업을 하려면 좋아하고, 신뢰하며,
존경하는 사람들과 시작하라.

BUFFETT's TIP 83

나쁜 사람들과 좋은 거래를 하기는 힘들다.

BUFFETT's TIP 84

습관이란 족쇄는 너무 가벼워서
끊어내기 힘들다는 것을 깨닫기 전까지는 느낄 수 없다.
– 새뮤얼 존슨

"직업을 고를 때는 누구에게 의존하지 않아도 될 만큼 부자가 되더라도
여전히 하고 싶은 일을 선택하라."

_워런 버핏, 1998년 플로리다대학교 연설

제14장

버핏이 건네는
커리어에 관한 조언

이 장에서는 오롯이 직업 선택과 커리어 관련된 주제에 집중하면서 필요할 때 버핏의 조언을 인용하려고 한다. 버핏은 자기 일에서 성공을 거뒀을 뿐만 아니라 다른 사람들을 고용하고 사람들에게 멘토가 돼주기도 했다. 또한 다른 사람들과 마찬가지로 거절을 당하거나 힘든 시기를 지난 적도 있었다. 그의 이야기를 들을 준비가 됐다면 시작해보자.

온라인 이력서로 자신을 알려라

지금은 마이크로소프트의 소유인 링크드인LinkedIn은 직업을 주제로 한 소셜미디어 웹사이트 중 세계에서 가장 규모가 크며, 사용자는 5억 명에 달한다. 여러분이 13세 이상이라고 가정하고 웹사이트에 가입하고 나면 보통 가장 먼저 프로필을 입력하게 된다. 프로필에는 이력서에서 쓰듯이 학력, 경력, 기술 등을 입력한다. 페이스북을 비롯한 다른 소셜미디어와 마찬가지로 짧은 글을 덧붙이거나 기사 링크를 올릴 수도 있다. 여러분의 링크드인 페이지에 여러분이 얼마나 재능 있는 사람인지 또는 어떤 훌륭한 자질을 갖추고 있는지에 대해 적은 추천사를 다른 사람이 올려줄 수도 있다. 링크드인 프로필에는 대부분 사진을 추가한다. 미국에서는 이력서에 사진을 넣는 경우가 드물지만, 유럽을 비롯한 다른 나라에서는 흔히 있는 일이다.

관심 있는 고용인이나 면접을 주관하게 될 인물을 배경 조사하기 위해 링크드인을 사용하는 사람도 많다. 여기서 말하는 조사란 기업과 기업에서 일하는 사람들에 대해 미리 알아본다는 뜻이다. 면접을 준비할 때 뒷조사를 약간 하면 도움이 되지만, 면접관을 놀라게 하고 싶지 않다면 뒷조사를 했다는 이야기는 면접 중에 하지 않는 게 좋다. 말이 나온 김에 덧붙이자면 페이스북, 인스타그램 같은 소셜미디어 계정을 뒤지거나 구글에서 이름을 검색해보는 등 여러분의 뒷조사를 하는 회사도 있다. 심지어 어떤 회사들은 지원자를 파악하기 위해 인공지능 소프트웨어를 사용하기도 한다. 온라인에 올린 글이나 다른 사람들에게 보낸 문자메시지는 삭제 버튼을 눌러 보이지 않게 된 후에도 어딘가에 영원히 저장되는 경우가 많으니 주의해야 한다.

버핏은 수년간 그를 방문한 학생들과 회사 직원 모두에게 개인의 행실에 관한 조언을 해왔다. 1991년 상당한 지분을 소유하고 있던 월스트리트의 살로몬브라더스가 불법을 저질러 스캔들에 휘말리고 난 뒤 그는 마지못해 살로몬브라더스의 회장직을 맡게 됐다. 이 이야기는 다음 장에서 자세히 하기로 하자. 살로몬브라더스를 조사하던 미 하원 분과위원회에서 버핏은 다음과 같이 이야기했다. "직원들은 우선 모든 규정을 준수해야 하며, 그들이 어떤 행동을 하기 전에 배우자와 자녀, 친구들이 읽게 될 지역 조간신문의 첫 페이지에 날카롭게 비판하기로 정평이 난 기자가 자신의 행동을 기사로 쓰더라도 부끄럽지 않은 행동인지 자신에게 물어봐야 할 것입니다."

자신의 행동이 지역 신문 1면에 실릴 수도 있다고 생각하라는 그의 말을 요약해 팁으로 기억하자. 지역 신문 대신 요즘 널리 쓰이는 페이스북, 인스타그램, 스냅, 틱톡 그리고 방금 살펴본 링크드인을 떠올리면 이해가 더 쉬울 것이다.

BUFFETT's TIP 85

지역 신문이나 지역 신문을 대체하는 소셜미디어
(인스타그램, 페이스북, 틱톡, 스냅, 링크드인)에 자신의 행동이
낱낱이 알려질 것처럼 행동하라.

링크드인에 관한 이야기로 돌아가면 기업의 링크드인 페이지나 관련 기사 또는 채용 공고에 기업 문화, 옷차림 규정, 인터뷰 단골 질문 등에 관한 댓글이 달리기도 한다. 자랑할 만한 장점이 이력서 한 페이지를 채우고도 남는다면 길이 제한이 없는 링크드인 프로필 링크를 이력서에 첨부하면 좋다.

인턴십 또는 일자리 찾기

정규직 일자리를 찾는 좋은 방법이 딱 한 가지만 있는 것은 아니다. 특히 사회 초년생들에게는 인턴십이 정규직 일자리로 연결될 수 있는

가장 좋은 방법일 때가 많다. 인턴십을 하려면 어떻게 해야 할까? 신입 일자리나 인턴십을 구하는 가장 흔한 방법은 가족이나 친구에게서 소식을 듣거나 학교 취업지원실을 통해 원서를 넣는 방법이다. 대학교에는 대부분 기업과 학생 사이에서 중매쟁이 역할을 하는 취업지원실이 마련돼 있다. 취업지원실에서는 이력서를 쓰는 과정을 도와주기도 하고 모의 인터뷰 또는 가상 인터뷰를 통해 인터뷰 연습을 돕기도 한다.

링크드인, 몬스터닷컴Monster.com, 크레이그스리스트 같은 웹사이트에도 일자리 공고가 올라온다. 회사에서 직접 운영하는 웹사이트를 방문하는 것도 채용 정보 찾기에 좋은 방법이다. 친구와 가족뿐만 아니라 졸업한 학교의 졸업생들도 인맥이 될 수 있다. 명문대를 졸업하면 졸업생들이 전 세계에 있는 좋은 기업에 다니고 있을 확률이 높아 유리하다. 옳고 그름을 떠나 사람들은 자신과 같은 학교를 졸업한 사람들을 친근하고 편안하게 느끼고, 자신과 동문인 지원자를 고용하고 싶어 한다. 이들은 대학 때 친분을 쌓은 교수에게 능력 있는 학생을 추천받는 것만큼 이런 행동이 무해하다고 생각할 것이다.

물론 학교에 다니면 수업을 듣고 학교 안팎에 살면서 자연스럽게 친구가 생기지만 일자리를 찾을 때 도움이 되려면 학교 활동을 통해서 친구들을 사귀면 좋다. 이런 활동들은 클럽, 사회봉사단, 학우회, 동아리 등 학교 모임을 통해 할 수 있다. 캠퍼스 내에서 채용하려는 기업들은 최근 해당 학교를 졸업한 졸업생에게 채용을 맡기는 경우가 많다. 학교 경제/재무 동아리에서 활동하던 졸업반 학생 중 한 명이 몇 년 뒤 채용담당자로 학교를 찾을 수도 있다. 투자 은행에서 일하고 싶은 사람은 이런 동아리의 회장을 맡은 학생과 관계를 돈독하게 쌓아두면 두고 두고 도움을 받을 수 있다. 일자리를 소개해줄 수 있고, 대학원이나 회사에 들어갈 때 추천서를 써줄 수 있는 교수와의 관계도 마찬가지다.

새로운 길을 스스로 개척할 수 있는 성격이라면 사업가가 돼 자기가 차린 회사에서 일해도 좋을 것이다. 버핏은 얼마 동안 그의 아버지와 멘토 벤저민 그레이엄 밑에서 일을 하다가 투자관리사를 직접 차려 오랫동안 운영하고 있다. 물론 앞에서 이야기했듯, 그는 어린 시절부터 여러 가지 사업을 운영했었다. 실리콘 밸리에 있는 스탠퍼드대학교와 보스턴 근교에 있는 노스이스턴대학교 밥슨 칼리지 같은 대학들은 누구나 아는 유명 대학이기도 하지만 창업하는 학생들이 많은 학교로도 잘 알려져 있다. 이 학교들과 비슷한 명성을 자랑하는 학교들을 졸업하고 자기 사업을 시작하면 잘 알려지지 않은 학교를 졸업하고 창업할 때보다 투자를 받기가 쉽다. 회사 규모를 키우려면 외부에서 자금을 끌어와야 한다. 예를 들어 홈디포에 맞설 회사를 자기 자본만으로 세운다고 생각해보라. 그저 그런 학교를 졸업한 사업가는 스탠퍼드를 졸업한 사업가보다 자금을 모으기가 불리하다.

무작정 이메일을 보내거나 영업 사원처럼 모르는 번호로 전화를 걸어 일자리를 구하는 방법은 효율적이지 않다. 하지만 미식축구 경기에서 경기 종료를 몇 초 남겨두고 마지막으로 시도하는 롱패스처럼 가끔은 이런 방법이 먹히던 시절이 있었다. 공을 100개쯤 던지면 그중 하나는 운 좋게 점수로 이어질 수도 있다. 요약하면 일자리를 구하는 과정을 여러분이 듣는 어떤 수업보다 중요하게 생각해야 한다는 뜻이다. 지금 우리가 이야기하고 있는 직업이라는 주제는 버핏이 인생에서 가장 큰 결정 두 개 중 하나로 꼽을 정도로 중요한 결정이기 때문이다.

면접에서 중요한 건 학점이 아니다

면접을 보게 됐다면 고용주가 여러분에게 직무를 맡길 만하다고 생각했다는 뜻이므로 진중하게 받아들여야 한다. 그리고 그들의 생각이 맞는 경우가 많다. 그러니 다른 지원자의 학점이 4.0(미국은 대부분 최고 학점이 4.0이다—옮긴이)일 때 여러분은 3.5밖에 되지 않는다고 하더라도 너무 마음 쓸 필요 없다. 온종일 같이 일하는 동료가 호감이 가는 사람이길 바라는가 아니면 능력은 뛰어난데 얌체 같거나 고리타분한 사람이길 바라는가? 물론 4.0이라는 비현실적인 학점을 받고 성격도 좋은 사람들이 많다. 하지만 우리가 하고 싶은 말은 면접을 볼 때 학점 걱정은 접어두라는 것이다. 그리고 막상 일을 시작하게 되면 아무도 여러분의 성적이나, 대학 입학시험 점수를 궁금해하지 않는다. 그저 열심히 일하고, 좋은 성과를 내고, 친절하고 배려할 줄 아는 동료가 되길 바랄 뿐이다.

버핏은 함께 일하거나 고용하고 싶은 사람에 관해 이야기한 적이 있다. 그의 의견을 바탕으로 여기에서 팁 하나, 이 장의 마지막에서 또 하나를 남기려고 한다. 1986년 버크셔해서웨이 주주 서한에서 그는 다음과 같이 썼다.

"우리는 이제껏 하던 대로 우리가 좋아하는 사람들 또는 존경할 수 있는 사람들하고만 일하려고 합니다. 이 정책을 통해 우리는 좋은 결과를 얻을 기회를 최대로 늘릴 수 있으며, 언제나 즐겁게 지낼 수 있습니다. 반면 만나기만 해도 머리가 아픈 사람들과 일하겠다는 결정은 오로지 주머니를 불리기 위한 결정일 것입니다. 어떤 경우라도 좋지 않은 결정이지만 특히 여러분이 이미 부자라면 더욱더 정신 나간 짓이라고 할 수 있습니다."

BUFFETT's TIP 86

좋아하고 존경하는 사람들하고만 일하라.
좋은 결과를 얻을 기회를 최대로 늘리고
언제나 즐겁게 지낼 수 있다.

1951년 컬럼비아대학교를 졸업한 후 버핏은 자신이 존경하던 그레이엄 밑에서 일하고 싶었다. 그레이엄은 처음에 거절했지만 버핏은 끈질기게 그를 설득했다. 어떤 때는 투자 아이디어를 보내기도 했다. 결국 버핏은 그레이엄 밑에서 일하게 됐고, 그레이엄이 투자 사업에서 손을 뗄 때까지 뉴욕에 있는 그의 회사에서 일했다. 그는 그레이엄 밑에서 더할 나위 없이 즐겁게 일하며 많은 것들을 배웠다. 위의 팁도 그레이엄 밑에서 일한 경험을 바탕으로 한 말이라고 할 수 있다.

시험을 잘 치르고 싶다면 공부를 해야 한다. 마찬가지로 일자리를 얻을 가능성을 최대한으로 높이고 싶다면 준비를 꼼꼼하게 해야 한다.

그러니 면접장에 가기 전에 회사가 어떻게 현재의 위치에 오게 됐는지, 주요 상품이나 서비스는 무엇인지 알아두자. 회사에서 운영하는 웹사이트나 연차보고서, 링크드인 페이지, 위키피디아 페이지에서 필요한 정보를 찾을 수 있을 때가 많다. 회사의 CEO와 최고 경영진의 이름도 알아두자. 주식 시장에서 거래되는 회사라면 주가가 얼마인지, 주식 이름이 무엇이고 시가총액은 얼마인지, 매출, 수익률, 주요 경쟁사도 알아두면 좋다. 이런 정보들을 알아두면 면접에서 자주 등장하는 질문인 '기업에 대해 얼마나 알고 있는지, 왜 해당 기업에서 일하고 싶은지'에 대해 답하는 데 도움이 된다.

면접 질문에 관해 조금 더 이야기해보자. 만약 시험에 나올 문제를 미리 받으면 부정행위로 퇴학을 당할 수도 있다. 하지만 면접에서는 면접장에 들어가기 전에 이미 어떤 질문을 받게 될지 예상할 수 있을 때가 많다. 면접관들은 대부분 그다지 상상력이 뛰어나지 않다. 그들은 자기소개, 강점과 약점, 졸업한 대학교를 가기로 한 이유, 해당 전공을 선택한 이유 같은 평범한 질문에 여러분이 어떤 답을 하는지를 듣고 싶어 한다.

면접장에서 받게 되리라 예상되는 질문들에는 완벽한 답을 하고 싶을 것이다. 그러려면 진심이 담긴 대답을 준비해 연습하면 된다. 진실한 답이 아니라 면접관들이 듣고 싶어 할 만한 답을 준비하면 솔직하지 않은 사람처럼 보일 수 있다. 어쩌면 자신이 원하는 자리를 차지할 기회가 영영 날아가버리고 말 것이다. 예를 들어 가장 큰 약점이 무엇인지 같은 흔한 면접 질문을 받았을 때 강점을 약점처럼 답하라는 흔한 조언에 따라 '너무 열심히 일한다' 또는 '완벽주의자다'라고 답을 꾸며낸다면 면접자들은 여러분을 신뢰할 수 없게 된다. 그 대신 '계획적이지 못하다' 같은 진짜 약점을 말하고, 약점을 고치기 위해 업무 체계를 바꿔봤다는 식의 노력이나 약점을 얼마나 '개선'했는지를 함께 이야기하자.

면접에 단골로 등장하는 질문 목록을 보고 싶다면 인터넷에서 '가장 일반적인 인터뷰 질문'이라고 검색해보자. 어마어마하게 많은 정보를 찾을 수 있을 것이다. 볼트Vault.com라는 웹사이트에는 직업과 관련한 다양한 자료가 투자 은행, 컨설팅, 마케팅, 비영리 기구 등 분야별로 준비돼 있다. 월스트리트 오아시스Wall Street Oasis는 금융계 직업과 관련된 정보를 나누는 인기 있는 커뮤니티다. 글래스도어Glassdoor.com도 특정 기업에서 자주 묻는 면접 질문 목록을 공유한다. 글래스도어에 관해서는 조금 뒤에 더 자세히 이야기하자.

만약 면접을 보려고 하는 회사에서 일하고 있는 친구가 있거나 같은 학교 졸업생을 안다면 가장 솔직하고 구체적인 조언을 들을 수 있다. 링크드인을 활용해 뒷조사를 한 다음 "안녕하세요, 저는 프린스턴에 다니고 있는 패트 존스라고 하는데, 선배님이 다니는 회사에 다음 주에 면접을 보러 가게 됐습니다. 다니고 계신 회사에 관해 여쭤보고 싶은데 잠시 시간을 내주실 수 있으신가요?"라고 이메일을 보내면 도움이 된다.

면접장에 갈 때는 기업에 어울리는 복장으로 입는다. 어떤 복장이 어울리는지는 기업 문화를 조사해보거나 면접 담당자에게 물어보면 유추할 수 있다. 정장을 입어야 하는 회사가 많지만, 캐주얼한 복장이 어울리는 회사도 있다. 예를 들어 서비스 관련 직종이라면 정장이 필요하지만, 예술 계통이나 광고 계통 일자리는 융통성 있게 입어도 괜찮다. 장신구나 화장 등에도 똑같은 기준이 적용된다. 어떻게 입을지 잘 모르겠다면 격식을 차려 보수적으로 입는 편이 낫다. "첫인상은 두 번 남길 수 없다."라는 말을 기억하자. 버핏이 이 말을 한 번이라도 했다면 팁으로 남겼을 텐데, 아쉽게 됐다. 누가 처음 이 말을 했는지 의견이 모이지는 않았지만 윌 로저스, 오스카 와일드가 한 말이라고 알려져 있으며 의류회사 보태니 슈트Botany Suits의 광고 문구로도 유명하다.

기억에 남는 면접자가 되는 법

면접에 늦는다면 두말할 필요 없이 좋지 않은 첫인상을 남기게 될 것이다. 차가 꽉 막혀서 어쩔 수 없었더라도 채용에 합격할 기회는 물 건너가고 만다. 하지만 면접장에 너무 일찍 나타나도 사람들을 귀찮게 할 수 있다. 면접관이 다른 지원자의 면접에 들어가 있거나 다른 업무를 보고 있을 때 자신을 기다리는 사람이 있다면 신경이 쓰이기 마련이다. 이때 필요한 적절한 팁을 알려주겠다. 면접 한두 시간 전에 면접 장소 근처로 간다. 면접 장소 근처에 일찍 도착하면 긴장감을 줄일 수 있고 이력서나 예상 질문에 대한 답을 검토할 수 있다. 또 혹시 자동차에 문제가 생기거나 차가 막히더라도 늦지 않게 도착할 수 있다. 이런 일은 누구에게나 일어날 수 있다. 심리학자 에이미 커디Amy Cuddy는 수백만 명이 시청한 테드 강연에서 자신감을 올리려면 원더우먼의 대표 자세인 양손을 엉덩이에 올리는 자세 같은 '파워 포즈'를 취해보라고 조언했다. 최근 몇 년 동안 그녀의 연구가 신빙성을 의심받기는 했지만 그녀는 '파워 포즈'를 간단한 생활 속 꿀팁이라고 주장했다.

면접을 보기로 한 장소에 약속 시각 5분 전까지 도착하자. 약간 일찍 도착하면 건물에 도착해서 출입증을 받거나 보안 검색대를 지날 시간을 벌 수 있다. 어떤 회사들은 보안이 공항만큼 철저해서 신분증을 보여주고 사진을 찍고 엑스레이 검사대를 통과해야 하는 경우도 있다. 코로나19가 끝나고 난 세상에서는 보안 절차에 체온을 재는 과정이 포함되더라도 놀랍지 않을 것이다. 몇 분 정도는 일찍 도착해도 괜찮고, 시간을 엄수하는 사람이라는 긍정적인 평가를 받을 수도 있다.

대기 장소에서 기다리는 동안에는 데스크 직원이나 서류를 확인하는 직원들에게 깍듯하게 대하고 스마트폰은 보지 않는 것이 좋다. 면접을 보기 위해 적절하고 평온하며 자신감 있는 마음가짐을 준비하는 데 집중하고 이력서와 면접 준비물을 한 번 더 검토하면 좋다.

면접은 여러 방식으로 진행될 수 있다. 15~30분 정도 전화나 스카이프, 줌, 웹 엑스WebEx를 통해 면접을 보고 신속하게 적격자를 가려내는 회사도 있다. 영화 〈인턴십〉The Internship에서 이런 유형의 면접을 흥미롭게 그려냈으니 궁금하다면 확인해보자. 전화 면접은 필요한 정보를 손에 든 채로 면접에 참여할 수 있어서 면접자에게 좀 더 유리하다. 예를 들면 이력서와 회사에 관한 정보, 경제 현황이나 지원한 산업군에 관한 정보 등을 주방 테이블이나 방바닥에 펼쳐놓은 채 면접을 볼 수 있다. 이렇게 모든 정보를 한눈에 보고 있으면 면접관은 여러분이 천재라고 생각할 수도 있을 것이다. 전화 면접을 보면서 인터넷으로 답변을 검색하겠다고 생각하지는 말자. 무례하기도 하지만 답을 찾기까지 시간도 걸리고 수화기 너머에 있는 사람에게 자판을 치는 소리가 들릴 수도 있다. 그 아이디어는 곱게 접어두자.

적어도 코로나19 이전에는 대면 면접을 보는 경우가 많았다. 보통 1대1 면접이 많지만 '태그팀'Tag Team이라고 부르는 사람들 여럿이 함께 들어와 면접자에게 질문을 던지는 경우도 있다. 기업 입장에서는 여러 번 면접을 보는 대신 한 번에 끝낼 수 있어 이런 면접이 더 효율적일 수 있다. 긴장이 되는 것이 당연하고, 면접이 시작될 때는 특히 더 긴장이 된다. 하지만 인터뷰를 많이 하다 보면 점점 편해진다. 처음 면접관을 만나면 미소를 지으며 눈길을 마주치고, (코로나19 이전에는) 손에 약간 힘을 주며 악수한 다음, "안녕하세요. 저는 패트라고 합니다. 만나 뵙게 돼 반갑습니다. 시간을 내주셔서 감사합니다." 같은 가벼운 인사를 건네면 된다.

면접관은 날씨 이야기처럼 가벼운 이야기를 던지거나 면접장을 찾아오기가 힘들지 않았는지 등을 물을 것이다. 그리고 이력서를 훑어본 다음 마침내 "자기소개를 해주세요."라는 살 떨리는 질문으로 본격적인 면접을 시작할 것이다. 정답이 없는 이런 질문들은 답하기가 까다롭다. 면접관들이 이런 질문을 하는 이유는 주로 지원자가 직무에 적합한 배경을 가졌는지, 맡은 일을 잘 해낼 수 있을지를 판단하기 위해서다.

또 면접관들은 자격 요건을 갖췄는지 외에도 지원자가 해당 직무를 진심으로 원하는지 혹은 그 직무에 어울리는 인재인지 알고 싶어 한다.

준비를 열심히 하는 것 말고도 면접을 잘 마치기 위해 할 수 있는 일은 더 있다. 우선 진정성 있는 답으로 자신을 보여주고 기업, 직무, 면접관에 대해 진심 어린 관심을 표현하자. 면접관들은 면접이 거의 끝날 때쯤 궁금한 것이 있는지 묻는 경우가 많다. 이 질문에 딱 잘라 '없다'라고 대답하면 주의해야 한다. 준비가 부족하거나 관심이 없는 것 같은 인상을 주게 되므로 질문이 있으면 면접이 끝나가기 전에 해도 되지만, 마지막에 할 질문을 몇 가지 남겨두도록 한다. 면접을 보면서 관심이 생긴 부분이 있을 수도 있지 않은가. 정 질문할 거리가 없으면 면접관의 경력이나 여러분이 지원한 직무에서 훌륭한 성과를 거둔 사람들의 특징, 면접관이 기업의 어떤 점을 가장 좋아하는지 등을 물어도 괜찮다.

면접이 끝나면 각 면접관에게 이메일을 보내거나 메모를 남겨 감사 인사를 전한다. 여러분의 면접을 보기 위해 시간을 내줬을 뿐만 아니라 어쩌면 곧 동료가 될지도 모르는 사람들이므로 좋은 인상을 남기면 도움이 된다. 보통은 면접관들에게 명함을 받게 될 테니 이름과 이메일 주소를 완벽하게 기억하려고 애쓰지 않아도 된다. 모두에게 똑같은 내용을 복사, 붙여넣기 하지는 말자. 만약 면접관이 동료들끼리 이메일을 전달하게 된다면 창의력이 부족하고 게으른 사람으로 보일 수 있다. 각 면접관과 나눴던 대화를 바탕으로 특별한 인사를 건네면 좋다. 면접을 볼 때는 메모장을 가지고 들어갈 수 있으니 메모를 하거나 긴장될 때 잠시 들여다봐도 좋다. 너무 오래 들여다보지는 말고 계속 면접관과 눈을 맞추도록 해야 한다. 단, NBA 선수 코비 브라이언트가 화났을 때처럼 살기 어린 눈으로 노려보라는 뜻은 아니니 주의하자.

정규직 일자리에 지원할 때는 합격 통보를 받기 전까지 여러 번 면접을 거치게 된다. 며칠에 걸쳐 긴 시간 동안 면접을 보게 될 수도 있다. 대개 면접관과 점심을 함께 먹는 경우가 많다. 여기에서 직장 예절을 하나하나 알려줄 수는 없지만, 바바라 패치터Barbara Pachter의《필수 직장 예절》The Essentials of Business Etiquette처럼 좋은 책들이 많이 나와 있으니 참고하자.

점심 식사 면접을 보게 됐을 때 참고할 수 있는 조언을 빠르게 짚고 넘어가보자. 좋아하는 것을 먹어도 괜찮지만 먹는 과정이 번거로운 메뉴는 고르지 말자. 예를 들면 스파게티를 좋아한다고 해도 포크로 면을 돌돌 마는 데 시간과 노력이 들기 때문에 그다지 좋은 메뉴는 아니다. 미성년자 또는 종교 및 도덕적인 이유로 술을 먹지 않는 사람이 아니라는 가정하에 충고하자면, 식사하면서 술은 시키지 말자. 여러 사람과 테이블에 앉을 때는 어느 쪽에 있는 그릇과 커트러리를 써야 하는지 헷갈릴 수도 있다. 무지개색을 외울 때 '빨주노초파남보'라고 외운 것처럼 격식을 차린 식사에서는 빵Bread, 식사Meal, 물Water을 의미하는 'BMW'를 기억하자. 빵은 왼쪽, 본 식사가 놓이는 접시는 가운데, 물은 오른쪽에 놓인다. 포크와 나이프가 여러 개 세팅돼 있다면 첫 번째 코스가 나올 때 맨 바깥쪽 도구를 사용하고, 바깥쪽에서 안쪽 순서로 도구를 사용하면 된다.

면접에서 수수께끼 같은 문제를 내는 회사도 있다. 특히 분석과 관련된 직무에 지원한 경우라면 이런 질문을 받을 가능성이 더 크다. 보통은 상세한 계산이 필요하거나 깊이 생각해야 하는 문제들이다. 잘 알려진 예시 질문이 하나 있다. '보잉747 비행기에 골프공을 몇 개나 채울 수 있을까?' 이런 문제는 정확한 계산을 통해 답을 구할 수 있는 사람이 거의 없고, 아마 보잉에서 일하는 사람조차도 답을 모를 것이다. 창의력이 필요한 질문을 하는 이유는 답을 도출하는 과정이 궁금해서다. 그러니 정답을 모른다고 당황할 필요는 없다. 논리적으로 생각하려고 노력해야지 '모른다'라고 답하며 포기하면 안 된다. 계산할 때는 잠깐 휴대전화나 종이를 사용할 수 있다.

골프공 질문에 답을 한다고 가정하면, 우선 보잉747 비행기는 날개, 꼬리, 바퀴를 제외하고 길이가 약 76미터, 폭이 약 6미터, 높이가 약 6미터라고 답할 수 있다. 비행기와 골프공이 직육면체가 아니기는 하지만 다들 기억하는 직육면체의 부피 공식 '길이×너비×높이'를 사용해 대략적인 답을 구할 수 있다(고등학교에서 배운 원통의 부피 공식인 'π×(반지름)²×높이'를 기억해 사용할 수 있다면 정말 칭찬받을 만하다). 직육면체 부피 공식으로 비행기 부피를 계산하면 '76×6×6＝2,736세제곱미터'다.

골프공은 지름이 약 4~5센티미터 정도다. 골프공 하나를 5센티미터라고 가정하면 20개를 나열하면 1미터가 된다. 부피가 1세제곱미터인 정육면체 안에는 '20×20×20＝8,000', 즉 골프공 8,000개가 들어간다. 이제 거의 답을 다 구했다. 2,736세제곱미터 안에는 2,736×

8,000＝21,888,000', 골프공 약 2,188만 8,000개가 들어간다.

궁금한 사람들을 위해 알려주려고 인터넷 검색을 해보니 보잉747 안에는 골프공 약 2,300만 개가 들어간다고 한다. 면접에 나올 만한 흔한 질문들을 모아놓은 웹사이트들을 찾고 싶다면 인터넷에서 '창의성 면접 질문'brainteaser interview questions을 검색해보자. 구글(현 알파벳)은 이런 질문을 자주 하는 회사로 알려져 있다. 이 장의 앞에서도 이야기했듯, 예상 면접 질문들에 완벽하게 답하려고 노력하자. 창의력이 필요한 질문이나 예상할 수 없었던 질문에 완벽하게 답하지 못했어도 너무 걱정할 필요 없다. 그래도 취업에는 성공할 수 있다.

희망 연봉 말할 때의 요령

1996년에 개봉한 톰 크루즈 주연의 〈제리 맥과이어〉Jerry Maguire에서 배우 쿠바 구딩 주니어Cuba Gooding Jr.가 외쳤던 유명한 대사가 있다. 바로 "쇼 미 더 머니!"다. 이제부터는 취업에 성공해서 받게 될 돈에 관한 조언을 하려고 한다. 절대 여러분이 먼저 돈 이야기를 꺼내지 말고 기업의 채용 담당자가 먼저 꺼내게 만들자. 대기업에서는 대부분 인턴 급여와 신입 사원 급여가 어느 정도 정해져 있다. 반면 작은 기업들은 유동적으로 급여를 책정한다.

"연봉을 어느 정도 생각하고 있나요?"와 같은 질문을 받게 된다면, 여러 가지 방법으로 접근할 수 있다. 우선 앞에서 소개했던 글래스도어를 방문해 무기명으로 공유한 기업별 연봉 정보를 찾을 수 있다. 무료로 사이트에 가입하면 임금salary(고정 급여), 보너스bonus(실적을 반영해 달라지는 급여), 복지 혜택(의료보험, 생명보험, 연금보험 등)을 자세하게 알아볼 수 있다. 희망 연봉에 관한 질문으로 돌아가 답을 하자면, "글래스도어에서 읽기로는 귀사의 애널리스트 직급 평균 연봉이 6만 달러라고 하더군요. 그 정도 선에서 받을 수 있으면 좋을 것 같습니다."라고 하면 된다.

글래스도어나 다른 웹사이트에 정보가 없다면 면접관에게 해당 직급의 연봉이 대략 어느 정도 범위 안에서 책정되는지 물어보자. 보통은 5만 5,000~6만 5,000달러 같은 식으로 연봉 범위가 책정돼 있지만, 지원자에게는 범위를 알려주려고 하지 않을 때가 많다. 범위를 알려준다면 그 중간을 이야기하면 되고, 자기 능력에 자신이 있거나 더 높은 급여를 주겠다는 회사에 이미 합격한 경우에는 중간보다 높은 금액을 이야기하면 된다. 너무 높은 금액을 이야기하면 욕심이 많아 보이거나 직급과 비교해 몸값이 과하다는 생각이 들도록 만들 수 있고, 너무 적은 금액을 이야기하면 자신감이 없어 보일 수 있다. 만약 기업에 학교 동문이나 친구, 가족이 일하고 있다면 연봉이 어느 정도인지 솔직한 조언을 들을 수 있다. 우연히 여러 개의 일자리 제안을 받았다면 돈에만 집중하기보다 가장 보람을 느끼고 성장할 수 있는 직업을 선택하자. 초봉이 심하게 차이 나지 않는다면 훗날 여러모로 훨씬 더 나은 성과를 얻을 수 있을 것이다.

맡은 일 성공적으로 해내기

스포츠 선수든 사무직이든 어떤 분야에서나 성공하려면 열심히 일해야 한다. 처음부터 타고난 재능을 마음껏 발휘하면서 전문가 수준으로 업무를 수행할 수 있는 사람은 거의 없다. 열심히 일한다는 말은 무슨 뜻일까? 말콤 글래드웰은 베스트셀러가 된 그의 저서 《아웃라이어》Outliers에서 한 분야의 전문가가 되려면 적어도 1만 시간이 필요하다고 주장했다. 일주일에 40시간을 일한다면 5년을, 20시간을 일한다면 10년을 일해야 한다는 뜻이다. 버핏은 네브래스카퍼니처마트를 세우고 103세까지 성실하게 일했던 그의 동료 'B 여사', 로즈 블럼킨이 얼마나 열심히 일했는지에 대해 자주 언급했다. 우리도 제10장의 팁 61에서 로즈 블럼킨 여사를 칭송한 적이 있다.

처음 일을 시작하면 사무실에서 근무하는 시간에 어떻게 행동하느냐가 중요하다. 자신의 직업관이 드러나기 때문이다. 그래서 우리는 막 직장에 들어간 사람들에게 출퇴근 시간을 엄수하고 절대 지각하지 말라고 조언한다. 최근에는 많은 기업에서 원격근무를 하는데 이때도 마찬가지다. 출퇴근 기록은 규정대로 정확히 남겨야 한다. 사무실에 앉아 있는 시간을 중요하게 생각하는 일부 기업에서는 '내가 사무실에 있는 시간에는 당신도 사무실에 있어야 한다', '당신이 하는 일은 나를 돋보이게 만드는 것이다' 같은 말을 하는 상사들도 있다. 하지만 일반적인 기업에서는 그보다는 맡은 업무보다 더 많이 해내고 다른 사람들을 도와주는 것이 훨씬 중요하다. 열심히 일한 공을 인정받을 것이다.

좋아하는 일을 하면 열심히 하기가 쉽다. 버핏은 이 말을 약간 다르게 표현했다. "누구에게 의존하지 않아도 될 만큼 부자가 되더라도 하고 싶을 만한 일을 선택하라." 좋은 일자리를 구하기가 하늘의 별 따기인 만큼 처음 일을 시작할 때는 그의 말을 따르기가 힘들 수도 있지만, 장기적으로는 그렇게 되기 위해 노력해야 한다. 버핏은 컬럼비아대학교를 졸업한 후 아버지의 농장인 버핏 포크 회사Buffett-Falk&Co에서 처음 일을 시작했지만 결국은 자신의 회사를 차렸다. 그는 미래라는 빈 캔버스에 자신이 원하는 대로 그림을 그릴 수 있는 자유를 사랑한다. 일을 할 때면 "바닥에 등을 대고 누워 시스티나 성당 천장에 그림을 그리는 것 같은 기분이다."라고 이야기하기도 했다. 이 문단을 시작할 때 소개한 그의 말을 다음 팁으로 남겨두자.

BUFFETT's TIP 87

직업을 고를 때는 누구에게 의존하지 않아도 될 만큼
부자가 되더라도 여전히 하고 싶은 일을 선택하라.

인맥 쌓기라는 말이 여기저기에서 남용돼 크게 와닿지 않을 수도 있지만, 성공하려면 반드시 인맥이 필요하다. 사실 인맥은 사는 동안 언제든 마찬가지로 중요하다. 인맥을 통해 채용되거나 강력한 추천서를 받는 경우도 많다. 사람들은 이력서는 훌륭하지만 자기가 잘 모르는 사람보다 좋은 사람이라고 확신할 수 있는 사람을 고용하고 싶어 하기 때문이다.

계속 배우는 자세를 유지하는 것도 성공하는 데 도움이 된다. 앞에서 버핏은 하루에 여섯 시간을 투자할 만큼 읽기를 사랑한다고 이야기했었다. 읽는 것뿐만 아니라 회사에서 후원하는 대내외 교육에 참여하거나 오디오북을 듣거나 코세라, 유튜브, 더그레이트코스플러스TheGreatCoursesPlus.com에서 대학 강의를 들으며 강의에 적극적으로 참여하거나 (완전히 믿을 수 있는 자료는 아니지만) 위키피디아를 읽으며 배울 수 있다. 무엇보다 신입 사원이라면 직장 동료들과 이야기를 나누거나 일을 잘하는 사람들이 어떻게 일 처리를 하는지 관찰하면 배울 점이 많을 것이다. 버핏은 "새로운 강아지에게 오래된 재롱을 가르치기는 어렵다."라고 이야기한 적이 있다. 이 말 역시 1500년대부터 전해져 내려온 "나이 든 개에게 새로운 재롱을 가르치기는 어렵다."라는 유명한 격언을 뒤집어 인용한 말이다. 즉, 경험이 많은 동료들의 지혜를 존중하고 배우는 자세를 가져야 한다는 뜻이다.

여러분보다 회사에 먼저 들어온 동료는 여러분의 멘토가 돼줄 수 있다. 버핏은 자신의 아버지인 하워드 버핏과 교수였던 벤저민 그레이엄이 그의 경력에 어마어마한 영향을 미쳤다고 이야기했다. 제이피모간체이스의 CEO이자 버핏의 친구인 제이미 다이먼은 전 씨티그룹 회장이었던 샌디 웨일을 멘토로 삼았다. 멘토가 있으면 조언을 듣거나 본보기로 삼을 수 있고, 같은 회사에서 일한다면 승진하는 데 도움을 받을 수도 있다. 그들을 따라 더 나은 직장에 자리를 잡을 기회를 얻을 수도 있다. 큰 꿈을 품었다면 회사에서 잘나가는 누군가와 친하게 지내며 지금보다 더 성장할 기회를 붙잡을 수도 있다.

그렇다면 멘토에게 은혜를 갚기 위해 우리가 할 수 있는 무엇일까? 이 질문에 대한 답은 버핏이 어떻게 생각했는지 조금 더 살펴본 뒤 팁으로 남기려고 한다. 사람을 고용할 때 버핏은 진실하고 똑똑하고 생기 있는 사람을 뽑는다. 나이가 적건 많건 이제 막 일을 시작한 신입 사원이라도 자신의 장점을 통해 다른 동료들에게 좋은 영향을 미칠 수 있다. 어떤 멘토든 이런 성격을 가진 사람들을 지인으로 두거나 자기 밑에서 일하도록 만들고 싶어 한다. 반면 멘토의 이름에 먹칠을 하거나 멘토를 곤경에 처하게 한다면 멘토와 멘티 관계는 그 자리에서 끊어지고 말 것이다.

BUFFETT's TIP 88

진실함과 영민함, 생기 넘치는 성격은 모두가 반기는 장점이다.

긍정적인 태도로 실수를 통해 배우며 필요할 때 도움을 청할 수 있는 성격도 직업적으로 성장하는 데 도움이 된다. 성공을 결정하는 가장 중요한 요인을 딱 한 가지만 꼽을 수는 없지만, 가장 가까운 특징을 찾자면 펜실베이니아대학교의 심리학자 앤절라 더크워스가 활발하게 연구해온 '그릿'일 것이다. 2016년 출간해 베스트셀러가 된 저서《그릿》에서 더크워스는 열정과 끈기의 조합인 '그릿'이 IQ, 사회경제적 환경, 기타 변수들보다 성공하는 데 큰 영향을 미친다고 주장했다. 그릿이 있는 사람들은 실패를 딛고 올라설 수 있을 뿐만 아니라 실패를 통해 깨

달음을 얻는다. 골프선수나 다른 구기 스포츠 선수들이 타점을 맞추는 과정과 비슷하다. 그러니 상황이 잘 풀리지 않을 때는 그릿이 있는 사람이 돼보자. 성공으로 가는 길을 찾을 수 있을 것이다.

취업 후 서류 작업 팁

금융 문해력과 관련된 책을 쓰고 있는 이상, 일을 시작한 후 회사에서 받게 될 재무 관련 서류 뭉치를 작성하는 법을 짧게나마 소개해야 할 것 같다. 가장 일반적이고 유명한 양식은 은퇴 연금 그리고 미국 소득세 신고 양식인 1040이다. 이런 양식에 관한 이야기를 지루해하는 사람이 많을 테지만, 부를 축적하려면 반드시 알아야 하는 내용이므로 간단하게나마 알아두고 넘어가야 한다. 이 장에서 소개하는 세금 보고 양식은 미국 국세청 웹사이트(IRS.gov)에서 찾을 수 있다.

1040 양식:
개인 소득세 신고서 그리고 '버핏룰'

1040 양식은 미국에서 (코로나19로 기간이 연장되기 전에는) 세금 보고 기한인 매년 4월 15일 즈음 할 일을 산더미처럼 던져주기로 악명 높은 양식이다. 쉽게 말하면 사람들이 '세금 보고를 한다'라고 이야기할 때

이 양식을 작성한다는 뜻이다. 버핏은 오랫동안 자신과 투자 파트너의 세금 보고를 직접 했다. 간단한 경우에는 터보택스TurboTax 같은 소프트웨어를 사용해서 세금환급신청을 스스로 할 수 있다. 신고하기가 까다로운 경우에는 세금을 보고해줄 세무 대리인을 구하는 게 속 편하다. 이들은 계속해서 변하는 다양한 절세 방법을 알고 있어서 세금을 줄여줄 수도 있다. 세무 대리인은 작은 사무실을 운영하는 개인일 수도 있고 에이치앤드알 블락H&R Block이나 잭슨 휴이트Jacson Hewitt 같은 전국 체인일 수도 있다. 어떤 경우든 허위 보고를 하면 처벌을 받으므로 양식에 직접 서명하고 신고서가 맞게 작성됐는지 검토해야 한다. 유명한 갱단 두목인 알 카포네는 살인을 비롯한 각종 범죄에 대한 처벌을 받지 않고 요리조리 피했지만 결국 세금을 속여 감옥에 가게 됐다.

은퇴 연금

은퇴 연금은 장기적인 부를 쌓는 가장 좋은 수단이다. 은퇴 연금으로 모으는 자금에 대해서는 세금을 내지 않는다. 어떤 기업에서는 매칭(피고용인이 납부한 수준에 대해 일정한 비율로 고용주가 추가로 보험료를 적립해주는 제도—옮긴이)을 해주기도 한다. 공짜로 받을 수 있는 돈을 거절하지 말라는 이야기를 팁으로까지 남길 필요는 없을 것 같다. 그러므로 고용주가 매칭을 해준다면 매칭을 받을 수 있는 최소한의 금액만큼은 자금을 넣어두도록 한다. 은퇴 연금은 401(k), 403(b), 개인 은퇴 연금 계좌Individual Retirement Accounts(이하 IRA), 로스 개인 은퇴 연금Roth IRA, 종업원퇴직연금제도Simplified Employee Pension(이하 SEP-IRA) 그리고 퇴직 연금pension plan이라고도 불린다. 보통 은퇴 연금 계좌에 넣은 돈은 59.5세가 되기 전에는 꺼내 쓰지 못하게 돼 있다. 만약 쓰게 됐다면 사용한 금액의 10퍼센트를 벌금으로 내야 한다. 의료비가 필요할 때처럼 피치 못할 사정이 있을 때는 예외로 인정해준다.

크게 보면 은퇴 연금은 확정급여연금과 확정기여연금으로 나뉜다. 확정급여연금은 보통 퇴직 연금이라고 부른다. 이 유형은 퇴직 후 사망할 때까지 매달 고정된 금액을 받는다. 예를 들면 퇴직하기 전 마지막 3년 동안 받던 평균 연봉의 60퍼센트를 퇴직 후 받는 식이다. 일반적으로 해당 회사에서 오래 일했을수록 비율이 높아진다. 또 한 회사에서 2년을 일하고 다른 회사로 이직하는 경우 퇴직 전 3년 평균 연봉의 60퍼센트를 채 받지 못한다. 퇴직 연금은 정부 기관에서 일하는 사람들이나 교사, 경찰 공무원 등에게 적용된다.

요즘은 버크셔해서웨이에 수십 년간 몸담은 버핏처럼 한 회사에서 몇십 년씩 일하는 사람이 거의 없다. 이런 사람들에게는 확정기여연금이 더 합리적이다. 이 경우 고용주가 급여의 일정한 비율(예를 들면 5퍼센트)만큼을 매년 피고용인의 연금 펀드에 매칭해주는 경우가 많다. 연금 펀드는 뮤추얼펀드와 비슷하다고 생각하면 된다. 다른 회사로 이직하더라도 계좌에 있는 돈은 여러분 몫이다. 가장 유명한 확정기여연금은 401(k)로 세법 조항에서 따온 이름이다. 비영리 기구에서 제공하는 401(k)와 유사한 확정기여연금은 403(b)라고 부른다. 50세 미만이라면 현재 연 최고 납입액이 1만 9,500달러이고 금액은 인플레이션을 반영해 매년 증가한다. 50세 이상이라면 6,500달러를 추가로 넣을 수 있는데 이를 '캐치업'(따라잡는) 불입이라고 부른다.

자영업자 또는 소규모 사업장에서 일하는 사람들은 개인 은퇴 연금 계좌를 은퇴 후 주 소득원으로 활용하는 경우가 많다. IRA는 401(k), 403(b), 확정급여연금보다 고용인의 서류 처리 업무 부담이 덜하다. 이전 고용주 아래서 운영하던 401(k) 또는 403(b) 계좌를 다른 은퇴 연금 계좌로 옮길 때도 흔히 사용된다.

IRA 계좌에 자금을 넣으면 과세소득을 줄일 수 있다. 로스 IRA는 1997년에 처음 소개됐다. 지금까지 소개한 은퇴 연금 계좌들은 우선 세금을 공제받은 자금을 넣고, 퇴직 후 돈을 찾을 때 세금을 내는 방식이었다. 로스 IRA는 반대다. 이미 세금을 낸 돈을 계좌에 넣고 돈을 꺼내 쓸 때는 세금을 내지 않는다. 세금이 공제되는 장점을 누릴 수 없더라도 상관없다면 괜찮은 방법이 될 수 있다. 로스 IRA 계좌를 활용하려면 일정 소득을 초과하면 안 된다. 지금은 10만 달러보다 조금 많은 수준이다. 로스 IRA의 최대 납부 한도는 50세 미만은 6,000천 달러, 50세 이상일 경우 7,000달러로 다른 계좌보다 한도가 낮은 편이다.

SEP-IRA 계좌는 소규모 사업장에서 많이 사용된다. 다른 확정급여연금보다 처리할 서류가 간결하다. 또 모두에게 똑같은 최대 납부 한도가 적용되는 것이 아니라 사업장의 수익성에 따라 달라진다. 이 계좌에 넣을 수 있는 돈은 보통 급여의 25퍼센트 정도로 1년 동안 최대로 넣을 수 있는 금액은 5만 7,000달러다.

401(k) 또는 IRA로 백만장자 되기

401(k) 계좌를 통해 백만장자가 된 사람이 수백만 명에 달한다. 듣기만 해도 설레는 100만 달러라는 금액을 손에 쥐려면 토끼와 거북이 동화에서처럼 인내심이 필요하다. 일반적으로 저축을 일찍 시작할수록 투자 수익이 높아지고, 더 많은 돈을 가지고 은퇴할 수 있다. 앞에서 이야기했던 은퇴 연금 계좌들을 사용하면 세금을 내지 않은 상태로 돈을 불릴 수 있다. 그러니까 59.5세 전에 피치 못할 사정 때문에 돈을 꺼내 쓰지 않았다는 전제하에, 은퇴 후 돈을 꺼내 쓰기 전까지는 계좌를 어떻게 운용하든 세금을 내지 않는다는 이야기다. 단, 로스 IRA는 예외다. 이 계좌를 활용하면 세금을 낸 돈을 계좌에 넣고 은퇴 후 돈을 쓸 때는 세금을 내지 않는다. 버핏처럼 개별 주식을 고르는 것을 좋아하는 사람에게 세금을 유예할 수 있다는 것은 중요한 장점이다. 일반 증권회사 계좌로 주식을 거래하는 경우에는 자본소득에 대한 세금을 내야 하기 때문이다.

여러분이 하루라도 빨리 은퇴 이후의 삶을 위한 저축을 시작하길 바라지만(팁 1) 일반적으로 대학원을 졸업하는 나이인 25세부터 본격적으로 저축을 시작한다고 가정해보겠다. 한 달에 250달러씩, 또는 1년에 3,000달러씩 저축한다면 65세에 100만 달러를 가지고 은퇴하기 위해 필요한 수익률은 8퍼센트다. 야망을 키워 1,000만 달러를 목표로 하고 싶다면 앞의 숫자들에 10을 곱해보자. 같은 기간 동안 한 달에 2,500달러씩 저금하면 된다. 젊은 사람들에게는 부담스러운 금액이지만 점점 경력을 쌓아가다 보면 불가능한 액수도 아니다. 특히 이 책에서 소개한 조언을 잘 따른다면 말이다.

여기까지 오면서 투자에 관한 버핏의 지혜를 꽤 소개했지만, 은퇴 연금에 투자할 때 생각해볼 만한 이야기가 하나 더 있다. 이름에서도 느껴지듯, 은퇴 연금에 투자하려면 멀리 내다봐야 한다. 버핏이 사업을 막 시작했을 무렵에는 컴퓨터에 정보를 입력하거나 출력하려면 '펀치 카드'라고 부르는 가로 18센티미터, 세로 7센티미터짜리 두꺼운 종이를 사용했다. 펀치 카드는 나중에 플로피디스크로, CD로 진화했고, 현재는 저장장치로 USB를 사용하거나 아무 장치 없이도 정보를 저장할 수 있게 됐다. 옛날이야기는 이쯤 해두고 버핏이 어떤 조언을 했는지 살펴보자. 팁으로도 정리할 이 규칙을 '20 슬롯 규칙'이라고도 부르기도 한다.

"나는 경영대학원에 다니는 학생들에게 구멍 스무 개를 뚫을 수 있는 펀치 카드를 가지고 졸업하라고 이야기합니다. 그리고 수익이 확실하다고 생각하는 투자를 결정할 때마다 구멍을 한 개씩 뚫으라고 합니다. 평생 훌륭한 투자 아이디어를 스무 개나 생각하지는 못할 테니까요. 다섯 개나 세 개쯤, 아니면 일곱 개쯤 떠올릴 수 있을 테고, 훌륭한 아이디어 다섯 개, 세 개, 일곱 개로도 부자가 될 수 있습니다. 하지만 훌륭한 아이디어를 매일 하나씩 떠올리려고 한다면 부자가 될 수 없을 것입니다."

평생 딱 스무 번만 투자할 곳을 결정할 수 있는 것처럼
투자하라.

"나를 사랑해줬으면 하는 사람에게 사랑받는다면
성공했다고 말할 수 있다."

_워런 버핏, 《포천》(2013)

제15장

버핏이 오마하의 현인으로 불리는 진짜 이유

누군가의 말이 진심인지 어떻게 알 수 있을까? 말을 행동으로 옮기면서 어떠한 대가도 바라지 않는다면 그의 말은 진심이라 믿을 수 있다. 순자산의 99퍼센트 이상을 자선활동philanthropy에 기부하겠다고 약속한 버핏은 진심으로 말하는 사람이다. 자선philanthropy이라는 단어와 기부charity라는 단어가 같은 뜻으로 사용되기도 하지만 둘 사이에는 미묘한 차이가 있다. 이 장에서는 차이점에 크게 신경 쓰지 않고 두 단어를 모두 사용하려고 한다. 기부활동은 단발적인 이유로 전해지는 선물 등을 말하며, 허리케인 피해 구호 활동처럼 긴급한 상황을 바탕으로 할 때가 많다. 반면 자선활동은 장기적인 해결책을 찾고 적극적으로 참여하는 데 중점을 둔다. 뜻이 어떻든, 둘 다 존경받을 만한 행동이다.

자선활동에 참여하는 것은 고귀한 행동 이상이다. 본인의 행복에도 긍정적인 역할을 해 모두가 윈윈win-win할 수 있다. 오래된 중국 속담에 이런 말이 있다. "한 시간짜리 행복을 원한다면 낮잠을 자라. 하루짜리 행복을 원한다면 낚시를 하라. 1년짜리 행복을 원한다면 유산을 물려

받으라. 평생 갈 행복을 원한다면 누군가를 도우라."

전설적인 복싱 선수 무하마드 알리는 자선활동을 조금 다르게 생각했고 다음과 같이 말했다. "다른 사람을 위해 봉사하는 것은 세상이라는 집에 살기 위해 내는 집세다."

다른 사람들을 도우면 흥미롭고 사려 깊은 성격을 가진 사람으로 성장할 수 있다. 봉사활동은 세계 최고의 대학에 들어갈 때도 입학 원서에 반드시 들어가야 할 활동 중 하나이기도 하다. 이런 학교들은 지원자 수천 명 가운데 합격자를 가리는데, 보통 자신의 이익 그 이상을 생각하는 지원자들을 뽑고 싶어 한다. 운동선수들이 자주 외치는 "팀 앞에서 '나'는 없다."라는 구호가 떠오른다.

버핏의 통 큰 선물 그리고 더기빙플레지

자신의 재산 대부분을 기부하겠다는 버핏의 결정은 그의 자산이 자그마치 800억 달러에 달한다는 점을 제외하고도 여러 면에서 인상적이다. 그는 자산의 상당액을 빌 게이츠와 그의 아내 멀린다 게이츠가 운영하는 재단에 기부하고 있다. 그는 두 부부가 빌앤드멀린다게이츠 재단을 통해 훌륭한 일을 해왔으며 전 세계에 변화를 만들어낼 수 있는 인프라를 탄탄하게 구축했다고 생각한다. 그가 지금까지 재단에 기부한 금액은 약 350억 달러에 달한다. 앞에서 버핏이 빌 게이츠와 함께 더기빙플레지를 세우고 20개국 이상의 억만장자 약 200명에게 평생 또는 사후에 자산의 반 이상을 기부하도록 설득했다는 이야기를 한 적이 있다. 왜 모든 억만장자가 더기빙플레지 서약에 참여하지 않는지 궁금할 것이다. 삶의 우선순위가 다를 수도 있고, 끊임없이 돈을 요구하는 이들 때문에 공개적으로 기부하고 싶지 않을 수도 있다. 심지어 버핏에게 돈이 없다고 말한 억만장자도 있었다고 한다. 이런 사람들을 두고 버핏은 "반쪽짜리 억만장자로 사는 방법에 관한 책을 써야 한다."며 우스갯소리를 하기도 했다.

우리는 버핏이 탐욕이 아닌 자기 일, 즉 투자에 대한 애정을 바탕으로 행동하는 박애주의적인 사람이라고 자신 있게 말할 수 있다. 이 장에서는 자선활동, 윤리의식 그리고 다른 이에게 받은 만큼 또 다른 이에게 베푸는 선행paying it forward에 대해 이야기하려고 한다. 이 개념들은 모두 윤리의식과 얽혀 있다.

먼 옛날부터 철학자와 종교학자들은 윤리적 행동의 기준을 다양하게 제시하고 기록해왔다. 그중 어떤 것이 가장 옳다고 결론지을 수 있는 객관적인 측정 방법은 없다. 예를 들면 의사들은 의료 행위를 할 때 지켜야 할 윤리 강령으로 기원전 4~5세부터 전해지는 히포크라테스 선서를 따르겠다고 서약한다. '무엇보다, 해를 입히지 말라'는 히포크라테스 선서에 등장하는 가장 유명한 구절 중 하나일 것이다. 요약하면 윤리란 '옳은 일을 하는 것'이라고 정리할 수 있다. 여러분이 생각하는 가장 나은 모습의 자신과 '옳은 것'에 대한 정의와 기준을 윤리라 할 수 있을 것이다.

윤리적인 사람들은 선행을 하기 위해 자선활동이나 기부활동에 참여하는 경우가 많다. 성공적인 사람 중에 가족, 친구, 동료, 멘토, 선생님 등 다른 사람의 도움 없이 그 자리에 오른 사람은 거의 없다. 벤저민 그레이엄은 자신이 매일 "엉뚱한 짓과 창의적인 행동을 하고 너그러움을 베풀기를 바란다."라고 이야기한 적이 있다. 그의 말 중에서 '너그러움을 베푸는' 부분이 바로 선행이라 할 수 있다.

역사상 가장 훌륭한 과학자이자 수학자였던 아이작 뉴턴은 이렇게 말했다. "다른 사람들보다 내가 멀리 볼 수 있었던 것은 거인의 어깨 위에 올라 서 있었기 때문이다." 뉴턴의 독창적인 아이디어는 아무것도 없는 상태에서 갑자기 떠오른 것이 아니며, 그의 머리 위로 떨어져 중력이라는 개념을 떠올리게 해준 사과 덕분도 아니다. 그는 이전에 어딘가에서 기본적인 개념을 배웠을 것이고, 그 덕분에 이론을 세울 수 있었다.

노블레스 오블리주noblesse oblige는 귀족(또는 현대식으로 의역해서 재력이나 권력을 가진 이들)에게 자기보다 덜 가진 사람들을 도울 의무가 있다는 뜻의 프랑스어 표현이다. 이 말이 너무 어렵다면 스파이더맨의 삼촌인 벤이 했던 "위대한 힘에는 막중한 책임이 따른다."라는 유명한 대사를 떠올려보자.

친절하고 너그럽고 윤리적인 행동에 관한 오래된 표현을 빌려 버핏이 했던 말이 있는데, 그 말을 소개하며 이 장을 시작하려고 한다. '황금률'Golden Rule이라고 부르는 행동 기준은 전 세계 여러 종교에서 추구하는 철학을 뒷받침한다. 보통 '대접받고자 하는 대로 남을 대접하라' 정도로 표현된다. 버크셔해서웨이의 1983년 주주 서한에서 버핏은 황금률을 재정적인 관점에서 해석해 다음과 같이 말했다. "우리는 주식 시장에서 우리 돈을 다룰 때처럼 여러분의 자산을 투자할 것입니다. 주식을 직접 매수해 포트폴리오를 구성할 때처럼 분산을 통해 얻을 수 있는 가치를 꼼꼼하게 분석할 것입니다." 이 말을 짧게 줄여 제15장의 첫 번째 팁으로 기억해두자.

BUFFETT's TIP 90

자신의 돈을 관리하듯 다른 사람의 돈을 관리하라.

이 팁을 따르려면 자신이 직접 엮이면 된다. 다른 사람에게 투자 상품이나 어떤 제품을 추천할 때, 일이 잘못되면 여러분도 곤경에 처한다는 마음으로 자신의 돈도 해당 상품에 기꺼이 투자할 수 있어야 한다. 누군가에게 자선활동이나 기부활동에 참여하라고 이야기할 때는 여러분도 함께 참여할 준비가 돼 있어야 한다.

버핏은 돈과 관련된 것이 아니라도 황금률을 적용하곤 한다. 넷젯NetJet은 버크셔해서웨이가 소유한 회사로 항공기 분할 소유권fractional jet ownership 사업을 한다. 항공기 분할 소유권이 무엇일까? 알다시피, 항공기는 매우 비싸다. 1,000만 달러에서 1억 달러 이상을 호가하기도 한다. 돈이 어마어마하게 많은 사람은 자신의 보잉747을 맞춤으로 개조하기도 한다. 그렇게 하면 항공기 가격에 수백만 달러를 더 얹어줘야 한다. 항공기 분할 소유권은 뮤추얼펀드의 항공기 버전이라고 보면 된다. 분할 소유권을 가진 사람은 단체로 소유하고 있는 항공기를 이용해 비행할 수 있다. 비용은 시간당 수천 달러다. 비행기를 이용해 돌아다 닐 일이 많은 버핏은 유일한 사치 중 하나로 전용기를 가지고 있다. 하지만 넷젯을 통해 비행할 때 그는 다른 사람과 똑같은 대접을 받는다. 2009년 버크셔해서웨이 주주 서한에서 그는 이렇게 적었다. "분할 소유권을 가진 사람으로서 넷젯을 이용할 때 우리는 다른 주주들과 똑같은 대접을 받고, 다른 주주들과 똑같은 돈을 냅니다. 요약하면 제가 만든 음식을 제가 직접 먹는 셈이지요. 항공업에서 이보다 나은 증명서가 있을까요."

자선활동, 기부활동에 참여하기

자선활동과 기부활동에 참여할 방법은 여러 가지다. 가장 쉬운 방법은 여러분이 중요하다고 생각하는 대의를 찾아 지지하는 것이다. 여러분이나 여러분의 가족, 친구가 당뇨병, 암, 심장병, 알츠하이머 같은 질병으로 고생을 했다면 이와 관련 활동을 찾아볼 수 있다. 코로나19로 전 세계가 고통받는 동안 의료진부터 기부 콘서트를 여는 예술가까지 다양한 방식으로 봉사하는 사람들이 많았다. 물론 무료 급식소, 노숙자 쉼터, 병원, 요양원 같은 장소에서도 학생들의 사회봉사를 비롯한 자선활동이 수없이 진행됐다. 종교시설에서도 자선활동이나 기부활동에 적극적으로 참여하고 있으니 내킨다면 종교시설을 통해 참여해도 좋겠다. 스포츠를 좋아한다면 지적·정신적 장애가 있는 아동과 성인을 중심으로 열리는 장애인 올림픽에 자원봉사자로 참가하면 좋을 것이다.

유니세프United Nations Children's Fund, UNICEF를 통해 자선활동에 참여하는 청년들도 많다. 유니세프에서는 전 세계 150개국 이상에서 도움이 필요한 이들에게 음식과 의료서비스를 제공한다. 미국에서는 핼러윈(10월 31일) 즈음 유니세프의 상징인 주황색 박스에 동전을 모으는 행사도 열린다.

'백지장도 맞들면 낫다'라는 속담을 들어본 적이 있을 것이다. 어디에 참여할지 모르겠다면 규모가 큰 자선단체에서 어떤 활동을 진행하고 있는지 살펴보는 것도 좋은 방법이다. 《포브스》에서 최근에 밝힌 미국 내 가장 규모가 큰 자선단체는 아래와 같다.

1. 유나이티드 웨이 월드와이드United Way Worldwide: 저소득층, 교육, 건강
2. 피딩 아메리카Feeding America: 무료 급식
3. 아메리카 파운데이션America Foundation: 재난 구호 및 세계 보건
4. 태스크포스 포 글로벌 헬스The Taskforce for Global Health: 세계 보건
5. 구세군The Salvation Army: 빈곤층 및 결식아동의 육체적·정신적 결핍을 충족하기 위한 도움
6. 세인트 쥬드 칠드런스 리서치 병원St. Jude's Children's Research Hospital: 아동 불치병
7. 다이렉트 릴리프Direct Relief: 의료, 빈곤 구제, 재난 구호

8. 국제 해비타트Habitat for Humanity International: 빈곤층 주거 공간 확보

9. 보이스 앤드 걸스 클럽 포 아메리카Boys and Girls Clubs of America: 청소년 방과 후 활동

10. YMCA The YMCA: 청소년 방과 후 활동, 건강, 사회적 책임

자선단체나 기부단체에 시간과 에너지를 쏟을 수 있다면 가장 큰 보탬이 되겠지만, 그럴 수 없다면 작은 액수나마 금전적인 도움을 실천해보자. 수백만 명의 온정이 모이면 장기적으로 큰 도움이 될 수 있다. 버핏은 더기빙플레지와 게이츠 재단의 활동에 적극적으로 참여하는 것 외에도 자신의 세 자녀인 하워드, 수잔, 피터가 운영하는 자선단체에도 수십억 달러를 기부했다.

버핏은 샌프란시스코를 기반으로 십 년이 넘게 노숙자를 지원해온 자선단체인 글라이드파운데이션도 적극적으로 지지하고 있다. 매년 글라이드파운데이션은 버핏과 스테이크 하우스에서 점심 식사를 함께 할 수 있는 기회를 걸고 경매를 연다. 사람들이 그와 점심을 먹기 위해 얼마를 제시할까? 수천 달러? 수백만 달러? 2019년 암호화폐 시장의 개척자인 저스틴 선Justin Sun이 457만 달러에 낙찰을 받아 입찰가 신기록을 세웠다. 비트코인은 '쥐약을 탄 쥐약'이나 마찬가지라고 언급할 정도로 암호화폐를 좋아하지 않는 버핏과 암호화폐 개척자의 만남이라니, 매우 흥미로운 대화가 오갔을 것 같다.

저스틴 선이 깨기 전 기록은 2012년과 2016년의 낙찰 가격인 345만 6,789달러다. 금액을 살펴보면 3, 4, 5 ⋯ 9까지 연속되는 숫자로 이

루어진 가격으로 입찰을 한 것이다. 점심 식사권을 산 사람이 버핏만큼
이나 숫자도 좋아했던 모양이다. 이 장의 마지막에 매년 낙찰 가격이
얼마였는지 정리한 표가 실려 있다. 2000년에 '단돈' 2만 5,000달러였
던 낙찰가는 몇 년 만에 몇십만, 몇백만 달러로 불어났다.

글라이드파운데이션의 운영자와 자원봉사자들의 업적을 두고 버
핏은 이렇게 말했다. "글라이드파운데이션은 인생에서 바닥을 친 사람
들에게 다가가 그들이 다시 일어설 수 있도록 돕습니다. 수십 년간 같
은 일을 꾸준히 해왔지요. 이 단체가 자금을 모으는 데 보탬이 될 수 있
다면 나는 즐거운 마음으로 임할 것입니다."

비영리 기업의 실적 평가하기

자선단체가 일을 잘하고 있는지 어떻게 알 수 있을까? 버핏의 명언
을 바탕으로 이 문제에 대한 답을 공유하려고 한다. 자선단체 대부분은
비영리 기관이지만 그렇다고 해서 자선단체에서 일하는 사람들이 공
짜로 일한다는 뜻은 아니다. 놀랍게도 수입이 100만 달러가 넘는 자선
단체의 수장도 있다.

자선단체는 미국 세법 중 501(c)(3)이라는 조항을 적용받는 기관이
다. 501(c)(3) 기관에 관해 알아둘 점이 몇 가지 있다. 우선 이런 기관에
하는 기부는 세금 공제가 가능하다. 기관에서 기부를 쉽게 받을 수 있
게 되므로 세금 공제는 매우 중요한 혜택이다. 두 번째로 이런 기관은

기록하고 보고해야 할 내용이 많다. 자선단체에서 서류 관리를 제대로 하지 않다가 적발되면 운영을 더 이상 하지 못할 수도 있다. 이들의 보고서를 통해 해당 기관이 기부받은 자금을 얼마나 효율적으로 운영해 왔는지 어느 정도 평가할 수 있다. 기부받은 돈의 거의 전부를 자신들의 대의에 사용하는 단체에 돈을 건네야 할까, 아니면 직원들끼리 나눠 가지기 급급한 단체에 돈을 건네야 할까? 여러분의 지성을 무시하는 꼴이 될 테니 굳이 답은 하지 않아도 될 것 같다.

영향력이 있으면서 운영도 효율적으로 해온 실명퇴치재단Foundaton Fighting Blindness이라는 재단을 예시로 들어보자. 실명퇴치재단은 망막 퇴행성 질환의 예방과 시술, 치료법 연구를 추진하는 단체다. 1971년 설립된 이후 7억 5,000만 달러를 모았으며 모금액 대부분을 질병을 연구하고 실명으로 어려움을 겪는 사람들에게 정보를 공유하는 데 사용했다. 스파크테라퓨틱Spark Therapeutics에서 유전자치료를 통해 시각 장애가 있는 환자들의 시력 회복을 돕는 처방약인 럭스터나LUXTURNA™를 개발할 수 있도록 자금을 지원하기도 했다.

최근 재정보고서에 따르면 연간 총 매출은 총 7,230만 달러로 대부분 기부를 통해 발생한 수입이다. 그중 270만 달러만 행정 비용으로 사용돼 '간접비' 비율이 3.7퍼센트밖에 안 된다. 이제까지 실명퇴치재단에서 기부받은 돈은 윗선의 배를 불리는 대신 거의 연구에 쓰이거나 대의를 뒷받침하는 행사를 후원하는 데 사용됐다. 501(c)(3) 기관은 공공을 위한 목적으로 운영되기 때문에 이들이 세금을 얼마나 보고했는지를 인터넷에서 찾아볼 수 있다. 기브Give.org나 가이드스타Guidestar.org

처럼 자선단체 수천 개의 재정보고서 결과를 요약해 공유하는 웹사이트들도 있다. 여러분의 시간과 돈을 기부하기 전에 이런 사이트를 한번 검토해보면 좋을 것이다.

이제 다시 버핏의 지혜에 귀 기울여보자. 그가 기업의 실적을 검토하는 것이 얼마나 중요한지에 대해 남긴 좋은 조언이 하나 있다. 그는 버크셔해서웨이 연차보고서를 통해 자신이 어떤 원칙으로 기업을 운영하고 있는지 꾸준히 이야기해왔다. 그중 1983년 주주 서한에서는 "실적을 바탕으로 경영진의 의도가 고귀한지 주기적으로 검토해야 한다."는 원칙이 언급됐다. 이 말은 영리 기업에서 얼마나 성실하게 수익을 재투자하는지 확인하라는 뜻이다. 버핏은 기업에서 1달러를 재투자하기 위해 보유하기로 하면 기업의 시장가치가 최소 1달러 이상 상승하는 모습을 주주들에게 보여줄 수 있어야 한다고 생각한다. 하지만 성과를 확인하라는 그의 말은 영리 기업뿐만 아니라 비영리 기구에도 적용될 수 있는 말이고, 우리는 그의 말을 팁으로 남기려고 한다.

BUFFETT's TIP 91

실적을 바탕으로 경영진의 의도가 고귀한지
주기적으로 검토해야 한다.

또한, 버핏은 성과를 평가하는 방법에 대해서도 조언했다. 성과를 측정하는 방법은 미리 지정돼 있어야 한다. 1달러를 유보하면 1달러 이상을 벌어야 한다는 말처럼 수치로 측정할 수 있어야 하며 객관적이

어야 한다. 1988년 주주 서한에서 그는 다음과 같이 썼다. "경영 성과라는 화살을 쏘고 화살이 떨어진 곳 주변으로 허둥지둥 과녁을 그리는 기업들이 너무 많습니다." 그의 말을 정리해 팁으로 기억하자.

BUFFETT's TIP 92

객관적이고 숫자로 측정할 수 있는 성과 지표를 미리 준비하라.

미리 목표를 세우고 나중에 성과를 평가하는 경우는 인생 전반에서 많이 찾을 수 있다. 예를 들어 아직 학생이라면 목표 GPA 점수를 달성하기 위해 공부할 수도 있고, 매년 수입에서 저축할 비율을 정해 돈을 모을 수도 있고, 특정 기간 동안 거둘 투자 수익률을 정하거나 자신의 연령대에 맞게 목표 순자산액을 정하고 이를 달성하기 위해 노력할 수도 있다.

로드킬 당하지만 않는다면 시장 경제는 좋은 것이다

전 세계 국가 대부분에서 채택하고 있는 시장 기반의 경제 체제는 막대한 부를 창출하고, 놀라운 기술을 발전시키고, 빈곤에 시달리던 수백만 명을 구제했다. 하지만 완벽하지는 않다. 미국의 대도시를 비롯해 전 세계의 어느 주요 도시에서나 세상으로부터 소외된 노숙자들을 볼 수 있다. 세계적으로 수백, 또는 수천만 명이 몸을 누일 곳 없이 제대로 먹지도 못하며 의료나 교육 서비스는 꿈도 꾸지 못한 채 살고 있다.

시장 경제 시스템은 생물학 교과서에 빠지지 않고 등장하는 찰스 다윈의 적자생존 법칙과 닮았다. 다윈은 자신의 환경에 적응하지 못한 생명체는 사라지고 만다고 주장했다. 가장 영리하고 강하고 적응을 잘하는 '적자'는 계속 살아남을 수 있다. 유기체는 아니지만, 경제도 활발하게 움직이며 시간이 흐르는 동안 뚜렷한 변화도 보인다. 약 100년 전에는 자동차나 비행기가 없었다. 불과 몇십 년 전까지 컴퓨터, 인터넷, 휴대전화는 존재하지 않았다. 여러분이 태어났을 때까지만 해도 구글, 아마존, 페이스북, 우버는 존재하지 않았다. 이런 발명품들과 기업들은 사람들이 생활하고 일하는 방식을 180도 바꿔놓았다.

앞에서 오스트리아 출신의 하버드 경제학자인 조지프 슘페터가 새로운 기업이나 산업이 '탄생'하면서 다른 기업들이 '파괴'되는 현상을 설명하기 위해 '창조적 파괴'라는 용어를 만들었다고 설명했다. 지금 우리가 스마트폰과 앱이 없는 삶을 생각할 수 없듯, 경제가 발전하면 사회 전체적으로는 이득을 보지만 특정 산업에 몸담은 사람들은 부정적이거나 치명적인 영향을 받기도 한다.

쉽게 공감할 수 있도록 음악을 예로 들어보자. 토머스 에디슨이 발명했다고 알려진 축음기는 쉽게 말해 레코드를 재생하는 기계다. 레코드는 작은 피자 크기 정도로 꽤 부피를 많이 차지해 가지고 다니기가 쉽지 않고, 특히 자동차에서는 레코드를 틀기가 힘들다. 1960년대 중반 사람들은 8트랙 오디오 테이프에 음악을 저장하기 시작했다. 8트랙 오디오 테이프는 작은 샌드위치 정도 크기여서 레코드보다 가지고 다니기가 쉬웠다. 음악을 들으며 드라이브하기에도 완벽한 사이즈였다. 1970년대, 1980년대에는 카세트테이프가 등장해 8트랙 오디오 테이프의 자리를 빼앗았다. 카세트테이프는 작은 휴대전화 정도 크기로 8트랙 오디오 테이프보다도 작았다.

1980년대 후반부터 1990년대 들어 사람들은 음악을 들을 때 카세트테이프 대신 CD를 사용하기 시작했다. CD는 카세트보다 가로 세로의 크기는 더 컸지만, 음질이 좋았고 더 오래 사용할 수 있었다. 1990년대 중반 인터넷이 유행하기 시작하면서 사람들은 대부분 디지털 음악 파일을 사용해 음악을 소장하기 시작했다. 애플의 공동 창립자인 스티브 잡스는 '주머니 속에 음악 천 개를 가지고 다녀라'는 메시지와 함께 아이팟이라는 음악 재생기를 효과적으로 마케팅했다. 누구라도 혹할 만한 마케팅이다.

여러분이 만약 레코드, 8트랙 오디오 테이프, 카세트테이프, CD를 만드는 회사에서 일했다면 아마 일자리를 잃고 말았을 것이다. 마차용 채찍을 만드는 회사에서 타자기를 만드는 회사까지 다른 산업에서도 똑같은 일이 일어났다. 기술이 발전하는 것은 막을 수도 없고 막아서도 안 된다. 1800년대 초반 영국에서는 러다이트_{Luddite}라고 알려진 노동자 무리가 일자리를 잃지 않기 위해 기계들을 파괴하려고 했던 적이 있었다. 결과는 불 보듯 뻔했고, 러다이트는 전쟁에서 패배했다.

이런 이야기들이 버핏과 무슨 관련이 있는지 궁금한가? 명심하자,

버핏은 자신이 '카드를 들고 다니는 **자본주의자**capitalist'라고 말한다. 자본주의 경제 체제에서는 개인이 자산과 사업을 소유한다. 버핏처럼 개인이 엄청난 부를 쌓기도 한다. 하지만 버핏은 시장 경제 체제와 자본주의 경제 체제가 사람들에게 어떤 부정적인 영향을 미칠 수 있는지에 대해 고민해왔다. 그는 버크셔해서웨이라는 방직 공장을 살리기 위해 몇 년에 걸쳐 노력을 쏟아부었지만 실패했고, 결국 공장의 노동자들이 어떻게 됐는지를 직접 목격했다.

살다가 한 번쯤은 달리는 차에 치여 죽은(로드킬 당한) 동물들을 보게 된다. 사실 한 번이 아니라 심심치 않게 볼 수 있는 광경이다. 사람들에게 경제 발전이 해가 될 수 있는가에 대해 질문을 받았을 때 그는 이렇게 답했다. "스스로 통제할 수 없는 요인 때문에 '로드킬'을 당한 사람들을 돌봐야 합니다. … 부유한 나라들은 그럴 의무가 있다고 생각합니다." 그리고 미국과 같은 부유한 사회에서는 정부가 이런 피해를 본 사람들을 돌볼 방법을 찾아야 한다고 덧붙였다.

2005년 주주 서한에서 그는 일자리를 찾을 능력이 있는 사람들을 위한 구체적인 구제 방법을 하나 이상 제안했는데, 바로 근로소득세액 공제제도earned income tax credit다. 이 소득의 역할은 이름 그대로다. 정부에서 보조금을 직접 지원하는 방식이 아니라 일을 하는 사람에게 세금을 덜 거두는 방식이다. 공제액은 보통 부양 자녀가 많을수록 커진다.

버핏은 "이 해결책은 일할 마음이 있지만 자유 시장 체제에서 재능의 가치를 제대로 인정받지 못하는 사람들에게 질 좋은 삶을 제공하기 위한 안전망입니다.(미국은 일할 마음이 있는 사람을 위해 일하는 나라라는 것을 보여주는 '수정 및 확장된 근로소득세액공제제도'를 개인적으로는 더 좋아합니다.) 미국인 다수가 끊임없이 번영하는 대가가 불우한 사람들의 궁핍penury이어서는 안 됩니다."라고 말했다.

실업급여unemployment insurance 기한이 끝날 때까지 새로운 일자리를 찾지 못한 사람들도 도와야 하지 않을까? 실업급여는 보통 6개월 동안 지급되지만 특별한 사정이 있는 경우는 1년 6개월까지 연장되기도 한다. 장기 실업을 해결하는 가장 좋은 방법은 끊임없이 논의가 필요한 주제이며 이 책에서 다 담기는 힘들다. 자주 거론되는 방법으로는 교육 또는 직업훈련, (추가적인) 세액공제제도 그리고 보조금 등이 있다. 코로나19 팬데믹 이후 경기 부양책의 한 부분으로 세대원의 총소득이 19만 8,000달러 미만인 가정 또는 9만 9,000달러 미만인 미혼 가구에 지급된 보조금을 예로 들 수 있다. 버핏이 더기빙플레지를 공동 설립한 이유도 경제가 발전하거나 갑자기 건강이 악화되면서 '로드킬' 당한 사람들을 돕기 위해서였다. 버핏의 관점을 팁으로 요약해보자.

BUFFETT's TIP 93

자신이 통제할 수 없는 요인 때문에
'로드킬' 당한 사람들을 돌봐야 한다.

'벤저민'이 전부가 아니다

벤저민benjamin은 100달러 지폐를 뜻하는 은어다. 100달러 지폐의 앞면에 그려진 미국 건국의 아버지 벤저민 프랭클린의 초상화 때문에 붙은 별명이다. 알다시피 버핏은 수십 년 동안 엄청난 돈을 벌었다. 그래서 그가 이윤을 최대로 남기지 않고 수익률이 그저 그런 사업을 계속 유지하면서 직원 급여와 정부에 내는 세금을 비롯한 각종 비용을 감수하고 있다는 사실을 알면 놀랄지도 모르겠다. 버핏의 이런 성향을 가장 잘 보여주는 예시는 의류 및 방직 회사였던 버크셔해서웨이를 어떻게든 살려보려고 수년 동안 노력했던 일이다. 옷에 붙어 있는 상표들을 확인해보면 옷들이 대부분 미국에서 생산되지 않는다는 사실을 알 수 있다. 다른 나라에서 생산하면 훨씬 싸게, 거의 90퍼센트 이상 낮은 가격에 옷을 만들 수 있다. 결국 버크셔해서웨이는 미국에 있던 섬유 생산 공장을 닫았지만, 버핏은 회사를 살리기 위해 10년 이상 애를 썼다. 1978년 주주 서한에서 그는 버크셔해서웨이와 관련된 사람들에 대해 다음과 같이 언급했다.

"첫째, 우리의 섬유 사업은 각 지역에서 중요한 고용주이고 둘째, 경영진은 문제를 직관적으로 보고하고 열정을 가지고 해결하려고 노력하며 셋째, 노동자는 회사가 문제를 대처할 때 협조적으로 이해심을 발휘해줬고 넷째, 사업에 투자한 금액과 비교해 그저 그런 평균 현금 수익을 낼 것입니다. 우리는 이러한 상황이 계속되리라 기대하고 있고, 그렇게 되는 한 현금을 운용하는 더 매력적인 방안이 있더라도 섬유 사업을 지속하려 합니다."

버핏과 버크셔해서웨이가 성과가 좋지 않은 투자를 대하는 방식은 충성도, 인내심 그리고 장기적인 안목에 집중하는 기업 철학을 잘 보여준다. 버크셔해서웨이가 회사 소유권을 넘기고 싶은 기업 목록의 상위권에 오른 이유이기도 하다. 수십 년 동안 키우고 발전시켜온 회사를 팔아야 한다면, 자신이 떠난 후에도 회사를 탄탄하고 안정적으로 유지해줄 회사에 팔고 싶을 것이다. 버크셔해서웨이의 섬유 사업처럼 계속해서 현금을 잡아먹는 사업이라면 '결국' 버크셔해서웨이 아래에서 문을 닫게 될 것이다. 이에 대해 버핏은 2011년 주주 서한에서 다음과 같이 이야기했다.

"우리의 사고방식은 다윈의 진화설과는 다르고, 반기지 않는 사람이 많을 수도 있습니다. 나는 여러분의 입장을 이해합니다. 하지만 우리는 우리에게 자신의 사업체를 판 이들에게 사업을 유지하겠다는 약속을 했고, 앞으로도 그렇게 할 것입니다. 지금까지 이 약속을 지키기 위해 든 돈이 그리 많지 않은 데다, 앞으로 자신이 애지중지하던 사업체와 충성스러운 직원들을 믿고 맡길 튼튼한 회사를 찾는 이들에게 좋은 인상을 남길 수 있다는 것만으로도 손해는 메꿔집니다. 이러한 사업체의 주인들은 우리와 함께했을 때 얻을 수 있는 것들을 다른 기업들로부터는 얻을 수 없다는 사실과 우리의 약속이 앞으로 몇십 년 동안 효력을 발휘하리라는 것을 압니다."

이해당사자stakeholders라고도 부르는 사업과 관련된 사람들을 모두 고려하는 버핏의 말을 팁으로 요약해보자. 이해당사자라는 말을 우리의 삶에 대입하면 우리와 상호 작용 하는 가족, 친구, 동기, 동료 등이 해당된다.

BUFFETT's TIP 94

돈이 전부가 아니다. 중요한 결정을 할 때는
관련된 인물들을 모두 고려해야 한다.

돈을 잃는 것보다 평판을 잃는 것이 더 아프다

1987년 9월, 버핏은 월스트리트에서 유명한 기업이었던 살로몬브 라더스 주식에 7억 달러를 투자했다. 그는 이 책에서 그동안 다룬 보통 주와는 약간 다른 상품인 '전환우선주'에 투자했다. 이 이야기에서 중 요한 내용이 아니니 그가 어떤 주식에 투자했는지는 크게 신경 쓰지 않아도 괜찮다. 그가 투자한 액수는 살로몬브라더스 지분의 12퍼센트 를 차지할 정도였고 버핏이 그때까지 투자했던 대상 중에서도 규모가 가장 컸다. 이 투자는 다우지수가 하루 만에 22.6퍼센트나 폭락한 악명 높은 1987년 주가 대폭락Crash of 1987 사건이 발생하는 바람에 시작부터 순조롭지 않았다. 제5장에는 시장이 좋지 않을 때 당황하지 말라는 팁 이 등장했는데 몇 년 뒤에 일어난 사건에서는 새로운 교훈을 하나 더 배울 수 있다.

1991년, 살로몬브라더스 최고의 트레이더였던 폴 모저Paul Mozer는 세계에서 가장 규모가 크고 중요한 금융시장인 미 재무부 채권 옥션에서 불법행위를 저지르고 만다. 앞서 미 재무부 채권은 미국 정부에서 단기 운영과 막대한 장기부채를 조달하기 위해 판매하는 채권이라고 배웠다. 모저는 살로몬브라더스의 법률팀에 규정 위반을 적발당한 후에도 계속 위반 행위를 저질렀다. 그는 이 일로 결국 감옥에 갔다. 연방 정부는 살로몬브라더스의 불법행위를 알아차린 후 회사를 폐업시킬 수도 있는 위협적인 조처를 했다. 살로몬브라더스에 투자한 막대한 자금이 휴짓조각이 될 위기에 처하자 버핏은 자신이 살로몬브라더스의 회장을 맡아 문제를 해결하겠다고 나섰다. 그가 성인군자라서가 아니라 자신의 투자금을 지키기 위해서였다. 어쩌면 금융 시스템 전체에 미칠 영향을 최소한으로 줄이기 위해서였을 수도 있다. 살로몬브라더스는 상황을 해결하겠다는 약속에 더해 벌금으로 미국 정부에 2억 9,000만 달러를 내야 했다.

살로몬브라더스에 무슨 일이 있었고, 앞으로 다른 문제가 생기지 않도록 어떤 조처를 하고 있는지를 밝히는 의회 증언에서 버핏은 그의 어록 중 가장 유명한 말을 남겼다. "회사가 금전적인 손실을 본다면 이해할 수 있습니다. 하지만 회사의 평판에 조금이라도 흠이 간다면 참지 않을 것입니다." 그의 말은 평판을 잃으면 기업에 계속해서 영향을 미치지만, 금전적인 손실은 경제나 금융시장 상황이 좋아지면 회복할 수 있을 때가 많다는 사실을 바탕으로 한다. 팁으로 기억할 가치가 있는 말이다.

금전적 손실을 보는 것보다 평판을 다치는 쪽이 더 아프다.
(전자라면 털어버리고 후자라면 참지 말라.)

궁금한 사람들을 위해 알려주자면 버핏은 결국 살로몬브라더스에 투자한 돈을 지켜냈다. 앞에서 이야기했던 것처럼 무지막지한 벌금을 내기는 했지만, 회사는 문을 닫지 않을 수 있었고, 보험회사인 트래블러스에 매각됐다가 후에 씨티그룹에 합병됐다. 버핏이 뱉은 말을 실천하는 사람이라고 말할 수 있을까? 답은 '그렇다'이다.

미국 전역에서 다양하고 맛있는 아이스크림을 판매하는 데어리퀸은 매출로만 보면 버크셔해서웨이 전체 수입의 아주 작은 부분을 차지하지만, 주목을 많이 받는 회사 중 하나다. 2017년, 데어리퀸 프랜차이즈 점주인 제임스 크라이턴James Crichton이 두 아이와 매장을 찾은 고객에게 인종 차별적인 욕설을 퍼부은 적이 있다고 제1장에서 이야기했었다. 즉시 크라이턴의 프랜차이즈 계약은 해지됐고 그가 운영하던 매장은 문을 닫았다. 경영에 직접 나서는 일이 거의 없는 버핏이 계약을 해지시키라고 직접 지시하지는 않았겠지만, 그가 기업 문화를 확고하게 세워두었다는 사실은 알 수 있었다. 데어리퀸의 경영진은 크라이턴의 비난받아 마땅한 발언 때문에 회사까지 평판을 잃지 않도록 버핏이 했을 법한 방식으로 신속하게 조처했다.

버크셔해서웨이의 간부였던 데이비드 소콜David Sokol과 관련된 이야기는 이보다 더 많이 회자된다. 소콜은 버핏이 물러난 후 차기 버크셔해서웨이 CEO가 되리라 생각하는 사람들이 있을 정도로 그의 신임을 듬뿍 받았던 인물이다.

무슨 일이 있었는지 짧게 요약하면, 2011년 1월 초 소콜은 루브리졸Lubrizol이라는 정유 관련 주식에 약 1,000만 달러를 투자했다. 소콜은 주식을 산 직후 해당 기업 전체를 매수하자고 버크셔해서웨이에 제안했다. 그렇게 되면 그는 눈 깜짝할 새에 어마어마한 돈을 벌 수 있었다. 그가 공개적으로 루브리졸을 거래했기 때문에, 법적으로 따지면 내부 거래는 아니었다. 처음에 버핏은 루브리졸을 매수할 생각이 없었지만, 소콜이 끊임없이 매수를 제안했다. 버크셔해서웨이는 결국 루브리졸에 매각 제안을 했고 소콜은 몇 달 만에 300만 달러 이상을 벌었다. 소콜의 이런 행위는 기업 대부분의 윤리 규범에 위반된다. 쉬운 말로 하면, 윤리성을 시험하는 '스멜테스트'(상황의 합법적이고 믿을 만하며 윤리적인지 판단하기 위한 테스트의 은유적 표현—옮긴이)를 통과하지 못한다는 이야기다.

무슨 일이 일어났는지 세상에 알려지자 논란이 일었다. 소콜은 사임하겠다는 뜻을 밝혔고, 버핏은 신속하게 그의 사직서를 수리했다. 그런데 소콜이 이전에도 다른 이유로 두 번 사임 의사를 밝혔는데 버핏이 단호하게 거절하며 그의 사직서를 받아주지 않았었다고 한다. 버핏은 나중에 루브리졸 사건에 대해 "소콜에게 '언제 그 주식을 샀느냐'고 물어보지 않은 것은 큰 실수였다."라고 이야기했다. 그는 소콜의 행동이 '이해할 수 없고' '변명할 수 없는' 행위라고 생각했다. 소콜 사건에 대한 버핏의 대처, 즉 소콜을 해고하지 않고 사직서를 수리한 것은 데어리퀸 사태를 처리할 때보다 신속하거나 단호하지 않았다. 하지만 한 가지만큼은 분명하다. 기업의 평판에 조금이라도 흠이 난다면 그는 가차 없이 결단을 내린다는 사실이다.

유산에 대한 버핏의 생각

"너그러움은 가정에서부터 시작된다."라는 표현을 들어본 적이 있을 것이다. 이 문장은 다른 사람을 돕는 것도 훌륭한 행동이지만 가족과 공동체에 속한 사람들을 잊어서는 안 된다는 뜻으로 해석할 수 있다. 하지만 가족에게 돈을 남기면 이들에게서 일할 동기나 생산적인 삶을 살려는 의지를 빼앗을 수도 있다. 버핏은 부유한 사람들이 자녀에게 유산을 얼마나 남겨야 하는지에 대해 고대 이스라엘의 부유하고 지혜로운 통치자 솔로몬 왕도 인정할 만한 명언을 남겼다. 그는 "자녀들에게 뭐든 할 수 있다는 생각이 들 만큼 유산을 남기되, 아무것도 하지 않을 만큼 남겨서는 안 된다."라고 이야기했다. 정확한 액수를 이야기해 달라는 요청에 버핏은 대학교를 갓 졸업한 자녀에게 '몇십만 달러 정도'가 적당하다고 답했다. 몇십만 달러는 사업을 시작하거나, 주택을 구매하면서 계약금을 넣거나, 학자금대출을 갚고 재정적으로 유리하게 인생을 출발하기에 충분한 액수지만 몇 년 동안 집에 틀어박혀 빈둥대기에는 부족한 액수다.

유명 배우 부부인 애슈턴 커처와 밀라 쿠니스도 자녀들에게 신탁

자금을 남기지 않을 것이라며 버핏과 비슷한 견해를 밝혔다. 커처는 "만약 우리 아이들이 좋은 사업 계획을 가지고 사업을 시작하고 싶어 한다면 그 회사에 투자할 것이다."라고 이야기하기도 했다. 버핏도 몇 십 년 전 자신의 맏아들인 하워드 버핏에게 농장을 살 돈을 시장이자 율로 빌려준 적이 있었다.

버핏은 성공적인 누군가와의 연줄이 아니라 자신 능력을 통해 보상 을 받아야 한다고 생각한다. 비슷한 맥락으로 〈뉴욕타임스〉와의 인터 뷰에서는 상속된 재산에 매기는 세금인 상속세estate tax를 폐지하는 것 은 "2020년도 올림픽 대표팀으로 2000년도 올림픽 금메달 선수들의 첫째 아들들을 선발하는 거나 마찬가지"라는 말을 남기기도 했다. 부 자들이 자녀에게 얼마를 유산으로 남겨야 하는지에 대해 그가 한 말을 팁으로 요약하며 이 주제를 마무리 짓자.

BUFFETT's TIP 96

자녀들에게 뭐든 할 수 있다는 생각이 들 만큼 유산을 남기되,
아무것도 하지 않을 만큼 남겨서는 안 된다.

성공의 정의

버핏은 멋진 삶을 살며 어마어마한 돈을 벌고 삶의 지혜를 길렀다.

그는 '돈 버는' 능력을 인정받을 수 있는 나라에서 태어나 다정한 부모님 밑에서 자랄 수 있었던 자신이 아주 운이 좋은 사람이라고 생각한다. 자신의 행운이 '난소 복권'에 당첨된 덕분이라고 이야기하기도 했다. 《포천》과의 인터뷰에서는 "미국에서 살고 있는 것, 좋은 유전자를 물려받은 것 그리고 복리의 힘이 합쳐져 부를 이룰 수 있었다."라고 말했다.

이 책에서는 금융 문해력을 키우는 데 초점을 맞춰 금융과 관련된 내용을 주로 담았지만, 책을 마무리 짓기 전에 버핏이 성공을 어떻게 정의했는지를 소개하면 좋을 것 같다. 놀랍게도 그가 정의한 성공은 돈과는 관련이 없다.

2013년 《포천》과의 인터뷰에서 그는 다음과 같이 말했다. "나를 사랑해줬으면 하는 사람에게 사랑받는다면 성공했다고 말할 수 있습니다." 큰 울림을 주는 문장이고, 세계 최고의 부자에게서 들으니 더욱 와닿는 말이다. 그는 진정 돈의 가치와 부족함을 아는 사람이다. 그리고 그의 말은 책의 마지막을 장식하기에 꼭 맞는, 절대 잊지 말아야 할 조언이다.

BUFFETT's TIP 97

나를 사랑해줬으면 하는 사람에게 사랑받는다면
성공했다고 말할 수 있다.

부록: 글라이드 재단 주관 버핏과의 점심 식사권 경매 낙찰 내역

연도	낙찰자	낙찰액(달러)
2000	익명	25,000
2001	익명	18,000
2002	익명	25,000
2003	그린라이트 캐피탈, 데이비드 아인호른Greenlight Capital, David Einhorn	250,010
2004	싱가포르, 제이슨 추Singapore, Jason Choo	202,100
2005	익명	351,100
2006	캘리포니아, 용핀 듀언California, Yongpin Duan	620,100
2007	모니쉬 파브라이, 가이 스파이어, 하리나 카푸르Monish Pabrai, Guy Spier, Harina Kapoor	650,100
2008	퓨어 하트 자산관리사, 자오 단양Pure Heart Asset Management, Zhao Danyang	2,110,100
2009	캐나다, 살리다 캐피털Canada, Salida Capital	1,680,300
2010	테드 웨슐러Ted Weschler	2,626,311
2011	테드 웨슐Ted Weschler	2,626,411
2012	익명	3,456,789
2013	익명	1,000,100
2014	싱가포르, 앤디 추아Singapore, Andy Chua	2,166,766
2015	다롄 제우스 엔터테인먼트, 즈예Dalian Zeus Entertainment Co.	2,345,678
2016	익명	3,456,789
2017	익명	2,679,001
2018	익명	3,300,100
2019	저스틴 선Justin Sun	4,567,888

출처 : 블룸버그

와일리 식구들을 소개해주고 이 책에 대한 계획을 완벽하게 세울 수 있도록 우리를 끊임없이 채찍질해준 조지프 가스파로, 조슈아 펄, 조슈아 로젠바움에게 감사의 말씀을 전한다. 어떤 책을 쓰든 이 시대에는 다양한 매체의 도움이 필요하게 마련인데, 조, 조쉬 그리고 또 다른 조쉬가 이 부분을 해결해줬다. 또한 와일리에서 이 책을 마무리지을 수 있도록 도움을 준 금융 및 투자 파트의 편집장 빌 펄룬에게도 무한한 감사의 말씀을 전한다. 이 책의 초안부터 최종본이 나올 때까지 값진 조언을 해주고, 책의 품질을 유지하면서도 놀라울 정도로 신속하게 출판 과정을 진행할 수 있도록 도와준 와일리의 퍼비 파텔과 그녀의 유능한 부하 직원들에게도 감사드린다. 교정 작업에 도움을 준 와일리의 S. 인드라쿠마리와 어뎁트콘텐트솔루션의 로리 마르틴섹에게도 역시 감사의 말씀을 전한다.

우리가 이 책을 완성하도록 영감을 준 버핏에 대한 감사 인사도 빼놓을 수 없다. 우리는 그를 역사상 가장 성공한 투자가로 생각하며 그의 인품 역시 높게 평가한다. 이 책을 쓰는 데 그가 직접적인 도움을 주지는 않았지만, 이 책 구석구석에 그의 글, 연설, 방송 출연과 생생한 지혜를 바탕으로 한 그의 '지문'이 남아 있다. 버핏은 세대를 막론하고 누구에게나 롤모델이 될 수 있는 인물이다.

우리 가족의 또 다른 중심축인 킴벌리 모럴 박사, 그녀의 사랑과 격려, 열정, 이해심에 감사한다. 이렇게 큰 규모의 작품을 완성하기까지 가족끼리 즐거운 시간을 보낼 새가 많이 없었다. 하지만 그녀는 이 책의 장기적, 단기적 이점을 또렷하게 파악하고, 우리를 지지해줬다.

우리를 격려해주고 이 책과 보조 자료의 질을 높이는 데 도움이 된 대화에 참여해준 럿거스대학교, 글로벌 EMBA-아시아(컬럼비아대학교, 런던비즈니스스쿨, 홍콩대학교)의 교수진과 학생들에게도 감사드린다. 특히 아시아 지역에서 이 책의 홍보를 도와준 컬럼비아 졸업생, 캘빈 슈에와 조조 주에게 감사한다. 우리가 그토록 소중하게 생각하는 금융 문해력 및 관련 문제에 대한 지원을 아끼지 않은 비콘트러스트Beacon Trust와 프로비던트뱅크Provident Bank에도 감사의 말씀을 전한다.

1/N 휴리스틱heuristic**:** 많은 투자자가 따르는 경험으로 깨달은 법칙. N개의 선택이 주어지면 투자자는 각 선택에 동일한 가중치를 부여한다. 예를 들어, 10가지 투자 옵션을 마주하면 1/N 휴리스틱 성향이 있는 투자자는 10가지 투자 각각에 자본의 10퍼센트를 투자한다.

1040: 미국인이 매년 작성하는 기본적인 개인 소득세 신고서.

10-K: 모든 상장 기업에 요구되는 연례 보고서로 미국 증권거래위원회 Securities Exchange Commission, SEC에 제출돼 일반에 공개된다. 10-K에는 감사를 거친 재무제표가 포함된다. 고위 경영진이 재무제표가 정상이라는 확인 서명을 하고 허위 정보를 제출한 경우 처벌을 받는다.

10-Q: 모든 상장 기업에 요구되는 분기별 보고서로 미국 증권거래위원회에 제출돼 일반에 공개된다. 10-Q의 재무제표는 감사를 받을 필요가 없다. 10-Q는 Q가 분기Quarter를 의미한다는 것을 알면 기억하기 쉽다.

13-F 양식: 관리 자산이 1억 달러 이상인 모든 투자 운용사에서 분기별로 증권거래위원회sec에 제출해야 하는 양식. 13-F 양식은 회사의 매수 포지션 및 각 거래 옵션에 대한 포지션을 나타낸다. 매 분기가 끝난 후 45일 이내에 제출해야 한다. 예를 들어, 4분기(12월 31일)가 끝나면 2월 15일 무렵까지 양식을 제출해야 한다.

1987년 주가 대폭락 Crash of 1987: 1987년 10월 19일에 발생한 미국 역사상 '하루' 동안 일어난 최대 주가 하락 폭. 비공식적으로는 블랙 먼데이로 알려져 있다. 이날 다우지수는 22.6퍼센트 하락했다.

1차 시장 거래primary market transaction: 회사에서 증권(예: 주식 또는 채권)을 판매하는 것. 판매로 얻은 돈은 회사 금고로 들어간다.

2차 시장 거래secondary market offering: 이미 발행된 주식을 매매하는 것. 예를 들어, 투자자가 NASDAQ에서 애플 주식 100주를 살 때와 같은 거래를 말한다. 이러한 거래에서 애플이라는 회사는 돈을 받지 못한다. 외부 투자자가 단순히 주식을 돈으로 교환하는 거래다.

401(k): 대규모 영리 기업에서 흔히 볼 수 있는 퇴직 연금 제도. 현재 50세 미만 개인은 세전 기준 계좌에 매년 1만 9,500달러를 불입할 수 있으며 50세 이상은 '캐치업' 자금으로 매년 6,500달러를 추가로 불입할 수 있다.

403(b): 비영리 기구 버전의 401(k) 계좌. 현재 50세 미만 개인은 세전 기준 계좌에 매년 1만 9,500달러를 불입할 수 있으며 50세 이상은 '캐치업' 자금으로 매년 6,500달러를 추가로 불입할 수 있다.

501(c)(3) 기관: 기록 보관 및 운영 기준이 엄격하게 적용되는 자선 기관 유형. 501(c)(3) 기관에 대한 기부는 세금 공제 대상이며 기부자에게 매우 중요한 혜택이다.

B2Bbusiness-to-business **모델**: 소비자B2C를 대상으로 하지 않고 다른 기업을 대상으로 판매하는 사업. 예를 들어 구글의 검색엔진은 소비자에게 무료이지만 기업에서는 광고 및 검색 배치 서비스에 대해 비용을 청구한다.

FICO 점수: 데이터 분석 업계를 선도하는 회사인 페어아이작앤드컴퍼니에서 계산하는 개인 신용점수.

Forbes 400:《포브스》에서 매년 발표하는 미국에서 가장 부유한 인물 명단.

M1: 좁은 범위로 측정한 공급 통화량. 물리적 통화, 요구불예금, 여행자 수표 및 수표의 자금으로 쓸 수 있는 기타 예금으로 구성된다.

MLSmultiple listing service: 판매용 부동산을 찾기 위해 부동산 전문가들이 가장 흔히 사용하는 데이터베이스. Realtor.com, Zillow.com, Redfin.com은 MLS와 비슷한 정보를 제공하는 무료 웹사이트다.

NYSE 아메리칸NYSE American: 요즘은 주로 상장지수펀드Exchange Traded Funds, ETF를 거래하는 장소로 알려진 로어맨해튼의 소규모 증권거래소. 이전에는 아메리카 증권거래소AMEX로 불렸다.

P&L 명세서 Profit and loss (P&L) statement: 상장 기업의 필수 재무제표 중 하나. 특정 기간(예: 1분기 또는 1년)의 손익을 측정한다. P&L 명세서는 손익계산서라고도 한다.

PER 상대 가치 평가 모델P/E relative valuation model : 한 해 앞서 예상한 수익 전망치와 장기 PER 전망치를 곱해 주식의 가치를 평가하는 모델. 예를 들어, AT&T가 내년에 주당 4달러의 수익을 올릴 것으로 예상되고 장기 PER 전망치가 수익의 10배라면 PER 상대 가치 평가 모델에서는 AT&T의 가치를 4달러×10, 주당 40달러로 평가한다.

S&P500 지수 Standard and Poor's 500, S&P500 : 미국의 대형 고품질 상장 주식 500개로 구성된 지수. S&P500은 투자 전문가들에게 가장 인기 있는 미국 주식 지수다.

'알트 A'Alt-A **등급 대출자 :** 신용등급은 높지만, 최고 등급은 아닌 대출자. 신용도나 대출 이자를 기준으로 프라임보다 낮고 서브프라임보다 높은 등급이다. 알트 A에 속하는 차용자의 일반적인 FICO 점수 범위는 670~739점이다.

'푸어'poor **등급 대출자 :** 개인이 받을 수 있는 가장 낮은 신용등급. 보통 300에서 580 사이의 신용점수를 가진 개인에게 '푸어' 등급이 적용된다. 신용점수가 낮은 사람은 일반적으로 빚진 돈을 여러 번 밀리고 갚지 않았거나 파산을 선언한 사람인 경우가 많다.

가격가중지수price-weighted index : 가격이 비싼 종목이 싼 종목보다 더 큰 영향을 미치는 지수. 예를 들어 보잉의 가격이 주당 150달러이고 코카콜라의 가격이 50달러라면 보잉의 가격이 1퍼센트 변할 때 코카콜라의 가격이 1퍼센트 변할 때보다 지수에 3배 더 큰 영향을 미친다. 다우지수가 가장 잘 알려진 가격가중지수다.

가맹점franchise : 다른 회사에서 소유한 제품 또는 서비스를 제공하도록 승인을 받은 개인 또는 회사. 예를 들어 맥도날드 가맹점 영업권을 가지면 맥도날드 매장을 운영할 수 있다. 매장 소유주 또는 가맹점주는 맥도날드가 설정한 경영 규정을 따르고 맥도날드에 매출의 일정 비율과 수수료를 낸다.

가치 투자value investing : 자산을 실제 가격이나 내재 가치보다 많이 할인된 가격으로 구매하려는 투자 접근방식. 가치 투자자는 주가수익률, 주가순자산비율이 낮고 배당 수익률은 높은 주식을 사는 경우가 많다.

가치가중지수value-weighted index : 시가총액이 높은 종목이 시가총액이 낮은 종목보다 더 큰 영향을 미치는 지수. 예를 들어, 애플의 시가총액은 1조 달러이고 디즈니의 시가총액이 2천억 달러라면 애플의 주가가 1퍼센트 변동할 때 디즈니의 주가가 1퍼센트 변동할 때보다 지수에 5배 더 큰 영향을 미친다. 가장 잘 알려진 가치가중지수는 S&P500이다. 시가총액가중지수라고도 한다.

가치주value stock : 주가순자산비율 또는 주가수익률 같은 평가 지표를 바탕으로 시장에서 할인돼 거래되는 주식.

간접비overhead : 판매, 일반 및 관리SG&A 비용의 비공식적인 명칭. 간접비는 주로 직원과 부동산에 지불하는 비용과 관련된다. 간접비 또는 판관비는 매출원가COGS라고 하는 제품 생산 비용과 대조되는 비용이다.

감가상각depreciation : 유형 자산이 닳거나 소모되는 정도를 설명하는 비현금 비용. 예를 들어, 새 차는 점차 기능이 떨어지므로 시간이 지남에 따라 일반적으로 가격이 떨어지거나 감가상각된다.

감사audit : 객관적인 제3자에 의해 검증하는 것. 예를 들어, 회사의 연례 보고서 또는 10-K의 재무제표는 공인회계사CPA가 감사한다.

감성 지능EQ or EI : 감정을 인식, 이해, 관리하고 감정에 영향을 미치는 능력을 측정하는 방법으로 대니얼 골먼에 의해 대중화된 용어.

강한 확신high-conviction **접근방식:** 상대적으로 적은 수의 투자 상품에 많은 자산을 투자하는 투자철학. 강한 확신 접근방식을 통해 포트폴리오를 구성하면 폭넓게 분산된 인덱스펀드와 달리 고도로 집중된 포트폴리오를 만들게 된다. 강한 확신 접근방식은 투자에 대한 '최고의 아이디어 접근방식'이라고도 알려져 있다.

개인 모기지 보험private mortgage insurance, PMI : 대출자가 주택담보대출을 갚지 않을 경우 대출 기관을 보호하는 보험이다. 개인 모기지 보험은 보통 대출자가 20퍼센트 미만의 계약금을 내고 주택을 구매할 때 요구된다. 일반적으로 연간 주택담보대출액의 0.5퍼센트에서 1.0퍼센트의 추가 비용이 발생한다. 채권자 모기지 보험LMI 이라고도 한다.

개인 은퇴 연금 계좌 Individual Retirement Accounts, IRA : 개인 및 소규모 사업체에서 일하는 사람들이 일반적으로 사용하는 은퇴 연금 계좌 유형. 또한, 직장을 바꿀 때 다른 연금 자산을 보관하고 새로운 계좌로 옮기는 수단으로도 사용된다. 전통적인 IRA를 사용하면 벌금 없이 자금을 꺼내 쓸 수 있는 59.5세가 넘은 후 자금을 찾을 때 세금을 내게 된다.

개인식별번호personal identification number, PIN : 보안상의 이유로 직불카드나 신용카드에 설정되는 4~6자리 암호. 현금인출기를 사용하려면 개인식별번호가 필요한 경우가 많다.

개인의 금융 문해력personal financial literacy : 평생의 금융 웰빙을 위해 지식과 기술을 사용해 재정 자원을 효과적으로 관리하는 능력.

거물tycoon : 부유한 사업가. 왕, 부호baron와 동의어다.

검소한thrifty : 돈을 신중하고 똑똑하게 관리하며 낭비하지 않는 것. 절약하기 위해 노력하지만 인색한 것과는 다르다. 버핏은 자신이 검소한 사람이라고 자랑스럽게 이야기한다.

경과이자accrued interest : 표면금리에 따른 쿠폰 지급일 사이에 발생했으나 지급되지 않은 이자. 예를 들어, 채권의 연간 표면금리가 2퍼센트이고 마지막 쿠폰이 지급된 후 6개월이 지난 경우 발생 이자는 1퍼센트다.

경기 민감 기업cyclical firms : 경기 순환에 따라 매출과 이익이 크게 달라지는 기업. 매출 및 수익의 변화 정도 또는 변동성은 일반적인 기업보다 경기 민감 기업에서 더 높다. 예를 들어, 자동차 및 항공 산업은 역사적으로 매우 경기에 민감한 산업으로 간주됐다.

경제 대공황 Great Depression : 1929년 8월부터 1933년 3월까지 미국에서 발생한 경기 침체. 기록으로 남아 있는 미국 경제 역사상 가장 가파른 하락세였다.

경기 대침체 Great Recession : 2007년 12월부터 2009년 6월까지 미국에서 발생한 경기 침체. 제2차 세계 대전 이후 미국에서 발생한 가장 심각한 경기 침체 중 하나였다. 대침체 초기에는 미국 부동산과 은행 산업이 피해를 봤지만, 결국 세계 경제 전반으로 퍼졌다.

계약금down payment : 단계적으로 자금을 조달하는 집, 자동차 또는 기타 자산에 대한 보증금.

고든의 성장 모형 Gordon growth model : 현금흐름할인 접근방식을 단순화해 주식 가격을 평가하는 모델. 내년도 배당금을 할인율과 장기(또는 안정 상태) 성장률의 차이로 나눠 주식의 목표가를 계산한다. 정률성장배당할인모델 DDM 이라고도 한다.

고래 whale : 투자 규모가 매우 큰 투자자를 뜻하는 용어. 버핏은 고래 투자자로 간주된다.

고액자산 투자자 high net Worth investor, HNW : 부유한 투자자. 실거주 중인 주택을 제외하고 순자산이 100만 달러 이상인 사람을 보통 고액자산 투자자라 한다.

공개시장운영 open market operation : 모든 만기 채권의 이자율에 간접적으로 영향을 미치는 증권을 사고파는 능력을 나타내는 도구. 공개시장운영은 일반적으로 연방준비제도 이사회의 뉴욕 지점에서 수행한다.

공급 supply : 생산자가 만든 제품이나 서비스의 양.

공매도 selling short : 주식과 같은 자산의 가격이 하락할 때 이익을 얻는 방법. 공매도에서는 매도를 먼저 하고 나중에 매수한다. 예를 들어, 투자자가 주식을 100달러에 공매도한 후 주가가 70달러로 떨어진 경우, 투자자는 해당 거래를 완료한 후 주당 30달러의 이익을 얻게 된다.

공인회계사 Certified Public Accountants, CPA : 미국에서 감사를 수행할 수 있는 유일한 회계사. 공인회계사는 자격을 취득하기 위해 필수 교육 요건을 충족한 후 일련의 시험을 통과해야 한다.

과세 구간tax brackets : 서로 다른 세율이 적용되는 소득 범위. 예를 들어 처음 1만 달러에 대해서는 세율이 10퍼센트 적용되고, 그다음 1만~4만 달러에는 15퍼센트 그리고 가장 높은 세율 범위에 도달할 때까지 범위에 따라 세율이 계속 높아지며 적용된다. 현재 미국 연방 수준 과세 구간은 7개가 있으며, 소득 수준이 51만 301달러 이상일 때 최고(단일 신고자의 경우) 세율인 37퍼센트가 적용된다. 대부분의 주에서는 추가 소득세가 부과된다.

광고 전단circular : 일반적으로 우편을 통해 소비자에게 보내는 신문이나 잡지 광고. 회사의 제품이나 서비스를 구매할 때 혜택을 제공하는 쿠폰을 포함하기도 한다.

구매력purchasing power : 물건을 살 수 있는 능력, 인플레이션에 의해 조정되곤 한다.

구주분매/유상증자secondary offering/seasoned offering : 이미 상장된 회사에서 주식을 판매하는 것.

국내 주식 시장에 투자investing domestically : 모국의 투자 상품에 투자하는 것. 예를 들면 미국인이 미국 주식에 투자하는 경우다.

국제회계기준International Financial Reporting Standards, IFRS : 많은 국제 상장 기업이 재무제표를 작성하는 데 사용하는 규정. 국제회계기준은 미국 증권거래소에서 거래되는 기업에서 사용하는 규칙(일반기업회계기준)과 몇 가지 측면에서 차이가 있다.

권원 보험title insurance : 매도자가 주택을 팔기 전에 주택에 대한 완전하고 정상적인 소유권을 가지지 않았을 경우 매수자를 보호하기 위해 만들어진 보험이다.

균형 equilibrium : 상품을 요구하는 사람들과 공급하는 사람들 사이의 균형 상태. 이 균형 상태에 의해 재화나 서비스의 가격이 결정된다.

극소형주 nano Cap : 시가총액이 5,000만 달러 미만인 주식.

글로벌 포트폴리오 global portfolio : 국내 및 해외 증권으로 구성된 포트폴리오.

금괴 bullion : 골드바 또는 금화.

금준비법 Gold Reserve Act : 1934년에 통과됐으며, 연방준비제도 이사회가 보유한 모든 금 및 금 증서를 미 재무부에 제출하고 통화와 교환하게 됐다. 개인 역시 금을 화폐로 교환해야 했다. 이 법이 제정되기 이전에는 개인이 보유한 통화를 금으로 교환할 수 있었다.

기부 charity : 긴급하게 도움이 필요한 이들에게 제공하는 자발적인 지원(예: 허리케인 구호 활동). 구세군과 같은 자선활동을 하는 기관을 의미하기도 한다.

기업공개 Initial Public Offering, IPOs : 회사의 주식이 처음으로 공개 거래소에서 거래되는 것. 충분한 자금이 있다면 누구나 IPO가 이루어진 후 주식을 살 수 있다.

기업어음 commercial paper : 기업이 발행한 단기투자등급 부채.

끼워 팔기 cross-selling : 고객이 구매한 제품 외에 다른 제품도 함께 판매하기 위한 마케팅 방식. 예를 들어, 신용카드 대부분에는 연회비가 없지만, 은행은 매월 대금을 전부 갚지 않는 고객에게 이자를 매겨 돈을 벌 수 있으므로 신용카드를 만들라고 제안한다. 또한 은행에서는 고객에게 당좌예금계좌, 주택담보대출, 자산관리 상품과 같은 다른 금융 상품도 함께 팔고자 한다.

내면의 점수표 inner scorecard : 자신의 판단에 따라, 자신의 방식대로 삶을 살라는 버핏이 따르는 삶의 방식.

내재 가치 intrinsic value : 어떤 대상의 가치가 어느 정도인지를 평가하는 합리적인 척도. 현금흐름할인 또는 상대 가치평가 금융 모델을 통해 계산하며, 주식의 목표주가가 된다.

누진세율 progressive tax rates : 소득이 증가함에 따라 비율이 증가하는 세율. 예를 들어, 처음 1만 달러에 대해서는 10퍼센트, 그다음 1만~4만 달러 미만인 금액에 대해서는 15퍼센트를 부과하며 가장 높은 세율 구간에 도달할 때까지 비율이 계속 증가한다. 미국에는 현재 연방 수준에서 7개의 세금 구간이 있으며, 가장 높은 세율은 소득 수준이 51만 301달러 이상인 미혼 신고자에게 부과되는 37퍼센트다.

뉴욕증권거래소 New York Stock Exchange, NYSE : 맨해튼 월스트리트에 있는 미국의 주요 증권거래소 중 하나.

다우존스 산업평균지수 Dow Jones Industrial Average, DJIA : 1986년에 처음 만들어진 미국에서 가장 오래된 역사를 가진 주식 지수. 30개 우량주의 가격가중평균이다.

단주 창구 odd lot desk : 100주 미만의 단주 주문이 거래되는 곳. 요즘은 거래가 대부분 전자 거래소를 통해 이루어지므로 단주 창구는 더 이상 의미가 없어졌다.

단타매매자 flipper : 이익을 얻기 위해 비교적 짧은 기간 동안 자산을 가지고 있다가 판매하는 사람. IPO 직후 기업의 주식을 판매하거나 싼 가격에 구매한 주택을 판매하는 경우가 대표적인 예다.

당좌예금계좌 checking account : 수표책이 따라오는 저축계좌. 수표 추심 과정을 거치고 나면 현금을 개인, 회사, 정부 또는 기타 기관에 송금하는 데 사용할 수 있다.

대금 청구서 bills : 구매한 제품 또는 서비스에 대한 대금. 예를 들면 전화 요금이나 전기 요금이 있다.

대차대조표 balance sheet : 상장 기업의 주요 재무제표 구성 요소 세 가지 중 하나. 대차대조표의 왼쪽에는 자산 상황을, 오른쪽에는 자산에 대한 청구권을 기재한다. 자산에 대한 청구권은 부채와 자본으로 구성된다. 재무상태표 또는 재무실태표라고도 한다.

대형주 large cap : 시가총액이 10억 달러 이상인 주식.

더기빙플레지 The Giving Pledge : 빌 게이츠와 워런 버핏이 설립한 자선단체로, 가입자는 평생 또는 사후 순자산의 최소 50퍼센트를 기부하기로 하는 '비공식 계약'에 동의한다(https://givingpledge.org/).

디플레이션 deflation : 가격이 하락하는 현상. 인플레이션의 반대 개념이다.

랜덤워크 가설 Random Walk Hypothesis : 시장을 지속적으로 이기는 것은 불가능하다는 효율적 시장가설의 대중적인 명칭이다.

랜섬웨어 ransomware: 다른 사람의 컴퓨터에 침투하는 소프트웨어로 일반적으로 컴퓨터 주인의 허가 없이 파일을 암호화한다. 랜섬웨어 개발자는 비트코인이나 기타 추적하기 어려운 송금 수단을 통해 돈 ransom 을 지불하라고 요구한다.

로드쇼 roadshow: IPO 전과 같은 상황에서 투자 은행팀이 기업의 고위 경영진과 함께 잠재적 투자자를 만나는 절차.

로스 개인 은퇴 연금 Roth IRA: 개인 및 소기업에 근무하는 사람들을 위한 은퇴연금 계좌의 일종. 로스 IRA 계좌에는 세금을 납부한 자금이 적립되며 퇴직후 자금을 사용할 때는 세금이 면제된다. 이와 반대로, 전통적인 IRA에서는 세금을 떼지 않은 돈을 적립하고 59.5세 이후 자금을 인출하는 시점에 세금이 붙는다.

로스리더 loss leader: 회사가 미끼로 사용하는 제품(예: 무료 식품 샘플). 미끼 상품을 판매하면 손실이 발생하지만, 고객이 다른 품목을 정가(예: 새 상품으로 구매하면 결국 회사는 이득을 볼 수 있다)에 구입할 기회가 생긴다. 즉, 작은 손실을 감수해 앞으로 더 큰 이익을 누리고자 하는 전략.

리보금리 London Inter-bank Offered Rate, LIBOR: 변동금리대출의 기준으로 자주 사용되는 금리. 리보금리는 런던에 있는 은행들이 정기적으로 제출하는 단기 금리의 평균으로 계산한다.

리워드 프로그램 reward program: 기업에서 캐시백, 무료 항공권 또는 기타 유형의 혜택을 제공하는 프로그램. 회사의 제품과 서비스에 지출을 많이 할수록 리워드도 더 커진다. 예를 들어 던킨도너츠의 보상 프로그램은 'DD 퍼크스'라고 하며 회원에게 무료 커피, 도넛 및 기타 사은품을 제공한다. 신용카드 회사에서도 다양한 리워드 프로그램을 제공한다.

리파이낸싱refinancing : 오래된 대출을 상환하고 이율이 더 낮은 새로운 대출로 교체하는 것. 예를 들어, 이자율이 5퍼센트인 주택담보대출을 가지고 있는 주택 소유자가 이율이 3.5퍼센트인 새 주택담보대출로 리파이낸싱하면 돈을 절약할 수 있다. 일반적으로 수수료를 제외하고 리파이낸싱을 통해 금전적으로 이득을 보려면 새 대출의 이자율이 기존 대출 이자율보다 1퍼센트 이상 낮아야 한다.

만기 수익률yield to maturity, YTM : 채권의 할인율. 만기까지 채권을 보유함으로써 발생하는 평균 연수익률에 대한 시장의 전망치.

매입원가 평균법dollar cost averaging : 한 번에 목돈을 투자하는 것이 아니라 단계적으로 돈을 투자하는 방식. 예를 들어, 1만 달러를 한 번에 투자할 수도 있지만 5개월 동안 한 달에 2,000달러씩 투자할 수도 있다. 매입원가 평균법을 따르면 최고점에서 매수하지 않을 수 있지만, 최저점에서 매수할 수도 없게 된다.

매입채무accounts payable : 사업체가 공급 거래처에 1년 이내에 갚아야 하는 빚. 공과금 또는 사무용품에 대한 대금이 외상매입금의 두 가지 예시다. 외상매입금은 외상매출금의 반대다.

매출revenue or sales : 분기 또는 연도와 같이 지정된 기간 동안 회사가 벌어들이는 돈의 액수. 매출은 수입, 또는 미국 외 지역에서는 턴오버turnover라고도 부른다.

매출원가Cost of Good Sold, COGS : 제품을 생산하는 데 드는 비용. 예를 들어, 애플이 아이폰을 생산하는 데는 수백 달러, 포드가 머스탱을 생산하는 데는 수만 달러가 든다.

매출채권accounts receivable : 일반적으로 신용 거래로 인해 다른 회사에서 빚진 돈. 예를 들어 고객이 전자제품매장에서 신용카드로 노트북을 구매한 경우 전자제품매장이 신용카드 회사로부터 노트북값을 받는 데까지는 며칠이 걸릴 수 있다. 외상매출금 계정은 외상매입금의 반대다.

매출총이익gross profit : 매출 또는 수익에서 매출원가cogs를 뺀 값.

매출총이익률gross margin ratio : 총수익을 매출로 나눠 계산한 회사의 수익성. 비율을 사용하면 서로 다른 회사의 수치 또는 해당 회사의 기간별 수치를 비교하기 쉽다.

머니 팩터money factor : 이자율과 관련해 차량 리스 비용을 계산할 때 사용되는 용어. 리스에 적용되는 이자율을 2,400으로 나누어 구한다. 머니 팩터가 낮을수록 리스 비용이 낮아진다.

머니오더money order : 당좌예금계좌 없이 송금하는 방법. 일반적으로 우체국과 월마트에서 약간의 수수료를 주고 머니오더를 살 수 있다.

메디케어Medicare : 노인들을 위한 미국의 주요 건강보험 제도. 메디케어 수혜자는 대부분 65세 이상이지만 장애가 있는 젊은 사람들에게도 혜택을 제공한다.

명목fiat **화폐:** 정부 또는 일부 통화 당국에서 가치를 선언한 돈. 금과 같은 물리적 자산으로 뒷받침되지 않는다.

모멘텀momentum **전략:** 최근에 상승한 것을 매수하고 최근에 하락한 것을 피하거나 공매도하는 전략. 일부 연구에 따르면 모멘텀 투자 전략은 단기간 (예: 1년 미만)에는 시장을 능가할 수 있다.

목표주가price target **:** 주식 또는 기타 자산의 가치를 추산한 것.

무차별 곡선indifferent curve **:** 돈과 시간 등 여러 선택 사이에서 절충안을 찾으려는 의지를 측정하는 경제학 개념. 예를 들어 휴가를 한 주 더 가지고 2천 달러를 덜 벌고 싶어 하는 사람이 있을 수 있다. 무차별 곡선에 있는 모든 점은 동일한 행복 또는 만족을 제공한다. 투자에서 무차별 곡선은 수익과 위험 사이의 합의점을 측정하는 데 사용된다. 수익이 더 높을 것으로 예상되는 상품은 보통 위험도도 더 높다.

무형자산intangible **:** 지식재산권과 같은 비물리적 자산뿐만 아니라 영업 비밀 및 홍보 전략처럼 보호되지 않는 항목도 포함된다.

물가연동국채Treasury Inflation Protected Securities, TIPS: 미국 재무부에서 발행하는 채권의 일종. 투자자가 받는 쿠폰은 소비자물가지수CPI를 반영해 증가해 투자자를 인플레이션으로부터 보호한다. TIPS는 5년, 10년, 30년 만기로 발행된다.

물물교환barter **:** 현금을 사용하지 않고 제품이나 서비스를 거래하는 방법.

뮤추얼펀드mutual fund : 투자자들의 자금을 모아 펀드매니저가 관리하는 투자 상품. 일반적으로 증권 계좌 또는 은퇴 연금 계좌를 통해 구매한다.

미 국세청 Internal Revenue Service, IRS : 세금을 징수하고 세법을 집행하는 미국 재무부의 부서.

미 재무부 단기재정증권US Treasury Bill, T-bills : 대개 현금성 자산으로 여겨지는 미국 정부에서 발행한 단기 증권. 단기국채는 안전하고 유동적인 투자지만, 일반적으로 특히 세금을 떼고 나면 시간이 지남에 따라 발생하는 인플레이션을 거의 따라가지 못한다. 가장 일반적인 만기는 4, 8, 13, 26, 52주다.

미국 보훈부VA **대출** : 계약금을 거의 내지 않고도 받을 수 있는 대출로 미군 참전용사에게 제공된다.

미래 가치future value **공식** : 투자 또는 대출이 얼마나 증가하는지 설명하는 공식. 단일 투자 상품의 경우, 현재 가치 ×(수익률+1)^{T}이다. T는 연수를 나타낸다.

미스터 마켓 Mr. Market : 주식 시장의 변동성을 설명하기 위해 벤저민 그레이엄이 만든 가상의 인물.

미인대회beauty contest/**제빵 콘테스트**bake-off : 기업을 상장하거나 다른 유형의 금융 서비스를 제공하기 위한 투자은행사 간의 경쟁.

미정부저축채권US Savings Bonds : 미국 재무부에서 개인에게 발행하는 채권. 가장 일반적인 유형은 시리즈 EE와 시리즈 I다. 사회 보장 번호 하나당 1년 동안 최대로 구매할 수 있는 금액은 1만 달러다. TreasureDirect.gov에서 구입할 수 있다.

민감도 분석 오류sensitivity analysis error : 할인율 또는 최종 성장률 등 입력값이 약간 달라지면 목표주가가 광범위하게 달라지는 것.

발행주식수shares outstanding : 회사의 모든 투자자가 보유한 주식의 양.

배당 수익률dividend yield : 주식의 연간 배당금을 현재가격으로 나눈 값. 예를 들어, 회사가 연간 배당금 1달러를 지급하고 현재가격이 20달러인 경우 배당 수익률은 5퍼센트다.

배당금dividend : 회사에서 주주에게 지급하는 현금.

배당금 분배율payout ratio : 매년 배당금으로 지급되는 수익의 비율. 예를 들어 회사가 주당 10달러의 수익을 내고 주당 4달러의 배당금을 지급하면 배당금 분배율은 40퍼센트다.

배당금 재투자 프로그램 Dividend Reinvestment Programs, DRIPs : 투자자가 자동으로 배당금을 재투자해 더 많은 주식을 구매할 수 있도록 하는 프로그램.

백분율화common sizing : 여러 회사의 실적 또는 동일한 회사의 기간별 실적을 더 쉽게 비교할 수 있도록 재무제표를 분석하는 기술. 손익계산서의 항목들은 모두 매출로 나누어 백분율로 표현돼 있다. 대차대조표의 항목은 총자산으로 나누어 백분율화된다.

버블bubble : 실제 또는 내재 가치와 비교해 자산 가격이 과하게 고평가됨. 예를 들어, 2007년의 부동산 가격이나 2018년 말 비트코인 가격을 버블 상태라고 할 수 있다.

베이시스 포인트basis points：100분의 1퍼센트를 뜻하는 단위. 즉, 100베이시스 포인트는 1퍼센트와 같다.

베타beta：시장 전체의 가격 변화에 대한 주식 등의 자산의 민감도를 측정하는 시장 위험의 척도. 예를 들어, 버크셔해서웨이의 베타는 1로 정의되는 시장 평균보다 작다. 따라서 일반적으로 시장이 하락할 때 손해를 덜 보는 대신 상승할 때 얻을 수 있는 수익이 덜하다. 시장 위험 또는 베타가 위험 자산에 대한 기대 수익을 결정한다고 생각하는 학자들이 많지만 버핏은 강력하게 부인한다.

벤저민benjamin：돈을 뜻하는 은어로 특히 100달러 지폐를 의미한다. 100달러 지폐에 벤저민 프랭클린의 초상화가 그려진 데서 비롯된 말이다.

벼룩시장flea market：여러 판매자가 야외에서 상품을 판매하는 장소. 각 판매자는 일반적으로 매대를 설치하고 고객이 둘러볼 수 있도록 상품을 전시한다.

보너스bonus：개인 또는 회사가 창출한 이익과 연결되는 금액이 변하는 보수.

보증warranty：지정된 기간 내에 제품에 문제가 발생했을 때 수리를 제공하겠다고 약속하는 계약. 예를 들어 자동차를 새로 사면 보통 구매 후 처음 몇 년 동안 자동차에 발생하는 각종 문제를 처리할 수 있는 보증이 제공된다.

보증된certified pre-owned, CPO **중고차**：비교적 주행거리가 적고 상태가 양호한 중고차 또는 트럭. 회사 보증 기간이 연장돼 있으며, 연식은 5년 미만, 주행거리는 5만 마일 미만인 중고차를 의미한다.

보험insurance : 불리한 상황이 발생했을 때 자금을 지급하는 금융 상품. 예를 들어 생명보험은 보험 계약자가 사망했을 때 수익자에게 보험금을 제공한다. 자동차보험은 자동차 관련 사고가 발생한 경우 보험금을 지급한다.

보험료insurance premium : 자동차보험료와 같이 보험회사에 내는 요금.

복식 부기 방식double-entry form of bookkeeping : 장부의 모든 항목에 대응하는 다른 항목이 존재하는 기록 보관의 한 형태. 예를 들어, 회사가 부채를 발행해 현금을 조달하면 부채가 증가하고(대변) 현금도 증가한다(차변). 복식 부기 방식은 전 세계 대부분 상장 기업의 대차대조표에서 사용된다.

복지benefit : 기업에서 직원에게 제공하는 비현금 형태의 보상. 예를 들면 건강보험 또는 생명보험 등이 일반적이다.

복층 주택duplex : 두 개의 세대로 나뉘며 각각 별도의 출입구가 있는 주택.

복합 기업conglomerate : 여러 가지 관련 없는 사업으로 구성된 회사. 버크셔해서웨이는 보험, 유틸리티, 철도, 가구, 보석 및 기타 여러 산업 분야의 사업체를 운영하는 복합 기업이다.

본인부담금co-pay : 청구서 일부를 본인이 부담하는 것. 예를 들어, 병원에서 10달러의 자가부담비용이 들 수 있다. 청구서의 나머지 부분은 환자의 건강보험 제공자가 낸다.

부도율default rate : 일정 기간(예: 1년 채무) 불이행에 빠지는 채권의 비율.

부채총액 total liabilitiy : 대차대조표에 표기된 회사의 재정적 의무의 합계. 부채 총액은 유동부채와 장기부채로 구성돼 있다.

분기별 사업 보고서 quarterly report : 상장 기업에서 분기별로 작성하는 재무제표. 주요 보고서에는 손익계산서, 대차대조표 및 현금흐름표가 포함된다. 보통 비상장 기업에서도 자체 재무제표를 작성하지만, 대중에게 공개할 의무는 없다.

분산 diversification (투자) : 서로 관련이 없는 여러 주식에 자산을 분산해 위험을 줄이는 방법. '모든 달걀을 한 바구니에 담지 말라'는 표현을 적용하는 방법이다.

분산 variance : 투자 수익률과 같은 변수가 평균에서 얼마나 분산됐는지 정량적으로 측정한 값. 학자들은 위험을 측정하기 위해 분산을 사용하기도 한다. 분산의 제곱근은 표준 편차로, 역시 위험의 척도로 널리 쓰인다.

분산 포트폴리오 diversified portfolio : 주식, 채권 및 현금과 비슷한 성격의 투자 상품 등 여러 자산군에 걸쳐 분산된 투자 바구니.

분할상환일정 amortization schedule : 주택담보대출 또는 기타 대출에 대한 원리금 상환액을 나타낸 표. 대부분의 기존 주택담보대출 상환일정에 따르면 초기 상환금은 이자비용이 대부분을 차지하며, 후기로 갈수록 원금 상환에 쓰이는 비율이 높아진다.

불황 recession : 경기가 침체된 상태. 국내 총생산 GDP이 2분기 연속 하락하는 경우를 불황이라 한다.

블루칩blue chip: 우량주. 지정된 자산 클래스에서 최고 품질로 여겨지는 종목. 예를 들어 마이크로소프트는 우량주다. 전통적으로 다우지수에 포함된 주식은 우량주로 간주한다. 영어로 '블루칩'이라는 이름은 몬테카를로 카지노Monte Carlo Casino에서 가장 높은 가치를 지닌 칩의 이름에서 따서 붙여졌다.

비 오는 날 펀드rainy-day fund: 예상치 못한 지출이 발생할 때를 위해 현금성 투자와 같은 안전한 투자 수단에 따로 모아둔 돈. 보통 비 오는 날 펀드는 최소 6개월 치 생활비를 모아두는 것이 좋다. 비상금이라고도 한다.

비금전적 혜택perks: 일반적으로 금전적 보상 이외에 직원에게 제공되는 혜택. 예를 들어 건강보험과 생명보험은 정규직 직원에게 공통으로 제공되는 비금전적 혜택이다. 비금전적 혜택의 정식 명칭은 'perquisite'(특전)이다.

비상금emergency fund: 실직이나 질병과 같은 예상치 못한 상황에 대비하기 위해 모아두는 자금. 대개 비상금은 최소 6개월의 생활비를 보유하는 것이 좋다. 영어에서는 비 오는 날을 대비한 자금이라는 뜻으로 '비가 오는 날 펀드'rainy-day fund라고도 한다.

비용 절감을 위한 출자금capitalized cost reduction: 신차 구매 시 지불하는 계약금.

비트코인Bitcoin: 최초의 순수 디지털 통화 또는 암호화폐로 중앙은행과 독립적으로 운영되며 거래는 실시간으로, 변경할 수 없는 공개 장부인 블록체인에 기록된다.

빅 4 Big four: 세계 4대 공인 회계법인. 빅 4에는 딜로이트Deloitte, 언스트앤영Ernst&Young, KPMG 및 프라이스워터하우스쿠퍼스PricewaterhouseCoopers가 포함된다. 대형 상장 기업 대부분에 대한 감사를 수행한다.

빅 보드big board : 뉴욕증권거래소New York Stock Exchange의 별칭. 컴퓨터가 발명되기 전에 주가를 큰 칠판에 적어 공시했다. 역사적으로 NYSE에 상장하기 위한 요건이 다른 거래소의 상장 요건보다 더 엄격했던 것도 이런 별명이 붙은 이유다.

사내유보retained earnings : 회사가 설립된 이후부터 거둔 이익의 합계에서 지급된 배당금의 액수를 뺀 금액.

사업 모델business model : 회사가 돈을 버는 방식. 예를 들어, 영화관 매출의 대부분은 매점에서 발생한다.

사업가entrepreneur : 자신의 사업을 설립해 운영하는 사람.

산업industry : 정부 규제 및 거시 경제 환경에 비슷한 영향을 받는 관련된 사업 활동에서 경쟁하는 기업들의 집합. 예를 들어 비자, 마스터카드, 디스커버 및 아메리카익스프레스는 금융 서비스 산업에서 경쟁한다.

삼중 할인triple-couponing : 쿠폰 세 개를 한 번의 거래에 적용하는 것. 예를 들어 슈퍼마켓에서 판매 중인 아이스크림을 아이스크림 제조업체 쿠폰과 결합하고, 슈퍼마켓에서 25달러 이상 구매 시 적용해주는 10달러 할인 쿠폰까지 적용하는 경우다.

상관관계correlation : 두 자산이 함께 이동하거나 이동하지 않는 방식을 측정하는 용어. 수학적으로는 양수와 음수 사이의 숫자다. 숫자가 낮을수록 포트폴리오를 더 잘 분산할 수 있다. 마찬가지로, 숫자가 높을수록 포트폴리오 분산 효과가 없다.

상속세 estate tax : 상속재산이 상속인에게 배분되기 전에 내는 상속재산에 대한 세금.

상장 주식 publicly traded stocks : 증권거래소에서 거래되는 주식. 충분한 자금이 있는 사람은 누구나 증권 계좌를 통해 구매할 수 있다.

상장지수펀드 Exchange Traded Funds, ETF : 주식처럼 장중 거래되는 인덱스를 기반으로 한 투자 펀드. 예를 들어 SPDR S&P500 trust(SPY)는 S&P500의 수익률과 같은 수익률을 목표로 하는 인기 있는 ETF다.

상표 없는 상품 generic : 외부 회사에서 제조한 제품에 자체 상표를 부착해 판매하는 상품. 예를 들어, 코스트코에서 판매하는 커크랜드 상표가 붙은 제품들이 상표 없는 상품의 예시다. 상표 없는 상품은 자체 개발 상품이라고 하는 경우도 있다.

상표 trademark : 법적으로 보호를 받는 기업 또는 제품을 나타내기 위해 사용되는 기호 또는 단어. 예를 들어 나이키의 '스우시' 로고는 나이키의 상표이므로 다른 회사에서는 유사한 디자인의 신발이나 운동복을 만들 수 없다.

생명보험 life insurance : 계약자가 사망한 경우 수익자에게 보험금을 지급하는 보험상품.

생애 첫 집 starter home : 대개 비교적 저렴한 가격에 판매되는 주택. 시간이 지남에 따라 더 나은 집으로 이사하는 소유자가 많아서 '스타터' starter 라는 이름이 붙게 됐다.

서브프라임subprime **등급:** 신용등급이 약한 고객. 신용도 및 대출 이자율로 따졌을 때 알트 A 대출자보다 낮은 등급에 속한다. 일반적으로 서브프라임 등급 대출자의 FICO 점수는 670 미만이지만 일부 척도에서는 620 미만일 때도 있다.

선행paying it forward**:** 과거에 다른 사람의 너그러움으로 입은 혜택을 다시 남에게 베푸는 것과 관련된 개념 또는 신념.

성장주growth stock**:** 주가순자산비율 또는 주가수익률 같은 평가 지표를 바탕으로 시장에서 프리미엄이 붙어 거래되는 주식. 시장에서 이들 기업이 빠르게 성장할 것으로 예상하기 때문에 프리미엄이 붙는다.

세액표/세율표tax table/tax schedule**:** 특정 소득 수준에서 지불해야 하는 세금 비율을 표시한 표. 과세 구간이 여러 개이므로 납부할 세금을 계산하는 과정은 단순히 총소득에 관련 세율을 곱하는 것보다 복잡한 경우가 많아서 세율표를 사용한다.

세율tax rate**:** 소득 또는 판매액에서 정부에 내야 할 세금이 차지하는 비율. 예를 들어 연방 법인 세율에 따라 미국에서 가장 크고 수익성이 높은 회사들에는 최고 세율인 21퍼센트가 부과된다.

섹터sector**:** 종목을 구분하는 단위로 여러 산업을 포함한다. 예를 들어, 기술 섹터는 소프트웨어, 반도체 및 정보 기술 서비스를 포함한 여러 산업으로 구성된다.

소매업의 종말retail apocalypse**:** 전통적인 오프라인 소매업체들이 전자 상거래 대기업인 아마존이나 온·오프라인 매장을 함께 운영하는 월마트 또는 코스트코 같은 회사와의 경쟁에서 살아남지 못할 것이라는 이론.

소비자물가지수 Consumer Price Index, CPI : 일반 가정에서 자주 구매하는 상품 및 서비스 모음을 추적해 계산한 인플레이션 측정지표. 미국에서 CPI는 노동통계국BLS에서 측정한다.

소송 lawsuit : 일반적으로 양 당사자에게 재정적으로 영향을 미치는 법원에 제기된 분쟁. 예를 들어 갤럭시 노트7에 여러 차례 화재가 발생했을 때 제조사인 삼성은 소비자들로부터 여러 건의 소송을 당했다.

소형주 small cap : 시가총액이 10억 달러 미만인 주식.

손실 loss : 기업의 지출이 수익보다 큰 상황. 재무제표는 일반적으로 분기별 또는 매년 손실과 수익을 측정한다.

손익계산서 income statement : 상장 기업의 필수 재무제표 중 하나. 1분기 또는 1년과 같은 특정 기간의 손익을 측정한다. 손익계산서는 P&L 명세서라고도 한다.

송금 transmitting : 전신 송금, 머니오더, 수표, 여행자 수표, 암호화폐를 통해 돈을 보내거나 받는 과정.

쇼트세일 short sale **(부동산)** : 현재 주택담보대출보다 낮은 가격으로 부동산을 판매하는 것. 숏세일 부동산을 구매하는 것은 매수자에게 좋은 거래가 될 수 있다. 매도자는 부동산 매도 절차를 완료하려면 부동산담보대출 기관의 승인을 받아야 한다.

쇼트스퀴즈short squeeze: 투자자 의도가 아닌 중개인의 압력에 의해 숏 매도한 주식을 강제로 매수해야 하는 경우.

수요demand: 소비자가 원하는 제품이나 서비스의 양.

수익 지표earnings guidance: 기업의 수익에 대한 경영진의 전망치. 전망은 낮게 설정하고 실제로는 전망보다 높은 실적을 달성해 긍정적인 어닝서프라이즈 를 발생시키는 경우가 많다.

수익률yield: 증권을 통해 받을 것으로 예상되는 현금흐름을 증권 가치로 나 눈 값. 백분율로 표시된다. 예를 들어, 채권이 5퍼센트 쿠폰을 지급하고 채권 의 시장가격이 1,000달러라면 수익률은 5퍼센트(50달러/1,000달러)다.

수익률 곡선yield curve: 신용 위험이 동일한 채권들에 대해 만기까지의 시간과 만기 수익률 간의 관계를 나타내는 그래프. 만기가 곧 다가오는 채권부터 만 기가 30년이 남은 채권까지 모든 미국 재무부 증권의 수익률을 나타낸 그래 프를 예로 들 수 있다.

수입income: 직업 및 기타 출처에서 버는 돈의 액수. 회사의 경우 회사에서 번 돈 전체에서 모든 비용을 뺀 액수를 의미한다.

순매출net sales: 매출에서 반품, 할인 및 기타 충당금을 뺀 것.

순이익net income: 손익계산서의 수익에서 모든 비용을 뺀 값. 때로 순이익을 '바텀라인'이라고도 한다.

순외상매출금net receivable : 외상매출금에서 경영진의 판단으로 회수될 가능성이 없는 금액을 뺀 금액. 예를 들어, 보험 없이 병원 응급실에 가는 사람들은 받은 처치에 대한 비용을 감당할 수 없고, 전액을 지불할 가능성이 작다.

순자산net worth : 빚을 다 갚고 난 뒤 갖게 될 돈.

슈퍼프라임super-prime **등급** : FICO 점수 또는 기타 신용도 척도에서 최고 신용등급을 받은 고객. 현재 슈퍼프라임 등급 대출자의 일반적인 FICO 범위는 780에서 최대 850이다.

스타일 박스style box : 기업가치평가(밸류에이션)와 주식의 규모를 2차원 도표로 표현한 것. 기업가치평가를 통해 가치주 또는 성장주 어느 쪽에 가까운지를 정하고, 규모는 시가총액으로 판단한다.

시가총액market capitalization : 주식 가격에 발행 주식 수를 곱한 것. 즉, 회사 주식 전체의 시장가치다. 줄여서 시총이라고도 부른다.

시가총액가중지수market capitalization-weighted index : 시가총액이 높은 종목이 시가총액이 낮은 종목보다 더 큰 영향을 미치는 지수. 예를 들어, 애플의 시가총액은 1조 달러이고 디즈니의 시가총액이 2,000억 달러라면 애플의 주가가 1퍼센트 변동할 때 디즈니의 주가가 1퍼센트 변동할 때보다 지수에 5배 더 큰 영향을 미친다. S&P500은 가장 잘 알려진 시가총액가중지수다. 가치가 중지수라고도 한다.

시간외매매after-hours trading : 오전 9시 30분부터 오후 4시까지 운영되는 정규 시장 시간 외에 이루어지는 거래. 시간외매매는 개장 전(오전 4시~오전 9시 30분, 동부 표준시)과 폐장 후(오후 4시~오후 8시, 동부 표준시) 발생할 수 있다.

연장된 시간 매매라고도 한다.

시장 위험 프리미엄 market risk premium : 투자자의 심리와 위험감수도를 측정한다. 공식적으로는 (주식) 시장의 기대수익률과 무위험 이자율의 차이로 측정된다. 역사적으로 시장 위험 프리미엄은 연 6~7퍼센트 범위였지만 시장에 공포가 조성되거나 탐욕이 넘칠 때는 프리미엄이 크게 달라진다.

시장을 이기다 beating the market : 시장 수익률을 뛰어넘는 것. 예를 들어, 투자자의 포트폴리오가 같은 기간 동안 12퍼센트 성장했을 때 S&P500이 10퍼센트 성장했다면 투자자는 시장을 2퍼센트 앞지른 것이다.

시장점유율 market share : 회사의 매출을 제품 시장 또는 산업의 총 매출로 나눈 값.

시장조성자 market maker : 항상 특정 주식의 일부를 사거나 팔 의향이 있는 거래소의 트레이더. 이들은 구매자와 판매자가 서로를 찾을 수 있도록 연결하는 역할을 한다.

신디케이트 syndicate : IPO와 같은 상황에서 증권을 대중에게 판매하기 위해 투자 은행사들이 그룹으로 함께 노력하는 것.

신용점수 credit score : 얼마나 책임감 있게 돈을 빌리고 대금을 갚는지 정량적으로 측정한 수치. 신용점수의 범위는 일반적으로 300에서 850 사이다.

신용카드 credit card : 당좌예금계좌나 저축계좌에 있는 돈을 사용하기에 앞서 물건을 살 수 있게 해주는 금융 상품. 본질적으로 신용카드 회사에서 가불 또는 대출을 받는 것과 마찬가지다. 신용카드에 청구된 금액 중 적어도 최소 지불액만큼 매월 갚아야 한다.

신용평가기관rating agency : 회사 또는 기타 기관에서 채무를 이행할 수 있는 능력을 측정하는 회사. 미국에서 가장 큰 신용 평가 기관은 S&P, 무디스, 피치Fitch다.

신탁 계좌trust : 세대에 걸쳐 자산을 보호하거나 이전하면서 세금을 최소화할 수 있도록 설계된 법적 실체.

실업률unemployment rate : 경제 체제 내에서 일자리를 구할 수 없거나 일자리를 찾고 있는 사람들의 비율.

아메리카증권거래소 AMEX : 로어맨해튼에 있는 작은 증권거래소로 현재는 NYSE 아메리칸 증권거래소가 됐다.

아웃렛 매장outlet store : 적어도 일반 상점에서 판매되는 가격과 비교했을 때 할인된 가격에 상품을 판매하는 상점. 예를 들어 노드스트롬 랙은 고급 백화점인 노드스트롬의 아웃렛 브랜드다. 아웃렛 매장에서는 가격을 낮추기 위해 이월 상품이나 재고정리 상품을 판매하는 경우가 많다.

아웃소싱outsourcing : 외부 회사에서 제품이나 서비스를 생산하도록 하는 방식. 예를 들어, 애플은 아이폰 생산을 다국적 전자 제품 제조업체인 폭스콘Foxconn에 아웃소싱한다.

악덕 집주인slumlord : 임대 주택의 유지 보수 및 수리에 거의 돈을 쓰지 않고 저소득층에게 부동산을 임대하는 집주인.

안전자산선호flight to quality : 금융위기나 경제 체제에 혼란이 생겨 공포가 만연할 때 미국 국채와 같은 안전한 유가증권에 관심이 쏠리는 현상.

알파Alpha: 투자 성과의 척도. 포트폴리오의 수익률과 시장 지수의 수익률을 비교해 그 차이로 계산된다. 알파가 양수인 펀드는 시장보다 수익률이 높다는 뜻이고 알파가 음수인 펀드는 시장보다 수익률이 낮다는 뜻이다. 효율적인 시장에서 수수료 및 거래 비용을 제하기 전 모든 펀드의 평균 알파는 0이다.

암시장black market: 불법 거래에 자주 사용되며, 정부 통제에서 벗어나 과세 대상이 되지 않는 시장.

암호화폐cryptocurrency: 국가나 통화 당국의 관리 범위를 벗어난 디지털 통화. 비트코인은 최초의 대중적인 암호화폐다.

압류 주택foreclosed home: 주택 소유자가 주택담보대출을 갚지 않아 대출 기관에서 소유권을 넘겨받은 주택.

압류보류pre-foreclosure: 현재 소유자가 대출금을 밀렸거나 대출 기관에서 소유권을 이전받는 과정에 있는 부동산.

액면가face value: 채무 불이행 상태에 빠지지 않는다고 가정할 때 만기 시 채권의 가치. 원금이라고도 부른다.

액면채권face value: 시장가격이 액면가와 동일한 채권으로 일반적으로 1천 달러다.

야드 세일yard sale: 집 소유주가 중고 물품을 자신의 소유지에서 판매하는 것. 차고 세일이라고도 한다.

양대 책무dual mandate : 미국 연방준비은행의 두 가지 주요 목표. 고용률을 최대로 하고 물가를 안정시키는 것을 의미한다.

양적 완화 Quantitative Easing, QE : 단기 금리가 0이거나 0에 가까울 때 중장기 금리를 낮추기 위해 연방준비제도 이사회가 사용하는 방법. 연준은 목표를 달성하기 위해 정부 지원 주택담보부증권 같은 미국 정부에서 지원하는 채권을 구매한다.

어닝서프라이즈earning surprise : 회사의 보고된 수익과 콘센서스 수익 전망치의 차이. 예를 들어 회사에서 주당 수익을 1.10달러로 보고하고 콘센서스 전망치는 1.00달러였다면 어닝서프라이즈는 0.10달러 또는 10퍼센트다.

에스크로escrow : 주택담보대출 관리회사 등 제3자가 보유하고 있다가 지급기한이 되면 받아야 할 기업이나 사람에게 전달되는 돈. 예를 들어, 주택담보대출 관리회사는 재산세를 에스크로에 보관하고 있다가 분기별로 지방 정부에 낸다.

여러 개의 소득원multiple streams of income : 주업, 투자 포트폴리오, 부동산 임대소득, 기타 출처를 비롯해 소득의 출처가 여러 개인 것.

여행자 수표traveler's check : 해외여행 시 현금 대용으로 사용하는 수단. 아메리칸익스프레스에 의해 대중화된 사업이다. 여행자 수표는 신용카드 및 기타 전자 결제 수단이 널리 보급되면서 예전보다 덜 사용된다.

역년calendar year : 1월부터 12월까지를 가리키는 연도. 재무 보고 목적으로 사용되는 12개월을 뜻하는 회계연도와 다를 수 있다.

연구 및 개발research and development, R&D **비용:** 새로운 제품이나 서비스를 만들기 위해 투자되는 자금. 예를 들어 제약회사가 백신을 개발하기 위해 지출한 자금은 R&D 비용으로 계산된다.

연대보증co-sign: 다른 차용인이 빚을 갚지 않으면 대신 빚을 갚기로 하는 계약. 예를 들어, 자녀가 집을 구입할 때 주택담보대출에 연대보증하는 경우가 있다.

연방 할인율federal discount rate: 은행이 연방준비제도로부터 돈을 빌릴 때 적용되는 이자율.

연방예금보험공사Federal Deposit Insurance Company, FDIC: 예금 계좌당 최대 25만 달러까지 보호해주는 미국 정부 보험 프로그램.

연방준비제도, 연준 The Federal Reserve, The Fed: 미국 중앙은행. 연준의 두 가지 주요 목표는 고용을 극대화하고 물가를 안정시키는 것이다. 또한, 미국 대부분의 대형 은행을 감독하고 규제하는 역할도 한다.

연방준비제도 이사회 Federal Reserve Board of Governors: 연방 준비 제도의 수뇌부. 연준 이사회는 각각 14년 임기의 7명의 위원으로 구성된다. 의장은 4년 임기로 임명되며, 재임 중인 미국 대통령에 의해 여러 번 재임명될 수 있다.

연장된 시간 매매extended hour trading: 오전 9시 30분~오후 4시인 정규 시장 시간 외에 발생하는 거래. 연장된 시간 매매는 시장이 개장하기 전(오전 4시~오전 9시 30분, 동부 표준시)과 폐장 후(오후 4시~오후 8시, 동부 표준시) 발생한다. 시간외매매라고도 한다. 한국에서 시간 외 종가매매는 오전 8시 30분~40분, 오후 3시 40분~4시에 이루어지며, 시간 외 대량매매는 오전 8~9시, 오후 3시 10분~6시에 이뤄진다.

연차보고서annual report : 재무제표, 산업 위험 요소 및 사업에 대한 경영진의 논평을 싣는 문서로 상장 기업에서 발행한다. 일부 회사는 광택이 있는 잡지 형식으로 작성하기도 한다. 보통은 증권거래위원회SEC에 제출해야 하는 필수 10-K 문서만 포함해도 괜찮다.

영업이익operating income : 정상적인 운영 과정에서 이자, 세금 및 기타 일회성으로 발생하는 항목을 제외하고 번 돈. 영업이익의 정식 명칭은 이자 및 세금 차감 전 이익EBIT이다.

영업활동으로 인한 현금흐름cash flow from operating activities, CFO : 회사의 정상적인 운영 과정에서 생성된 현금. 일반적으로 CFO에는 순이익과 비현금성 비용(예: 감가상각비, 무형자산의 상각비, 소진액), 순운전자본의 변동이 포함된다.

예금 유출 사태run on the bank : 예금자들이 은행으로 몰려가 자신들의 계좌에 있는 돈을 찾겠다고 요구해 은행의 유동성을 압도하는 상황.

예산budget : 개인이나 기관의 일정 동안의 지출 및 저축 계획.

예상매입buying long : 향후 자산의 가치가 오를 것이라는 기대를 바탕으로 이뤄지는 구매. 이윤을 남기기 위해 싸게 사서 비싸게 파는 전통적인 방법이 가장 일반적인 예상매입 방법이다.

완전 파산 Chapter 7 bankruptcy : 기업의 자산을 매각하고 채권자에게 대금을 지급한 후 폐업하는 기업 파산 유형.

왕baron : 미국에서는 부자 사업가. 재벌을 뜻하기도 함.

외면의 점수표outer scorecard : 버핏이 이야기한 삶의 방식 중 하나로, 자신의 행동에 대해 다른 사람들이 어떻게 생각할지를 크게 신경 쓰는 방식이다.

요구불예금demand deposit : 당좌예금계좌나 저축계좌와 같이 은행에서 제공하는 금융계좌. 소유자는 언제든지 계좌에서 전체 금액을 찾거나 요구할 수 있다.

욕구의 상호 일치double coincidence of wants : 물물교환 거래와 같이 양 당사자가 상대방이 가지고 있는 것을 원하는 상황.

월스트리트Wall Street : 로어맨해튼에 있는 거리 이름이지만 일반적으로 장소와 관계없이 미국 금융 시스템의 중심에 있는 큰 기업들을 지칭하기 위해 사용된다.

위험risk : 손실 또는 부상의 가능성.

윌셔 5000 Wilshire 5000 : 미국에 상장된 모든 주식을 추적하는 시장 지수. 원래 윌셔 5000은 약 5,000개의 주식으로 구성돼 있었다. 현재는 약 3,500개 종목을 추적하고 있다.

유동부채 current liability : 1년 이내에 만기가 되는 제품이나 서비스 또는 기타 재정적 의무에 대해 빚진 돈. 예를 들어, 직원 급여, 임대료 또는 만기가 임박한 채권은 유동부채다.

유보율retention ratio : 기업에서 보유하기로 한 수익의 비율. 예를 들어, 회사가 주당 10달러를 벌었을 때 주당 6달러는 보유하고 주당 4달러만 배당금으로 지급하는 경우 유보율은 60퍼센트다. 재투자율이라고도 한다.

유사 기업 comparable firm : 유사 기업은 주식 가격을 평가할 때처럼 비교 기준이 필요할 때 사용된다. 줄여서 comp라고 부르기도 한다.

유통 distribution : 제품이나 서비스를 판매하는 과정. 예를 들어, 코카콜라는 200개 이상의 국가에 음료를 유통한다. 상점, 레스토랑, 웹사이트와의 관계 및 회사 제품을 판매할 수 있는 다른 경로를 포함한다.

유형자산 property, plant & equipment, PP&E : 기업이 보유한 토지(부동산), 건물(공장), 기계(장비)와 관련된 장기자산. 예를 들어 월마트의 매장, 유통 센터, 트럭은 모두 유형자산에 포함된다.

은행 압류 매물 Bank real state owned, REO : 이름에서 알 수 있듯 은행이 압류한 후 소유한 부동산. 은행은 대차대조표에 유형 부동산이 포함되는 것을 꺼리기 때문에 REO를 시장가격보다 10퍼센트 이상 할인된 가격에 판매하는 경우가 많다.

이사회 Board of Directors, BOD : 궁극적으로 회사의 관리를 담당하는 사람들의 모임. 일반적으로 상장 회사에서 쓰이지만 비상장 회사에도 적용될 수 있다. 상장 기업의 이사회는 주주들이 선출한다.

이익 profit : 제품, 서비스 또는 자산을 판매해 받은 돈에서 비용을 제외한 액수.

이익률 profit margins : 매출에서 차지하는 비율로 나타내는 수익성 측정. 일반적으로 순이익을 매출로 나누어 계산한다.

이자 및 세전이익 earning before interest and taxes, EBIT : 기업에서 정기적인 운영을 통해 벌어들이는 돈으로, 이자와 세금을 고려하기 전 수익. 이자비용과 직접적인 관련이 있는 세율과 부채는 회사마다 다른 경우가 많으므로 이자 및 세전이익을 보면 회사끼리 비교하기가 쉽다. 이자 및 세전이익은 비공식적으로 영업이익으로 부르기도 한다.

이자비용interest expense : 각 회계 기간 동안 자금을 빌린 대가로 채권자에게 지불하는 돈. 표면금리에 회사 부채의 액면가를 곱한 값이다. 예를 들어 표면금리가 평균 5퍼센트인 미지급 부채가 1억 달러 있다면 해당 연도의 이자비용은 500만 달러가 된다.

이자수익interest income : 현금 및 기타 이자가 붙는 투자에서 번 돈.

이자율interest rate : 저축한 돈이 늘어나는 비율. 일반적으로 채권 또는 은행 상품을 이야기할 때 이자율이라는 용어를 사용한다. 또는, 대출이나 신용카드 잔액 등 빌린 돈이 불어나는 비율을 뜻하기도 한다.

이자율 기간구조the term structure of interest rates : 채권의 만기 수익률과 만기까지의 시간의 상관관계를 보여주는 표. 기간구조는 종종 수익률 곡선 그래프로 표시된다.

이해당사자stakeholders : 회사 경영으로 영향을 받는 모든 개인 또는 단체. 이해당사자에는 직원, 주주, 공급업체 및 기업이 위치한 지역의 주민들이 포함된다.

인덱스펀드index fund : S&P500과 같은 특정 지수의 수익률과 같은 수익률을 목표로 하는 포트폴리오. 인덱스펀드는 대개 수수료가 낮으며 세금 측면에서도 유리하다.

인플레이션inflation : 매년 물가가 얼마나 상승하는지를 측정하는 수치. 인플레이션은 일반적으로 소비자물가지수CPI로 측정된다.

일반기업회계기준Generally Accepted Accounting Principles, GAAP : 미국 거래소에 상장된 상장 기업의 재무제표를 작성할 때 경영진이 따라야 하는 규정. GAAP 규정은 재무회계기준위원회Financial Accounting Standards Board, FASB에서 만들고 수정한다.

임금salary : 보수에서 고정된 부분으로 2주에 한 번 또는 매달 지급된다.

임대료rent : 집, 사무실 또는 농장과 같은 재산이나 토지 사용에 대해 내는 돈.

임대인landlord : 임대 부동산의 소유자.

임대차 비용lease obligation : 장기자산을 사용하기 위해 빚진 돈이지만 소유권은 가지지 못하는 경우. 예를 들어 쇼핑몰에서 매장을 운영하는 회사 또는 자동차를 임대하는 개인에게 임대차 비용이 발생한다.

잉여현금흐름free cash flow, FCF : 회사에 필요한 자금을 (재)투자한 후의 현금흐름. 순이익에 비현금 비용(예: 감가상각비 및 상각비)을 더하고 장기투자(예: 자본 지출) 및 단기투자(예: 순 운전 자본 변경)를 빼면 잉여현금흐름의 근사치를 구할 수 있다.

자본 배분capital allocation : 고수익을 목표로 돈을 투자하는 것. 예를 들어, 버핏은 버크셔해서웨이의 자회사에서 번 돈을 미래 수익 가능성이 가장 큰 분야에 재투자한다.

자본 손실capital loss: 총 판매가격과 총 구매가격의 차이로 측정한 투자 손실. 예를 들어 주식을 1,000달러에 사서 500달러에 팔면 자본 손실은 500달러다.

자본 이익capital gain: 총 판매가격과 총 구매가격의 차이로 측정한 투자 수익. 예를 들어, 투자자가 주식을 1,000달러에 사서 1,500달러에 팔았다면 자본 이득은 500달러다.

자본자산가격결정모델Capital Asset Pricing Model, CAPM: 기대 수익과 위험 사이의 관계를 설명하는 노벨상 수상 이론. CAPM의 기초가 되는 공식에는 무위험 이자율, 시장 위험 척도(베타) 및 시장 심리 요소(시장 위험 프리미엄)가 포함된다. CAPM은 자본 및 기타 위험한 투자에 대한 할인율을 계산하는 데에도 사용할 수 있다.

자본주의capitalism: 자원의 사적 소유와 이윤 추구를 기초로 하는 경제 체제로 경제를 운영하는 가장 이상적인 방법으로 여겨진다.

자본주의자capitalist: 경제 번영을 위한 최선의 방법이 자본주의라고 믿는 사람.

자산asset: 가치 있는 대상. 회계에서 자산은 일반적으로 유동자산과 장기자산으로 분류된다. 유동자산은 현금 또는 신용카드 판매처럼 1년 안에 현금으로 유입될 것으로 예상되는 자산이다. 장기자산에는 부동산, 기계, 상점, 웹사이트 인프라 또는 특허나 브랜드 이름과 같은 무형자산도 포함될 수 있다.

자산 가치 비율loan-to-value ratio, LTV: 부동산 거래에서 부동산 가치와 비교한 대출 규모를 검토하기 위해 자주 사용하는 계산. 예를 들어, 25만 달러짜리 주택에 대해 주택담보대출을 20만 달러를 받는다면 LTV 비율은 20만 달러/25만 달러, 즉 80퍼센트다.

자산담보부증권asset-backed security : 자동차 대출, 학자금대출, 음악 저작권 또는 만화책 캐릭터와 같은 특정 대상을 담보로 하는 채권.

자선활동philanthropy : 일반적으로 장기적인 해결책과 적극적인 참여에 중점을 둔 자원봉사 활동. 예를 들어, 빌앤드멀린다게이츠 재단은 자선활동을 하는 단체다.

자연적 독점natural monopoly : 한 제품의 판매자가 자연스럽게(제품의 품질과 경영 능력을 통해) 또는 정부 규제가 아닌 강력한 규모의 경제를 통해 발생하는 시장. 예를 들어, 구글은 유일한 검색엔진은 아니지만, 미국에서 약 80퍼센트의 시장을 점유하고 있어 검색엔진 업계를 자연적으로 독점하고 있다고 볼 수 있다.

자체 개발 상품private label : 외부 회사에서 제조한 제품에 회사 자체 상표를 부착하는 경우. 예를 들어, 코스트코에서 판매하는 커크랜드 상표가 붙은 제품은 타사에서 생산한 제품이다. 자체 개발 상품은 때로 상표 없는 상품이라고도 부른다.

장기부채long-term liability : 현재 시점부터 1년 이후 만기가 돌아오는 재정적 의무. 예를 들어, 회사가 10년 만기 회사채를 발행하는 경우 원금과 대부분의 쿠폰은 오늘부터 1년 이후에 지급하게 된다. 퇴직한 직원에 대한 연금 또는 의료 보험을 책임질 의무가 있는 회사에서는 이들 항목 또한 장기부채다.

장기자산long-term assets : 최소 1년 동안 지속되거나 보유할 것으로 예상되는 자산. 대차대조표에 포함되는 장기자산의 예로는 부동산, 토지, 기계, 차량, 컴퓨터 장비가 있다.

장기투자long-term investment : 만기가 1년 이상 남은 증권. 예를 들어, 대차대조표에 포함된 10년 만기 회사채 또는 코카콜라 보통주는 장기투자로 여겨진다.

장외 시장over-the-counter, OTC : 물리적 장소가 있는 거래소에서 처리되는 거래와 달리 증권사에서 거래되도록 탈중앙화된 시장. 증권사의 창구에서 직접 거래를 요청하던 시절 붙은 이름이다.

재고inventory : 사업체가 판매하고자 하는 상품 또는 재료. 완제품일 수도 있고, 미완성된 포드 F-150 트럭처럼 생산 중인 상품일 수도 있다.

재무비율financial ratio : 재무제표의 한 항목을 다른 항목으로 나눈 것. 예를 들어 유동 비율은 유동자산을 유동부채로 나눈 값이다.

재무상태표statement of financial position : 상장 기업의 3가지 주요 재무제표 중 하나. 자산은 재무상태표의 왼쪽, 자산에 대한 청구는 오른쪽에 기록된다. 자산에 대한 청구는 부채와 자본으로 구성된다. 재무상태표는 일반적으로 대차대조표라고 알려져 있으며 재정상태표라고도 한다.

재무제표financial statement : 경영진이 준비해 공인회계사CPA의 감사를 받는 회사의 장부 및 기록. 회사의 주요 재무제표는 대차대조표, 손익계산서 및 현금흐름표다.

재무활동으로 인한 현금흐름cash flow from financing activities, CFF : 부채, 주식 또는 배당금의 발행/지급으로 인해 발생하거나 잃은 현금.

재산세property tax : 주택 소유자 또는 기관이 지방 정부에 내는 세금. 징수된 세금은 학교, 경찰서, 소방서를 지원하는 등 지방 정부에서 지출하는 비용을 충당하는 데 사용된다.

재투자율plowback ratio : 기업에서 보유하기로 한 수익의 비율. 예를 들어, 회사가 주당 10달러를 벌었을 때 주당 6달러는 보유하고 주당 4달러만 배당금으로 지급하는 경우 재투자율은 60퍼센트다. 재투자율은 유보율이라고도 한다.

저비용 생산자low-cost producer : 가장 낮은 단위당 비용으로 제품이나 서비스를 생산하는 회사.

저작권copyright : 저작권 소유자의 허가가 있어야만 복제할 수 있도록 지적 재산권 작업을 보호하는 법적 장치. 예를 들면 책, 음악, 영화 및 예술품에는 저작권이 있다.

저작권 사용료royalty : 영화, 책, 음악 또는 텔레비전 프로그램과 같은 작품의 판매에 대해 예술가나 작가에게 지불하는 대가. 사업의 세계에서 저작권 사용료는 특허 또는 기타 유형의 지식재산권에도 적용될 수 있다.

저축계좌savings account : 대부분의 은행에서 제공하는 금융계좌. 저축계좌는 '요구불예금' 상품으로 여겨지므로 고객은 언제든지 잔액을 전액 찾을 수 있다. 일반적으로 최대 25만 달러까지 연방예금보험회사FDIC에서 보증한다.

적자생존survival of the fittest : 생물학자 찰스 다윈이 제안한 이론으로, 시간이 지남에 따라 생물이 어떻게 진화하는지 설명한다. 자본주의의 맥락에서 이 이론은 강한 기업이 시장점유율을 확보하는 현상, 또는 약한 기업을 시장에서 몰아내는 현상을 뜻하기도 한다.

전기차 연방세 크레딧electric vehicle federal tax credit : 전기차를 구매할 때 정부에서 제공하는 세금 혜택.

전당포pawn shop : 가치가 있는 물건을 판매할 수 있는 장소로 1~4개월 이내에 더 높은 가격으로 해당 물건을 재구매할 수 있다. 꼭 물건을 팔 필요 없이 전당포에서 물건을 살 수도 있다. 전당포에 물건을 맡기는 사람은 물건을 담보로 대출을 받는 셈이다.

전미증권업협회 자동시세시스템 National Association of Securities Dealers Automated Quotations System, NASDAQ : 맨해튼 타임스퀘어에 있는 증권거래소. NYSE와 달리 NASDAQ에는 물리적인 거래소가 없다. NASDAQ에 상장된 주식은 전국적으로 상호연결된 거래 시스템을 통해 거래한다.

전자증권거래네트워크 Electronic Communication Network, ECN : 인스티넷 또는 NYSE 아카NYSE Arca 같은 전자 증권거래소. 실제 거래소가 필요하지 않다.

점보모기지jumbo mortgage : 정부 후원 주택 기관에서 정한 기준에 부합하며 가치가 최소 48만 4,850달러인 대형 주택담보대출. 뉴욕, 로스앤젤레스, 마이애미, 샌프란시스코와 같은 부동산 가격이 비싼 지역에서는 점보모기지 기준이 72만 6,525달러까지 높아지기도 한다.

정기예금증서certificate of deposit, CD : 은행에서 제공하는 금융 상품으로 보통 6개월에서 5년 동안 돈을 묶어놓아야 한다. CD는 일반적으로 당좌예금계좌 및 저축계좌보다 높은 이자율을 지급한다.

정크본드junk bond : 채무 불이행 위험이 큰 채권으로 일반적으로 S&P 또는 기타 신용 평가 기관에서 BB+ 이하로 평가된 채권. 정크본드의 정식 명칭은 하이일드 채권이다.

조립라인 공정assembly-line techniques : 각 작업자 또는 로봇이 제품 생산 작업의 특정 부분만 담당하는 생산 공정. 헨리 포드는 조립라인 공정의 도움으로 모델 T 자동차를 대중에게 더 저렴하게 판매할 수 있었다.

종업원퇴직 연금제도 Simplified Employee Pension, SEP/SEP IRA : 소기업에서 사용하는 일반적인 은퇴 연금 계좌. SEP IRA는 전통적인 은퇴 연금 계획보다 서류 작업이 간편하다. 납부 금액은 비즈니스의 수익성에 따라 정해지며 일반적으로 기존 IRA와 비교해 납부 한도가 더 높은 편이다.

주가수익비율price-to-earining; PER : 주식 가격을 주당순이익으로 나눈 값. 예를 들어, 주식 가격이 주당 20달러이고 회사의 주당순이익이 2달러인 경우 주가수익비율은 10이다.

주식equity/equities : 주식을 뜻하는 공식 명칭으로 equity는 단수, equities는 복수다. 주식을 사면 기업의 소유권을 가질 수 있다.

주식 병합reverse split : 소유 주식 수가 줄어들고 주당 가격은 올라가는 회계 거래. 예를 들어, 투자자가 주당 1달러에 거래되는 주식 1천 주를 소유하고 있는 경우 1:10 주식 병합을 거치면 주당 10달러에 거래되는 주식 100주를 소유하게 된다. 5달러 지폐 두 장을 10달러 지폐 한 장으로 바꾸는 것과 비슷하다.

주식 분할stock split : 발행 주식 수와 주가를 변경하는 회계상 거래. 2:1 분할 전 주당 50달러짜리 주식 100만 주가 있었다면 분할 후에는 25달러짜리 주식 200만 주를 가지게 된다. 액면 분할은 10달러 지폐를 5달러 지폐

2장으로 바꾸는 것과 비슷하다. 총액은 10달러로 액면 분할 전과 후가 같다.

주인 직접 매매 For Sale by Owner, FSBO : 소유자가 직접 판매용으로 등록한 부동산 또는 기타 제품. 소유자가 중개인에게 줄 수수료를 피해 비용을 아끼고자 할 때 이뤄진다.

주주stockholders : 기업의 주식을 소유한 개인 또는 기관. 주주shareholder라고도 한다.

주주자본shareholders' equity : 대차대조표에 표기된 총자산에서 부채총액을 뺀 값. 주주지분stockholders' equity, 자기자본owners' equity, 순자산 또는 장부가액book value이라고도 한다.

주택자기자본대출home equity loan : 주택의 시장가치와 주택담보대출의 차액(주택 자기자본)에 대한 대출. 일반적으로 주택에 대한 자기자본이 20퍼센트 이상이면 주택담보대출을 받을 수 있다. 주택담보 대출자는 기존의 주택담보대출과 주택자기자본대출, 두 가지 대출에 대해 상환금을 갚게 된다. 주택자기자본대출은 제2의 주택담보대출이라고도 부른다.

주택담보대출mortgage : 아파트, 단독주택 또는 다가구 주택을 포함한 다양한 형태의 주택을 구매할 수 있도록 돕기 위한 대출.

주택담보대출 관리회사mortgage servicer : 주택 소유자의 주택담보대출 월 상환액을 수금하고 처리하는 금융회사.

중개 수수료commission : 제품이나 서비스의 판매를 위해 판매원에게 지불하는 비용. 예를 들어, 부동산 중개인은 중개한 주택이 거래되면 판매 대금의 6퍼센트를 수수료로 받아 자신의 고용인 및 다른 중개인과 나눠 가진다.

중고품 할인 판매점thrift shop : 기증품을 판매하는 상점. 자선단체나 비영리 기관에서 운영하는 경우가 많다. 굿윌인더스트리Goodwill Industries는 중고품 할인 판매 업계에서 가장 큰 회사 중 하나다. 중고품 할인 판매점에서는 일반적으로 의류, 신발, 책, 장난감, 스포츠 용품, 전자 제품 및 가정용품을 포함한 다양한 품목을 저렴한 가격에 판매한다.

중복 할인double-couponing : 제조업체와 소매업체에서 제공하는 할인을 결합하는 것. 예를 들어, 고객은 슈퍼마켓에서 할인 판매 중인 아이스크림에 아이스크림 제조업체에서 제공하는 쿠폰을 적용해 한 번 더 할인받을 수 있다.

중앙은행central bank : 특정 국가 또는 지역의 '은행들의 은행.' 잘 알려진 중앙은행으로는 연방준비은행(미국), 유럽중앙은행(유로화 사용 지역), 중국인민은행(중국), 일본은행(일본) 및 영국은행(영국)이 있다.

중형주mid cap : 시가총액이 10억 달러에서 100억 달러 사이인 주식.

증권 시장선 Security Market Line, SML : CAPM의 기반이 되는 주요 방정식. 기대수익과 위험 사이에 직선 관계가 있다는 이론을 제시한다. 증권 시장선에는 무위험 이자율, 시장 위험 척도(베타), 시장 심리 요인(시장 위험 프리미엄)이 포함된다.

증권거래위원회Securities and Exchange Commission, SEC : 미국 금융 시장을 감시하는 미국 법무부의 부서. SEC에서는 상장 기업이 감사를 받은 재무제표를 작성하도록 요구하고, 다른 여러 임무를 비롯해 기업에서 내부 거래나 시장조작 활동이 있지 않은지 추적한다.

증권인수업자underwriter : 기업으로부터 주식을 사서 대중에게 판매하겠다고 제안하는 투자 은행. 위험을 줄이기 위해 하나 이상의 회사가 모여 그룹으로서 주요 인수업무를 맡는 경우도 종종 있다.

지급준비금reserve requirement : 은행이 실물 화폐 또는 전자 화폐 형태로 연준 금고에 보관해야 하는 자금. 최근 미국의 지급준비율 기준은 거의 모든 은행에 대해 10퍼센트였지만 코로나19 팬데믹에 따른 경기 침체로 일시적으로 0퍼센트로 변경됐다.

지능지수Intelligence Quotient, IQ : 인지 능력 또는 문제를 추론, 계산, 이해 및 해결하는 방법을 측정하는 척도. IQ는 일반적으로 표준화된 테스트로 측정되며 전체 인구의 평균값은 100이다. 버핏은 IQ가 너무 높아도(예: 150) 성공적인 투자에 방해가 된다고 이야기한다.

지방채municipal bonds **또는 시채**munis : 주 정부, 지방 정부뿐만 아니라 학교와 같은 기타 비영리 기관에서 발행한 채권. 일반적으로 지방채에서 얻은 이자 소득에 대해서는 연방 소득세가 부과되지 않는다.

지배 지분controlling interest : 한 회사가 의결권이 있는 다른 회사의 주식의 50퍼센트 이상 소유한 경우.

지식의 민주화democratization of knowledge : 능력 기반 경제 체제에서는 열심히 노력해 능력을 갖춘 사람이 성공할 확률이 높다고 믿는 개념으로 앤드루 카네기를 비롯해 여러 사람이 제시했다.

지식재산권intellectual property, IP : 특허, 상표, 저작권 및 브랜드 이름과 같은 비물리적 자산. 지식재산권이 있으면 일반적으로 법적인 보호를 받을 수 있다.

직불카드debit card : 저축계좌 또는 당좌예금계좌에 연결된 금융 상품으로 소유자가 실제 현금을 가지고 다닐 필요 없이 자금을 사용할 수 있게 해준다. 체크카드의 현금은 일반적으로 현금인출기를 통해 얻을 수 있다.

차고 세일garage sale : 집 소유주가 중고 물품을 자신의 소유지에서 판매하는 것. 야드 세일이라고도 한다.

차용인borrower : 일반적으로 은행에서 대출을 받는 사람. 기관에서는 채무증권을 발행해 돈을 빌리기도 한다.

창조적 파괴creative destruction : 새로운 특정 산업이 기존 산업을 대체하거나 파괴하는 현상을 설명하기 위해 20세기 전반 하버드 경제학자였던 조지프 슘페터가 창안한 이론. 예를 들어, 자동차가 널리 사용되기 시작하면서 버기 채찍, 말, 마차에 대한 수요가 파괴됐다.

채권bond : 기업, 정부, 기타 기관에서 투자자로부터 자금을 대출받는 방식. 일반적으로 이자를 지급하며 만기 시 액면가 또는 원금을 반환한다.

채권자creditor : 돈을 빌려준 사람이나 기관. 예를 들어, 채권 소지자는 회사채를 발행하는 회사의 채권자이다.

채권자 모기지 보험 Lenders Mortgage Insurance, LMI : 대출자가 주택담보대출을 갚지 않을 경우 대출 기관을 보호하는 보험이다. 채권자 모기지 보험은 보통 대출자가 20퍼센트 미만의 계약금을 내고 주택을 구매할 때 요구된다. 일반적으로 연간 주택담보대출액의 0.5퍼센트에서 1.0퍼센트의 추가 비용이 발생한다. 개인 모기지 보험PMI이라고도 한다.

채무 불이행default : 채권 또는 다른 대출에 대한 이자 또는 원금의 전액 또는 일부를 갚지 못한 경우. 엄밀히 말하면 대금 지급이 하루 이상 늦어지거나 한 푼이라도 부족하면 채무 불이행 상태에 있다고 본다.

채무 불이행 위험default risk : 대출자가 빚을 제때 또는 전액을 갚지 않을 가능성.

채무자 감옥debtors' prison : 법적으로 지켜야 하는 재정적 의무를 다할 수 없는 사람들을 위한 감옥. 1833년 미국 연방 수준에서 폐지됐지만, 주 정부에서 자체적으로 운영할 수 있다.

청산liquidation : 자산을 팔아 수익금을 현금화하는 과정. 예를 들어, 완전 파산 절차를 거치는 기업의 경우 청산 절차를 거친다.

초대형주mega cap : 시가총액이 1,000억 달러 이상인 주식.

초소형주micro cap : 시가총액이 1억 달러 미만인 주식.

총소득gross income : 세금이나 기타 비용을 빼기 전 소득. 주택담보대출 기관에서 차용인이 주택을 마련할 능력이 있는지 측정하기 위해 총소득을 사용하기도 한다.

총액인수firm commitment offering : 투자 은행에서 특정 금액(예: 1억 달러)의 회사 증권을 판매할 것을 회사에 보증하는 경우. 예를 들어 골드만삭스와 모건스탠리에서 자신들이 에어비앤비의 IPO 과정을 맡게 되면 50억 달러를 조달하겠다고 보증하는 경우다.

총자본total capital : 회사의 부채에 자본을 더한 금액.

총자산total assets : 대차대조표의 왼쪽에 기재된 항목들의 합계. 총자산은 유동자산에 장기자산을 더한 액수다. 유동자산은 현금 또는 신용판매와 같이 1년 이내에 현금으로 전환될 것으로 예상되는 자산이다. 장기자산은 부동산, 기계, 상점, 웹사이트 인프라 또는 특허나 브랜드 이름과 같은 무형자산을 포함할 수 있다.

최고의 아이디어best ideas approach **접근방식** : 상대적으로 적은 수의 투자 상품에 많은 자산을 투자하는 투자철학. 폭넓은 종목에 분산된 인덱스펀드와 달리 매우 집중된 포트폴리오를 형성한다. 최고의 아이디어 접근방식은 투자에 대한 강한 확신 접근방식high conviction approach이라고도 알려져 있다.

최소거래단위round lot : 100주 이상 주식 거래. 예전에는 최소 100주 이상 거래할 때 거래 비용이 낮았지만, 전자 거래가 널리 활용되는 요즘, 최소단위는 사실상 의미가 없어졌다.

최소상환액required minimum payment : 신용카드를 계속해서 안정적인 상태로 계속 사용하기 위해 갚아야 하는 최소 금액. 최소상환액은 신용카드 회사에 따라 다르지만, 일반적으로 신용카드 대금 잔액의 3~5퍼센트 정도다.

최적의 포트폴리오optimal portfolio : 감수할 수 있는 위험을 고려할 때 포트폴리오의 기대 수익을 극대화해 특정 투자자에게 맞는 투자 바구니. 수학적으로 최적의 포트폴리오는 효율적 프런티어와 투자자의 무차별 곡선의 접점이다.

추심과정clearing process : 수표나 유가증권이 현금으로 전환되기 전 거쳐야 하는 절차. 개인 수표의 경우 최대 1주일까지 걸릴 수 있으며, 전신 송금은 거의 즉시 추심이 이루어진다.

침대 밑under the mattress : 돈을 보관할 수 있는 집 안의 안전한 장소나 쉽게 접근할 수 있으면서 안전하다고 여겨지는 장소. 이런 장소에 돈을 보관하면 이자는 발생하지 않는다. 대공황의 여파로 은행에 대한 신뢰를 잃고 자신의 집, 종종 매트리스 밑에 돈을 보관하는 사람들이 많아지면서 생긴 용어다.

카풀carpool : 한 명 이상의 사람과 함께 출퇴근하는 것. 카풀에 참가하는 사람들은 주유비를 절약하고 통근을 덜 무료하게 할 수 있다.

콘센서스 전망치consensus estimate : 특정 데이터 수치와 관련된 전문 증권 애널리스트 전망치의 평균. 일반적으로 상장 주식의 수익 전망치, 매출 전망치 및 가격 목표에 대해 콘센서스를 생성한다.

쿠오타quota : 영업 사원이 안정적으로 회사 생활을 하기 위해 충족해야 하는 최소한의 영업 건수.

쿠폰coupon : 채권에 대해 지불하는 이자의 금액. 대부분의 국채와 회사채는 1년에 두 번 쿠폰을 지급한다. 쿠폰이라는 이름은 수십 년 전에는 이자를 받을 때 브로커에게 채권 증서에 부착된 쿠폰을 내고 이름을 대야 했던 데서 비롯됐다. 채권을 통해 받는 고정 소득의 의미가 아닐 때는 제품이나 서비스에 대한 할인을 받을 수 있도록 해주는 인쇄된 또는 전자 형태의 물건을 뜻한다.

클로징 비용closing cost : 주택의 공식적인 판매일에 발생하는 비용. 클로징 비용에는 첫 달 주택담보대출 상환금, 변호사 비용 및 재산세와 같은 항목이 포함된다.

탑라인 top line : 매출 또는 수입을 뜻하는 용어로 회사 손익계산서의 첫 번째 또는 최상위에 등장하는 항목이기 때문에 붙은 별명이다.

텀론 term loan : 은행 대출의 다른 이름으로, 특히 대출자가 기관인 경우에 쓰이는 용어다. 텀론은 일반적으로 회사채보다 먼저 상환되기 때문에 채권자가 감수할 신용 위험 측면에서 회사채보다 더 안전한 경향이 있다.

통화 공급량 money supply : 경제에서 유통되고 있는 화폐의 총량. 화폐 공급을 측정하는 방식에는 여러 가지가 있다. 현금만 포함하는 좁은 측정 방식부터 현금에 다양한 형태의 저축 예금 및 단기 자금 시장 펀드 등의 자산을 포함하는 방식까지 다양하다.

퇴직 연금 pension plan : 개인을 위한 퇴직 연금으로, 일반적으로 퇴직 직전 근속 기간과 연봉에 따라 액수가 결정된다. 예를 들어, 한 지역에서 30년 동안 근무한 경찰은 퇴직 전 최근 3년 동안 받던 연봉 평균의 일부(예: 70퍼센트)를 받게 된다. 연금 관리는 개인이 아닌 회사나 관리 대행사에서 맡는다.

투자등급 채권 investment grade bond : 약속된 지급금을 지급할 가능성이 큰 기업이 발행한 채권. S&P와 같은 신용 평가 기관에서 BBB 이상으로 평가한 기업들이다. 투자등급 채권의 반대는 고수익률 채권 또는 정크본드다.

투자 은행가 investment banker : 투자 은행 회사에 근무하고 IPO, 유가증권 거래, 인수합병에 관한 조언을 제공하며, 투자 은행과 관련된 활동에 참여하는 사람들.

투자 은행사 investment banking firm : 기관에서 자본을 조달하고 증권을 거래하고 투자하고 인수합병에 참여하는 것을 돕는 금융회사.

투자자본수익률 return on an investment, ROI : 돈이 늘어나는 비율 또는 손실을 보고 있을 때 돈이 감소하는 비율. ROI는 자산을 사고팔 때의 가격 차이에 투자에서 벌어들인 흐름을 더하고 이 값을 초기 투자 비용으로 나눈 값이다. 예를 들어, 주식을 10달러에 매수하고 1년 동안 배당금으로 1달러를 받은 다음 매수 후 정확히 1년 후에 12달러에 매도하는 경우 ROI는(12달러+1달러-10달러)/10달러, 즉 30퍼센트가 된다. ROI는 다른 투자와 더 쉽게 비교할 수 있도록 연 단위로 계산된다.

투자활동으로 인한 현금흐름 cash flow from investing activities, CFI : 기업에서 장기투자로 창출한 현금. 예를 들어, 코카콜라에 투자한 버크셔해서웨이는 배당금을 받거나 코카콜라 주식을 판매할 때마다 현금을 창출할 수 있다. 유형자산 PP&E 투자도 CFI에 속한다.

툼스톤 광고 tombstone : IPO 과정 등을 통해 곧 일반 대중에게 판매될 주식을 홍보하기 위해 경제 관련 정기간행물에 싣는 광고.

특별 배당 special dividend : 기업에서 일시적인 큰 수익을 거뒀거나 세금과 관련된 이유로 지급되는 일회성 또는 반복되지 않는 배당금.

특허 patent : 발행 후 최대 20년까지 경쟁자가 동일한 제품이나 서비스를 생산하지 못하도록 하는 지식재산권의 한 유형. 일반적으로 저작권료라고 하는 수입을 얻기 위해 특허를 사용하도록 허락할 수 있다.

티저금리 teaser rate : 신용카드 또는 기타 금융 상품에 대해 은행에서 임시로 제공하는 낮은 이자율.

티커 테이프 머신ticker tape machine : 컴퓨터가 보급되기 전에 주식 시세를 제공하던 기계.

티커 테이프 퍼레이드ticker tape parade : 뉴욕 양키스가 월드 시리즈에서 우승하는 등 주목할 만한 업적을 세운 이들을 축하하기 위해 티커 테이프를 창밖으로 던지며 진행하는 퍼레이드. 티커 테이프 퍼레이드는 맨해튼의 브로드웨이에서 종종 이뤄진다. 요즘은 티커 테이프 퍼레이드에 파쇄된 종이나 색종이 조각 등을 사용한다.

파괴적 혁신disruptive innovation : 현재 시장을 선도하는 기업의 제품을 추월할 가능성이 클 뿐만 아니라 더 유용하고 더 빠르며 더 저렴한 제품 또는 서비스를 설명하는 데 사용되는 용어. 예를 들어, 최초의 스마트폰인 아이폰은 시장에 나와 있는 다른 휴대전화 제조업체에 부정적인 영향을 미치는 제품이었다.

파산bankruptcy : 일부 채무자의 차용인에게 부채를 탕감해주거나 부채를 일련의 과정을 통해 구조 조정할 수 있는 법적 절차. 파산을 원하는 개인이나 회사는 일반적으로 자산을 훨씬 초과하는 부채를 가지고 있다. 개인과 기업 모두 파산 신청 후 몇 년 동안 합리적인 이자율로 신용 거래를 하기 어렵다.

파산 보호 신청 Chapter 11 bankruptcy : 부채 구조를 조정한 후 운영을 계속할 수 있도록 하는 기업 파산 유형. GM, 코닥 및 메이시스 백화점과 같은 여러 유명 기업이 파산 보호 신청 과정을 거쳤다.

판매관리비selling, general & administrative, SG&A : 직원 급여, 부동산, 유틸리티, 컴퓨터 및 기타 물품 사용과 관련해 발생하는 지출. 판관비를 비공식적으로 간접비라고도 한다. 정식 명칭으로 매출원가COGS인 제품 생산 비용과 판관비는 서로 다른 비용이다.

판매세sales tax : 상품이나 서비스의 판매에 대해 정부에 내는 세금. 판매세는 주에 따라 크게 다르며 현재는 약 0~11퍼센트로 책정돼 있다.

펀드매니저fund manager : 뮤추얼펀드, 연기금, 헤지펀드 등 투자 펀드를 운용하는 사람.

페어아이작앤드컴퍼니 Fair, Isaac and Company : 여러 금융기관에서 신용 또는 대출 결정을 내리기 위해 사용하는 개인 신용점수를 계산하는 데이터 분석 회사. 이 회사에서 산출하는 점수를 FICO 점수라고 부른다.

포인트point : 달러의 변화량 또는 사용 중인 통화 단위의 변화량. 주식이 2포인트 오르면 미국에서는 2달러가 올랐다는 뜻이다. 독일에서는 2유로, 영국에서는 2파운드를 의미한다. '포인트'라는 용어는 다우지수 또는 S&P500과 같은 시장 지수에도 적용된다.

포트폴리오portfolio : 투자 상품을 모아 담은 바구니.

표면금리coupon rate : 채권을 통해 지급되는 쿠폰을 액면가로 나눠 계산하는 이자율. 예를 들어, 채권의 연간 쿠폰이 50달러이고 액면가가 1,000달러면 표면금리는 5퍼센트다.

표준 공제standard deduction : 소득세를 낼 때 총소득에서 공제될 수 있는 금액. 현재 미국에서 부양가족 없는 미혼인 신고자에 대한 표준 공제액은 1만 2,400달러다. 세금을 공제받을 수 있는 지출이 표준 공제액을 초과한다면 항목별 공제를 선택해 세금을 줄일 수 있다.

표준 편차standard deviation : 분산의 제곱근으로 계산되며, 변수가 얼마나 분산 돼 있는지 정량적으로 측정한 값이다. 학계에서 위험을 평가하는 기준으로 사용되며 분산보다 더 직관적으로 평가할 수 있다.

표준화된 이익normalized earnings : 전체 경기 주기(일반적으로 5~10년) 동안의 평균 수입. 이익을 정상화하면 특히 경기에 민감한 기업의 경우 경제순응성을 어느 정도 제거할 수 있다.

프라임prime **등급**: FICO 점수 또는 기타 신용도 척도에 따라 최고 신용등급을 받은 고객. FICO 점수로 따졌을 때 일반적으로 740점에서 현재 최대 점수인 850까지의 점수를 받은 사람들이 프라임 등급에 속한다.

프라임레이트prime rate : 은행에서 신용등급이 가장 높은 고객에게 부과하는 이자율.

프리퀀트 플라이어 프로그램frequent flyer program : 회원이 특정 항공사 또는 계열사를 이용할 때마다 혜택을 제공하는 리워드 프로그램. 예를 들어, 델타 스카이마일스는 델타항공과 그 계열사의 프리퀀트 플라이어 프로그램이다. 스카이마일스는 무료 항공권을 받거나 좌석을 업그레이드하거나 기타 상품 및 서비스를 구매하는 데 사용할 수 있다.

플로트float : 받은 돈과 빚진 돈의 차액으로 벌어들인 돈. 예를 들어, 버크셔해서웨이의 보험 부서는 보험료를 걷어 투자하는데, 결국 청구된 보험금을 이 자금의 일부에서 지불해야 한다.

피난처safe haven : 주식 시장이나 경제에 문제가 있을 때 실적이 양호한 투자 상품. 미국 재무부 증권, 금, 스위스 국채 등이 피난처 투자 상품의 일반적인 예시다.

하이일드high yield **채권:** 채무 불이행 위험이 큰 채권으로 일반적으로 S&P 또는 기타 신용 평가 기관에서 BB+ 이하로 평가되는 채권. 하이일드 채권의 정식 명칭은 정크본드다.

할인율discount rate**:** 할인율은 앞으로 받게 될 금액의 가치를 지정된 비율로 감소시킨다. 미래에 받게 될 1달러는 인플레이션, 투자 위험 및 은행에 넣었을 때 받을 수 있는 이자로 인해 오늘 받을 수 있는 1달러보다 가치가 없다. 할인율이 높을수록 투자 위험이 크며 그 반대도 마찬가지다.

할인채권discount bond**:** 시장가격이 액면가보다 낮은 채권(예: 900달러 vs. 1천 달러). 할인채권은 일반적으로 위험이 비슷한 채권의 수익률보다 표면금리가 낮을 때 발생한다.

할증채premium bond**:** 시장가격이 액면가보다 높은 채권(예: 1,100달러 vs. 1,000달러). 일반적으로 채권의 표면금리가 비슷한 위험도를 가진 채권의 수익률보다 높을 때 프리미엄이 발생한다.

항공기 분할 소유권fractional jet ownership**:** 항공기 또는 항공기 여러 대에 대한 부분 소유권. 버크셔해서웨이의 자회사인 넷젯은 고객에게 항공기 소유권을 나눠 판매하는 가장 큰 회사 중 하나다. 전용기를 소유하려면 비용이 매우 많이 들며, 항공기 분할 소유권을 통해 부유한 고객들에게 개인용 항공기로 여행할 기회를 제공할 수 있다.

항목별 공제itemize**:** 세금 신고서에 세금 공제 가능한 비용을 모두 나열하는 방법으로 세금을 공제받는 것.

항목별 광고classified AD : 제품이나 서비스를 판매하기 위한 광고. 분류된 광고는 원래는 신문 광고였지만 온라인에서 점점 더 많이 사용되고 있다.

해외 주식 시장에 투자investing internationally : 모국 이외의 지역에 투자하는 것. 예를 들어, 미국 투자자가 중국 주식에 투자하는 경우다.

해자moat : 경쟁을 줄이거나 없앨 수 있는 기업 주변에 둘린 장벽. 예를 들어, 특허는 최대 20년 동안 지속되는 경쟁에 대한 법적 장벽이다.

현금인출기ATM : 현금을 인출하고 예금할 수 있는 기계. ATM을 사용하려면 보통 직불카드 또는 신용카드가 필요하다.

현금화cash out : 비유동 자산을 팔아 현금으로 바꾸는 것. 현금화의 예시로는 상장되지 않았던 주식을 IPO를 통해 매각하는 것 등이 있다.

현금흐름표statement of cash flows : 재무제표의 기본 구성 요소 세 가지 중 하나. 기업으로 들어오고 나가는 현금의 규모를 보여준다. 현금흐름표는 영업활동 현금흐름CFO, 투자활동 현금흐름CFI, 재무활동 현금흐름CFF의 세 부분으로 나눌 수 있다.

현금흐름할인Discounted Cash Flow, DCF : 미래 현금흐름의 현재 가치로 자산을 평가하는 방법.

현재 가치 공식 Present Value : 미래에 특정 금액을 받기 위해 오늘 얼마를 지불해야 하는지 설명하는 공식. '현재가치=미래가치/(1+성장률)^T'로 표현할 수 있으며 T는 투자 기간을 나타낸다.

호황expansion : 경제 주기의 성장 단계. 수축의 반대말.

환경, 사회, 지배구조 Environment, Social, Governance, ESG **경영:** 주주의 부를 극대화하는 일에만 집중하는 기업 관리 방식이 아닌 모든 이해당사자(고객, 공급업체, 직원, 주주, 지역사회)를 두루 고려하는 기업 관리 접근방식.

회계연도fiscal year : 기업에서 작성한 재무제표에 반영된 연도. 달력 연도(1~12월)와 일치하지 않을 수 있다. 예를 들어, 기업에서 회계연도를 7월 1일부터 6월 30일까지로 설정할 수 있다.

회수율recovery rate : 파산 절차 중 채권 소지자 또는 기타 채권자가 받는 금액 (예: 1달러당 70센트).

효율적 시장efficient market : 가격에 새로운 정보가 신속하고 적절하게 반영되는 시장.

효율적 시장 가설 Efficient Market Hypothesis, EMH : 자산 가격에 모든 정보가 신속하고 적절하게 반응하므로 지속적으로 시장을 이길 수 없다는 이론.

효율적 투자선efficient frontier : 가능한 모든 효율적인 포트폴리오를 그래프로 나타낸 것.

효율적 포트폴리오efficient portfolio : 투자자가 기꺼이 감수할 위험에 대해 기대수익을 극대화하는 포트폴리오. 투자자마다 허용할 수 있는 정도의 위험에 따른 효율적인 포트폴리오의 범위가 존재한다.

후불카드charge card : 카드를 계속 유지하려면 매월 대금을 전액 갚아야 하는 신용카드와 비슷한 상품이다. 반대로 신용카드는 카드를 유지하기 위해 매월 최소 금액만 갚으면 된다.

서문_버핏에게 돈과 인생을 배우다

- Nova, Annie. "Many Americans Who Can't Afford a $400 Emergency Blame Debt." CNBC, July 21, 2019. https://www.cnbc.com/2019/07/20/heres-why-somany-americans-cant-handle-a-400-unexpected-expense.html.

제1장_버핏은 누구인가?

- "Bloomberg Billionaires Index." Bloomberg.com, Bloomberg News. Accessed June 10, 2020. http://www.bloomberg.com/billionaires/.
- Brownlee, Adam P. "Warren Buffett: Be Fearful When Others Are Greedy." Investopedia, April 5, 2019. https://www.investopedia.com/articles/investing/012116/warren-buffett-be-fearful-when-others-are-greedy.asp.
- Buffett, Warren. "Berkshire Hathaway Inc. Shareholder Letters." Accessed June 10, 2020. https://www.berkshirehathaway.com/letters/letters.html.
- Buffett, Warren. "Letter to Shareholders of Berkshire Hathaway Inc." Berkshire Hathaway, Inc., 1990. https://www.berkshirehathaway.com/letters/1990.html.
- Buffett, Warren. "My Philanthropic Pledge." The Giving Pledge. Accessed June 27, 2020. https://givingpledge.org/Pledger.aspx?id=177.
- Buffett, Warren. Secret Millionaires Club: Volume 1. A Squared, 2013. https://www.smckids.com/.
- Carnegie, Dale. How to Win Friends and Influence People. New York: Simon & Schuster, 1936.
- Close, Kerry. "Warren Buffett Documentary to Air on HBO | Fortune." Fortune, December 7, 2016. https://fortune.com/2016/12/07/warren-buffett-documentaryhbo/.

- "Cryptocurrency Pioneer Bids $4.5 Million to Have Lunch with Warren Buffett." MarketWatch, June 3, 2019. https://www.marketwatch.com/story/crypto-currency-pioneer-bids-45-million-to-have-lunch-with-warren-buffett-2019-06-03.
- Dillon. "Why Warren Buffett Decided to Close His Investment Partnership in 1969." Vintage Value Investing, September 21, 2016. https://www.vintagevalueinvesting.com/warren-buffett-decided-to-close-his-buffett-partnership/.
- Duke, Phil La. "If 80 Percent of Success Is Showing Up Then 20 Percent Is Following Up." Entrepreneur, November 8, 2016. http://www.entrepreneur.com/article/282745.
- FINN. "Warren Buffett on Reputation: Lose a Shred and I Will Be Ruthless(1991)." YouTube Video, 1:00, February 22, 2016. https://www.youtube.com/watch?v=7u7-UNSkr4o.
- Garnett, Laura. "27 Quotes That Will Inspire You to Have Work You Love." Inc., November 4, 2019. https://www.inc.com/laura-garnett/27-quotes-that-willinspire-you-to-have-work-you-love.html.
- Gonzales, Sara. "Dairy Queen Closes Franchise after Owner's Racist Tirade againsta Biracial Customer." TheBlaze, January 9, 2017. http://www.theblaze.com/news/2017/01/09/dairy-queen-closes-franchise-after-owners-racist-tiradeagainst-a-biracial-customer/.
- Green, William. "I've Followed Warren Buffett for Decades and Keep Coming Back to These 10 Quotes." Observer, May 4, 2015. https://observer.com/2015/05/ivefollowed-warren-buffett-for-decades-and-keep-coming-back-to-these-10-quotes/.
- Greenburg, Zack O'Malley. "How Ashton Kutcher and Guy Oseary Built a $250 Million Portfolio with Startups like Uber and Airbnb." Forbes magazine, August 9, 2016. http://www.forbes.com/sites/zackomalleygreenburg/2016/03/23/howashton-kutcher-and-guy-oseary-built-a-250-million-portfolio-with-startupslike-uber-and-airbnb/.
- Hilimire, Jeff. "The Inner Scorecard vs Outer Scorecard." Begin the Begin, July 28, 2016. https://jeffhilimire.com/2016/07/the-inner-scorecard-vs-outer-scorecard/.
- History.com Editors. "Great Recession." History.com. A&E Television Networks, October 11, 2019. https://www.history.com/topics/21st-century/recession.
- Kennon, Joshua. "Warren Buffet: One of the Wealthiest People in America." The Balance, March 19, 2020. http://www.thebalance.com/warren-buffett-timeline-356439.
- Langlois, Shawn. "From $6,000 to $73 Billion: Warren Buffett's Wealth through the Ages." MarketWatch, January 6, 2017. http://www.marketwatch.com/story/from-6000-to-67-billion-war ren-buffetts-wealth-through-the-ages-2015-08-17.
- Loomis, Carol. Tap Dancing to Work: Warren Buffett on Practically Everything, 1966–2012. London: Portfolio Penguin, 2014.
- Lowenstein, Roger. Buffett the Making of an American Capitalist. New York: RandomHouse Trade, 2008.
- Mikkelson, David. "Einstein and Compound Interest." Snopes.com, April 19, 2011. https://www.snopes.com/fact-check/compound-interest/.
- Miller, Jeremy. "This Is Warren Buffett's Top Investment Rule." Time, April 21, 2016. https://time.com/4286850/warren-buffetts-ground-rules/.
- Minaker, Frances C. One Thousand Ways to Make $1000: Practical Suggestions, Based on Actual

Experience, for Starting a Business of Your Own and Making Money in Your Spare Time. Austin, TX: The Greenleaf Groups, 2016.

- Myers, Brandon. "Ashton Kutcher Speech–een Choice Awards (HQ)." YouTube Video, 4:40, August 13, 2013, https://www.youtube.com/watch?v=FNXwKGZHmDc&t=4s.
- O'Toole, Garson. "I'm a Great Believer in Luck. The Harder I Work, the More Luck I Have" Quote Investigator, July 21, 2012. https://quoteinvestigator.com/2012/07/21/luck–hard–work/.
- O'Toole, Garson. "Showing Up Is 80 Percent of Life." Quote Investigator, June 10, 2013. https://quoteinvestigator.com/2013/06/10/showing–up/.
- Schroeder, Alice. The Snowball: Warren Buffett and the Business of Life. New York: Bantam Books, 2009.
- Sellers, Patricia. "Warren Buffett's Secret to Staying Young: 'I Eat Like a Six–Year–Old'" Fortune, February 25, 2015. https://fortune.com/2015/02/25/warrenbuffett–diet–coke/.
- Smith, Robert. "Buffett Gift Sends $31 Billion to Gates Foundation." NPR, June 26, 2006. http://www.npr.org/templates/story/story.php?storyId=5512893.
- Stanford. "Steve Jobs' 2005 Stanford Commencement Address." YouTube Video, 15:04, March, 7 2008. https://www.youtube.com/watch?v=UF8uR6Z6KLc.
- Taylor, Bryan. "How the Salad Oil Swindle of 1963 Nearly Crippled the NYSE." Business Insider, November 23, 2013. http://www.businessinsider.com/thegreat–salad–oil–scandal–of–1963–2013–11.
- Tian, Charlie. "Jokes in Warren Buffett's Shareholder Letters." GuruFocus, November 22, 2016. http://www.gurufocus.com/news/459932/jokes–in–warren–buffettsshareholder–letters.
- Todd, Susan. "Graduate Students Spend a Day with Warren Buffett." Rutgers Business School–Newark and New Brunswick, October 17, 2016. https://www.business.rutgers.edu/news/graduate–students–spend–day–warren–buffett.
- Tolstoy, Leo. War and Peace. New York: New American Library, 2007.
- "Unemployment Rates and Earnings by Educational Attainment." US Bureau of Labor Statistics, September 4, 2019. https://www.bls.gov/emp/chartunemployment–earnings–education.htm.
- "What Is Financial Literacy–our Life Your Money." Public Broadcasting Service. Accessed June 13, 2020. http://www.pbs.org/your–life–your–money/more/what_is_financial_literacy.php.

제2장_버핏이 알려주는 투자의 기본 개념들

- Aesop. Aesop Fables. Franklin Center, PA: Franklin Library, 1984.
- Bernoulli, Daniel. "Exposition of a New Theory on the Measurement of Risk." Econometrica 22, no. 1 (1954): 23–36. https://doi.org/10.2307/1909829.
- Bingham, John. "Two Thirds of Today's Babies Could Live to 100." December 12, 2013. http://www.telegraph.co.uk/news/health/news/10511865/Two–thirdsof–todays–babies–could–live–to–100.html.
- "Buffett on Aesop's Formula for Value." The Investment Blog, November 12, 2009. http://thein-

vestmentsblog.blogspot.com/2009/11/aesops-formula-forvalue.html.

- Chen, James. "Time Value of Money (TVM) Definition." Investopedia, April 21, 2020. https://www.investopedia.com/terms/t/timevalueofmoney.asp.
- Clear, James. "The Marshmallow Experiment and the Power of Delayed Gratification." JamesClear.com. Accessed June 14, 2020. http://jamesclear.com/delayed-gratification.
- Dzombak, Dan. "25 Best Warren Buffett Quotes." The Motley Fool, September 28, 2014. https://www.fool.com/investing/general/2014/09/28/25-best-warrenbuffett-quotes.aspx.
- Herbison, B.J. "Notes on the Translation of Don Quixote." Herbison Consulting, March 28, 2009. https://herbison.com/herbison/broken_eggs_quixote.html.
- Kaplan, M. Lindsay. William Shakespeare, Merchant of Venice: Texts and Contexts. Boston: Bedford/St. Martin's, 2002.
- Loomis, Carol. Tap Dancing to Work: Warren Buffett on Practically Everything, 1966-2012. London: Portfolio Penguin, 2014.
- Popik, Barry. "Sell Down to the Sleeping Point." The Big Apple, October 2, 2008. http://www.barrypopik.com/index.php/new_york_city/entry/sell_down_to_the_sleeping_point_wall_street_proverb.
- Rose, Autumn. "10 Billionaires Give Their Best Advice on Getting-nd Staying-Rich." Business Insider, April 20, 2016. https://www.businessinsider.com/10-billionaires-give-their-best-advice-on-getting-and-staying-rich-2016-4.

제3장_버핏이 알려주는 꼭 알아야 할 금융 상식

- Akin, Jim. "What Are the Different Credit Score Ranges?" Experian, January 7, 2019. http://www.experian.com/blogs/ask-experian/infographic-what-arethe-different-scoring-ranges/.
- Buffett, Warren. "Letter to Shareholders of Berkshire Hathaway Inc." Berkshire Hathaway, Inc., 2009. https://www.berkshirehathaway.com/letters/2009.html.
- Buffett, Warren. Secret Millionaires Club: Volume 1. A Squared, 2013. https://www.smckids.com/.
- "Great Depression." History.com. A&E Television Networks. Accessed June 27, 2020. https://www.history.com/topics/great-depression.
- Hill, Kashmir. "Bitcoin Battle: Warren Buffett vs. Marc Andreessen," March 27, 2014. https://www.forbes.com/sites/kashmirhill/2014/03/26/warren-buffettsays-bitcoin-is-a-mirage-why-marc-andreessen-thinks-hes-wrong/.
- Langager, Chad. "How Is My Credit Score Calculated?" Investopedia, February 12, 2020. http://www.investopedia.com/ask/answers/05/creditscorecalculation.asp.
- Loomis, Carol. Tap Dancing to Work: Warren Buffett on Practically Everything, 1966-2012. London: Portfolio Penguin, 2014.
- Steverman, Ben. "The Credit Card Rewards War Rages. Are You the Loser?" Bloomberg, June 26, 2017. https://www.bloomberg.com/news/articles/2017-06-26/the-credit-card-rewards-

- "Warren Buffett: People Should Avoid Using Credit Cards as a Piggy Bank to Be Raided." Yahoo! News. Yahoo!, May 3, 2020. https://www.yahoo.com/news/warren-buffett-people-avoid-using-011209713.html?bcmt=1.
- Wolff-Mann, Ethan. "The Average American Is in Credit Card Debt, No Matter the Economy." Money, February 9, 2016. https://money.com/average-americancredit-card-debt/.

제4장_버핏이 알려주는 채권 및 인플레이션

- Buffett, Warren. "Letter to Shareholders of Berkshire Hathaway Inc." Berkshire Hathaway, Inc., 1980. https://www.berkshirehathaway.com/letters/1980.html.
- Buffett, Warren. "Letter to Shareholders of Berkshire Hathaway Inc." Berkshire Hathaway, Inc., 1990. https://www.berkshirehathaway.com/letters/1990.html.
- Buffett, Warren. "Letter to Shareholders of Berkshire Hathaway Inc." Berkshire Hathaway, Inc., 2011. https://www.berkshirehathaway.com/letters/2011.html.
- "Comparing Series EE and Series I Savings Bonds." Treasury Direct. Accessed June 14, 2020. https://www.treasurydirect.gov/indiv/research/indepth/ebonds/res_e_bonds_eecomparison.htm.
- Espiner, Tom. "'Bowie Bonds'-he Singer's Financial Innovation." BBC News. BBC, January 11, 2016. https://www.bbc.com/news/business-35280945.
- Kaeding, Nicole. "State Individual Income Tax Rates and Brackets for 2016." Tax Foundation, February 8, 2016. https://taxfoundation.org/state-individualincome-tax-rates-and-brackets-2016/.
- Kenny, Thomas. "How Likely Is It That a Bond Will Default?" The Balance, January 27, 2020. https://www.thebalance.com/what-is-the-default-rate-416917.
- Leinfuss, Nancy. "Entertainment Royalty ABS Seen Gaining Momentum." Thomson Reuters, January 19, 2007. https://www.reuters.com/article/financial-assetbackeds-entertainment/entertainment-royalty-abs-seen-gainingmomentum-idUSN0845429320061109.
- Mislinski, Jill. "Inside the Consumer Price Index: May 2020." Advisor Perspectives, June 10, 2020. https://www.advisorperspectives.com/dshort/updates/2017/06/14/what-inflation-means-to-you-inside-the-consumer-price-index.

제5장_주식이란 무엇인가?

- Belludi, Nagesh. "The Drunkard's Search or the Streetlight Effect [Cognitive Bias]." Right Attitudes, February 26, 2016. https://www.rightattitudes.com/2016/02/26/drunkard-search-streetlight-effect/.

- Bodie, Zvi, Alex Kane, and Alan J. Marcus. Investments, 10th edition. New York: McGraw-Hill Education, 2013.
- Buffett, Warren. "Letter to Shareholders of Berkshire Hathaway Inc." Berkshire Hathaway, Inc., 1981. https://www.berkshirehathaway.com/letters/1981.html.
- Buffett, Warren. "Letter to Shareholders of Berkshire Hathaway Inc." Berkshire Hathaway, Inc., 1988. https://www.berkshirehathaway.com/letters/1988.html.
- Buffett, Warren. "Letter to Shareholders of Berkshire Hathaway Inc." Berkshire Hathaway, Inc., 1993. https://www.berkshirehathaway.com/letters/1993.html.
- Buffett, Warren. "Letter to Shareholders of Berkshire Hathaway Inc." Berkshire Hathaway, Inc., 2000. https://www.berkshirehathaway.com/letters/2000.html.
- Buffett, Warren. "Letter to Shareholders of Berkshire Hathaway Inc." Berkshire Hathaway, Inc., 2004. https://www.berkshirehathaway.com/letters/2004.html.
- Buffett, Warren. "Letter to Shareholders of Berkshire Hathaway Inc." Berkshire Hathaway, Inc., 2013. https://www.berkshirehathaway.com/letters/2013.html.
- Chiglinsky, Katherine. "Buffett's Railroad Aims to Sustain Its Profit Streak as Rivals Grow Wary." Bloomberg, August 1, 2019. https://www.bloomberg.com/news/articles/2019-08-01/buffett-s-bnsf-aims-to-sustain-profit-streak-as-rivalsgrow-wary.
- Fama, Eugene F. "The Behavior of Stock-Market Prices." Journal of Business 38, no. 1 (1965): 34. https://doi.org/10.1086/294743.
- Graham, Benjamin, and Jason Zweig. The Intelligent Investor: The Definitive Book on Value Investing. New York: Harper Business, 2006.
- Hargreaves, Rupert. "Warren Buffett Explains Why He No Longer Shorts Stocks." GuruFocus.com. Yahoo!, March 13, 2019. https://finance.yahoo.com/news/warren-buffett-explains-why-no-204005627.html.
- "John D. Rockefeller Quotes." Accessed June 14, 2020. https://www.brainyquote.com/quotes/quotes/j/johndrock129792.html.
- Jun, Jae. "3 Of the Most Overpriced Stocks with Real Downside Risk." Old School Value, March 3, 2020. https://www.oldschoolvalue.com/stock-analysis/3-mostoverpriced-stocks-with-real-downside-risk/.
- Levine, Matt. "Warren Buffett Quadrupled His Ketchup Investment." Bloomberg, March 25, 2015. https://www.bloomberg.com/view/articles/2015-03-25/warren-buffett-quadrupled-his-ketchup-investment.
- Malkiel, Burton Gordon. A Random Walk down Wall Street: Including a Life-Cycle Guide to Personal Investing. New York: Norton, 2000.
- "Morningstar Style Box." Morningstar. Accessed June 27, 2020. https://www.morningstar.com/InvGlossary/morningstar_style_box.aspx.
- Proctor, William, and Scott Phillips. The Templeton Touch. West Conshohocken, PA: Templeton Press, 2012.
- Tuchman, Mitch. "5 Warren Buffett Quotes for Anyone Who Thinks They Can Pick Stocks and Get Rich like He Did." MarketWatch, August 11, 2017. http://www.marketwatch.com/story/the-5-times-warren-buffett-talked-aboutindex-fund-investing-2017-04-28.

제6장_버핏은 이렇게 주식 투자했다

- "107 Best Warren Buffett Quotes on Life, Wealth, & Investing." Sure Dividend, January 10, 2019. http://www.suredividend.com/warren-buffett-quotes/.
- Bodie, Zvi, Alex Kane, and Alan J. Marcus. Investments, 10th edition. New York: McGraw-Hill Education, 2013.
- Buffett, Mary, and David Clark. Buffettology: The Previously Unexplained Techniques That Have Made Warren Buffett the World's Most Famous Investor. London: Pocket Books, 1999.
- Buffett, Warren. "Letter to Shareholders of Berkshire Hathaway Inc." Berkshire Hathaway, Inc., 1978. https://www.berkshirehathaway.com/letters/1978.html.
- Buffett, Warren. "Letter to Shareholders of Berkshire Hathaway Inc." Berkshire Hathaway, Inc., 1980. https://www.berkshirehathaway.com/letters/1980.html.
- Buffett, Warren. "Letter to Shareholders of Berkshire Hathaway Inc." Berkshire Hathaway, Inc., 1987. https://www.berkshirehathaway.com/letters/1987.html.
- Buffett, Warren. "Letter to Shareholders of Berkshire Hathaway Inc." Berkshire Hathaway, Inc., 1991. https://www.berkshirehathaway.com/letters/1991.html.
- Buffett, Warren. "Letter to Shareholders of Berkshire Hathaway Inc." Berkshire Hathaway, Inc., 1993. https://www.berkshirehathaway.com/letters/1993.html.
- Buffett, Warren. "Letter to Shareholders of Berkshire Hathaway Inc." Berkshire Hathaway, Inc., 1994. https://www.berkshirehathaway.com/letters/1994.html.
- Buffett, Warren. "Letter to Shareholders of Berkshire Hathaway Inc." Berkshire Hathaway, Inc., 1995. https://www.berkshirehathaway.com/letters/1995.html.
- Buffett, Warren. "Letter to Shareholders of Berkshire Hathaway Inc." Berkshire Hathaway, Inc., 1996. https://www.berkshirehathaway.com/letters/1996.html.
- Buffett, Warren. "Letter to Shareholders of Berkshire Hathaway Inc." Berkshire Hathaway, Inc., 1997. https://www.berkshirehathaway.com/letters/1997.html.
- Buffett, Warren. "Letter to Shareholders of Berkshire Hathaway Inc." Berkshire Hathaway, Inc., 2007. https://www.berkshirehathaway.com/letters/2007.html.
- Buffett, Warren. "Letter to Shareholders of Berkshire Hathaway Inc." Berkshire Hathaway, Inc., 2008. https://www.berkshirehathaway.com/letters/2008.html.
- Buffett, Warren. "Letter to Shareholders of Berkshire Hathaway Inc." Berkshire Hathaway, Inc., 2014. https://www.berkshirehathaway.com/letters/2014.html.
- Buffett, Warren. "Letter to Shareholders of Berkshire Hathaway Inc." Berkshire Hathaway, Inc., 2015. https://www.berkshirehathaway.com/letters/2015.html.
- Fisher, Philip A. Common Stocks and Uncommon Profits and Other Writings. Hoboken, NJ: Wiley, 2003.
- Frankel, Matthew. "What Percentage of Coca-Cola Does Warren Buffett Own?" The Motley Fool, March 10, 2017. https://www.fool.com/investing/2017/03/10/what-percentage-of-coca-cola-does-warren-buffett-o.aspx.
- Gordon, M. J. "Dividends, Earnings, and Stock Prices." The Review of Economics and Statistics 41, no. 2 (1959): 99–105. https://doi.org/10.2307/1927792.

- Hagstrom, Robert G. The Warren Buffett Way. Hoboken, NJ: Wiley, 2014.
- Graham, Benjamin, and Jason Zweig. The Intelligent Investor: The Definitive Book on Value Investing. New York: Harper Business, 2006.
- Loomis, Carol. Tap Dancing to Work: Warren Buffett on Practically Everything, 1966–2012. London: Portfolio Penguin, 2014.
- Lowenstein, Roger. Buffett the Making of an American Capitalist. New York: Random House Trade, 2008.
- Schroeder, Alice. The Snowball: Warren Buffett and the Business of Life. New York: Bantam Books, 2009.
- Team Tony. "The Mindset of a Champion." Tony Robbins, December 12, 2018. https://www.tonyrobbins.com/mind-meaning/the-mindset-of-a-champion/.
- The Wealth Acquirer. "Warren Buffett Gives the Best Advice in Just Three Minutes!" YouTube Video, 4:40, April 14, 2017. https://www.youtube.com/watch?v=7Qo_f7Gzqds.
- Witzel, Morgan. "Darwin Is More than Survival of the Fittest." Financial Times, November 3, 2010. https://www.ft.com/content/99d59478-e797-11df-8ade-00144feab49a.

제7장_버핏처럼 재무제표 보는 법

- "Apple Inc. (AAPL) Income Statement." Yahoo! Finance. Accessed June 27, 2020. https://finance.yahoo.com/quote/AAPL/financials?p=AAPL.
- "Berkshire Hathaway Inc. New (BRK-B) Balance Sheet." Yahoo! Finance. Accessed June 27, 2020. https://finance.yahoo.com/quote/BRK-B/balancesheet?p=BRK-B.
- "BNSF Railway-ews, Reports & Features for Rail Industry Professionals." Progressive Railroading. Accessed June 27, 2020. https://www.progressiverailroading.com/bnsf_railway/.
- Buffett, Mary, and David Clark. Warren Buffett and the Interpretation of Financial Statements The Search for the Company with a Durable Competitive Advantage. London: Simon & Schuster, 2011.
- Buffett, Warren. "Letter to Shareholders of Berkshire Hathaway Inc." Berkshire Hathaway, Inc., 1979. https://www.berkshirehathaway.com/letters/1979.html.
- Buffett, Warren. "Letter to Shareholders of Berkshire Hathaway Inc." Berkshire Hathaway, Inc., 1983. https://www.berkshirehathaway.com/letters/1983.html.
- Buffett, Warren. "Letter to Shareholders of Berkshire Hathaway Inc." Berkshire Hathaway, Inc., 1986. https://www.berkshirehathaway.com/letters/1986.html.
- Buffett, Warren. "Letter to Shareholders of Berkshire Hathaway Inc." Berkshire Hathaway, Inc., 1988. https://www.berkshirehathaway.com/letters/1988.html.
- Buffett, Warren. "Letter to Shareholders of Berkshire Hathaway Inc." Berkshire Hathaway, Inc., 1993. https://www.berkshirehathaway.com/letters/1993.html.
- Buffett, Warren. "Letter to Shareholders of Berkshire Hathaway Inc." Berkshire Hathaway, Inc., 1998. https://www.berkshirehathaway.com/letters/1998.html.

- Buffett, Warren. "Letter to Shareholders of Berkshire Hathaway Inc." Berkshire Hathaway, Inc., 2009. https://www.berkshirehathaway.com/letters/2009.html.
- CNBC. "Warren Buffett's Advice to Teen Investor," July 31, 2014. https://www.cnbc.com/video/2014/07/31/warren-buffetts-advice-to-teen-investor.html.
- Penman, Stephen H. Financial Statement Analysis and Security Valuation. New York: McGraw-Hill Higher Education, 2013.

제8장_버핏의 포트폴리오와 위험 관리 방식

- Bodie, Zvi, Alex Kane, and Alan J. Marcus. Investments, 10th edition. New York: McGraw-Hill Education, 2013.
- Buffett, Warren. "Letter to Shareholders of Berkshire Hathaway Inc." Berkshire Hathaway, Inc., 1993. https://www.berkshirehathaway.com/letters/1993.html.
- Buffett, Warren. "Letter to Shareholders of Berkshire Hathaway Inc." Berkshire Hathaway, Inc., 2011. https://www.berkshirehathaway.com/letters/2011.html.
- Buffett, Warren. "Warren Buffett: Why Stocks Beat Gold and Bonds." Fortune, February 9, 2012. https://fortune.com/2012/02/09/warren-buffett-whystocks-beat-gold-and-bonds/.
- Investment Master Class. "Diversification or Concentration? Quotes from Some of the Best Investors." ValueWalk, January 15, 2017. https://www.valuewalk.com/2017/01/diversification-concentration-quotes-best-investors/.
- Kroll, Luisa, and Kerry A Dolan, eds. "The Forbes 400 2019." Forbes, October 2, 2019. https://www.forbes.com/forbes-400/.
- LeylandPAM. "Warren Buffett speaks with Florida University." YouTube Video, 1:27:35, July 2, 2013. https://www.youtube.com/watch?v=2MHIcabnjrA.
- Loiacono, Stephanie. "Rules That Warren Buffett Lives By." Yahoo! Finance, February 23, 2010. https://web.archive.org/web/20111229015815/http://finance.yahoo.com/news/pf_article_108903.html
- Markowitz, Harry. "Portfolio Selection." Journal of Finance 7, no. 1 (1952): 77-91. https://doi.org/10.2307/2975974.
- Markowitz, Harry. Portfolio Selection: Efficient Diversification of Investments. New York: Wiley, 1970.
- Saft, James. "Buffett Champions Conglomerates, Don't Believe Him," March 4, 2015. http://blogs.reuters.com/james-saft/2015/03/04/buffett-championsconglomerates-dont-believe-him/.
- Udland, Myles. "Warren Buffett Defends Berkshire's Conglomerate Structure—and Fires a Huge Shot at Private Equity." Business Insider, February 28, 2015. http://www.businessinsider.com/warren-buffett-on-conglomerates-andprivate-equity-2015-2.
- Whitby, Jason. "The Illusion of Diversification: The Myth of the 30 Stock Portfolio." Investopedia, June 25, 2019. http://www.investopedia.com/articles/stocks/11/illusion-of-diversification.asp.

제9장_투자를 할 때 꼭 알아야 할 기업들

- Belvedere, Matthew J. "Warren Buffett: I Used Berkshire's Insights into the Furniture Business to Figure out Apple's Worth," May 8, 2017. https://www.cnbc.com/2017/05/08/billionaire-investor-warren-buffett-says-its-very-easy-tosee-where-apple-is-with-consumers-at-any-time.html.
- Buffett, Warren. "Letter to Shareholders of Berkshire Hathaway Inc." Berkshire Hathaway, Inc., 1983. https://www.berkshirehathaway.com/letters/1983.html.
- Buffett, Warren. "Letter to Shareholders of Berkshire Hathaway Inc." Berkshire Hathaway, Inc., 1989. https://www.berkshirehathaway.com/letters/1989.html.
- Chang, Sue. "The Dow's Tumultuous History, in One Chart." MarketWatch, February 3, 2018. https://www.marketwatch.com/story/the-dows-tumultuous-120-yearhistory-in-one-chart-2017-03-23.
- "Dow Jones Industrial Average (DJIA)-verview, History, & Components." Corporate Finance Institute. Accessed June 28, 2020. https://corporatefinanceinstitute.com/resources/knowledge/trading-investing/dow-jones-industrialaverage-djia/.
- "Drug Approvals-rom Invention to Market.. A 12 Year Trip," July 14, 1999. https://www.medicinenet.com/script/main/art.asp?articlekey=9877.
- ETMarkets.com. "Warren Buffett Biggest Regret: Not Investing in This Technology Giant!," May 6, 2017. https://economictimes.indiatimes.com/markets/stocks/news/warren-buffett-biggest-regret-not-investing-in-this-technology-giant/articleshow/58551975.cms?from=mdr.
- Lawler, Alex, Marwa Rashad, and Saeed Azhar. "Exclusive: Saudi Aramco Valuation Gap Persists as IPO Talks Resume − Sources," August 7, 2019. https://www.reuters.com/article/us-aramco-ipo-exclusive/exclusive-saudi-aramco-valuation-gap-persists-as-ipo-talks-resume-sources-idUSKCN1UX1PD.
- Victor, Daniel. "Consumer Reports Gives New Tesla Its Highest Score Ever," August 27, 2015. https://www.nytimes.com/2015/08/28/automobiles/teslamodel-s-p85d-consumer-reports-perfect-score.html.

제10장_투자를 할 때 꼭 알아야 할 경영인들

- "About Us: Nebraska Furniture Mart: Nebraska Furniture Mart." Nebraska Furniture Mart. Accessed June 15, 2020. https://www.nfm.com/about-us.
- "All Nobel Prizes." NobelPrize.org. Accessed June 28, 2020. https://www.nobelprize.org/prizes/lists/all-nobel-prizes.
- "Bloomberg Billionaires Index." Bloomberg.com. Bloomberg News. Accessed June 10, 2020. http://www.bloomberg.com/billionaires/.
- Buffett, Warren. "Letter to Shareholders of Berkshire Hathaway Inc." Berkshire Hathaway, Inc., 2005. https://www.berkshirehathaway.com/letters/2005.html.

- Buffett, Warren. "Letter to Shareholders of Berkshire Hathaway Inc." Berkshire Hathaway, Inc., 2013. https://www.berkshirehathaway.com/letters/2013.html.
- Buffett, Warren. "Letter to Shareholders of Berkshire Hathaway Inc." Berkshire Hathaway, Inc., 2015. https://www.berkshirehathaway.com/letters/2015.html.
- Buffett, Warren, et al. "2017 Berkshire Hathaway Shareholders Meeting (Full Transcription)." Vintage Value Investing, May 9, 2017. https://www.vintagevalueinvesting.com/2017-berkshire-hathaway-shareholders-meeting-full-transcription/.
- "Estee Lauder Biography." Biography.com. A&E Networks Television, August 22, 2019. https://www.biography.com/people/est%C3%A9e-lauder-9374625.
- Farnam Street. "The 'Circle of Competence' Theory Will Help You Make Vastly Smarter Decisions." Business Insider, December 5, 2013. https://www.businessinsider.com/the-circle-of-competence-theory-2013-12.
- Graham, Katherine. Personal History. New York: Random House, 1997.
- Knight, Phil. Shoe Dog. New York: Simon & Schuster, 2018.
- Kroll, Luisa, and Kerry A. Dolan, eds. "The Forbes 400 2019." Forbes, October 2, 2019. https://www.forbes.com/forbes-400/.
- La Roche, Julia. "Warren Buffett: Your Business Will Succeed If You Execute This 3-Word Mission." Yahoo! Finance, June 7, 2016. https://finance.yahoo.com/news/warren-buffett-best-advice-for-small-business-owners-203913790.html.
- Oyedele, Akin. "Buffett on Google: Imagine Having a Business Where 'a Cash Register Rung Somewhere out in California' Every Time Someone Clicks." Business Insider, May 8, 2017. http://www.businessinsider.com/warren-buffettsays-google-has-some-aspects-of-a-natural-monopoly-2017-5.
- Peterson-Withorn, Chase, and Madeline Berg. "Inside Kylie Jenner's Web of Lies-and Why She's No Longer a Billionaire." Forbes, June 1, 2020. https://www.forbes.com/sites/chase-withorn/2020/05/29/inside-kylie-jennerss-web-oflies-and-why-shes-no-longer-a-billionaire/.
- Sandberg, Sheryl. Lean In. New York: Alfred A. Knopf, 2013.

제11장_버핏처럼 검소하게 사는 법: 돈을 아끼는 일상의 팁

- Becoming Warren Buffett. Directed by Peter W. Kunhardt. HBO, 2017
- Belvedere, Matthew. "Amazon's Jeff Bezos Is 'the Most Remarkable Business Person of Our Age,' Says Warren Buffett." CNBC, May 5, 2017. http://www.cnbc.com/2017/05/05/amazons-jeff-bezos-is-the-most-remarkable-businessperson-of-our-age-says-warren-buffett.html.
- Blank, Adam. "Teen Barters Phone for a Porsche Convertible." CNN. Cable News Network, July 22, 2010. http://www.cnn.com/2010/LIVING/07/22/teen.barter.cell.porsche/.
- Buffett, Warren. "Letter to Shareholders of Berkshire Hathaway Inc." Berkshire Hathaway, Inc., 2007. https://www.berkshirehathaway.com/letters/2007.html.

- Buffett, Warren. "My Philanthropic Pledge." Fortune, June 16, 2010. http://archive.fortune. com/2010/06/15/news/newsmakers/Warren_Buffett_Pledge_Letter.fortune/index.htm.
- Carnegie, Dale. How to Win Friends and Influence People. New York: Simon &Schuster, 1936.
- Crippen, Alex. "Warren Buffett: Playing Bridge Theoretically More Interesting Than Naked Woman." CNBC, April 2, 2014. http://www.cnbc.com/id/23234847.
- Davis, Matt. "7 Garage Sale Finds That Were Worth Millions." TheRichest, May 10, 2014. http://www.therichest.com/luxury/most-expensive/7-garage-sale-finds-that-were-worth-millions/.
- "The Definitive Collection | Buffett in His Own Words." Warren Buffett Archive. CNBC, May 4, 2020. http://www.warrenbuffett.com/12-interesting-facts-you-didnt-know-about-warren-buffett/.
- Elkins, Kathleen. "Warren Buffett Eats the Same Thing for Breakfast Every Day—and It Never Costs More than $3.17." CNBC, January 30, 2017. https://www.cnbc.com/2017/01/30/warren-buffetts-breakfast-never-costs-more-than-317.html.
- Elkins, Kathleen. "Warren Buffett Once Bought Bill Gates Lunch at McDonald's with Coupons." CNBC, February 19, 2017. https://www.cnbc.com/2017/02/17/warren-buffett-once-paid-for-bill-gates-mcdonalds-meal-with-coupons.html.
- Elkins, Kathleen. "11 Of Warren Buffett's Funniest and Most Frugal Quirks." CNBC, May 9, 2017c. https://www.cnbc.com/2017/05/09/11-of-warren-buffetts-funniest-and-most-frugal-quirks.html.
- Elkins, Kathleen. "Here's How Much of Your Income You Should Be Spending on Housing." CNBC, June 6, 2018. https://www.cnbc.com/2018/06/06/how-much-of-your-income-you-should-be-spending-on-housing.html.
- Fidelity Viewpoints. "How Much You Should Save and Spend." Fidelity, March 3, 2020. https://www.fidelity.com/viewpoints/personal-finance/spending-andsaving.
- Greutman, Lauren. "Aldi vs. Walmart—hich One Is Really Less Expensive than the Other One?" Lauren Greutman, April 22, 2016. http://www.laurengreutman.com/aldi-walmart/.
- Leadem, Rose. "25 Surprising Facts About Warren Buffett." Entrepreneur. Accessed June 15, 2020. https://www.entrepreneur.com/article/290381.
- Loomis, Carol J. "Warren Buffett Gives Away His Fortune." Fortune, June 25, 2006. https://archive.fortune.com/2006/06/25/magazines/fortune/charity1fortune/index.htm.
- Loomis, Carol J. Tap Dancing to Work: Warren Buffett on Practically Everything, 1966–2012. London: Portfolio Penguin, 2014.
- Mathews, Brendan. "Warren Buffett Finally Explains Why Being Cheap Leads to Happiness." The Motley Fool, June 8, 2014. https://www.fool.com/investing/general/2014/06/08/warren-buffett-finally-explains-why-beingcheap-le.aspx.
- MacDonald, Kyle. One Red Paperclip: Or How an Ordinary Man Achieved His Dream with the Help of a Simple Office Supply. New York: Three Rivers Press, 2007.
- Skillings, Jon. "'Red Paperclip' House up for Bids." CNET, June 18, 2008. https://www.cnet.com/news/red-paperclip-house-up-for-bids/.
- "Top 10 Richest of All Time: Celebrity Net Worth Ranks Wealthiest in the World." nydailynews.

com. New York Daily News. Accessed June 15, 2020. http://www.nydailynews.com/news/
top-10-richest-people-time-gallery-1.1186737?pmSlide=1.1186732.

- Zheng, Ruonan. "Woodbury Commons as 'Essential as the Empire State,' Say Chinese Tour Operators." Jing Daily, January 10, 2018. https://jingdaily.com/woodbury-outlet-chinese-shopping/.

제12장_버핏처럼 현명하게 돈을 쓰는 법: 자동차와 집

- "2020 Chevrolet Spark Review, Pricing, and Specs." Car and Driver. Accessed June 17, 2020. http://www.caranddriver.com/chevrolet/spark.
- "Buying a Home in 10 Steps." Money Essentials. CNN, February 15, 2018. https://money.cnn.com/pf/money-essentials-home-buying/index.html.
- Capparella, Joey. "25 Best-Selling Cars, Trucks, and SUVs of 2019." Car and Driver, January 6, 2020. https://www.caranddriver.com/news/g27041933/best-sellingcars-2019/.
- Cordes, Henry. "Warren Buffett: New Lease for Corporate Headquarters Is Good News for Omaha and Berkshire." Omaha World-Herald, May 12, 2019. https://www.omaha.com/money/buffett/warren-buffett-new-lease-for-corporate-headquarters-is-good-news-for-omaha-and-berkshire/article_a2b19bf6-3cfd-511f-a850-98f747a03c21.html.
- Demuro, Doug. "How Much More Does a CPO Car Cost?" Autotrader, October 31, 2014. https://www.autotrader.com/car-tips/how-much-more-does-a-cpocar-cost-231072.
- Elkins, Kathleen. "Here's Why Warren Buffett Thinks You Should Buy a Home." CNBC, January 2, 2019. https://www.cnbc.com/2017/03/06/heres-whywarren-buffett-thinks-you-should-buy-a-home.html.
- Flannery, Joseph. "Warren Buffett's Golden Advice on Refinancing Your Mortgage." SELFi, August 20, 2019. https://selfi.com/warren-buffett-advice-refinancingmortgage/.
- Green, William. "I've Followed Warren Buffett for Decades and Keep Coming Back to These 10 Quotes." Observer, May 4, 2015. http://observer.com/2015/05/ivefollowed-warren-buffett-for-decades-and-keep-coming-back-to-these-10-quotes/.
- GuruFocus.com. "Warren Buffett: Why Berkshire Hathaway Doesn't Invest in Real Estate." Yahoo!, June 24, 2020. https://www.yahoo.com/news/warren-buffettwhy-berkshire-hathaway-210202230.html.
- Jenkins, Aric. "This Is the Best Time to Buy a Plane Ticket." Fortune, April 6, 2017. http://fortune.com/2017/04/06/best-time-to-buy-plane-tickets-domestic/.
- "Just How Frugal Is Billionaire Warren Buffett? You'd Be Surprised." South China Morning Post, February 8, 2019. https://www.scmp.com/magazines/style/peopleevents/article/2184930/just-how-frugal-billionaire-warren-buffett-youd-be.
- Kagan, Julia. "NINJA Loan Definition." Investopedia, February 21, 2020. https://www.investopedia.com/terms/n/ninja-loan.asp.
- Little, Kendall. "How to Buy a Car-0 Best Car-Buying Tips." Bankrate, November 29, 2018.

http://www.bankrate.com/loans/auto-loans/10-best-carbuying-tips-for-2017/.
- Lowenstein, Roger. Buffett: The Making of an American Capitalist. New York: Random House Trade, 2008.
- Martin, Ray. "Why You Should Lease a Car Now." CBS News, February 28, 2012. https://www.cbsnews.com/news/why-you-should-lease-a-car-now/.
- Pearl, Michael. "When Is the Best Time to Buy a Car?" Bankrate, March 11, 2019. http://www.bankrate.com/loans/auto-loans/when-is-the-best-time-to-buy-acar/?ic_id=home_smart+spending_homepage-financial-goals_car-buying_when-is-the-best-time-to-buy-a-car.
- Reklaitis, Victor. "Why Buying a 10-Year-Old Car Is a Savvy Move." MarketWatch, December 29, 2017. http://www.marketwatch.com/story/the-cheapest-andpriciest-approaches-to-car-ownership-in-one-handy-chart-2017-06-26?siteid=yhoof2.
- Schroeder, Alice. The Snowball: Warren Buffett and the Business of Life. New York: Bantam Books, 2009.
- Szczypinski, Sarah. "Should You Rent or Buy a Home?" CNNMoney, October 9, 2017. http://money.cnn.com/2017/10/09/real_estate/rent-or-buy/index.html?iid=hp-stack-dom.
- Taibi, Catherine. "The 16 Best Things Warren Buffett Has Ever Said." The Huffington Post, December 6, 2017. http://www.huffingtonpost.com/2013/08/30/warrenbuffett-quotes_n_3842509.html.
- "The Danish Cycling Culture: Read Why Danes Bike Everywhere." Denmark.dk. Accessed June 17, 2020. https://denmark.dk/people-and-culture/biking.
- "US Existing Home Median Sales Price." YCharts. Accessed June 17, 2020. https://ycharts.com/indicators/sales_price_of_existing_homes.
- "Warren Buffett Quotes (Author of The Essays of Warren Buffett)." Goodreads. Accessed June 17, 2020. https://www.goodreads.com/author/quotes/756.Warren_Buffett.
- "Warren Buffett's Advice to Teen Investor." CNBC, July 31, 2014. http://video.cnbc.com/gallery/?video=3000297529.

제13장_버핏이 카네기로부터 배운 인간관계에 대한 지혜

- "American Business Magnate, Investor, and Philanthropist." Wikiquote. Accessed June 18, 2020. https://en.wikiquote.org/wiki/Warren_Buffett.
- Arpaia, Alex. "The Best Meditation Apps 2020." New York Times, March 24, 2020. https://www.nytimes.com/wirecutter/reviews/best-meditation-apps/.
- Buffett Family & UNO. Genius of Warren Buffett. University of Nebraska Omaha (course). Accessed June 18, 2020. https://www.unomaha.edu/college-ofbusiness-administration/genius-of-warren-buffett/buffett-and-uno/index.php.
- Buffett, Warren. "Letter to Shareholders of Berkshire Hathaway Inc." Berkshire Hathaway, Inc., 1989. https://www.berkshirehathaway.com/letters/1989.html.

- Buffett, Warren. "Letter to Shareholders of Berkshire Hathaway Inc." Berkshire Hathaway, Inc., 1999. https://www.berkshirehathaway.com/letters/1999.html.
- Buffett, Warren. "Letter to Shareholders of Berkshire Hathaway Inc." Berkshire Hathaway, Inc., 2000. https://www.berkshirehathaway.com/letters/2000.html.
- Buffett, Warren. "Letter to Shareholders of Berkshire Hathaway Inc." Berkshire Hathaway, Inc., 2001. https://www.berkshirehathaway.com/letters/2001.html.
- Buffett, Warren. "Letter to Shareholders of Berkshire Hathaway Inc." Berkshire Hathaway, Inc., 2005. https://www.berkshirehathaway.com/letters/2005.html.
- Buffett, Warren. "Letter to Shareholders of Berkshire Hathaway Inc." Berkshire Hathaway, Inc., 2009. https://www.berkshirehathaway.com/letters/2009.html.
- Buffett, Warren. "Letter to Shareholders of Berkshire Hathaway Inc." Berkshire Hathaway, Inc., 2010. https://www.berkshirehathaway.com/letters/2010.html.
- Buffett, Warren. "Letter to Shareholders of Berkshire Hathaway Inc." Berkshire Hathaway, Inc., 2014. https://www.berkshirehathaway.com/letters/2014.html.
- Cain, Susan. Quiet: The Power of Introverts in a World That Can't Stop Talking. New York: Broadway Books, 2013.
- Carnegie, Dale. How to Win Friends and Influence People Featuring Dale Carnegie. New York: NBC, 1938.
- Carrig, David. "Warren Buffett Wins $1M Bet against Hedge Funds and Gives It to Girls' Charity." USA Today, January 3, 2018. https://www.usatoday.com/story/money/markets/2018/01/02/warren-buffett-bet-against-hedge-funds-girlscharity/996993001/.
- Chiglinsky, Katherine, and Tom Metcalf. "Walmart Heir, Buffett to Give Away $4.8b." NNY360, July 2, 2019. https://www.nny360.com/news/walmartheir-buffett-to-give-away-b/article_2850c23d-79ca-5a14-911f-5a0e7f7ff2b9.html.
- Cialdini, Robert. Influence: The Psychology of Persuasion. New York: Harper Business, 2006.
- Clifford, Catherine. "Bill Gates Shares His 2 Best Pieces of Advice for Young People Headed Back to School." CNBC, September 5, 2018. https://www.cnbc.com/2018/09/05/bill-gates-shares-his-best-advice-for-students.html.
- CNBC. "Morning Session-017 Meeting," May 6, 2017. https://buffett.cnbc.com/video/2017/05/06/morning-session-2017-berkshire-hathaway-annualmeeting.html.
- Daniel, Goleman. "How Emotionally Intelligent Are You?," April 21, 2015. http://www.danielgoleman.info/daniel-goleman-how-emotionally-intelligentare-you/.
- Duckworth, Angela. Grit: The Power of Passion and Perseverance. New York: Scribner, 2018.
- Farnam Street Team. "How to Win Friends and Influence People: The Best Summary." Farnam Street. Accessed June 18, 2020. https://fs.blog/2012/07/how-to-win-friends-and-influence-people/.
- Fast Times at Ridgemont High. Directed by Amy Heckerling. Universal Pictures, 1982.
- Goleman, Daniel. Emotional Intelligence: Why It Can Matter More Than IQ. 10th ed. New York: Bantam Books, 2005.
- Goleman, Daniel. "Harvard Researcher Says the Most Emotionally Intelligent People Have These 12 Traits. Which Do You Have?," June 9, 2020. https://www.cnbc.com/2020/06/09/harvard-

psychology-researcher-biggest-traits ofemotional-intelligence-do-you-have-them.html.

- Loomis, Carol J. "The Inside Story of Warren Buffett." Fortune, April 11, 1988. http://fortune. com/1988/04/11/warren-buffett-inside-story/.
- Loomis, Carol. Tap Dancing to Work: Warren Buffett on Practically Everything, 1966–2012. London: Portfolio Penguin, 2014.
- Lowenstein, Roger. When Genius Failed: The Rise and Fall of Long-Term Capital Management. New York: Random House, 2001.
- Phelan, David. "Here's How Headspace Turns Your Stressful Phone into a Source of Calm." Independent, April 26, 2019. https://www.independent.co.uk/life-style/gadgets-and-tech/features/headspace-meditation-app-ios-android-downloadreview-interview-a8888186.html.
- Van Der Meer, Erin. "Blake Lively Says She and Ryan Reynolds Are 'Really Shy People.'" Grazia. Accessed June 18, 2020. https://grazia.com.au/articles/blakelively-ryan-reynolds-shy/.
- Ward, Marguerite. "There Are 9 Types of Intelligence. Bill Gates Says Finding Yours Is Key." CNBC, May 17, 2017. https://www.cnbc.com/2017/05/16/why-billgates-says-finding-you-unique-type-of-intelligence-is-key.html.
- Willingham, Emily. "'Wall Street' Actress Daryl Hannah Is an Autistic Woman," September 29, 2013. https://www.forbes.com/sites/emilywillingham/2013/09/29/wall-street-actress-daryl-hannah-also-autistic-woman/.
- Zoe Segal, Gillian. "Billionaire Warren Buffett: 'This $100 College Course Gave Me the Most Important Degree I Have'-nd It's Why I'm Successful Today," March 22, 2019a. https://www.cnbc. com/2019/03/21/billionaire-warrenbuffett-says-a-100-dollar-course-had-the-biggest-impact-on-his-success.html.
- Zoe Segal, Gillian. "Warren Buffett Wants Young People to Know: Ignoring This Is like 'Leaving a Car out in Hailstorms.'" CNBC, April 15, 2019b. https://www.cnbc.com/2019/04/12/billionaire-warren-buffett-greatest-advice-tomillennials-the-1-thing-in-life-you-need-to-prioritize.html.

제14장_버핏이 건네는 커리어에 관한 조언

- Anonymous. "McKinsey & Company Interview Question: How Many Golf Balls Fit in an . . ." Glassdoor, June 2, 2009. https://www.glassdoor.com/Interview/how-many-golf-balls-fit-in-an-airplane-QTN_5804.htm.
- Buffett, Warren. "Letter to Shareholders of Berkshire Hathaway Inc." Berkshire Hathaway, Inc., 1986. https://www.berkshirehathaway.com/letters/1986.html.
- Buffett, Warren. "Letter to Shareholders of Berkshire Hathaway Inc." Berkshire Hathaway, Inc., 1988. https://www.berkshirehathaway.com/letters/1988.html.
- Collins, Michael. "Who Said: 'You Never Get a Second Chance to Make a First Impression!'?" Quora, Accessed June 18, 2020. https://www.quora.com/Whosaid-You-never-get-a-second-chance-to-make-a-first-impression.

- Duckworth, Angela. Grit: The Power of Passion and Perseverance. New York: Scribner, 2018.
- Elsesser, Kim. "Power Posing Is Back: Amy Cuddy Successfully Refutes Criticism." Forbes, April 3, 2018. https://www.forbes.com/sites/kimelsesser/2018/04/03/power-posing-is-back-amy-cuddy-successfully-refutes-criticism/.
- Gladwell, Malcolm. Outliers: The Story of Success. New York: Back Bay Books/Little, Brown, 2009.
- Jerry Maguire. Directed by Cameron Crowe. Sony Pictures, 1996.
- LeylandPAM. "Warren Buffett Speaks with Florida University." YouTube Video, 1:27:35, July 2, 2013. https://www.youtube.com/watch?v=2MHIcabnjrA.
- "Most Common Background Checks for Employers." Paycor, October 4, 2019. https://newton-software.com/blog/2019/03/07/artificial-intelligence-background-check-software/.
- Pachter, Barbara, and Denise Cowie. The Essentials of Business Etiquette: How to Greet, Eat, and Tweet Your Way to Success. New York: McGraw-Hill Education, 2013.
- Popomaronis, Tom. "Warren Buffett Loves Teaching This '20-Slot' Rule at Business Schools—and It's Not Just about Getting Rich." CNBC, May 28, 2020. https://www.cnbc.com/2020/05/28/billionaire-warren-buffett-teaches-this-20-slotrule-to-getting-rich-at-business-schools.html.
- TED. "Your Body Language May Shape Who You Are | Amy Cuddy." YouTube Video, 21:02, October 1, 2012. https://www.youtube.com/watch?v=Ks-_Mh1QhMc&t=138s.
- The Internship. Directed by Shawn Levy. 20th Century Fox, 2013.
- Varchaver, Nicholas. "Buffett Goes to Wharton." CNNMoney, May 2, 2008. https://money.cnn.com/2008/05/01/news/companies/Buffet_Q_A_at_Wharton.fortune/.

제15장_버핏이 오마하의 현인으로 불리는 진짜 이유

- Barrett, William. "America's Top Charities 2019." Forbes. Accessed June 18, 2020. https://www.forbes.com/lists/top-charities/.
- Belvedere, Matthew. "Warren Buffett, the World's Second Richest Man, Says Eliminating the Estate Tax Would Be a 'Terrible Mistake.'" CNBC, October 3, 2017. https://www.cnbc.com/2017/10/03/warren-buffett-thinks-its-a-mistaketo-eliminate-the-estate-tax.html.
- Bishop, Todd. "What Bill and Melinda Gates Are Doing with Warren Buffett's $30 Billion, a Decade after Historic Gift." GeekWire, February 14, 2017. https://www.geekwire.com/2017/bill-melinda-gates-warren-buffetts-30-billion-decade-historic-gift/.
- Buffett, Warren. "Letter to Shareholders of Berkshire Hathaway Inc." Berkshire Hathaway, Inc., 1978. https://www.berkshirehathaway.com/letters/1978.html.
- Buffett, Warren. "Letter to Shareholders of Berkshire Hathaway Inc." Berkshire Hathaway, Inc., 1983. https://www.berkshirehathaway.com/letters/1983.html.
- Buffett, Warren. "Letter to Shareholders of Berkshire Hathaway Inc." Berkshire Hathaway, Inc., 1988. https://www.berkshirehathaway.com/letters/1988.html.

- Buffett, Warren. "Letter to Shareholders of Berkshire Hathaway Inc." Berkshire Hathaway, Inc., 2005. https://www.berkshirehathaway.com/letters/2005.html.
- Buffett, Warren. "Letter to Shareholders of Berkshire Hathaway Inc." Berkshire Hathaway, Inc., 2009. https://www.berkshirehathaway.com/letters/2009.html.
- Buffett, Warren. "Letter to Shareholders of Berkshire Hathaway Inc." Berkshire Hathaway, Inc., 2011. https://www.berkshirehathaway.com/letters/2011.html.
- Buffett, Warren. "Letter to Shareholders of Berkshire Hathaway Inc." Berkshire Hathaway, Inc., 2014. https://www.berkshirehathaway.com/letters/2014.html.
- Carrig, David. "Warren Buffett Gave Away This Much of His Wealth in the Past 10 Years." USA Today, July 11, 2017. https://www.usatoday.com/story/money/2017/07/11/warren-buffett-charitable-contributions-bill-melinda-gatesfoundation/468837001/.
- "Charity Review-oundation Fighting Blindness." Give.org. Accessed June 18, 2020. https://www.give.org/charity-reviews/national/blind-and-visually-impaired/foundation-fighting-blindness-in-columbia-md-3222.
- Chiglinsky, Katherine. "Buffett's Charity Auction Breaks Record With $4.57 Million Bid." Bloomberg, May 31, 2019. https://www.bloomberg.com/news/articles/2019-06-01/buffett-s-charity-auction-breaks-record-with-4-57-million-bid.
- Clifford, Catherine, and Javier David. "Lunch with Warren Buffett Auctioned off for $3.3 Million." CNBC, June 2, 2018. https://www.cnbc.com/2018/06/02/lunch-with-warren-buffett-auctions-for-3-point-3-million-dollars.html.
- Darwin, Charles. The Origin of Species: By Means of Natural Selection, or the Preservation of Favoured Races in the Struggle for Life. London: John Murray, 1876.
- Gal, Shayanne. "13 Brilliant Quotes from Warren Buffett, the Greatest Investor of All Time." Business Insider, August 30, 2018. https://www.businessinsider.com/13-brilliant-quotes-from-warren-buffett-2017-8.
- HeilbrunnCenter. "Legacy of Benjamin Graham." YouTube Video, 15:16, February 4, 2013. https://www.youtube.com/watch?v=m1WLoNEqkV4&t=127s.
- Henney, Megan. "Berkshire's Buffett Calls Himself a 'Card-Carrying Capitalist.'" Fox Business, May 4, 2019. https://www.foxbusiness.com/business-leaders/berkshires-buffett-calls-himself-a-card-carrying-capitalist.
- Lee, Bruce Y. "Muhammad Ali's Greatest Health Achievements." Forbes, June 5, 2016. https://www.forbes.com/sites/brucelee/2016/06/05/muhammad-alisgreatest-health-achievements/.
- Li, Yun. "Warren Buffett Says the Country Has to Take Care of Poor People Who Have Become 'Roadkill.'" CNBC, March 28, 2019. https://www.cnbc.com/2019/03/28/warren-buffett-says-country-has-to-take-care-of-peoplewho-have-become-road-kill.html.
- Loomis, Carol J. "Warren Buffett's Wild Ride at Salomon (Fortune, 1997)." Fortune, October 27, 1997. http://fortune.com/1997/10/27/warren-buffett-salomon/.
- Santi, Jenny. "The Secret to Happiness Is Helping Others." Time, August 15, 2017. http://time.com/collection/guide-to-happiness/4070299/secret-tohappiness/.
- Sellers, Patricia. "How Warren Buffett Learned the Meaning of Success." Fortune, May 7, 2013. http://fortune.com/2013/05/07/how-warren-buffett-learnedthe-meaning-of-success/.

- Singer, Peter. The Life You Can Save: How to Do Your Part to End World Poverty. Sydney, AU: The Life You Can Save, 2019.
- Todd, Susan. "Graduate Students Spend a Day with Warren Buffett." Rutgers Business School – Newark and New Brunswick, October 17, 2016. https://www.business.rutgers.edu/news/graduate-students-spend-day-warren-buffett.
- Udland, Myles. "Warren Buffett: In America, 'Nobody Should Be Roadkill.'" Yahoo! Finance, May 6, 2017. https://finance.yahoo.com/news/warren-buffettamerica-nobody-roadkill-224533209.html.
- Wootson, Cleve. "A Dairy Queen Owner Unleashed a Racist Tirade against a Customer. He No Longer Has a Business." Washington Post, January 9, 2017. https://www.washingtonpost.com/news/post-nation/wp/2017/01/09/adairy-queen-owner-unleashed-a-racist-tirade-against-a-customer-he-nolonger-has-a-business/?utm_term=.837d6cb109cf.